# DESCOBRINDO A
# SANTIDADE CRISTÃ

## O ÂMAGO DA
## TEOLOGIA WESLEYANA DA SANTIDADE

# DESCOBRINDO A
# SANTIDADE CRISTÃ

## O ÂMAGO DA
## TEOLOGIA WESLEYANA DA SANTIDADE

Diane Leclerc

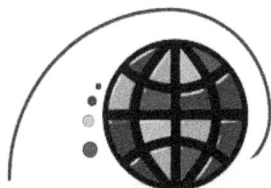

*Literatura Nazarena Portuguesa*
Lisboa

*Dedicado a Lacey*

# ÍNDICE

# AGRADECIMENTOS

Por feliz acaso, escrevo as palavras finais deste livro no centenário da minha denominação, a Igreja do Nazareno. Sou grata por ter sido criada e nutrida nos seus braços. Sou grata pela minha chamada, pela minha ordenação e pelo meu lugar para servir, primeiro como pastora e agora como professora. Sou grata pelos seus líderes, tais como o Dr. Jesse Middendorf e a Dra. Nina Gunter, que me têm encorajado de formas notáveis. Sou grata pela sua rica história na expansão da santidade pela terra. Espero que este livro venha fazer uma pequena contribuição para a sua missão.

À medida que este projecto chega ao fim, reflectir em todas as pessoas que me têm encorajado e fortalecido inspira-me a uma gratidão profunda. Primeiro, gostaria de agradecer aos meus editores, Alex Varughese, pelo seu apoio e motivação à medida que cada capítulo ia sendo escrito e Richard Buckner pelo seu fino ajuste. Sou também grata ao meu professor e amigo Rob Staples, que serviu como o meu primeiro leitor. Os seus discernimentos têm sido extremamente úteis. Enquanto escrevia, tornei-me profundamente consciente da grande quantidade de professores que, ao longo dos anos, influenciaram a minha própria teologia da santidade. Menciono alguns aqui: Henry Spaulding III, Rob L. Staples, Paul M. Bassett, Al Truesdale, J. Kenneth Grider, Virginia Burrus, e especialmente Randy Maddox, que me mentoreou de formas consideráveis e duradouras, apesar de nunca ter sido numa sala de aula formal. Também o trabalho de Mildred Bangs Wynkoop inspira-me continuamente à medida que sigo as suas pegadas.

É também importante agradecer aos meus alunos da Northwest Nazarene University (NNU), especialmente àqueles que escolheram tirar os cursos de Santidade Cristã e Teologia da Santidade, tendo-me como professora nos últimos dois anos. Eles, pacientemente, permitiram-me expressar-lhes o conteúdo deste livro e têm-me ajudado a entender o material através do seu olhar pós-moderno.

Gostaria ainda de agradecer aos meus colegas da School of Theology and Christian Ministries no NNU, incluindo Jay Akkerman, Joe Bankard, Wendell Bowes, Rhonda Carrim, Ed Crawford, Mike Kipp, Thomas Oord, Brent Peterson, Jim Rotz, e o meu deão, Mark Maddix. E um agradecimento especial a George Lyons e Richard Thompson que providenciaram um inestimável contributo a certas conjunturas deste projecto. O encorajamento colegial e amor que recebi destes amigos e das suas esposas são simplesmente inigualáveis. Agradeço também a Tiffany Triplett, que ajudou significativamente no glossário, Malloree Norris e Andrew Schwartz, os meus assistentes de ensino, que ajudaram na edição final.

Expresso a minha mais profunda gratidão ao meu marido, Paul, pelos seus inumeráveis sacrifícios e apoio inigualável e ao meu filho, Ethan, que abdicou de incontáveis horas para que "a mãe pudesse escrever o seu livro". Um obrigada à minha mãe e aos meus irmãos, Janice Elder e Floyd Cunningham (um historiador da igreja e uma fonte de informação valiosa). Obrigada também a alguns dos meus amigos mais próximos que me deram apoio forte e atempado ao longo do caminho, incluindo Glena Andrews, Rob Thompson, Susan Armstrong, Whitney Van Brocklin, Ben e Melodie Turner, e à minha família, a igreja Five Mile. E finalmente, este livro é dedicado à minha amiga mais chegada, Lacey Kilgore, que orou, literalmente, durante todo o processo de escrita deste livro, desde a primeira à última palavra e que me tem amado com tal amor semelhante a Cristo, levando a que a minha própria procura por uma vida de santidade tenha mudado de forma profundamente considerável.

# PREFÁCIO

Há mais de metade de um século, num estudo da doutrina da perfeição cristã de Wesley, John L. Peters escreveu acerca de um "ponto pivô" no desenvolvimento da doutrina de Wesley durante os anos depois de Wesley. Ele disse:

> Numa vertente, temos os intérpretes absolutistas, a avançar até que a perfeição cristã signifique uma ênfase quase exclusiva numa única experiência climática. Noutra vertente, temos os intérpretes acomodados, a avançar até que a perfeição cristã signifique pouco mais que uma tradição vagamente recordada. E ambas, reagindo mutuamente, abandonam a síntese que Wesley tanto labutou para estabelecer.[1]

Ao interpretar a doutrina wesleyana de santidade para a nossa era, somos ainda confrontados com a necessidade de manter o equilíbrio, ou o que Peters chama de "síntese", encontrado no pensamento de Wesley, evitando os dois extremos a que esta parece ter sido levada. Esta necessidade aplica-se a todo o âmbito da teologia wesleyana, não meramente ao assunto específico tratado por Peters.[2]

Ao mesmo tempo, uma repetição automática de Wesley não é suficiente. Em vez disso, temos que trabalhar de trás para a frente, avaliando continuamente a doutrina wesleyana de santidade à luz do testemunho bíblico, para depois trabalhar para o futuro, aplicando isso responsavelmente na situação contemporânea. O livro *Descobrir a Santidade Cristã* de Diane Leclerc toma um caminho intermédio entre o absolutismo de Scylla e o comodismo de Charybdis. Este livro é "absolutista" o suficiente para permanecer fiel à tradição wesleyana de santidade e à sua doutrina da inteira santificação, ao mesmo tempo que é "acomodado" o bastante para colocar a doutrina wesleyana de santidade no contexto contemporâneo do século XXI. A doutrina é assim liberta de categorias antiquadas e enganosas, às quais se tem agarrado no passado, tornando-o mais actual do que qualquer outro livro sobre santidade anteriormente disponível.

Ainda assim, a autora afasta-se das tendências acomodadas mais aventureiras, para se lançar à doutrina da santidade nas categorias pós-modernas populares. Apesar do pós-modernismo ser abordado, ele não se torna, de maneira nenhuma, na única lente através da qual a santidade é examinada. Esta é uma obra inteiramente histórica, baseada na teologia da santidade na igreja primitiva e no decorrer dos séculos cristãos. Mas é, também, um trabalho teológico, baseado em fundamentos bíblicos e históricos. Aqui novamente, apesar de ser tentador passar directamente para a teologia contemporânea, de forma a encontrar uma voz contemporânea para a santidade, Leclerc também resiste a isto. O leitor não irá encontrar neste livro uma teologia da santidade da perspectiva da teologia do processo, teologia pós liberal, deconstrucionismo, ortodoxia radical ou qualquer outra opção teológica actual, crendo que são veículos inadequados para comunicar todos os elementos importantes para o pensamento wesleyano. O mais perto que Leclerc chega de uma inclinação, é na sua tentativa de correlacionar a construção teológica (existencialismo de Paul Tillich) com a vida real — de forma a colmatar o "fosso de credibilidade" que Mildred Bangs Wynkoop destacou há cerca de quarenta anos.

Enquanto estudante do Nazarene Theological Seminary, Diane Leclerc matriculou-se no meu seminário de Antropologia Teológica. Durante esse curso, ela chegou à conclusão que a compreensão predominante de pecado (como orgulho ou egocentrismo) era apenas meio correcta, e, em grande parte, uma compreensão masculina, que não era relevante para a maioria das mulheres. Não tenho qualquer crédito nesta ideia; na verdade, argumentei contra. Mas durante o intercâmbio do semestre pensei que estava perante uma mente teológica afiada. Nisso, estava correcto. Eventualmente, ela convenceu-me que tinha encontrado um ponto de vista interessante. Ela continuou a trabalhar no seu conceito de pecado até que acabou por ser a sua dissertação de doutoramento, publicada com o título *Singleness of Heart: Gender, Sin, and Holiness in Historical Perspective* [Unicidade de Coração: Género, Pecado e Santidade na Perspectiva Histórica][3], que ganhou o prémio Timothy Smith/Mildred Bangs Wynkoop Award dado pela Wesleyan Theological Society [Sociedade Teológica Wesleyana] pela sua contribuição única para a teologia wesleyana em 2002.

E agora, neste livro, Leclerc volta a sua atenção para o oposto do pecado, nomeadamente para a santidade de coração e de vida. Como uma das suas teólogas heroínas, Wynkoop, Leclerc compreende que parte das categorias e conceitos mais antigos, nos quais a doutrina da santidade foi expressa no ensino e teologia dos séculos XIX e XX, nem sempre comunicaram adequadamente, especialmente nas culturas não americanas. Novamente reminiscente do trabalho de Wynkoop, Leclerc, no seu capítulo final, afirma que a verdadeira essência da tradição wesleyana de santidade é uma "teologia de amor".

Mas o livro não é uma mera réplica da teologia de Wynkoop. Leclerc tem o seu próprio pensamento. Ela tem o seu próprio estilo e a sua própria visão da vida santa e do que tal vida deveria significar hoje. Esta visão é articulada com clareza neste volume. Ao discutir as bases bíblicas da doutrina de santidade, Leclerc elabora um "método wesleyano de ler as Escrituras", tendo consciência de que todos lêem a Bíblia com pressuposições e que, os Wesleyanos, não sendo diferentes nesta questão, têm ferramentas definitivas preposicionais com as quais se aproximam das Escrituras. No seu tratamento histórico do pensamento sobre a santidade, ela, cuidadosamente, procura contextualizar o ensino da santidade até um ponto ainda não alcançado pelos muitos trabalhos anteriores sobre o assunto. Esta mesma contextualização é evidente na sua exposição das implicações teológicas da santidade, à medida que ela o relata cuidadosamente nas doutrinas de Deus, pecado e salvação. Na secção final, a doutrina da santidade é virada do avesso e examinada nas suas várias facetas práticas e concretas, tornando o livro um guia prático para a vida santa neste presente mundo. Este livro merece um lugar proeminente entre os maiores estudos que têm sido feitos sobre a compreensão wesleyana da santidade.

—Rob L. Staples, PhD
Professor Emérito de Teologia
Nazarene Theological Seminary

# INTRODUÇÃO

## Teologia Wesleyana da Santidade no Século XXI

Este livro é sobre a santidade na perspectiva da teologia wesleyana da santidade. Apesar de outras tradições não estarem seguramente mudas no que diz respeito ao assunto da santidade, a teologia wesleyana da santidade oferece uma perspectiva distinta que surgiu de uma história rica — uma história que tem colocado essas denominações, conhecidas como denominações de santidade, numa posição única na igreja universal. Como esperado, tais denominações colocam a teologia da santidade e a doutrina da santificação no centro da sua identidade teológica. Essas denominações têm uma base histórica distinta. Mas cada geração deve não apenas reivindicar esta rica teologia histórica, mas também torná-la viva de novas formas. Assim, este livro foi escrito na perspectiva da teologia wesleyana da santidade de, e para, as gerações do pós-modernismo.

O movimento de Santidade começou em meados do século XIX e mais de cem anos passaram desde a formação de grande parte das denominações de santidade. Isto levanta imediatamente a questão: é a teologia wesleyana da santidade (tão presa nas suas raízes históricas) ainda relevante para o século XXI? E ainda assim, a questão subentende que as pessoas nestas denominações de santidade conhecem a sua herança e a sua teologia distintiva. Talvez isto não deva ser presumido de forma alguma. Será que a teologia wesleyana da santidade, como uma teologia vital, experimental, vivendo e respirando, ainda existe?

Tive o privilégio de servir como representante da minha denominação durante três anos num comité conhecido como o Wesleyan Holiness Study Project [Projecto de Estudo Wesleyano da Santidade]. Fomos comissionados a criar estratégias para promover a mensagem da santidade no século XXI. Quando nos encontrámos, (teólogos e líderes eclesiásticos de várias denominações de santidade), percebemos que partilhávamos uma ansiedade comum acerca do futuro da santidade, a que alguns chamavam de crise. Mas em vez de ser uma crise relacionada com as formas de comunicar a santidade (como mencionado acima), a crise que estávamos a exprimir era uma de silêncio. Talvez a confusão que vem do facto de haver mais do que uma forma de articular a santidade tenha despertado a nossa ansiedade, mas qualquer que seja a razão, o perigo que vimos foi a *falta* de articulação da mesma. A preocupação não era se a santidade era pregada desta ou daquela forma, mas se a santidade era, de todo, pregada.

O resultado do Projecto de Estudo foi a publicação e distribuição de um pequeno texto chamado "Holiness Manifesto" [Manifesto de Santidade], publicado em Fevereiro de 2006. (Um livro mais completo com o mesmo título foi publicado em 2008).[1] Na sua introdução ao documento, Kevin Mannoia (o líder do projecto) refere, "Nunca houve um tempo em que a necessidade de uma articulação convincente da mensagem da santidade fosse maior"[2]. Mannoia preocupa-se que as exigências de uma cultura em constante mudança tenham levado pastores e líderes a focarem-se no "método mais recente" em detrimento da "mensagem da santidade". Ele reconhece que as igrejas na América do Norte estão a perder terreno à medida que perdem membresia, não apenas nas igrejas históricas como também nas denominações de santidade. "No processo de tentar encontrar o método mágico para o crescimento de igrejas saudáveis vibrantes, o nosso povo (…) tem-se tornado presa de um cristianismo genérico que resulta em congregações que são indistintas da cultura que as rodeia. As igrejas precisam de uma mensagem clara e atraente, que substitua o "cálice sagrado" dos métodos, como foco da nossa missão. A nossa mensagem é a nossa missão"[3].

Partilho a preocupação acerca do silêncio ensurdecedor da mensagem. Tenho dado aulas sobre santidade (oferecidas tanto a estudantes de educação geral, como a estudantes ministeriais) há mais de dez anos. Quando pergunto aos alunos das denominações de santidade acerca da doutrina da santidade e da inteira santificação, eles simplesmente não a conhecem. Isto não implica necessariamente que eles não a tenham ouvido do púlpito ou na classe de Escola Dominical, mas que não retiveram tal ensino de uma forma relevante. Numa turma de cinquenta alunos, devo ter um, ou dois alunos que compreendem a doutrina. Também, possivelmente, como pressupõe o Projecto de Estudo Wesleyano da Santidade, a mensagem da santidade não está a ser comunicada, ou, pelo menos, não está a ser comunicada eficazmente. Eu tenho uma teoria sobre o porquê. Creio que temos toda uma geração de pastores profundamente afectados por um tempo na história da tradição wesleyana de santidade em que dominava a ideia do perfeccionismo, em vez da piedade vital.

É de entender que a sociedade no período após a Segunda Guerra Mundial reflectisse um desejo de estabilidade e de "normalidade". Havia uma grande ênfase, especialmente na igreja protestante, na moral, decência e conformidade. Por isso, as denominações de santidade enfatizavam, tendencialmente, as "regras", mais do que a vitalidade de uma vida de santidade. Depois, nos anos 60, o mundo submeteu-se a uma mudança dramática.

Por mais que o Movimento de Santidade tenha querido isolar-se do tumulto que envolvia a sociedade nesse novo período[4] — desaprovando qualquer afinidade teológica com a radical mudança cultural em curso, para uma geração emergente, com novos olhos — a teologia até ali pregada não era suficiente. Creio que, possivelmente, esta geração de pastores, quer tenham vivido a mudança, ou nascido dela, falhou em expressar a mensagem da santidade de uma forma saudável. Eles certamente não queriam continuar a pregar sobre o perfeccionismo. E portanto, ou pararam de pregar a doutrina de santidade ou passaram a usar metáforas tão diferentes da linguagem de santidade tradicional que os meus alunos não conseguiram reconhecer algo único e distinto naquilo que ouviram. Penso que isto é particularmente verdade na ideia do pecado. Neste caso, o pêndulo parece balançar entre o legalismo e o pessimismo acerca da vitória sobre o pecado. Muitos dos meus alunos acreditam que o pecado é inevitável, penetrante e duradouro na vida cristã. Infelizmente, parecem não conhecer outra forma de viver.

É provável que as denominações de santidade tenham tentado manter o evangelicalismo genérico, por causa do crescimento numérico, sacrificando a sua chamada distintiva de pregar a santidade por "toda a terra". De facto, numa cultura de consumismo, pregar o que as pessoas querem ouvir é mais fácil do que pregar o preço do discipulado. Infelizmente, o evangelicalismo genérico tem frequentemente uma inclinação calvinista. Possivelmente, neste tipo de meio, o optimismo inerente à mensagem wesleyana de santidade tem sido abafada.

A mudança do período modernista para o pós-modernista também contribuiu para a crise do silêncio. Esta mudança trouxe às gerações mais jovens um novo ouvir, tornando-os incapazes de ouvir a velha mensagem da santidade. Compreender o pós-modernismo pode, portanto, providenciar pistas acerca de como é esta nova audiência e o que será necessário para alcançá-los com a mensagem da santidade.

A expressão "pós-modernismo" tem, actualmente, dois significados relacionados, mas distintos. Apesar de uma análise profunda de cada um não ser o objectivo deste livro, alguma atenção a esta distinção é benéfica. Uma definição do pós-modernismo está relacionada com as diversas áreas de estudo académico, como a literatura, a filosofia, a arquitectura, as artes, os estudos culturais e até a teologia. O pós-modernismo, neste sentido, é uma reacção às premissas do "modernismo", (que surgiu durante o Iluminismo, no século XVIII, e encontrou expressão intensificada no século XIX). As premissas do pós-modernismo, (que surge em meados do século XX) evidenciam uma rejeição de princípios organizados, leis universais e coerência. Adopta ou, mais tecnicamente, materializa, a complexidade, ambiguidade e diversidade. Esta vertente do pós-modernismo tem também sido chamada de **pós estruturalismo** porque é uma rejeição dos princípios estruturais da realidade impostos pelo modernismo. Por exemplo, o modernismo busca afinidades e generalizações mesmo quando se foca no indivíduo (idealizado), mas o pós-modernismo rejeita completamente a noção de generalização. Pode evidenciar um *ethos* de relativismo e é criticado por se tornar sem sentido, na sua forma mais extrema, dado os seus aderentes tentarem deturpar até o próprio sistema de significado de palavras.

Apesar de vários teólogos terem adoptado uma base filosófica pós-modernista/pós-estruturalista na sua teologia pós-moderna, a rejeição básica da noção de absolutos, até mesmo os religiosos, tem tornado a sua aceitação, como um todo, intolerável para a grande maioria, se não todos os evangélicos. Ainda assim, e apesar das críticas serem frequentemente válidas, voltar ao modernismo não será seguramente a melhor resposta. Há uma terceira opção, o que nos leva à segunda definição do pós-modernismo, usada hoje em muitos círculos cristãos e até mesmo em círculos evangélicos.

De acordo com Jay Akkerman, cristãos pós-modernos enfatizam o "orgânico" em vez do "mecânico", preferindo a autenticidade religiosa e a espontaneidade "em vez das experiências religiosas cuidadosamente polidas e compartimentalizadas; preferem o todo em vez das partes, por entenderem a sua fé como algo que engloba todos os aspectos das suas vidas". Contrariando directamente o racionalismo intenso do modernismo, "estão mais abertos à ambiguidade e ao mistério do que rigidamente amarrados aos sistemas de regras do pensamento e crença"[5]. Henry Knight ofereceu comparações chave entre esta consciência cristã pós-moderna — particularmente à medida que é expressa naquele que é agora conhecido como o movimento da igreja emergente — e a teologia wesleyana. Ele escreveu: "os wesleyanos deviam apoiar este novo movimento porque os propósitos e valores que as igrejas emergentes materializam — a sua visão do discipulado, igreja e missão — estão em alta congruência com aqueles da tradição wesleyana"[6].

Knight lista sete ressonâncias entre as crenças e práticas da igreja emergente e as de João Wesley. Ele explica como estes temas estavam presentes na abordagem de Wesley à sua própria mudança cultural, como são actualmente expressos pela igreja emergente, e mostra, convincentemente, a relevância contínua da teologia de Wesley no mundo pós-moderno, revelada nessas mesmas ressonâncias.

### Paralelos entre a Teologia Wesleyana e a Pós-Moderna

1. Um modelo transformacional do discipulado;
2. A ênfase missional da igreja de Cristo;
3. Um modelo incarnacional do ministério;
4. A ênfase na comunidade;
5. A primazia da proclamação através de formas narrativas;
6. Inovação de práticas de adoração que mantêm o "cristianismo primitivo";
7. Uma "ortodoxia generosa" ("espírito católico") que enfatiza as essências da vida cristã mais do que a exactidão proposicional e doutrinal (apesar de Wesley, claro, saber que acreditava em cada doutrina).[7]

A análise de Knight deve ser levada a sério. De facto, "as igrejas emergentes não estão a responder a uma moda passageira, mas a uma mudança cultural profunda, permanente e penetrante. As gerações subsequentes serão influenciadas pela cultura pós-moderna numa dimensão muito superior"[8].

À luz de tudo isto, uma questão prudente será, como é que a "santidade" se encaixa num quadro pós-moderno? Será um conceito que alcançou o fim da sua própria utilidade, da sua própria relevância? Como Knight e muitos outros sugeriram, o mundo mudou permanentemente. Voltar à abordagem modernista para "salvar" a doutrina da santidade seria certamente uma futilidade. Seria o equivalente a colocar as nossas cabeças teológicas na areia, como avestruzes. Construir uma teologia baseada nos princípios modernistas[9] não é apenas uma causa perdida, é também perigoso. Tal esforço poderia diminuir drasticamente a relevância da "santidade" na cultura contemporânea. Seguramente, a "santidade" vive e respira onde quer que se encontre, pois transcende qualquer base filosófica em particular. Ainda assim, esta mensagem transcendente e vital deve ser "traduzida" no contexto cultural ao qual se dirige. A verdade da santidade permanece constante, mas deve ser adequada aos diferentes contextos para que seja efectivamente comunicada.

Esta "tradução" é crucial, não apenas na passagem de uma era filosófica ou histórica para a seguinte, mas também de uma cultura global para a outra. Recentemente, tem havido uma sensibilidade crescente relativamente ao colonialismo teológico que tem transpirado ao longo das décadas. Em alguns casos, uma articulação "americanizada" da mensagem da santidade tem sido imposta a culturas não americanas e apenas agora compreendemos as repercussões de tal estratégia imprudente. Apenas agora começamos a ver uma abertura à verdade da mensagem da santidade adequadamente comunicada, por exemplo, através de metáforas, expressões e idiomas africanos, asiáticos e latinos. Um traço do pós-modernismo é o reconhecimento da globalização. As igrejas do Movimento de Santidade têm começado a ter uma perspectiva relevante de si próprias como parte da igreja global. Um sistema de entrega unilateral já não pode ser aceite. Será que isto significa que estamos a mudar a realidade espiritual da graça santificadora de Deus? Absolutamente não. Estamos a ampliar o nosso entendimento acerca de como a graça pode penetrar cada cultura e, ao mesmo tempo, permitindo que ela o faça!

## ELEMENTOS CHAVE DA TEOLOGIA WESLEYANA

Com isto firmemente dito, podemos ainda identificar elementos da teologia wesleyana (numa perspectiva de santidade) que transcendem o tempo e o espaço. O leitor deve ser introduzido a estes elementos de forma a compreender o resto do livro. No entanto, apesar das breves descrições apresentadas a seguir, a leitura do livro como um todo aprofundará o conhecimento do leitor relativamente a estes tópicos introdutórios.

### 1. *A Teologia Wesleyana surge da biografia de João Wesley*
João Wesley nasceu a 17 de Junho de 1703, filho de Samuel e Susana Wesley. Tanto a família de Samuel Wesley como a de Susana tinham sido

parte do movimento dissidente puritano que se tinha separado da Igreja
Anglicana. No entanto, ambos decidiram juntar-se novamente à Igreja e
fizeram-no com grande zelo. Samuel era um presbítero anglicano, responsável pela igreja em Epworth, Inglaterra. Os inúmeros biógrafos que têm
estudado a família de Wesley, estão correctos ao atribuir importância à
educação anglicana de João, na sua formação espiritual. Samuel, um pastor bem formado que valorizava grandemente o processo de aprendizagem, escreveu e publicou. Susana também valorizava a educação tanto
para as suas filhas como para os seus filhos. Ela é bem conhecida pelo en-
sinamento cristão que lhes providenciou. Também foi, para João, um modelo primórdio da mulher no ministério; em termos práticos, serviu
enquanto co-pastora do rebanho em Epworth.

Talvez significante para o que viria a ser, mais tarde, o movimento metodista, foram os encontros organizados pelo casal Wesley na casa paro-
quial, onde os congregados partilhavam abertamente acerca das suas jor-
nadas espirituais. Os encontros eram regulares e cheios de oração, leitura
das Escrituras e conversas edificantes. Era Susana que frequentemente li-
derava esses encontros. João parecia ter um lugar especial no coração da
sua mãe. Ela acreditava que Deus o tinha poupado (de um incêndio) e
chamado para um propósito muito especial.

Aos 11 anos, João entrou na famosa Charterhouse School em Londres.
O seu irmão mais velho, Samuel, frequentava a Westminster School não
muito longe, onde Charles, o famoso irmão mais novo, também foi aluno.
A Charterhouse providenciou a João uma espécie de educação preparató-
ria e também a oportunidade de se iniciar na reflexão sobre a sua vida
espiritual, enquanto adolescente. Em 1720, João frequentou a faculdade
Christ Church (uma das faculdades da Oxford University) e começou a
preparar-se para o sacerdócio.

Oxford providenciou um lugar onde João Wesley pôde amadurecer
académica e espiritualmente. Christ Church era uma das faculdades mais
prestigiadas e, juntamente com outras disciplinas profissionais, preparava
os jovens estudantes para trabalharem na igreja. Depois da sua graduação
em 1724, Wesley tornou-se professor e tutor na Lincoln College (outra
faculdade de Oxford, o que levou a que fosse apoiado financeiramente
durantes esses anos. Para ministrar na Igreja Anglicana era exigido o seguinte: um bacharelato em artes; um exame feito pelo bispo; ordenação
como diácono, que era, no fundo, um período de estágio de dois anos —

tempo suficiente para avaliar se o candidato possuía os dons necessários para o ministério e para terminar o mestrado; ser novamente examinado pelo bispo e, finalmente, ordenado presbítero.

Para se preparar para a sua ordenação como diácono, Wesley começou a ler sobre a tradição pietista, que se focava no viver santo. Três autores foram extremamente relevantes para o desenvolvimento da teologia de Wesley: Thomas à Kempis (1380-1471), um místico alemão que escreveu *The Imitation of Christ* [A Imitação de Cristo]; Jeremy Taylor (1613-67) que escreveu *The Rules and Exercises of Holy Living* [As Regras e Exercícios para a Vida Santa] e *The Rules and Exercises of Holy Dying* [As Regras e Exercícios para a Morte Santa]; e William Law (1686-1761), contemporâneo de Wesley, que escreveu duas obras importantes: *A Practical Treatise upon Christan Perfection* [Um Tratado Prático sobre a Perfeição Cristã] e *A Serious Call to a Devout and Holy Life* [Uma Chamada Séria para uma Vida Devota e Santa]. Da leitura dos três autores, Wesley retirou três ideias principais que se relacionavam com a sua doutrina de santidade. Santidade envolve (1) pureza de intenções, (2) a imitação de Cristo como modelo para a vida santa e (3) amor a Deus e ao próximo como norma definitiva da perfeição cristã.

Estas ideias começaram a tomar forma durante o seu tempo em Oxford, através da leitura destes três autores. Por esta altura, no seu diário, era visível a seriedade com que abordava a sua própria santidade. Outro desenvolvimento importantíssimo foi a formação do Holy Club [Clube Santo] em 1729. O Holy Club foi um grupo de estudo que se desenvolveu, tornando-se o que muitos acreditam ter sido o modelo de pequenos grupos que, mais tarde, Wesley viria a usar, aquando da separação de todos os convertidos ao metodismo em pequenos grupos de prestação de contas e encorajamento espiritual (mais sobre este assunto posteriormente). O Holy Club foi também onde Wesley começou a dar valor àquilo a que chamamos de ministério de serviço social. Os membros faziam visitas semanais àqueles que estavam na prisão, ou em orfanatos, ou doentes. Este tipo de actividades eram uma parte vital do entendimento de Wesley acerca da disciplina espiritual. Em 1733, o Holy Club, hoje conhecido como os Metodistas de Oxford, era forte e crescia. Wesley, por outro lado, começou a ter dúvidas acerca da sua própria salvação. Ele debateu-se, tentando encontrar algum tipo de *garantia* de que era, de facto, filho de Deus. Quando surgiu uma oportunidade de ir para a Geórgia como missionário,

Wesley foi. Nessa altura, disse: "o meu principal motivo... é a salvação da minha própria alma"[10].

Três meses depois da morte do seu pai, em 1735, um administrador da *Society for the Propagation of the Gospel* (SPG) [Sociedade para a Propagação do Evangelho] convidou João Wesley a ir para a Geórgia. Ele, juntamente com o seu irmão Charles e outro membro do Holy Club, embarcaram em Janeiro de 1736. Em termos práticos, o tempo que passaram na Geórgia foi um falhanço pastoral, relacional e espiritual. Parte do plano de João era converter os "índios". O seu diário mostra que em vez de estarem sedentos pelo evangelho (como Wesley tinha imaginado, dada a sua forte crença na graça preveniente) os nativos americanos ofenderam o seu sentido de ordem e disciplina. João também foi intolerante para com os colonistas. Albert Outler considera as práticas de João sem tacto e o seu ministério na Geórgia um "fiasco".[11] A situação piorou com um romance complicado. João apaixonou-se por Sophie Hopkey, mas foi perpetuamente evasivo. Ela acabou por casar com outra pessoa. João baniu-a e ao seu marido de tomarem a Santa Ceia e foi, por sua vez, processado por difamar o carácter do marido. Os eventos aumentaram até ao ponto em que João teve de comparecer perante o tribunal. Finalmente, João decidiu voltar para Inglaterra para evitar mais constrangimentos.

No entanto, do desastre que foi o seu tempo na Geórgia surgiu um ponto positivo: João conheceu os morávios. O primeiro contacto com eles ocorreu durante a viagem para a Geórgia e João ficou surpreendido com a certeza que tinham da sua própria salvação. Enquanto João esteve nos EUA, encontravam-se ocasionalmente, mas quando regressou à Inglaterra, visitou a colónia morávia na Alemanha. Eles eram apoiantes convictos da doutrina luterana da *sola fide*: salvação apenas pela fé. Na busca pela santidade, que durava há mais de dez anos, Wesley falhou em ver o poder desta doutrina, e neste ponto da sua vida, Wesley precisava de ter a certeza de que era filho de Deus, para lá de todos os seus esforços ou "obras de justiça". Peter Boher, um morávio que aconselhou Wesley em várias ocasiões, desafiou-o: "prega a fé até que a obtenhas e, depois, pregá-la-ás porque a obtiveste"[12]. E foi exactamente o que Wesley fez. Ao fazê-lo, no entanto, Wesley ofendeu a comunidade anglicana. Mas defendeu-se declarando que tanto o *Book of Holimies* [Livro de Homilias] como o *Book of Common Prayer* [Livro de Oração Comum] afirmam a doutrina da salvação pela fé. Em vez de se sentir desencorajado, Wesley viu a controvérsia com os seus irmãos anglicanos com bons olhos e referiu que a bênção especial de Deus está nos sermões que mais ofendem. A 24 de Maio de 1738, João foi a um encontro morávio em Aldersgate Street e pediu, para si mesmo, a garantia de salvação por que tanto ansiara. Ele sentiu o coração "estranhamente aquecido" e, mais tarde, escreveu no seu diário: "Senti que realmente confiava em Cristo, apenas em Cristo para a minha salvação e que a certeza me foi dada, de que Ele me limpou do pecado, o *meu* pecado, e *me* salvou da lei do pecado e da morte"[13].

Não há consenso entre os estudiosos sobre o que, de facto, se passou com Wesley nessa noite. Uns chamam-lhe a sua verdadeira conversão, outros a sua conversão evangélica, outros chamam-lhe um passo espiritual entre tantos outros e ainda a experiência da inteira santificação. O próprio Wesley não nos ajuda a definir esse momento. Ele refere o ano de 1738 como importante, mas poderia referir-se ao primeiro encontro da sociedade ou ao início do avivamento evangélico em Inglaterra. Este trecho do seu diário foi reimpresso cinco vezes, noutras obras, mas sem comentários adicionais. O que é certo é que Aldersgate levou Wesley a uma nova direcção. Grande parte dos estudiosos concorda que Wesley experimentou um novo nível de "certeza" da sua salvação, baseada na graça e não em obras; este "testemunho do Espírito" (expressão também usada por Wesley) viria a tornar-se uma doutrina chave no metodismo. Desde Aldersgate, Wesley pregou convictamente a doutrina da *sola fide* nos púlpitos anglicanos e acabou por ser proibido de pregar em várias igrejas. Seguindo os passos do seu amigo George Whitefield, Wesley decidiu que, se não podia pregar nos púlpitos, "pregaria nos campos".

A fase intermédia da vida de Wesley foi consumida pela organização e surgimento do avivamento metodista em Inglaterra e pela sua necessidade de clarificar a teologia metodista. A primeira "acção teológica" de Wesley foi a rejeição dos extremos do Moravianismo. Apesar de Wesley apreciar profundamente a influência deles na sua própria vida e a doutrina que tinham da *sola fide*, Wesley começou ficar desconfortável com o "quietismo" deles. Wesley viu que uma ênfase exagerada na doutrina da graça poderia levar a um tipo de antinomianismo — a crença de que a graça é tudo e de que as obras são não apenas desnecessárias, mas também danosas para a exclusiva dependência em Cristo para a salvação dos cristãos e que, por isso, estes se devem manter quietos perante Deus. De 1725 em diante, Wesley não voltou a vacilar na sua crença de que um cristão expressa a sua cristandade através de boas obras, particularmente obras de amor e misericórdia para com os mais necessitados. Wesley, como o livro de Tiago, exigia que a fé fosse demonstrada e legitimada por tais obras. Nos anos 40 e 50 do séc. XVIII, surgiu um grupo de pessoas "chamado metodistas". Com a organização de "sociedades", "bands" e "classes" [Nota de tradutor: ver definições no Glossário], Wesley assegurou aos novos convertidos um programa disciplinado de formação espiritual, no contexto de comunhão com outros cristãos e focado no cuidado pastoral. As "sociedades" eram grupos maiores, que podem ser equiparados a uma congregação de tamanho médio. Os pequenos grupos e as classes eram grupos de prestação de contas espiritual mútua e eram bastante intensos. Grande parte dos estudiosos vê a formação destes pequenos grupos como crucial para o crescimento do metodismo, enquanto outros avivamentos periódicos — apesar do seu sucesso inicial — não resultaram em colheita a longo prazo. Wesley também assegurou uma ampla rede de pregadores leigos. Esses pregadores viajavam pelas diferentes sociedades pregando e certificando-se de que a visão teológica de Wesley estava a ser cumprida. As conferências anuais que ajudavam a governar as sociedades, estabelecidas em 1744, foram também cruciais no desenvolvimento dos traços distintivos do metodismo. O relacionamento do metodismo com a igreja anglicana foi questionado, tanto por metodistas como por anglicanos, mas Wesley via-o como uma renovação, ou uma ordem evangelística, dentro da Igreja de Inglaterra. Durante os primeiros anos, Wesley repudiava firmemente qualquer sugestão de dissidência.

No contexto das "bands" e "sociedades", influenciados pela visão de Wesley, os metodistas começaram a testificar da experiência da inteira santificação. "Santidade de coração e de vida" era uma das frases mais estimadas de Wesley. À medida que as pessoas começaram a professar a experiência, Wesley percebeu os benefícios de pregar sobre a possibilidade de a alcançar. Mas, o seu irmão, Charles Wesley, era de opinião contrária. Charles acreditava que a experiência da inteira santificação era rara e, se acontecesse, seria perto da morte da pessoa. Na década seguinte, João seria forçado a clarificar a sua posição.

Os anos entre 1760 e 1791, ano em que morreu, representam, para nós, a fase final de Wesley. Durante estas décadas, Wesley enfrentou as grandes questões teológicas que iriam, mais tarde, definir o metodismo. Problemas pessoais também se intercalaram ao pensamento teológico.

Aquela que veio a ser conhecida como a "controvérsia do perfeccionismo" começou no inicio de 1760. Durante a fase intermédia, Wesley tinha começado a abordar o alcance da perfeição cristã e a aconselhar os seus seguidores a "buscá-la já". Dois deles, Thomas Maxfield e George Bell, líderes da "sociedade" em Londres, levaram a doutrina ao extremo. Eles proclamaram que tal perfeição seria "absoluta" e que um cristão perfeito não poderia pecar, permanecendo num estado angelical. Eles minimizaram o processo gradual que Wesley sempre enfatizou como sendo igualmente importante. A controvérsia gerou muita agressividade sobre a doutrina da santificação. Wesley convocou uma conferência para resolver o assunto e clarificou a sua posição nas publicações *On Perfection* [Sobre a Perfeição] (1761), *On Sin in Believers* [Sobre o Pecado nos Crentes] (1763) e talvez mais detalhadamente em *A Explicação Clara da Perfeição Cristã*, primeiramente editado em 1766 e novamente em 1777.

Apesar de ter lidado com os metodistas que se consideravam calvinistas desde o início do movimento, o ano de 1770 trouxe o assunto novamente à tona. A morte de George Whitefield, em 1770, pode ser vista como catalisadora para a reemergência do debate. Whitefield foi membro do Holy Club e tornou-se um evangelista bem sucedido na América do Norte e na Inglaterra. Apesar de associado a Wesley durante muitos anos, Whitefield discordava dele, relativamente à doutrina da predestinação. No funeral de George, Wesley foi acusado de não representar correctamente a sua visão doutrinal. Em resposta à controvérsia, Wesley publicou várias obras: *On Predestination* [Sobre a Predestinação] (1773), *Thoughts Upon Necessity* [Pensamentos sobre a Necessidade] (1774) e *On Working Out Your Own Salvation* [Operar a Nossa Salvação] (1785). Wesley nunca vacilou na sua posição sobre a eleição. Por fim, o Metodismo manteve-se resolutamente no campo arminiano – ou seja, todos são eleitos por Deus para a salvação, condicionados pela sua aceitação da graça de Deus. Por outro lado, a posição calvinista defende que apenas certos indivíduos são eleitos e que a salvação não é condicionada; a graça é "irresistível". O principal argumento de Wesley contra a doutrina da predestinação, que é a compreensão calvinista sobre a eleição, é que ela distorce a nossa imagem de Deus e coloca a soberania de Deus acima do Seu amor.

Ainda durante a fase final da vida de Wesley, a questão da separação do Metodismo, da Igreja de Inglaterra, alcançou o seu clímax. Até aí, Wesley tinha estado resolutamente contra a separação. Ele queria ver o

Metodismo como um movimento de renovação dentro da igreja. Charles tinha uma opinião ainda mais forte, acreditando que a separação não devia ocorrer, sob quaisquer circunstâncias. Mas uma situação inesperada nas colónias americanas resultou na Guerra Revolucionária. Durante o conflito, a Igreja Anglicana viu-se obrigada a regressar à Inglaterra. O que deixou o problema pastoral prático da administração dos sacramentos nas mãos dos metodistas leigos na América.

Apesar de os metodistas sempre terem tido o hábito de se juntarem para cultos de pregação e para encontros de "sociedades", Wesley exigiu que os metodistas em Inglaterra e na América recebessem os sacramentos da Santa Ceia nas igrejas anglicanas. Wesley preocupava-se profundamente que, com a ausência de presbíteros anglicanos, os metodistas americanos não tivessem a oportunidade de receber os sacramentos. A Santa Ceia era tão importante para Wesley que ele decidiu aprovar a ordenação metodista de Francis Asbury e Thomas Coke, nomeando-os como superintendentes gerais da Igreja Metodista em 1784 na conferência em Baltimore (conhecida como a Conferência de Natal). Este acto desencadeou uma série de eventos que acabaram por dar a independência aos metodistas americanos. Os ingleses, por outro lado, tornar-se-iam uma denominação independente do anglicanismo apenas depois da morte de Wesley.

A decisão de Wesley debilitou o seu relacionamento com Charles de tal forma que nunca mais foram os mesmos. Outras dificuldades pessoais surgiram. João Wesley era casado com Molly, contra os conselhos de Charles. O casamento foi um falhanço completo; Molly deixou-o em 1771. O corte no relacionamento foi tal que Wesley só teve conhecimento da morte dela meses depois do sucedido, em 1781. Mas apesar das controvérsias e dificuldades, Wesley permaneceu um líder forte. Ele continuou a publicar, pregar e corresponder-se com o povo metodista até à sua morte.

Wesley era, e é, reconhecido como um homem excepcionalmente influente — uma avaliação que não pode ser refutada, apesar da dificuldade que historiadores e biógrafos possam ter tido em filtrar todas as evidências. Muitos reconhecem-no como um pai espiritual, particularmente no Movimento de Santidade — que surgiu durante o século XIX e que continua hoje.

## 2. *A Teologia Wesleyana tem um foco soteriológico*

A soteriologia, ou a teologia da salvação, está no centro da teologia de João Wesley. Tecnicamente, Deus está seguramente no centro e Wesley argumentaria isso até ao fim. E mesmo com isto definido, Wesley acreditava que o amor de Deus e o seu desejo por um relacionamento renovado com a humanidade, é a própria mensagem da Bíblia, como testemunhado ao longo da tradição cristã. Por outras palavras, para Wesley, o relacionamento entre Deus e o homem está no coração do cristianismo e de toda a doutrina cristã. Compreender este relacionamento divino-humano (especialmente como é estabelecido e mantido) deveria ser o propósito de toda a questão teológica. Por sua vez, toda a questão teológica deveria auxiliar a vivência deste relacionamento. Desta maneira, toda a teologia wesleyana é baseada na soteriologia e é absolutamente optimista e prática na sua orientação.

De certa forma, todas as outras doutrinas têm que se arranjar à volta da questão: "O que devemos fazer para ser salvos?" A maior parte da teologia de Wesley está, então, focada no conceito de *ordo salutis*, ou "ordem de salvação". Nesta expressão os teólogos referem-se a como Deus e o homem se relacionam em determinado momento da jornada cristã do ser humano. Alguns teólogos wesleyanos preferem usar a expressão *via salutis*, "caminho da salvação", para indicar que a jornada cristã é uma experiência fluída, dia a dia e não uma série de passos isolados. Em qualquer das expressões usadas para descrever o relacionamento divino-humano, há fases que podem ser identificadas e descritas. Mas a teologia de Wesley nunca permanece no abstracto. A sua crença na experimentação das várias dimensões da salvação por qualquer pessoa, torna a sua teologia absolutamente optimista e prática.

## 3. *A Teologia Wesleyana é absolutamente optimista*

A teologia Wesleyana é frequentemente conhecida como uma teologia optimista. Wesley reconhecia os efeitos do pecado na raça humana e confirmava a doutrina do pecado original. Sem isso, dizia Wesley, todo o cristianismo cairia. Devemos reconhecer que o ser humano está quebrado e em necessidade de salvação. Mas se Wesley declarava convictamente a nossa condição pecaminosa, ainda mais convictamente pregava sobre o poder da graça. Muita da teologia de Wesley é reforçada pelo seu entendimento da graça preveniente. A graça preveniente é aquela graça que Deus nos dá no nosso nascimento. Esta graça, que é a obra poderosa do

Espírito Santo, é a graça que nos atrai, ou "corteja", a um relacionamento com Deus. Não estamos sozinhos na busca pelo Divino. Deus procura-nos primeiro. Tendo respondido à graça preveniente e aceite a graça justificadora, a graça optimista de Wesley brilha mais claramente. Wesley acreditava que não somos apenas salvos pela graça, mas também santificados, o que resulta numa transformação interior real, que se expressa numa mudança exterior. Uma passagem de Theodore Runyon pode ser útil para entender o conceito:

> Wesley estava convencido que quando o Espírito recreativo trabalha, ocorre uma mudança real. Não apenas nos é garantido um novo status em Cristo, através da justificação, mas Deus não nos deixa onde estávamos; Deus inaugura uma nova criação, restaurando a relação para a qual fomos chamados, para espelhar Deus no mundo. (…) [Há mudança real, mas também relativa, diz Wesley]. A mudança relativa é aquela que acontece na forma de nos relacionarmos [com Deus], trazida pela nossa aceitação por Deus e é absolutamente essencial para aquilo que se segue. Mas o que se segue, a mudança real, é o começo de uma nova criatura, o *telos* para o qual a salvação é direccionada.[17]

É por esta razão (a crença numa mudança real que começa na regeneração) que Wesley valorizava tanto a experiência do novo nascimento e que, também criticava aqueles que minimizavam o Seu poder de mudar o pecado interior e exterior. Então, o novo nascimento inicia uma nova vida a ser vivida sob a graça santificadora. Foi esta graça santificadora, recebida de uma forma mais profunda, aquando da inteira santificação, que encorajou Wesley a ser tão optimista. O pecado já não reinava no seu coração porque o derramamento do amor de Deus o "excluiu". Está ao nosso alcance viver vidas verdadeiramente santas. Como diria Wesley, negar tal optimismo seria como dizer que o poder do pecado é maior do que o poder da graça – uma opção que não deve ser considerada na teologia wesleyana da santidade.

### 4. *A Teologia Wesleyana é prática*

A grande maioria dos estudiosos wesleyanos concorda que a teologia de João Wesley é melhor expressa como *teologia prática*. A teologia de Wesley aplica-se sempre directamente a situações da vida real. Ele não se debruçou sobre uma teologia sistemática, como João Calvin, nem escreveu tudo o que acreditava acerca das doutrinas cristãs num só documento. Quando se refere à Bíblia e à ortodoxia cristã, a sua metodologia teológica é indutiva.

Wesley desenvolveu as suas conclusões teológicas com base na sua experiência de vida. Os estudiosos olham para as obras mais práticas de Wesley – sermões, diários e cartas – de forma a tecer as crenças de Wesley acerca de cada doutrina sistemática tradicional. Wesley é considerado um teólogo prático. Muitas diferentes fontes influenciaram as suas conclusões teológicas. Wesley também é considerado um teólogo ecléctico – ele parte dos melhores conceitos de uma grande variedade de origens e sintetiza tudo numa visão teológica criativa.

Em parte por causa do seu estilo indutivo e do seu desenvolvimento espiritual, João Wesley procurou desenvolver a tarefa de articular a verdade cristã, motivado por uma profunda dedicação à humildade teológica. Por vezes delicadamente, e noutras audazmente, defendeu uma diferenciação cuidadosa e decisiva entre os essenciais cristãos e os não essenciais. Wesley adoptou esta perspectiva baseando-se na posição *via media* da Igreja de Inglaterra. Mas defendeu como essenciais aquelas crenças nas quais firmou a sua vida. Curiosamente, os essenciais que frequentemente defendeu tinham que ver com conceitos práticos da vida cristã e não com a especulação teológica. No seu sermão "Catholic Spirit" [Espírito Católico], Wesley ofereceu uma lista de questões, que defendia serem essenciais, para que fossem respondidas como um teste, permitindo ao crente saber se o seu coração estava "recto" perante Deus[18]. Wesley ofereceu este teste num contexto em que declarou a realidade inevitável da diversidade cristã sobre questões teológicas e eclesiásticas. Os tópicos abordados na lista eram os "não negociáveis" para um cristão verdadeiro e Wesley não se envergonhava de os proclamar. Curiosamente, eram poucas as questões da lista centradas em doutrinas. A maioria tem a ver com uma fé vivida, expressa através da santidade e evidenciada em atitudes e acções de uma pessoa "cheia da energia do amor"[19]. De certa forma, podemos dizer que a teologia de Wesley não é apenas um conjunto de doutrinas, mas um *ethos* daquilo de que é feita – sempre com o propósito da prática da vivência cristã e do amor. Assim, a doutrina é fundamental ao amor e não o objectivo final da religião.

## EXCERTO DO "ESPÍRITO CATÓLICO" DE WESLEY

A primeira questão implícita é: Está o teu coração correcto com Deus? Crês no Seu ser e perfeição? Na Sua eternidade, imensidão, sabedoria, poder? Na Sua justiça, misericórdia e verdade? Crês que Ele sustém tudo pela palavra do Seu poder? E que Ele governa até cada minuto, mesmo o mais nocivo, para a Sua própria glória e para o bem daqueles que O amam? Tens tu uma evidência divina, uma convicção sobrenatural, das coisas de Deus? Tens "andado por fé e não por vista"? Olhando não para as coisas temporais, mas para as eternas? Crês no Senhor Jesus Cristo, "Deus sobre tudo, abençoado para sempre"? Está Ele revelado na tua alma? Conheces Jesus Cristo, O crucificado? Habita Ele em ti, e tu n'Ele? Está Ele formado no teu coração pela fé? Tendo renunciado, em absoluto, todas as tuas obras, a tua própria justiça, tens-te "submetido à justiça de Deus, que é pela fé em Cristo Jesus"? És "encontrado n'Ele, não tendo a tua própria justiça, mas a justiça que é pela fé"? E estás, através d'Ele, "combatendo o bom combate da fé, e lançando mão da vida eterna"? É a tua fé [energoumené di' agapés], *cheia da energia do amor*? Amas Deus (não digo "acima de todas as coisas", pois é uma expressão não bíblica e ambígua, mas) de "todo o coração, com todo o teu entendimento, com toda a tua alma e com todas as tuas forças"? Buscas toda a felicidade apenas n'Ele? E encontras o que procuras? A tua alma continuamente "magnifica o Senhor e o teu espírito se alegra em Deus, o Salvador"? Tendo ouvido "em tudo dai graças" admites que "é uma coisa alegre e prazerosa ser agradecido"? É Deus o centro da tua alma, a soma de todos os teus desejos? Estás em conformidade, deixando os teus tesouros no céu e contando todas as outras coisas como esterco e escória? O amor de Deus já lançou para fora da tua alma, o amor ao mundo? Então tu estás "crucificado para o mundo"; estás morto para tudo o resto; e a tua "vida está escondida com Cristo em Deus". Estás empenhado em fazer "não a minha vontade mas a vontade d'Aquele que me enviou" – d'Aquele que te enviou para uma curta estadia aqui em baixo, para passar uns dias numa terra estranha, até que, tendo acabado a obra que Ele te incumbiu, regresses à casa do teu Pai? Comes e bebes fazendo "a vontade do teu Pai que está nos céus"? Está o teu olho devoto em todos os aspectos? Sempre fixado n'Ele?

Sempre olhando para Jesus? Estás orientado para Ele em tudo o que fazes? Em todo o teu labor, em todos os teus negócios, nas tuas conversas? Almejando a Glória de Deus em tudo "o que quer que faças, seja em palavra ou acção, fazes tudo em nome do Senhor Jesus; dando graças a Deus, o Pai, através d'Ele"? O amor de Deus constrange-te a servi-Lo com temor, a "regozijares-te n'Ele com reverência"? Estás tu mais preocupado em agradar a Deus, do que à morte ou inferno? Não há nada mais terrível para ti do que ofender os olhos da Sua glória? Baseado nisto, "odeias todo o mal", cada transgressão à Sua santa e perfeita lei; e "exercitas-te a ter uma consciência sem ofensa a Deus e sem ofensa aos homens"? Está o teu coração recto em relação ao teu próximo? Amas-te a ti mesmo, toda a humanidade, sem excepção? "Se amas só os que te amam, que bom há nisso?" Amas os "teus inimigos"? Está a tua alma cheia de boa vontade, de afecções ternas, para com eles? Amas até os inimigos de Deus, os ingratos e profanos? As tuas entranhas anseiam por eles? Podes "desejar-te" temporariamente "amaldiçoado" por causa deles? E mostras isso, "abençoando aqueles que te amaldiçoam e orando por aqueles que, apesar disso, te usam e te perseguem"? Mostras o teu amor através das tuas obras? Quando tens tempo, enquanto tens oportunidade, fazes de facto "todo o bem a todos os homens", ao teu próximo ou aos estrangeiros, amigos ou inimigos, bons ou maus? Fazes-lhes todo o bem que podes; esforçando-te por suprir todas as suas necessidades; assistindo-os tanto no corpo como na alma, no pleno de todas as tuas capacidades? — Se és assim, que todos os cristãos digam, sim; se sinceramente o desejas, e o segues até que o alcances, então "o teu coração está recto, e o Meu coração está com o teu coração"[20].

## 5. A Teologia Wesleyana é fundamental para a teologia da santidade

A expressão "teologia wesleyana da santidade" é usada várias vezes ao longo deste livro e carece de uma explicação. A expressão refere-se a um período particular da história religiosa. Quando o Metodismo de João Wesley se contextualizou nos Estados Unidos da América no século XIX, parte da sua teologia original – nascida e nutrida na Grã Bretanha do século XVIII – mudou. Um acontecimento que seria o esperado. A doutrina da perfeição cristã, o "grande deposito" do Metodismo, tinha vestido uma nova pele. Os metodistas americanos tomaram partido no que toca à doutrina da inteira santificação. Ocorreram divisões na última metade do século XIX e a apesar das contendas não estarem relacionadas exclusivamente com a teologia da santidade, no geral, os que mantinham a inteira santificação como um momento decisivo com efeitos radicais deixaram o Metodismo e formaram várias novas denominações.

Parte destas novas denominações era caracterizada por certas anomalias teológicas, como foi sempre o caso do Metodismo. Por um lado, pensadores e pregadores de santidade não eram teologicamente wesleyanos. Por outro lado, o Metodismo representava agora a teologia wesleyana recusando o método e meios de santidade definidos pelas novas denominações. Ou seja, tínhamos uma teologia da santidade que não era wesleyana e uma teologia wesleyana que era não focada na santidade. No entanto, a maioria destas novas denominações tinha fortes fundamentos wesleyanos ao afirmar a teologia da santidade. Novamente, a expressão "teologia wesleyana da santidade" implica mais do que apenas o seu contexto histórico e mais do que as denominações actualmente existentes começaram naquela altura.

Este livro é escrito com a pressuposição de que a teologia wesleyana da santidade representa mais do que um desenvolvimento histórico com resultados eclesiásticos. Este livro é escrito com a convicção de que a teologia wesleyana da santidade é um tipo de teologia distinto, de entre as outras teologias no mundo hoje e que tem uma voz única e um lugar importante no diálogo teológico actual. Além disso, este livro é escrito na esperança de que os seus leitores sejam formados e informados pela teologia wesleyana da santidade. A teologia apresentada é vital e vivida e deve chamar cada um de nós, o leitor inclusive, a um auto-exame e aprofundamento espiritual. Neste sentido, que o Espírito Santo faça a soma mais do que as partes, que seja um meio da graça.

## UMA NOTA AO LEITOR

As partes e capítulos deste livro seguem um padrão básico, vagamente baseado no quadrilátero de Wesley. Os capítulos bíblicos e históricos fundacionais representam as Escrituras e a tradição. Os restantes capítulos abordam a doutrina da santidade das perspectivas da razão e da experiência. Depois de definir os fundamentos teológicos, nomeadamente capítulos sobre Deus, humanidade, pecado, salvação e santificação, o livro examinará a santidade nos seguintes paradigmas: perfeição, pureza, poder, carácter e amor. O amor, para Wesley e para os seus sucessores, deve penetrar cada fibra da santidade e, por isso, deve ser compreendido como o tema abrangente de todo o livro e não apenas como o capítulo conclusivo. A inteira devoção é, talvez, a melhor expressão do nosso amor por Deus e deve, também, ser vista como um fio temático.

Para ajudar o leitor, cada capítulo inicia-se com um conjunto de objectivos e palavras-chave. Cada palavra-chave chama a atenção para determinado conceito teológico e a sua primeira aparição no capítulo é feita a negrito. As mesmas palavras também podem ser encontradas no glossário no fim do livro. Cada capítulo termina com questões de estudo e algumas sugestões de leitura adicional, apresentadas no fim do livro, que podem ser benéficas quando o livro for usado como manual de estudo.

# PARTE 1

## SANTIDADE BÍBLICA

# Como Ler a Bíblia Enquanto Wesleyano

## OBJECTIVOS DO ALUNO

*O estudo deste capítulo vai ajudá-lo a:*

1. Definir interpretação bíblica
2. Identificar os métodos explícitos de Wesley da exegética bíblica
3. Descrever a inspiração e a compreensão da autoridade bíblica do ponto de vista da teologia wesleyana da santidade
4. Definir o quadrilátero wesleyano
5. Descrever o que significa a expressão "plenitude da Escritura"
6. Identificar os quatro elementos da "analogia da fé" de Wesley

## PALAVRAS CHAVE

Interpretação bíblica

Crítica bíblica

Exegética

*Sola scriptura*

Hermenêutica

(Interpretação) Indutiva

Soteriologia

Quadrilátero wesleyano

Tradição

Razão

Experiência

Inspiração dupla

Interpretação subjectiva

Analogia da fé

Midrash

Eisegese

Dispensações

Pecado original

Justificação

Novo nascimento

Santificação

A santidade é um conceito completamente bíblico, divinamente revelado através dos escritores bíblicos e relevante para cada nova geração.
Qualquer definição adequada de santidade é baseada na santidade de Deus
e na chamada de Deus para que sejamos "perfeitos" (ou santos) "como o
vosso Pai celestial é perfeito" (Mateus 5:48). Conhecemos o carácter de
Deus apenas através da auto-revelação de Deus em Jesus Cristo e através
dos testemunhos da Bíblia sobre Ele. Só conhecemos a vida santa, para a
qual somos chamados como cristãos, porque Deus a tem revelado a nós
na vida de Cristo e através das Escrituras.

Estas simples declarações são fundamentais, mas não aprofundam o
suficiente. Como o título deste capítulo sugere, existem muitas formas de
ler a Bíblia, e a forma wesleyana — que é a perspectiva sobre a qual este
capítulo foi escrito — é uma entre muitas. Precisamos de, primeiramente,
reconhecer, que ver a santidade como um tema central na Bíblia é um
gesto *interpretativo*. Devemos conceder que outras tradições teológicas não
chegam às mesmas conclusões acerca da santidade e do seu corolário, a
santificação. Até as próprias palavras nos idiomas originais devem ser traduzidas, o que implica decisões interpretativas da parte dos tradutores.
Nós interpretamos desde as palavras individuais aos temas principais da
Bíblia.

**Interpretação bíblica** é uma actividade complexa, que se "esconde"
imediatamente sob a superfície sempre que tentamos compreender alguma parte das Escrituras, especialmente quando tentamos aplicá-la às vidas de hoje. Mesmo as doutrinas que afirmam "o significado simples das
Escrituras" têm de reconhecer que cada leitor aborda o texto com pressuposições — a sua aprendizagem e ingenuidade. Declarar apenas ser um
cristão bíblico é simplesmente impossível. Todas as pessoas, e tradições,
têm métodos para dar sentido à Bíblia e aplicá-la às suas vidas. Encontrar
uma aplicação para a vida prática é o propósito da interpretação bíblica.

Por esta altura surgem muitas questões. Como é que as diferentes tradições eclesiásticas chegaram às suas diferentes conclusões teológicas
acerca do que a Bíblia diz? O que afirmam essas tradições acerca do lugar
das Escrituras na vida da igreja? O que é que cada tradição crê acerca da
autoridade da Bíblia contrariamente a outras autoridades? Será que diferentes tradições têm diferentes métodos de interpretação? Será factor de-
terminante de uma boa interpretação o desejo de ser completamente ob-

jectiva? Qual é a história da interpretação bíblica? Que métodos de interpretação são usados hoje? Tem o indivíduo o direito de interpretar como
bem entender ou tem de ser fiel à interpretação da sua comunidade? Qual
é o propósito da Bíblia?

## QUESTÕES METODOLÓGICAS

Como mencionado antes, este capítulo é escrito sob a premissa de que
há uma abordagem wesleyana de ler as Escrituras. Para aqueles que seguem
a tradição wesleyana de santidade, esta abordagem às Escrituras é fundamental, não apenas para uma teologia da santidade, mas para uma contínua auto-identidade. Confusão, tensão e conflito podem surgir quando
membros da comunidade lêem e interpretam os textos bíblicos de forma
inconsistente com a sua tradição. Ler as Escrituras conforme a tradição da
comunidade vai de mãos dadas com o entendimento da teologia e história
dessa comunidade.

Antes de aprofundarmos a nossa discussão sobre a interpretação bíblica
wesleyana, devemos dar atenção a três esclarecimentos.[1] Primeiro, ler a
Bíblia enquanto wesleyano não implica que leiamos a Bíblia exactamente
como João Wesley. Segundo, ler a Bíblia como um wesleyano implica algum entendimento sobre a inspiração bíblica e a sua autoridade. E terceiro, ler a Bíblia como um wesleyano implica que o intérprete está inves-
tido espiritualmente (não apenas objectivamente) na Bíblia e busca ser
submisso à Sua mensagem. Enquadrados como questões metodológicas, a
importância destes três esclarecimentos torna-se cada vez mais evidente à
medida que os examinamos em maior detalhe.

1. *"Ler ou não ler" como Wesley?*

Falando no geral, João Wesley pertenceu à era "pré-crítica" da interpretação bíblica. O período "moderno" da maior e menor **crítica bíblica**
desenvolveu-se durante o século em que Wesley viveu. Ele estava consciente de alguns dos desenvolvimentos que estavam a acontecer à sua volta
e até implementou alguns aspectos da **exegética** moderna no seu trabalho.
Mais precisamente dito, Wesley pertenceu à era da reforma da interpretação bíblica. A afirmação chave para a reforma foi a *sola scriptura* ("somente as Escrituras") que contrapôs a ideia de que a tradição da igreja
(católica) tem a mesma autoridade que as Escrituras. Wesley modificou a
*sola scriptura* como muitos dos seus contemporâneos anglicanos. Mas as

tendências interpretativas das **hermenêuticas** reformadoras influenciaram significativamente a abordagem de Wesley à Bíblia.

Wesley estabeleceu os seus próprios métodos de exegética. Scott Jones organizou-os em sete ideias diferentes:

1. A linguagem bíblica deve ser usada para explicar ou descrever ideias bíblicas; deve ser dominante no nosso uso do idioma.
2. O sentido literal do texto deve ser usado primeiro, a não ser que contradiga outros textos ou sugira absurdos. "Nos casos em que dois textos bíblicos se contradigam, [Wesley] sublinhou que o mais obscuro deve ser compreendido à luz do mais claro"[2].
3. Um texto deve ser interpretado à luz do seu próprio contexto.
4. As Escrituras interpretam-se a si mesmas, e cada texto individual deve ser interpretado à luz do todo.
5. Os mandamentos devem ser sempre vistos como promessas protegidas. Por outras palavras, qualquer que seja a ordenança que tenhamos, Deus irá capacitar-nos para a cumprir através da graça.
6. O uso de recursos literários é empregue em certas ocasiões e deve ser discernido se se pretender apurar o significado do texto.
7. Deve ser procurado o texto mais antigo, assim como a melhor tradução disponível.[3]

Apesar destas sugestões serem benéficas para nós, hoje, a questão permanece: Será que ler a Bíblia enquanto wesleyano implica que usemos, apenas, os métodos e técnicas de Wesley? Os estudiosos contemporâneos da teologia wesleyana dizem que não. Avanços na exegética e crítica bíblica não devem ser ignorados. Joel Green é um representante desta posição. Ele declara o seguinte:

> Ler a Bíblia enquanto wesleyano não é adoptar uma postura pré-crítica com respeito à natureza e interpretação das Escrituras. (...) Aqueles que lamentam a abordagem, de Wesley, da pré-crítica às Escrituras e que imaginam que a recuperação da sua abordagem para o propósito do estudo bíblico acarreta a nossa aceitação de pressuposições e práticas pré-críticas, estão enganados.[4]

Green sugere que Wesley aceitou vários desenvolvimentos na crítica bíblica, usando-os quando oportuno.

Devemos, então, implementar outros métodos além dos de Wesley. No entanto, junto com esta percepção, os princípios orientadores de Wesley (como discutidos seguidamente) devem ser levados muito seriamente.

**2.** *O que é que um o paradigma wesleyano assume acerca da inspiração e autoridade bíblicas?*

A autoridade da Bíblia era uma certeza inquestionável para João Wesley. Apenas mais tarde, na era do Iluminismo (século XVIII), é que os estudiosos questionaram a autoridade bíblica, considerando-a mais como um objecto de investigação. Para Wesley, a Bíblia era autoridade simplesmente porque foi inspirada por Deus como uma revelação especial para a humanidade. Ou seja, a autoridade e inspiração estão inseparavelmente ligadas à sua teologia e à sua abordagem da interpretação bíblica. "Ao reconhecer a existência de elementos divinos e humanos no processo, Wesley minimiza o elemento humano e enfatiza a fidelidade com a qual a mensagem é transcrita"[5].

Pedir a Wesley que prove a autoridade da Bíblia é um conceito anacrónico. A Bíblia é autoridade porque é verdade. A Bíblia é verdade porque revela a mensagem que Deus inspirou os escritores a transmitir. A mensagem de Deus, então, sendo inspirada por Deus a tal ponto que Deus é o seu "autor", é totalmente confiável na sua orientação para com a fé e a prática.

O propósito da Bíblia era, também, uma certeza inquestionável para Wesley. Ele seguia o artigo de fé anglicano, que afirma a suficiência e a confiabilidade da Bíblia em todas as coisas *pertencentes à salvação*. As denominações wesleyanas de santidade também seguem esta postura nos seus diferentes artigos de fé.

Tal como a questão sobre provar a autoridade bíblica, perguntar a Wesley se era inerrante seria, também, anacrónico. A sua posição permitiu-lhe estar aberto aos desenvolvimentos que foram acontecendo durante a sua vida, nas áreas da história e da ciência. Ele não tinha de defender a verdade das Escrituras nas áreas que estas nunca pretenderam abordar. O artigo anglicano relativamente a este ponto, assemelha-se à visão das Escrituras definida pela Reforma Protestante. Wesley, tal como os primeiros reformadores, nunca teria sugerido que a Bíblia é verdade em todas as formas de conhecimento. Foi a Escolástica Protestante que mudou o foco das Escrituras enquanto revelação de como ter um relacionamento com Deus, para a crença de que estas revelam cada proposta doutrinal no seu todo.[6] Como Robert Wall afirma:

A tradição wesleyana inclina naturalmente os seus intérpretes a ver a sua tarefa como "um diálogo aberto e sem fim". As noções resultantes deste método, são mais fluídas e contextuais. (…) É assim porque Armínio (a quem Wesley seguia neste ponto) compreendeu a autoridade das Escrituras em termos funcionais, quer para confirmar a experiência real da conversão quer para interpretar a vida de santidade num contexto em particular. (…) Os [estudiosos] das tradições calvinistas [posteriores], por outro lado, tendiam a pressionar por uma interpretação uniforme das Escrituras e seu significado singular que justifica o credo e a "ortodoxia" uniforme — um livro, uma fé. A autoridade das Escrituras é vista em termos proposicionais.[7]

A abordagem de Wesley é muito mais **indutiva** por natureza. Enquanto a Bíblia seguramente revela tudo o que é necessário para formular doutrina e teologia, o intérprete bíblico deve abordar o texto sem afirmações doutrinais preformadas e altamente estruturadas. Wesley veio a acreditar que a teologia primária revelada na Bíblia é a **soteriologia**. Mas resistiu à ideia de que pré-determinou o significado das Escrituras por imposição de credo ou doutrina na sua análise. Da mesma forma, não devemos abordar a Bíblia à luz das conclusões teológicas wesleyanas. As hermenêuticas bíblicas e a teologia bíblica terão sempre prioridade quando confrontadas com outros fundamentos teológicos mais sistemáticos. Mas Wesley não abordava o texto bíblico sozinho. Wesley trazia consigo os outros três componentes do que é conhecido como o **quadrilátero wesleyano**.

Apesar de ter afirmado a ideia da reforma, a *sola scriptura*, e colocado a autoridade das Escrituras acima de tudo o resto, Wesley não seguiu esta doutrina, e suas consequências, sem algumas modificações. Quando Wesley leu "somente as Escrituras", acreditou que a Bíblia é a fonte de autoridade primária, mas não necessariamente a única autoridade religiosa. Sobre este assunto, Donald Thorsen diz:

> A contribuição mais duradoura de João Wesley para o método teológico vem da sua (…) [inclusão] da experiência juntamente com as Escrituras, tradição e razão como fontes genuínas de autoridade religiosa. Mantendo a primazia das Escrituras, Wesley funcionou com uma interacção dinâmica de fontes na interpretação, iluminação, enriquecimento e comunicação das verdades bíblicas.[8]

Isto não implica que a **tradição**, a **razão** ou a **experiência** são, por si só, autoridades. A Bíblia mantém-se sozinha acima destas três serventes. À tradição, particularmente ao período patrístico e à Igreja de Inglaterra, deve ser dada séria consideração, segundo Wesley. Saber como a Igreja tem interpretado a Bíblia ao longo dos séculos e como tem expressado essas interpretações na sua vida litúrgica é importante. Especialmente quando examinamos o desenvolvimento de crenças e credos ortodoxos nomeadamente sobre a Trindade e Jesus Cristo. É, também, apenas através do exercício da razão que a mensagem bíblica é discernida, formulada e comunicada. Contudo, Wesley não sugeriu que podemos racionalizar o nosso caminho até Deus.

A experiência serve para confirmar a verdade das Escrituras. Se os cristãos não estão a experimentar a mensagem bíblica, devem questionar a sua interpretação da mensagem. Wesley é conhecido por ter reexaminado e subsequentemente reinterpretado as Escrituras à luz de experiências do povo metodista.[9]

Um estudo exaustivo do quadrilátero wesleyano e da sua interacção, fica além do nosso âmbito. Para o nosso propósito, notamos que o quadrilátero é uma das forma usadas por Wesley, de se manter humilde diante da Bíblia; esta humildade é uma parte importante do *ethos* wesleyano. O quadrilátero serve como método de verificação, uma balança, para avaliar a credibilidade de qualquer interpretação das Escrituras.

Finalmente, voltando ao tópico da inspiração bíblica, devemos mencionar que Wesley acreditava no que hoje chamamos de **inspiração dupla**. O Espírito Santo não apenas inspirou os escritores dos livros que compõem a Bíblia, à medida que os escreviam, mas também nos inspira a nós, leitores, tanto a ouvir como a aplicar a mensagem bíblica aos nossos corações e vidas. Como o próprio Wesley disse: "Toda a Escritura é inspirada por Deus — o Espírito de Deus não inspirou apenas uma vez aqueles que a escreveram, mas continuamente inspira e sobrenaturalmente assiste, aqueles que a lêem em espírito de oração"[10].

### 3. *O que é a interpretação subjectiva?*

A interpretação bíblica resultante do período moderno pode, à primeira vista, parecer nobre. Os intérpretes bíblicos estudaram a Bíblia usando vários dos métodos científicos do Iluminismo para alcançar uma compreensão mais objectiva do seu significado. A Bíblia foi examinada como qualquer texto literário seria examinado. Este movimento, em busca de uma examinação objectiva veio a ser chamado de crítica bíblica, que estava subdividida em duas, a crítica superior e inferior. A crítica superior questiona a autoridade de cada livro, quando foi escrito, como se adequa no canon, etc. Procura dar um contexto histórico a cada passagem. A crítica inferior (também conhecida como crítica textual) examina todos os meandros dos próprios textos.

O desenvolvimento da crítica bíblica desde o Iluminismo, mostra um aumento marcado da competência bíblica. Como mencionado antes, Wesley faria uso de todos os recursos bíblicos disponíveis nos séculos XIX e XX. Da mesma forma, hoje, os estudiosos bíblicos da teologia wesleyana devem ter uma voz proeminente no santuário.[11]

Mas alguns estudiosos também oferecem uma adequada palavra de precaução. Joel Green, entre outros, teme que o uso das técnicas da interpretação bíblica do período moderno, particularmente no ambiente académico, leve a que a Bíblia seja vista demasiado "objectivamente" e não como o Livro da Igreja.[12] Isto levanta a questão: quem está em melhor posição para interpretar a Bíblia? Aqueles fora do círculo da subjectividade cristã? Ou os que estão dentro do círculo cristão? Colocar este tipo de questão revela uma dicotomia que Wesley nunca teria imaginado.

Ler a Bíblia enquanto wesleyano significa que a pessoa deve estar ciente que está sempre envolvida, subjectivamente, no texto que deseja interpretar. A pessoa deve ter fé para afirmar que o carácter santo de Deus e a resposta adequada da humanidade, são completamente revelados nas Escrituras. A pessoa deve acreditar no sentido e no propósito da Bíblia em si e ter fé suficiente para crer que o que nela está escrito é verdade. Mas a fé é também necessária para crer que o "objectivo da interpretação bíblica" é "para a praxis da (e para a) igreja"[13]. A fé é necessária para acreditar que qualquer interpretação falha se não se questionar: O que devemos fazer nesta comunidade em particular, à luz da revelação de Deus?

Ter fé, não significa ignorar todos os dados e entendimentos que a crítica bíblica oferece. Não significa que a pessoa pode ser desleixada ou adoptar uma interpretação "romântica" das Escrituras, completamente despreocupada com a mensagem e com seu contexto original. Significa, no entanto, compreender que, enquanto que um conhecimento mais objectivo das Escrituras pode (e deve) ajudar a boa interpretação, um bom intérprete está sempre envolvido, subjectivamente, com o texto para o

bem da comunidade da fé. Um wesleyano crê, então, que a melhor interpretação das Escrituras não apenas aborda os textos com ferramentas bíblicas, mas também, e sempre, com uma confiança confessional em Deus
e com fé de que o Espírito Santo está intrinsecamente envolvido na tarefa
de discernir o significado vital da Bíblia. Usando as palavras de Carlos
Wesley, podemos dizer que aquilo que João Wesley almejava no estudo
bíblico é o que almejava na vida em geral: "unir o par dissociado há tanto
tempo — conhecimento e piedade vital"[14].

## PRINCÍPIOS ORIENTADORES DA FORMA
## WESLEYANA DE LER AS ESCRITURAS

A interpretação bíblica na tradição wesleyana está seguramente interes-
sada na exegética bíblica minuciosa e precisa. Mas não é um fim em si
mesma. A seguinte discussão explora a interpretação como um meio da
graça, que está mais disponível quando é dada atenção a "todo o sentido
das Escrituras" através das lentes do que é chamada a analogia da fé.

### 1. *Interpretação bíblica e os meios da graça*[15]

Wesley acreditava que a Bíblia é o recurso primário para induzir teologia e doutrina, mas sublinhou, de forma acentuada, o seu propósito "devocional". Para Wesley, a Bíblia é um dos "meios da graça" primários, o
seu propósito é revelar a graça de Deus à humanidade. Robert Wall oferece
um resumo útil:

> O *ethos* revivalista formado pelo ministério [evangelístico] de Wes-
> ley mudou a ênfase da "fé em que se acredita" para a fé que crê.
> (…) Wesley via as Escrituras como o meio privilegiado da auto-
> revelação de Deus. A leitura e audição da palavra bíblica, na prega-
> ção evangelística e na pregação pastoral, criam o contexto no qual
> a palavra de Deus é ouvida e compreendida como o instrumento
> da graça preveniente, restaurando a liberdade humana e capaci-
> tando o Espírito a trazer livremente as pessoas à fé salvadora e ao
> amor fervente a Deus. Esta é a função primária das Escrituras e,
> portanto, nesta base está dependente a sua autoridade. Deus não
> "escreve" as Escrituras para justificar um grande sistema de ideias
> teológicas que guie o povo na confissão ortodoxa, mas que guie o
> povo pecador a uma adoração de acção de graças a um Deus que
> perdoa.[16]

O Espírito Santo aviva as Escrituras, através da pregação, por exemplo, para penetrar nos corações do povo. É um meio através do qual a graça preveniente de Deus está activa. A graça preveniente traz as pessoas ao ponto do despertar, da convicção, do arrependimento e do novo nascimento. Para um wesleyano, o ponto fulcral não é a Bíblia ser certa ou verdadeira, não a questionando, mas ser eficaz em mudar a vida das pessoas.

Para o cristão, as Escrituras continuam a ser a fonte crucial de graça diária, resultando numa mudança cada vez maior, frequentemente chamada de "crescimento na graça". Ler e examinar as Escrituras é ,então, o alimento da vida cristã, que nutre e dá energia para que nos tornemos quem Deus nos criou para ser. De forma mais simples, ler a Bíblia de acordo com os princípios wesleyanos tem sempre o intuito de ajudar na nossa santificação progressiva. Até o estudo cuidadoso das Escrituras na hermenêutica mais técnica tem o potencial de mudar o intérprete (se este assim o consentir, claro). Voltamos, então, ao que já foi dito: O estudo das Escrituras é mais eficaz quando admitimos que estamos subjectivamente envolvidos com as mesmas.

Neste sentido mais devocional, podemos dizer que a Bíblia é sacramental — que é um meio de nos ligar a Deus e um meio de abrir os nossos corações para participar na actividade graciosa de Deus nas nossas vidas. "Visto que as Escrituras testemunham de um Deus que convida aquiescência com preocupação de amor e não com jogos de poder, o seu [propósito] como sacramento da revelação divina é compreendido de uma forma profundamente relacional: As Escrituras revelam Deus, convidando à fé em *Deus por nós*, que é, então, confirmada pela nossa experiência concreta da graça de Deus"[17].

Wesley aconselhou o seu povo a estudar e a examinar as Escrituras de uma forma devota e meditativa. Ele acreditava que o Espírito Santo iria inspirar os seus corações, providenciar nutrição e estar presente na própria leitura da Bíblia, para que pudessem receber a graça de que precisavam. No final do prefácio às suas *Notes upon the Old Testament* [Notas sobre o Velho Testamento], Wesley dá instruções específicas para ler a Bíblia devocionalmente:

> Se desejares ler as Escrituras de tal maneira, que elas respondam efectivamente a este fim (de compreender as coisas de Deus) não seria aconselhável que 1. tirasses um pouco de tempo, se puderes,

de cada manhã e tarde, para este propósito? 2. e em cada tempo, se tiveres tempo livre, leres um capítulo do Velho Testamento e outro do Novo? se não o puderes fazer, lê apenas um capítulo, ou parte dele; 3. o lesses com o único propósito de conhecer a vontade de Deus e com uma resolução fixa em cumpri-la? De forma a conheceres a Sua vontade, deves 4. ter um olho constante na **analogia da fé** (…) 5. oração séria e fervorosa deve ser constantemente usada antes de consultarmos os oráculos de Deus, uma vez que as Escrituras só podem ser compreendidas pelo mesmo Espírito que no-las deu. 6. também será útil pausar a leitura de vez em quando para nos examinarmos à luz do que estamos a ler.[18]

Noutro escrito, Wesley sugere que o leitor das Escrituras ore uma oração do *Livro de Oração Comum* (edição de 1662).

> Aconselho cada leitor, a usar esta, ou uma oração parecida, antes de ler as Escrituras: "Bendito Senhor, que fizeste com que todas as Santas Escrituras fossem escritas para a nossa aprendizagem, concede-nos que possamos sabiamente ouvi-las, lê-las, marcá-las, aprender com elas e digeri-las interiormente, que pela paciência e conforto da Tua santa palavra, possamos adoptar, e sempre manter, a esperança abençoada da vida eterna, que nos tens dado no nosso Salvador Jesus Cristo"[19].

A profunda convicção de Wesley acerca do propósito das Escrituras — nomeadamente, de revelar o carácter de Deus, o amor e o seu desejo de salvar a humanidade — é "provado" quando pessoas reais experimentam Deus nas suas vidas. As Escrituras cumprem o seu propósito quando Deus cumpre o Seu propósito em nós.

Proclamar que a Bíblia é um meio da graça sacramental pode insinuar um uso privado das Escrituras, à medida que ajudam na salvação e santificação progressiva de cada indivíduo. Mas Wesley nunca aprovaria nenhum tipo de cristianismo solitário ou exclusivo. Sendo, seguramente, um livro que nos ajuda nas nossas vidas individuais, a Bíblia é também um livro endereçado a todo o povo de Deus. Isto levou Wesley a sublinhar a importância da pregação no movimento conhecido como o Metodismo.

De acordo com Rob Wall, uma das funções primárias das Escrituras é a de informar o pregador, este que, posteriormente informa o povo do seu significado. Wall argumenta que "para Wesley, a concepção real (não retórica) das Escrituras, emerge através da pregação"[20]. Wall vê paralelos importantes entre a exegética judaica dos escritos bíblicos (*midrash*) e a exegética wesleyana. "A *midrash* homilética é uma hermenêutica contemporizadora, adequada a uma visão sacramental das Escrituras, que supõe que os intérpretes são mediadores entre a Palavra de Deus e as suas próprias palavras. (…) O objectivo do comentário bíblico nunca é o de simplesmente clarificar o sentido do texto, por assim dizer, mas é, isso sim, o de clarificar como o texto [de]cifra a confusão contextual do próprio leitor com o objectivo de o livrar desse mesmo contexto"[21]. Assim, juntamente com a leitura e meditação nas Escrituras, pregar também se torna um meio da graça incrivelmente importante (apesar de Wesley nunca o ter especificado como tal). Wesley (o protestante) teria visto a pregação como um acto sagrado que complementa os sacramentos oficiais. Pregar é seguramente sacramental num sentido mais geral. A responsabilidade do pregador não pode ser subestimada.

Nesse sentido, nunca foi pretendido que a Bíblia fosse interpretada à parte da comunidade de fé.[22] Wesley tinha obviamente uma fé sólida na capacidade do Espírito Santo inspirar e revelar, não apenas através dos escritores da Bíblia, mas também através da nossa leitura das Escrituras. Não interpretamos em isolamento, respondemos sim à comunidade de fé, especialmente quando interpretamos as Escrituras. Wesley nega explicitamente que Deus possa dar uma nova revelação sobre o sentido da Bíblia apenas a uma pessoa. Juntamente com o quadrilátero, a comunidade cristã age como freio e contrapeso à interpretação do texto por qualquer indivíduo. A comunidade cristã também se estende historicamente pelos séculos e, por isso, cada comunidade responde à interpretação bíblica ortodoxa anterior a si mesma.

## 2. *Interpretação Bíblica e a plenitude da Escritura*[23]

Tal como nenhum indivíduo pode interpretar a Bíblia isolando-se da sua comunidade, nenhum versículo, ou passagem, pode ser interpretado de forma isolada do restante da Bíblia. Este é um dos princípios bíblicos de interpretação mais pronunciados de Wesley. Quando Wesley falava da autoridade bíblica, referia-se à autoridade que é visível quando a Bíblia é tida como um todo. Portanto, para ele, a inspiração do Espírito Santo estava não apenas com cada escritor bíblico, mas também com os vários grupos que determinaram o canon. "As Escrituras, portanto, o Velho e o Novo Testamento, são o sistema mais sólido e precioso da verdade divina.

Cada parte é digna de Deus; todas juntas são um corpo íntegro, onde não há defeito, não há excessos"[24]. Ele falava com frequência no "sentido geral [global] das Escrituras" quando considerava o seu papel de primazia na fé e na sua prática. Para ele, cada versículo tem de ser interpretado à luz do seu lugar, na passagem e no livro em que se encontra, mas também à luz do seu lugar no canon. De certa forma, um texto é interdependente de todos os outros.[25]

> Muitos textos bíblicos são intertextos, compostos de outros textos bíblicos em mente, ou no coração, e ainda outros livros, desconhecidos ou sem a intenção do autor, que vêm à mente do intérprete no contexto canónico. O intérprete talentoso procura ecos de outros textos bíblicos, por mais baixo que seja o seu sussurro, e procura alusões, por mais obscuras, que liguem os textos bíblicos, abrilhantando e encorpando o sentido um do outro.[26]

A abordagem de Wesley às Escrituras, evita a noção contemporânea do texto-prova ou *eisegética*. Pegar em vários versículos fora do contexto para provar determinado conceito contradiz descaradamente um dos princípios interpretativos mais importantes de Wesley — o de interpretar as partes à luz do todo.

A questão a ponderar é se Wesley via cada parte das Escrituras como iguais em valor ou, mais especificamente, o que é que Wesley acreditava acerca do relacionamento entre o Velho e o Novo Testamento? De acordo com Scott Jones, a resposta a esta questão é multifacetada:

> A visão de Wesley na relação entre o Velho e o Novo Testamento reflecte um tipo de entendimento dispensacional que permite continuidade e mudança no relacionamento de Deus com a humanidade. (...) Por um lado, Wesley enfatiza que o Velho Testamento é Escritura Sagrada e portanto é vinculativa a todo o ser humano. Por outro, enfatiza que há aspectos do evangelho disponíveis apenas no Novo Testamento que suplantam porções do Velho.[27]

Wesley advertiu severamente aqueles que passavam à frente do Velho Testamento, negligenciando os seus princípios. Mas as várias citações apresentadas também servem para ilustrar como Wesley acreditava que o Velho e o Novo Testamento são diferentes. Ele usa a ideia de diferentes **dispensações** bíblicas[28] (eras) para explicar essas diferenças.

Nós e os judeus estamos debaixo de diferentes dispensações. A glória da dispensação mosaica foi principalmente visível e externa; a glória da dispensação cristã foi de natureza invisível e espiritual.[29]

[O Novo Testamento] é, de longe, uma dispensação mais perfeita do que a que Ele deu em Hebraico.[30]

Não há comparação entre o estado dos crentes do Velho Testamento e aquele que agora gozamos: a escuridão dessa dispensação passou; e Cristo, a verdadeira luz, agora ilumina nos nossos corações.[31]

No geral, Wesley acreditava que a Bíblia deve ser vista como um todo, apesar de observar, na revelação de Deus, uma progressão do Velho para o Novo Testamento. A continuidade da Bíblia é mantida porque Wesley declarou a sua mensagem teológica uniforme. Mas a questão permanece: o que acreditava Wesley acerca do significado do todo? Este é o ponto onde nós, conscientes de nós próprios e com muita coragem, nos movimentamos para proclamar aquilo a que Wesley chamou "os grandes temas das Escrituras". Para Wesley, e para a tradição wesleyana de santidade, a Bíblia revela a salvação que encontramos somente na graça de Deus. Portanto, é a teologia bíblica que esclarece todas as formulações sistemáticas. A teologia bíblica é soteriológica.

### 3. *Interpretação Bíblica e a hermenêutica do amor*[32]

Todo o propósito das Escrituras é revelar Deus como um Deus de amor, que por amor salvou o mundo. Wesley designa especificamente "todo o sentido das Escrituras" como "analogia da fé". O sentido da palavra "analogia" mudou relativamente ao seu uso nos séculos XVI a XVIII, quando especificamente se referia aos grandes temas das Escrituras. Wesley seguia tanto os seus antecessores, como os seus contemporâneos, no uso deste termo, mas discordava da sua aplicação, pela sua definição inicial, no conteúdo da analogia da fé. Nem todas as tradições colocariam a soteriologia como propósito primário das Escrituras.

Ler a Bíblia enquanto wesleyano significa necessariamente adoptar estas lentes interpretativas da soteriologia. Podemos eventualmente ler a Bíblia enquanto wesleyanos, não usando os seus métodos específicos; podemos ler a Bíblia enquanto wesleyanos e manter outras crenças acerca da inspiração e autoridade da Bíblia; não podemos, no entanto, ler a Bíblia enquanto wesleyanos e ignorar a visão de Wesley sobre a analogia da fé. O facto de que Wesley vê a relevação de Deus como soteriológica, afecta todos os outros aspectos da teologia e do conselho pastoral — de facto, todo o seu "sistema". É esta a importância do conteúdo da analogia da fé.

Paradoxalmente, a analogia da fé é, ao mesmo tempo, a proclamação mais poderosa de Wesley e a sua maior fraqueza. Assim é, porque não existe nenhuma prova objectiva que garanta que Wesley está correcto na sua análise da mensagem bíblica. A interpretação de Wesley das Escrituras como um todo mantém-se a par de outras opiniões. Por exemplo, Wesley acreditava que a característica primária de Deus, como revelada nas Escrituras, é o amor. Calvino, por sua vez, acreditava que a característica primária de Deus, como revelada nas Escrituras, é a Sua soberania. O amor levaria Wesley a uma soteriologia que afirma a graça livre e a santificação. A soberania levaria a tradição reformadora a enfatizar o controlo de Deus no mundo e às doutrinas da graça irresistível e da predestinação. Da mesma forma, outras tradições colocariam as diferentes crenças cristãs no centro das suas hermenêuticas e das suas conclusões teológicas.

Da sua "hermenêutica de amor", Wesley afirmou quatro temas relacionados, como sendo centrais e necessários para a compreensão da Bíblia. Eles são: o pecado original, a justificação pela fé, o novo nascimento e a santidade interior e exterior.[33] O debate que se segue acerca destes quatro temas servirá como base introdutória à teologia de Wesley. Cada tema será examinado em maior detalhe nos capítulos subsequentes.

## A ANALOGIA DA FÉ DE WESLEY

### PECADO ORIGINAL

O conceito fundamental para o foco de Wesley na salvação, é de que a humanidade está numa condição devastada da qual precisa ser liberta. Para ele, este é um conceito integralmente bíblico, espalhado pela Bíblia como um todo. Esta devastação não era o desejo original de Deus para o Homem, mas veio depois da queda de Adão e Eva, os primeiros da humanidade. Não houve um grande debate durante os primeiros séculos do Cristianismo, acerca do significado da queda de Adão e Eva, ou mais especificamente, acerca de como as suas acções afectam cada um de nós, seus descendentes. Mas no fim do século VI, o grande teólogo Agostinho começou a desenvolver uma teoria, que mais tarde se tornou conhecida como **pecado original**. Um dos oponentes de Agostinho, Pelágio, acreditava que o primeiro efeito da queda foi a mortalidade do Homem. Mas Agostinho foi mais além e afirmou que o pecado original é hereditário, passado de pais para filhos e presente em todo o ser humano. Wesley não concordava com a totalidade desta teoria, mas declarou que o pecado original afecta individualmente todas as pessoas, para seu detrimento.

O pecado original influencia as nossas inclinações e, por isso, acabamos por cometer pecados pessoais, respeitantes a nós próprios. Não somos culpados perante Deus pelo pecado original, mas quando o pecado original acontece através das nossas próprias decisões, aí sim, tornamo-nos culpados. São os pecados pessoais que nos separam de Deus. É fundamental para Wesley, que não podemos colmatar esta separação por nós próprios. Estamos perdidos sem a graça de Deus e sem a iniciativa de Deus para connosco. É importante na tradição wesleyana de santidade que o pecado original possa ser limpo; outras tradições crêem que o pecado original nunca é superado até morrermos.

Wesley acreditava, então, que um dos principais temas das Escrituras, tanto no Velho como no Novo Testamento, é que a humanidade está quebrada, é pecaminosa e está perdida no seu próprio caminho. Várias histórias e personagens do Velho Testamento revelam esta tendência para o pecado e o fracasso. O Velho Testamento é radicalmente honesto acerca da propensão das pessoas de se afastarem do plano de Deus, mesmo que este exista para o seu próprio bem. O Novo Testamento destaca ainda mais a condição humana pecaminosa ao longo do seu conteúdo — dos Evangelhos às Epístolas. Como Paulo refere claramente, "Porque todos pecaram e destituídos estão da glória de Deus" (Romanos 3:23). Logo, seguindo a analogia da fé, a questão que deveríamos colocar a cada passagem individual é, como é que ela amplia a nossa compreensão do pecado original.

## JUSTIFICAÇÃO PELA FÉ

Wesley veio a compreender este aspecto da analogia da fé depois do seu encontro, biográfica e teologicamente importante, com um grupo de morávios pouco antes de 1738. Os morávios eram um grupo de luteranos que ajudou Wesley a compreender, pela experiência, a famosa declaração de Martinho Lutero da *sola fide*: somos salvos pela graça através da fé em

Jesus Cristo. Martinho Lutero, um erudito católico, chegou a esta conclusão quando estudou o livro de Romanos. A sua proclamação deste tema ajudou a iniciar a Reforma Protestante.

Teologicamente, a salvação só pela fé está directamente correlacionada com a doutrina da justificação. Também é, às vezes, conhecida como a salvação "forense". Em resumo, apresentamo-nos culpados diante de Deus por causa dos pecados que temos cometido. Quando colocamos a nossa fé em Jesus Cristo, no Seu sacrifício por nós na cruz, a culpa é-se-nos retirada. Por isso, o nosso estatuto "legal" (usando a analogia forense) muda de culpado para inocente. Deus perdoa os nossos pecados porque, de acordo com algumas interpretações, Jesus retirou-nos os nossos pecados e tomou sobre Si o castigo legítimo que nos estava destinado.

De certa forma, a experiência pessoal de Wesley permitiu que ele visse as Escrituras numa nova luz. Em 1738, ele ganhou certeza da sua salvação e compreendeu por si próprio este versículo: "Porque não recebestes o espírito de escravidão, para outra vez *estardes* em temor, mas recebestes o espírito de adopção de filhos, pelo qual clamamos; Aba, Pai. O mesmo Espírito testifica com o nosso espírito, que somos filhos de Deus" (Romanos 8:15-16). "A partir dessa altura, Wesley insistiu que somente a fé é necessária para a salvação"[34]. Se o pecado original é a condição que nos separa de Deus, a justificação apenas pela fé é o meio pelo qual Deus supera essa separação. Wesley acreditava que Jesus Cristo veio para ser o meio para esta justificação.

Tal como Paulo, Wesley acreditava que o Velho Testamento também descreve um Deus de misericórdia. O pacto de Deus com Abraão foi um pacto de fé. Como Paulo explica em Gálatas, a fé foi estabelecida antes da lei. O que a lei faz é mostrar que somos culpados perante Deus, necessitando justificação. A justificação é apenas pela fé. Isto é fundamental para a forma como a teologia protestante interpreta as Escrituras. Deus perdoa o pecado, através da fé, para que possamos entrar num relacionamento com Ele. Porém, apesar de firmemente afirmar esta teologia bíblica, Wesley vai mais longe.

## NOVO NASCIMENTO

Existe uma diferença chave entre a justificação e o novo nascimento na teologia de Wesley. Deus não apenas nos perdoa dos pecados passados quando aceitamos Jesus Cristo como nosso salvador, Ele também nos regenera e dá-nos uma nova vida. "Assim que, se alguém *está* em Cristo, nova criatura *é:* as *coisas* velhas já passaram; eis que tudo se fez novo" (2 Coríntios 5:17). Ao separar a justificação da regeneração, apesar de acontecerem simultaneamente, Wesley começou a distanciar-se da tradição reformada.

No esquema de Wesley, o novo nascimento é o começo da vida santa, o começo da santificação. Quando Jesus disse a Nicodemos que ele devia nascer de novo, Ele estava também a chamar-nos para a esperança de viver uma vida verdadeiramente nova. A chamada inclui viver esta nova vida de uma forma igualmente nova. Deus não apenas perdoa os nossos pecados, mas também nos limpa de toda a impureza, e (mais importante para Wesley) capacita-nos a viver uma vida santa. O novo nascimento relaciona-se com o que chamamos de justiça conferida.

A tradição reformada enfatiza o que é conhecido como justiça imputada. Por outras palavras, a própria justiça de Cristo é imputada, ou dada, a nós. Deus vê-nos, então, como justos porque somos cobertos pela justiça de Cristo. Mas a verdade é que a nossa natureza pecaminosa se mantém por detrás da "imagem" de Cristo. Por sua vez, a justiça conferida significa que Deus não apenas nos vê como justos por causa de Cristo, mas Ele realmente nos torna justos. Tal começa com o novo nascimento. Por isso, a salvação não é apenas uma acção legal na qual somos proclamados inocentes pelo sacrifício de Cristo. A salvação, para os wesleyanos, inclui o trabalho de purificação de Deus dentro dos nossos corações. Esta obra de purificação está relacionada de perto com a nossa teologia da santidade e santificação.

## SANTIDADE E SANTIFICAÇÃO

João Wesley acreditava que Deus tinha levantado o povo metodista com o propósito de proclamar a mensagem da santidade. Ele via essa mensagem como o tema mais importante das Escrituras e, por isso, o tema mais importante do Cristianismo e da vida cristã. Visto que todo este livro é acerca da santidade e da santificação, nesta secção apresentamos apenas as mais breves descrições.

A santificação começa no novo nascimento e continua ao longo da nossa vida. Por isso falamos de santificação inicial, santificação progressiva e inteira santificação como passos importantes numa jornada de vida santa. Através do trabalho santificador de Deus nos nossos corações, experimentamos uma transformação interior profunda, pela morada permanente do Espírito Santo em nós. Isto inicia a restauração progressiva da imagem de Deus nas nossas vidas; esta transformação liberta-nos tanto da culpa, como do poder do pecado e leva-nos a um relacionamento, crescente, santo e amoroso com Deus e com os outros. Andamos em amor como Cristo andou. O amor semelhante ao de Cristo é, então, a melhor definição de santidade.

Santificação, mais precisamente, refere-se ao *como* da santidade. *Como* é que Deus nos faz santos? A palavra "santidade" refere-se ao conteúdo das nossas vidas — o *quê* da vida santa. O que é que significa ser santo? Afirmamos que todas as acções santas vêm de um coração santo e que Deus muda os nossos desejos e motivações desde o interior, quando nos devotamos inteiramente a seguir Cristo em fé e discipulado. Dependemos da graça capacitadora de Deus a cada dia da nossa caminhada cristã. Santidade significa muito mais do que "sem pecado". Para sermos santos, devemos amar. E o amor nunca acaba porque há sempre novas oportunidades de praticar o amor para com Deus e para com o próximo. Esta é a essência da mensagem wesleyana.

## DECLARAÇÕES SUMÁRIAS

1. Uma interpretação wesleyana das Escrituras faz uso das melhores ferramentas de exegética disponíveis.

2. Uma interpretação wesleyana das Escrituras está focada na soteriologia e segue a "analogia da fé".

3. Uma interpretação wesleyana das Escrituras afirma "todo o sentido das Escrituras" e que todos os textos são interdependentes. Qualquer texto deve ser interpretado à luz do todo.

4. Uma interpretação wesleyana das Escrituras faz uso do quadrilátero wesleyano.

5. Uma interpretação wesleyana das Escrituras confessa a subjectividade da fé e a necessidade da comunidade para a interpretação adequada das Escrituras.

6. A santidade prática é o objectivo final de uma interpretação wesleyana das Escrituras.

QUESTÕES PARA REFLEXÃO

1. Qual é o propósito da interpretação bíblica?
2. Como é que a interpretação wesleyana pode diferir de outras tradições interpretativas?
3. Avalie a posição de Wesley relativamente à autoridade bíblica. É ela adequada?
4. Como é que a Bíblia o tem ajudado a crescer espiritualmente?

# Todo o Sentido das Escrituras

OBJECTIVOS DO ALUNO

*O estudo deste capítulo vai ajudá-lo a:*

1. Definir a teologia bíblica e o seu relacionamento com a exegética e com a teologia sistemática
2. Reconhecer que a santidade é um tema principal tanto no Velho como no Novo Testamento
3. Descrever como o Velho Testamento enquadra a santidade de Deus e a chamada da humanidade para a santidade
4. Descrever como o Novo Testamento enquadra a santidade de Deus e a chamada da humanidade para a santidade

PALAVRAS CHAVE

| | |
|---|---|
| Teologia bíblica | Santidade posicional |
| Tematização | Consagração |
| Hermenêutica de amor | Pacto |
| Inteiramente Outro | Pentecostes |
| Teologia apofática | Modalismo |
| Incomparabilidade de Deus | Baptismo com o Espírito |
| Imago Dei | Santo |

A santidade é um tema bíblico.[1] É parte da quadrupla "analogia da fé" de Wesley, examinada no capítulo anterior. Wesley viu-se a si e ao povo metodista como advogados da "santidade bíblica"[2]. Ele acreditava que a pregação bíblica acerca da santidade era a razão pela qual Deus tinha levantado os metodistas. Não havia dúvida na mente de Wesley que a Palavra de Deus, escrita, nos chama a sermos santos como Deus é santo e que essa chamada é possível através da graça.

Ao começar este capítulo, devemos ter em mente o que estabelecemos anteriormente, que um quanto baste de subjectividade é inerente a cada intérprete. Há métodos wesleyanos específicos de como ler a Bíblia e, enquanto seguidor desta teologia, o leitor deve aplicá-los (ver o capítulo anterior). Mas não devemos também esquecer que o reconhecimento da subjectividade nunca justifica a imposição de uma doutrina num texto que claramente nunca pretendeu ser interpretado como tal. Apoio bíblico para a doutrina da santidade deve ser obtido com integridade hermenêutica.

A medida de qualquer interpretação bíblica é a sua atenção a "todo o sentido das Escrituras", quando se faz a exegética de uma passagem ou versículo. Mais uma vez, Wesley acreditava que a santidade, interior e exterior, está profundamente incorporada em toda a Bíblia e que cada versículo está dependente de outro versículo no seu significado. Mas, como é que o leitor interpreta toda a mensagem bíblica acerca da santidade e da santificação? Com centenas de referências, seguramente que uma única pessoa não conseguirá fazer a exegética de todas elas. E mesmo que conseguisse, verificar apenas as palavras "santidade", "perfeição" ou "santificação", encontradas numa concordância, levaria a que falhasse algumas passagens extremamente relevantes que descrevem a vida de santidade sem as usar! Dito isto, este capítulo depende necessariamente do trabalho dos estudiosos, especificamente nas várias teologias bíblicas sobre santidade que têm sido escritas.

Examinaremos a **teologia bíblica** da santidade, pela perspectiva da teologia do Velho Testamento e da do Novo Testamento, da mesma forma como muitas são escritas mais amplamente, separadas pelo Velho e pelo Novo. Mais uma vez, o objectivo é definir o que ensinam as Escrituras, como um todo, acerca da santidade e da santificação.

# CONCEITOS DA SANTIDADE NO VELHO TESTAMENTO

Antes de começarmos uma investigação mais específica, devemos considerar algumas questões de interpretação mais amplas, necessárias para o desenvolvimento de uma teologia da santidade do Velho Testamento, duma perspectiva wesleyana da santidade.

## QUESTÕES INTERPRETATIVAS

1. Qual é o objectivo da teologia bíblica? Qual é a sua relação com a exegética e com a teologia sistemática? De acordo com Walter Brueggemann, o objectivo da teologia bíblica é "construir um modelo de Deus" e oferecer um tipo de tematização do material bíblico.[3] Não é o mesmo que comentar um texto de cada vez. Nem é o mesmo que oferecer uma sistematização construtiva. A teologia bíblica é sempre a ligação crucial entre a exegética bíblica e a teologia "regular", como é mais frequentemente compreendida. A teologia bíblica deve ter um papel no desenvolvimento doutrinal se alguma vez quisermos reivindicar que determinada construção teológica é bíblica. Mas o trabalho de fazer teologia bíblica é difícil, perigoso até, porque há uma infinidade de decisões hermenêuticas que devem ser tomadas. Por natureza, a teologia bíblica é a generalização de uma quantidade imensurável de detalhes. A própria decisão sobre o que incluir ou excluir tem uma dinâmica bastante subjectiva. O leitor questiona se as decisões subjectivas que tomou são representações adequadas do todo. É mais fácil fazer a exegese de passagens individuais e uma teologia confusa, a partir dos textos bíblicos. A teologia bíblica requer um tipo de trabalho mais exigente.[4]

No entanto, não existe nenhuma alternativa real. O testemunho de Israel a Yahweh é desenvolvido texto a texto. Mas em determinada altura esses textos individuais devem ser interpretados como um todo. Assim, a "analogia da fé" de Wesley é uma teologia bíblica, porque vê todo o sentido das Escrituras, enfatizando a santidade de Deus e a santidade da vida humana. Portanto, a tarefa deste capítulo exige escolhas de ênfase, à luz de centenas de potenciais textos.

2. Qual é a relação teológica entre o Velho e o Novo Testamento? Até que ponto devemos presumir Cristo na história do Velho Testamento, se é que existe? Um aspecto importante ao fazer teologia bíblica, e particularmente teologia do Velho Testamento, tem a ver com a forma como os

cristãos se aproximam de um texto sagrado claramente judaico. Em grande parte, os cristãos isolaram-se mais e mais ao longo dos séculos dos seus parceiros de conversa, os judeus, dada a imposição da sua temática cristã sobre o Velho Testamento. Por isso, de acordo com Brueggemann, diferentes estudiosos cristãos têm tomado posições diferentes. Por um lado, alguns têm-se simplesmente apropriado do Velho Testamento como um livro cristão, com temas cristãos e têm negligenciado propositadamente qualquer tipo de leitura judaica. Por outro lado, alguns, geralmente os mais profundamente imersos na crítica bíblica que dominou o Iluminismo e, até mais recentemente, o pensamento pós-Iluminista, têm tentado colocar de lado as pressuposições cristãs de forma a ler objectivamente o Velho Testamento como um texto judaico.[5]

Existirá algum caminho intermédio? De acordo com Brueggemann, este caminho deve ter o cuidado de distinguir as interpretações distorcidas pelas falaciosas polémicas cristãs, das interpretações que legitimamente antecipam o cumprimento do Velho Testamento no Novo.[6] Há uma diferença entre observar Cristo no texto e antecipá-Lo em cada passagem do Velho Testamento. Por exemplo, podemos declarar com confiança que a "fidelidade domina a visão de Israel". Mas também podemos acrescentar legitimamente que "esta conclusão é tão inequívoca na fé de Israel, como o é nas afirmações de Páscoa da Igreja"[7]. William Greathouse, um teólogo bíblico, que estuda a teologia wesleyana da santidade, cita Agostinho nesta questão: "O Novo é no Velho ocultado; o Velho é no Novo revelado"[8].

3. Existem diferenças radicais na teologia de Deus quando estudiosos de outras tradições interpretam o Velho Testamento? É a teologia wesleyana da santidade do Velho Testamento distinta? Deveria ser? A essência destas questões não é apenas como a tradição wesleyana da santidade é diferente de outras tradições, mas também qual a sua contribuição para a teologia bíblica como um todo. Não há dúvida que a santidade de Deus é um tema central do Velho Testamento. Iremos aprofundar isso em breve. Mas haverá uma hermenêutica, particular à santidade de Deus na tradição wesleyana da santidade, que influencie uma percepção mais ampla de Deus?

Sim, tal hermenêutica existe de facto. A santidade de Deus é interpretada através da hermenêutica do amor. Outras tradições podem interpretar a santidade de Deus à luz do seu poder, da Sua soberania ou da Sua justiça. O intérprete wesleyano não ignora estes temas sobre o carácter de

Deus. Mas ao interpretar a santidade de Deus à luz do Seu amor, poderá chegar a conclusões diferentes das alcançadas por intérpretes de outras tradições. Será esta uma imposição doutrinária sobre textos do Antigo Testamento? Sim e não. Sim, no sentido em que uma declaração teológica acerca de Deus torna-se dominante na sua interpretação. Deus é amor. Não, no sentido em que Wesley e a tradição wesleyana de santidade crêem que o amor de Deus não é apenas encontrado em todo o sentido das Escrituras, mas é a sua verdade primária. Este argumento pode soar a um argumento circular. De facto, é neste ponto que a analogia da fé de Wesley em geral é vítima de maior crítica. Mas, como mencionado no capítulo anterior, ler a Bíblia pelo método wesleyano requer escolhas subjectivas baseadas no todo, que posteriormente informam a interpretação de passagens no particular. Se as lentes interpretativas são as correctas, esta forma de exegética é, pelo menos, consistente.

Adoptar uma hermenêutica de amor traz as suas dificuldades, especialmente quando se lê o Velho Testamento. Há várias passagens onde Deus parece tudo menos amoroso; considere as ordens de Deus que toleram o genocídio. Também há passagens das Escrituras em que Deus parece contradizer-se; por exemplo na ordem que Deus deu a Jonas de pregar a iminente destruição dos ninivitas sem qualquer menção de esperança através do arrependimento, mas que depois reitera, porque Se "compadece" poupando a cidade (Jonas 4:2). Debatermo-nos por entre passagens difíceis como estas pode ser desafiante, mas não é impossível. Examinaremos várias destas passagens em seguida, mas primeiro vamos focar a nossa atenção na teologia de Deus do Velho Testamento e na teologia da santidade para a qual Deus nos chama.

## A SANTIDADE DE DEUS

A santidade é um — senão o — tema dominante no Velho Testamento. Esta afirmação é apoiada pelo grande número de ocorrências da palavra hebraica para santo, ou santidade, *qds*. A raiz da palavra, ou a palavra original, ocorre quase 850 vezes. Em Levítico ocorre 152 vezes; em Êxodo, 102 vezes; em Números, 80 vezes; em Ezequiel, 105 vezes; em Isaías, 73 vezes; e nos Salmos, 65 vezes. Diferentes estudiosos enfatizam diferentes nuances do sentido da palavra, mas todos concordam que santidade implica separação ou alteridade. A sua origem pode significar "ser removido"; também pode significar "brilhante" ou "claro". O seu sentido oposto é profano ou comum. O inglês antigo sugere que santidade significa ser "íntegro" ou "são". O latim sugere que santificação significa "tornar sagrado" ou "ser colocado à parte" para um propósito sagrado.

Outras variações no sentido da palavra hebraica *qds,* à luz dos diferentes contextos são:

    *a.* A santidade está associada ao fogo no Velho Testamento (Êxodo 3:2-3; 19:18; 24:17; Deuteronómio 4:12, 24; 5:22-27; 9:3; Salmos 18:8-14; Ezequiel 1:4-28).

    *b.* A santidade implica ira contra aquele que ameaça o conceito de santidade (Ezequiel 7; Sofonias 1:14-18).

    *c.* A santidade inspira temor, reverência e veneração (Êxodo 15:11; Salmos 64:9; 66:3, 5; 89:7; 99:3; 111:9; 145:6).

    *d.* A santidade é remota e inalcançável (Êxodo 3:5; 19:12-13, 20-24; Josué 5:15).

    *e.* A santidade implica limpeza e pureza (Levítico 10:10; Ezequiel 22:26; 44:23).

    *f.* A santidade acarreta um sentido de majestade, honra e esplendor (Êxodo 15:11; 1 Crónicas 16:27; Salmos 8:1; 93:1; 96:6; 111:3).

    *g.* A santidade é retratada como insondável, incompreensível, e incomparável (Salmos 77:13; Isaías 40:13-14, 18-20, 25-26).

    *h.* A santidade é mostrada como sendo maravilhosa, no sentido em que as maravilhas aparecem quando menos se espera (Génesis 28:17; Êxodo 15:11; Deuteronómio 26:8; Juízes 6:22-23; Salmos 9:1; 77:13-14; 105:2; 106:7; 107:8, 15, 21, 31).

    *i.* A santidade é grande, no sentido de ser extraordinária (Salmos 77:13; 95:3; 104:1; Ezequiel 38:23).

    *j.* A santidade denota supremacia e a ela responde-se com exaltação (Salmos 47:7-8; 91:9; Isaías 6:1; Daniel 4:2, 17, 25, 32).

    *k.* A santidade em Deus é frequentemente retratada como ciúme (Êxodo 20:3, 5; 34:14; Deuteronómio 4:24; Josué 24:19).

    *l.* A santidade em Deus implica sempre vida e vibrância (Deuteronómio 32:39-40; Josué 3:10; Salmos 42:2; 84:2-4; Jeremias 10:10).

Alguns destes temas são mais predominantes do que outros; esta não é uma lista exaustiva. Os intérpretes diferem naquilo que enfatizam quando falam da santidade de Deus. Walter Brueggemann destaca a alteridade de

Deus, a glória de Deus e o ciúme de Deus por excelência. William Greathouse lista a separação, glória e pureza como as conotações mais importantes da palavra "santo", ou "santidade", em relação a Deus. W. T. Purkiser sublinha a santidade de Deus como majestade, radiância e pureza. Dennis Kinlaw foca-se na alteridade e ciúme de Deus. John Huntzinger enfatiza as obras redentoras de Deus (tais como o Êxodo) como demonstrações da santidade, abordando-a no contexto da adoração de Israel. George Lyons enfatiza que Deus é único, unicamente justo e amoroso; "que, [Deus] é santo em ser e comportamento"[9]. Estas interpretações apenas representam o potencial de inúmeras outras, mas vão direccionar a nossa discussão. Focar-nos-emos, então, na incomparabilidade, glória e ciúme de Deus.

**A Incomparabilidade de Deus.** Na teologia contemporânea, Deus é frequentemente descrito como o "**Inteiramente Outro**". Isto significa que Deus é transcendente — acima do mundo (no sentido de estar distante) e distinto do mundo (enquanto Seu criador). Algumas passagens bíblicas sugerem uma alteridade de tal forma intensa, que ver Deus pode ser perigoso, se não mortal. Deus é Aquele que "não é facilmente encarado, que não deve ser confundido com nenhum outro e que vive sozinho numa zona interdita onde Israel só pode entrar intencionalmente, com muita cautela e em grande risco"[10]. Deus é grande, majestoso, maravilhoso e supremo, é digno de honra e de adoração e deve ser temido. A alteridade de Deus também é expressa em passagens que O descrevem como incompreensível e inefável. Deus está além da compreensão humana, é indescritível.

Deus não pode ser comparado a nenhum outro. Esta afirmação é a fonte do que é conhecido como **teologia apofática**[11]: Deus só pode ser definido pelo que não é. Não há analogias adequadas para captar e expressar positivamente o carácter de Deus, de acordo com este tipo de teologia. Mas não temos de nos restringir a descrições apofáticas de Deus quando afirmamos a Sua incomparabilidade. A auto-revelação de Deus é evidente no seu relacionamento com Israel e nos escritos do Velho Testamento. Portanto, Deus tem-nos dado o conteúdo positivo da Sua santidade. Um aspecto desta autorelevação ilumina a santidade de Deus como glória.

**Glória de Deus.** A santidade de Deus, entendida como glória, tem duas conotações diferentes. Antes de mais, a glória de Deus está relacionada com o Seu direito de governar Israel. Encontramos Deus impondo a

Sua autoridade contra rivais, sejam humanos ou divinos. Deus emerge como mais poderoso e, por isso, digno de ser glorificado. Ser glorificado é ser exaltado como aquele digno de adoração e lealdade. Mas a glória de Deus tem também uma segunda conotação importante.

A glória de Deus também é usada em termos da presença de Deus. A glória de Deus enche o templo. A glória de Deus é manifesta; está perto. quando Moisés pede para ver Deus face a face, é-lhe mostrada a glória de Deus, que é uma forma segura de tornar Deus visível sem magoar Moisés. Prometendo estar com Israel no tabernáculo, Deus disse, "E ali virei aos filhos de Israel, para que por minha glória sejam santificados" (Êxodo 29:43). A glória de Deus também denota a protecção e provisão de Deus, como o povo que é alimentado por maná e codorniz no deserto. A glória de Deus não é o oposto exacto da transcendência de Deus no Velho Testamento. A glória de Deus não exclui a transcendência de Deus. Deus mantém-Se inteiramente outro. Mas ao revelar a glória como a Sua presença, Deus aproxima-Se de Israel. Deus acomodou-Se à situação do povo de Israel através de várias incarnações de glória, que culminariam na presença real de Deus na incarnação — a pessoa de Jesus Cristo.

**O ciúme de Deus.** Há muita discussão na teologia do Velho Testamento acerca dos aparentes actos contraditórios de Deus. Por um lado, encontramos um Deus que é rápido na ira quando Israel é desobediente ou participa em actos "impuros", que representam infidelidade. Por outro lado, encontramos um Deus que é misericordioso, tardio na ira, cheio de amor e que estende a Sua misericórdia até mesmo quando Israel se desvia. Um Deus que é solidário com o povo e que Se coloca de lado para o bem deles. Como é que reconciliamos as seguintes caracterizações?

Um ponto de vista dá-nos estas impressões:

- eus é imaginado como o oleiro profundamente envolvido com aquilo que cria (Génesis 2:7; Isaías 45:18; Jeremias 18:3-6).
- eus é visto como o jardineiro que planta, cuida e está atento ao florescer do jardim (Isaías 5:1-2).
- eus é um pastor que atentamente observa, protege e cuida das ovelhas (Salmos 23).
- eus é uma mãe que alimenta e conforta (Números 11:12; Isaías 66:13).
- Deus é um médico que intervém activamente na vida e na cura (Jeremias 30:17).

E, ainda assim, podemos também encontrar as seguintes:

* oleiro quebra o vaso defeituoso (Jeremias 19:11).
* jardineiro decepciona-se com o fruto da vinha e "torna-a em deserto" (Isaías 5:5-7).
* pastor dispersa as ovelhas (Jeremias 31:10).
* mãe pode ser negligente e desatenta para com os seus filhos (Números 11:12; Isaías 49:14-15).
* médico pode vir tarde demais, quando a situação já está para além da cura (Jeremias 30:12-13).[12]

Este é o ponto onde a hermenêutica do amor alivia o desconforto que vem da disjunção das actividades de Deus. Esta hermenêutica ajuda-nos na interpretação do conceito da santidade de Deus como expresso no Seu ciúme. Alguns estudiosos interpretam o ciúme de Deus como uma expressão da Sua necessidade de manter e exigir uma adoração exclusiva. Rivais ameaçam a Sua auto-identidade. "[Deus] não tolera adoração (…) que seja uma provocação à Sua natureza essencial e mais íntima"[13]. Deus pune, então, aqueles que adoram outros ou que adoram inadequadamente. A sugestão neste tipo de interpretação é que Deus deve manter e proteger a Sua própria autoridade, soberania, justiça e supremacia.

Se, contudo, interpretamos o ciúme de Deus da perspectiva do amor, o foco não estará na Sua auto-identidade, mas no relacionamento com a humanidade que Deus tanto deseja. Oposição e infidelidade, não são tanto uma afronta a Deus, mas uma aberração da **imago Dei** que Deus criou. Então, podemos dizer que até mesmo a justiça de Deus deve ser interpretada soteriologicamente. É por amor que Deus chama a humanidade a desempenhar o seu papel original. Só um relacionamento com Deus pode capacitar a total expressão da santidade própria da humanidade. O oleiro, o jardineiro, o pastor, a mãe e o médico não disciplinam os seus súbditos apenas por serem inadequados ou porque colocam os seus cuidadores sob uma má luz. Ou, sem rodeios, Deus não disciplina o povo porque este O faz parecer mau! As acções mais negativas de Deus são sempre redentoras quando vistas no todo. Isto pode parecer uma escapatória ao lado mais "destrutivo" de Deus. Mas tal interpretação, com o amor como seu guia, pode ser vista claramente no Velho Testamento. E tal interpretação vaticina, certamente, a redenção de Deus em Cristo, que foi enviado primeiro às ovelhas perdidas de Israel.

## SANTIDADE NA HUMANIDADE

De acordo com George Allen Turner, "enquanto os termos associados à "santidade" destacam o contraste entre Jeová e a humanidade, que pode ser superado por um acto de purificação, aqueles associados à "perfeição" apontam para o parentesco da humanidade com Deus, com a possibilidade de comunhão"[14]. Estritamente colocado, apenas Deus é santo. Ainda assim Deus ordena: "Sejam santos porque eu sou santo". Este mandamento está impregnado na teologia do Velho Testamento e quando o Novo Testamento se volta para este tema os escritores citam o Velho Testamento. Poderíamos dizer que o sentido da santidade humana, ou perfeição, muda no Novo Testamento, mas tal afirmação não seria totalmente correcta. O Velho Testamento também está cheio de referências à fé e à graça.[15] O Velho Testamento tem uma soteriologia que é, sim, cumprida em Cristo, e auxiliada pelo Espírito Santo. Mas a chamada de Israel para a santidade é também alcançada pela fé. De certa forma, não precisamos que Paulo nos mostre que Abraão creu e que isso lhe foi imputado como justiça (Romanos 4). Também não precisamos que Tiago nos mostre que a fé de Abraão foi aperfeiçoada em verdadeira justiça e amor (Tiago 2). Estes temas são fortes e independentemente evidentes no Velho Testamento (Génesis 15:6; 22:1-19).

Curiosamente, objectos e lugares podem ser considerados santos. Este sentido ritualístico da santidade do inanimado vem da palavra "santificação". Algo é feito santo quando é colocado de parte para um propósito santo. O conceito pode ser facilmente traduzido para a santidade humana: uma pessoa é "santificada" quando cumpre um propósito santo. Este conceito deve ser interpretado para a actualidade. O propósito da humanidade (como veremos nos próximos capítulos) é amar Deus e os outros. Quando este propósito é cumprido, a pessoa é "santa". Mas frequentemente a compreensão popular da santidade pára aqui. O Velho Testamento pode enriquecer profundamente o nosso entendimento da santidade humana nos dias de hoje. Examinaremos cinco aspectos úteis da chamada para ser santo.

**1. Santidade Derivada.** A santidade dos seres humanos deriva da santidade única de Deus. "Eu sou o Senhor, que vos santifico" (Êxodo 31:13; Levítico 22:32). "Porque eu *sou* o Senhor, vosso Deus; porquanto vós vos santificareis, e sereis santos, porque eu *sou* santo; (…) Porque eu *sou* o Senhor, que vos faço subir da terra do Egipto, para que eu seja vosso Deus, e para que sejais santos; porque eu *sou* santo". (Levítico 11:44-45). "Portanto, santificai-vos, e sede santos, pois Eu *sou* o Senhor, vosso Deus". (Levítico 20:7) "E ser-me-eis santos, porque Eu, o Senhor, *sou* santo, e separei-vos dos povos, para serdes meus". (versículo 26). Há uma ligação entre a santidade de Deus e a nossa santidade que nunca deve ser esquecida. A nossa santidade é derivada do nosso relacionamento com Deus. O santo, no Velho Testamento, é frequentemente descrito como "limpo" e o profano como "imundo" ou "comum". De acordo com David Thompson, cada um destes termos refere-se não à qualidade do ser, mas ao estado do relacionamento com Deus. "Assim, neste contexto, limpo e imundo não descrevem a condição da pessoa ou coisa, mas caracterizam-na com respeito ao seu relacionamento com o divino"[16]. Ser imundo é estar incorrectamente relacionado com Deus ou não estar de todo; ser limpo é estar em — digno de um — relacionamento com Deus.

Este entendimento da santidade derivada tem fortes implicações para as doutrinas da justiça conferida e transmitida. A santidade derivada não tem necessidade de implicar **santidade posicional,** que apenas apoia a justiça imputada nos seres humanos. No pensamento wesleyano, Deus não nos vê apenas como justos, mas também nos faz justos. Mas como William Greathouse expressa, a nossa santidade é sempre "relativa"[17]. Ainda assim, aquilo que é frequentemente esquecido é que a justiça conferida é sempre dependente de uma ligação com Deus. Não é como se nos relacionássemos com Deus, fôssemos feitos santos, e continuássemos a ser santos afastados de Deus, como se a santidade fosse alcançada de uma vez e para sempre. Não estar num relacionamento com Deus implica perder a santidade. Tornamo-nos santos porque a santidade de Deus é "contagiosa" e "comunicável"[18], apenas quando o relacionamento é mantido. Podemos entender melhor esta ideia se compreendermos a importância da **consagração** na teologia do Velho Testamento.

**2. Santidade Consagrada.** A santidade no Velho Testamento está profundamente conectada com o conceito de consagração. "Ser santo é ser de Deus, afectado pela consagração"[19]. Quando alguma coisa (ou alguém) é inteiramente devota a Deus, é santa. É dito que os dias de festa são santos porque são de Deus. O primogénito é consagrado a Deus e, por isso, é possessão santa de Deus. As pessoas são chamadas a consagrarem-se a Deus, pois este Deus é o seu único Deus — como evidenciado, por exemplo, pela sua redenção em Êxodo. Esta consagração é frequentemente expressa em rituais. No contexto sacerdotal, por exemplo, a santidade requer que tudo o que é profano, comum ou impuro, deva ser limpo. Isto acontece frequentemente através de um acto ritual. Este ritual (que pode ser denominado tanto de santificação como de consagração) leva a pessoa, ou coisa, a estar verdadeiramente disponível para o serviço divino. "Pessoas que vêm à presença d'Aquele que é Santo devem preparar-se cuidadosamente, através de rituais de lavagens e outros meios, uma vez que apresentar-se com qualquer tipo de impureza é convidar o desastre"[20].

E ainda assim, algo imundo pode ser feito santo pelo contacto ritualístico com o "altar" de Deus. Êxodo 29:37 tem sido usado pelos primeiros metodistas e pelo movimento wesleyano da santidade para mostrar a ligação entre consagração (também conhecida como inteira devoção) e santidade, ou pureza: "Sete dias farás expiação pelo altar e o santificarás: e o altar será santíssimo; tudo o que tocar o altar será santo". A consagração torna-se extremamente importante para a doutrina da inteira santificação baseada nesta caracterização da santidade no Velho Testamento. De acordo com Adam Clarke, e mais tarde Phoebe Palmer (ver o capítulo 4), Cristo torna-Se o altar. Quando uma pessoa coloca "tudo" no altar através do acto da completa consagração, o "altar santifica a oferta". Isto sugere uma necessidade contínua de permanecer consagrado a Deus, através da jornada cristã. O elemento chave é que uma pessoa é santa quando é totalmente de Deus, quando é plena posse de Deus. Isto implica que não há rival que nos possa separar desta inteira devoção.

**3. Santidade Incomparável.** Um tema forte na teologia do Velho Testamento é que Israel é unicamente de Deus — povo e nação de Deus. Como observado anteriormente, Deus é ciumento e possessivo. Os escritores bíblicos usam frequentemente pronomes possessivos quando falam sobre o que é de Deus — quer sejam os *Sabbaths*, objectos inanimados ou mandamentos. Logo, manter os mandamentos de Deus era o sinal da inteira devoção do povo ao único e verdadeiro Deus; não havia lugar para uma lealdade dividida com outros deuses. "Não é de admirar, então, que as relações que rivalizavam com a consagração do povo de Deus fossem uma violação do pacto (Levítico 25:55-26:2, 14-15; cf. Ezequiel 23:39) e uma profanação do santo — do nome santo de Deus (Levítico 22:32; Ezequiel 20:30; 43:7-8)"[21].

Os primeiros dois mandamentos do Decálogo são fundamentais no relacionamento de Deus com Israel. "Não terás outros deuses diante de mim. Não farás para ti imagem de escultura, nem alguma semelhança *do* que *há* em cima nos céus, nem em baixo na terra, nem nas águas debaixo da terra. Não te encurvarás a elas, nem as servirás: porque eu, o Senhor, teu Deus, *sou* Deus zeloso, que visito a maldade dos pais nos filhos, até à terceira e quarta *geração* daqueles que me aborrecem" (Êxodo 20:3-5). Wesley interpretou a idolatria como sendo o pecado subjacente a todos os outros. O movimento wesleyano da santidade viu na idolatria o primeiro problema superado pela inteira santificação e o principal elemento depreciador da vida de santidade.[22] Tanto o Velho Testamento, como o Novo, chama as pessoas a terem uma adoração, um coração e um olhar virados exclusivamente para a Deus. Esta proibição contra a idolatria vem do relacionamento pactual entre Israel e Aquele que é santo.

**4. Santidade Pactual.** Deus estabeleceu um pacto com Abraão: "eu serei vosso Deus e vocês serão o meu povo". Este tema é repetido ao longo de todo o Velho Testamento (Génesis 17:7-8; Êxodo 6:7; Levítico 26:12; Jeremias 7:23). Mas o pacto de Deus com Abraão é também vivido, no acto da criação. Adão e Eva estavam numa espécie de pacto com Deus, enquanto andavam e falavam com o divino (Génesis 1:28-31; 2:16-17). Um relacionamento pactual está também implícito na afirmação de que eles foram criados à imagem de Deus (1:26-27). De facto, de acordo com a teologia wesleyana, a *imago Dei* consiste em relacionamentos rectos, como Deus inicialmente pretendia, não poluídos pelo pecado. Mesmo no jardim, ouvimos a chamada implícita: "E Jesus disse-lhe: Amarás o Senhor, teu Deus, de todo o teu coração, e de toda a tua alma, e de todo o teu pensamento. Este é o primeiro e grande mandamento. E o segundo, semelhante a este, *é:* Amarás o teu próximo como a ti mesmo. Destes dois mandamentos depende toda a lei e os profetas" (ver Mateus 22:37-40). De acordo com a teologia wesleyana, quando Adão e Eva pecaram, foram privados desta relação divino-humana primária, que antes definira a sua santidade. Vemos, no entanto, que Deus Se mantém leal para com eles, fiel ao pacto, apesar do seu acto de infidelidade.

Vez após vez no Velho Testamento, vemos a fidelidade de Deus a este pacto, perante a infidelidade, teimosia e desobediência de Israel e mesmo quando o pacto é quebrado. O pacto no Sinai estipulou que Israel deve ouvir e obedecer aos mandamentos de Deus como pré-requisito para a sua santidade (Êxodo 19:5-6). Isto consolida a ideia de que a santidade de Israel está dependente do seu relacionamento obediente com o Deus Santo. Também significa que Israel deixa de ser um povo santo no momento que deixa de ouvir e de obedecer aos mandamentos de Deus. No entanto, como a história do Velho Testamento sobre o relacionamento de Deus com Israel ilustra, a falha de Israel em manter o pacto, mais precisamente visto na sua falha em manter a lei, não força Deus a abandoná-los para sempre. O Deus do pacto com Israel, que é santo, pune os parceiros infiéis que se tornaram profanos, mas não os rejeita. O livro de Oseias é uma boa ilustração disto. Deus, que é santo e fiel, retém o relacionamento porque a fidelidade é uma qualidade essencial do pacto de santidade. Como Paulo diz em 2 Timóteo 2:13: "Se formos infiéis, ele permanece fiel; não pode negar-se a si mesmo". Será que isso significa que podemos ser descuidados e sem fé, sem efeitos prejudiciais?

**5. Santidade Obediente.** Deus pode chamar-nos o Seu povo santo e ser fiel para connosco, mas de acordo com a posição wesleyana da santidade, tal declaração requer a nossa resposta. Como esperado por Paulo, Deus chama-nos santos e chama-nos a ser santos; devemos tornar-nos no que somos. David Thompson diz claramente: "O pacto define, ainda, a santidade como um relacionamento no qual a vontade de Deus é feita. É neste princípio que a santidade e a justiça se casam. Até mesmo no Velho Testamento, compreender a santidade como sendo um relacionamento adequado com Deus, de maneira nenhuma esvazia a santidade de conteúdo moral e ético"[23]. Portanto, um relacionamento com Deus define Israel como santo. A santidade de Deus é contagiosa e comunicável para com aqueles sobre quem Deus reclama possessão. Mas esta santidade é mais do que uma oferta de santidade "posicional". A santidade de Deus capacita à obediência e justiça aqueles a quem Deus reivindica. A santificação alcança essa competência. Mais concretamente, respondemos à graça purificadora em obediência verdadeira. E isso dá azo a uma questão importante: A santidade pessoal, como obediência consistente, era possível para o povo do Velho Testamento?

Por vezes, os cristãos assumem muito facilmente que tal obediência era impossível antes de Cristo. Esta avaliação é contrariada pela presença de pessoas verdadeiramente santas e obedientes na história de Israel. No entanto, também observamos as várias chamadas dos profetas, consistentes e persistentes, para que Israel voltasse à obediência. Nestes mesmos profetas encontramos a esperança e o prenúncio de algo mais — cumprido, como sabemos, através de Cristo. De acordo com Dennis Kinlaw, o próprio Wesley via o Novo Testamento como o novo pacto no qual os desejos daqueles sob a velha aliança eram finalmente realizados. Kinlaw mostra que Wesley frequentemente usava Ezequiel 36:25-29 quando se referia ao relacionamento entre o novo e o velho. O profeta prevê um tempo em que Deus o fará acontecer:

> Então espalharei água pura sobre vós, e ficareis purificados: de todas as vossas imundícias e de todos os vossos ídolos, vos purificarei. E vos darei um coração novo, e porei dentro de vós um espírito novo, e tirarei o coração de pedra da vossa carne, e vos darei um coração de carne. E porei dentro de vós o meu espírito, e farei que andeis nos meus estatutos, e guardeis os meus juízos, e os observeis. E habitareis na terra que eu dei a vossos pais, e vós me sereis por povo, e eu vos serei por Senhor. E vos livrarei de todas as vossas imundícias; e chamarei o trigo, e o multiplicarei, e não trarei fome sobre vós.

Esta passagem *segue* uma passagem de repreensão de Deus:

> E veio a mim a palavra do Senhor, dizendo: Filho do homem, quando a casa de Israel habitava na sua terra, então a contaminaram com os seus caminhos e com as suas acções: como a imundícia de uma mulher em sua separação, tal era o seu caminho perante o meu rosto. Derramei, pois, o meu furor sobre eles, por causa do sangue que derramaram sobre a terra, e dos seus ídolos, *com que* a contaminaram. E os espalhei entre as nações, e foram espalhados pelas terras: conforme os seus caminhos e conforme os seus feitos, eu os julguei. E, chegando às nações para onde foram, profanaram o meu santo nome, pois se dizia deles: Estes *são* o povo do Senhor, e saíram da sua terra. Mas eu os poupei, por amor do meu santo nome, que a casa de Israel profanou entre as nações para onde foi. (Versículos 16-21)

Ou seja, a repreensão de Deus é seguida pela promessa de Deus. De certa forma, esta promessa é para as pessoas a quem Deus Se dirige. Deus está a chamá-las a um arrependimento penetrante e à restauração da justiça das mesmas.

Mas também podemos ler estas palavras num sentido profético. Virá o dia em que todas as coisas serão feitas novas, quando os ossos secos tornarão à vida. Outros profetas juntam-se ao coro. Haverá o dia em que a lei será escrita nos corações do Homem. Haverá o dia em que um novo poder capacitará a obediência verdadeira. Haverá o dia em que a própria santidade de Deus será revelada através da radiância do Filho do Homem, em que Ele também dirá: sê santos como Deus é santo.

## CONCEITOS DA SANTIDADE NO NOVO TESTAMENTO

Mantendo o mesmo formato da análise da teologia da santidade do Velho Testamento, começamos o desenvolvimento da teologia da santidade do Novo Testamento com algumas questões interpretativas mais amplas, na perspectiva wesleyana da santidade.

1. É o Novo Testamento consistente na sua apresentação da santidade? Há diferenças de perspectiva, significativas entre os Evangelhos e os escritos de Paulo?

2. Como é que a santidade do Novo Testamento é nova (diferente da do Velho Testamento)? O que é que as teologias de Cristo e do Espírito Santo acrescentam ao conceito de santidade do Velho Testamento?

3. Haverá passagens forçadas além dos seus limites, numa tentativa de apoiar uma teologia específica de santificação? Se sim, o que resta da tradição wesleyana de santidade?

### SANTIDADE EM GREGO

No geral, o Novo Testamento em grego afirma os vários usos da palavra *qds* — hebraico — do Velho Testamento. A palavra principal em grego é *hagios*. Esta palavra, mais frequentemente associada à santidade de Deus pode também indicar que algo foi separado para um propósito sagrado e devotado inteiramente a um Deus santo. A palavra para "puro", *katharos*, e a palavra *teleios*, que pode ser traduzida como "perfeição", têm um foco mais claro no Novo Testamento. Também vemos *katartizo* associada à santidade. Esta palavra significa arranjar alguma coisa que está quebrada, de forma a voltar a cumprir o seu propósito com todo o potencial. Há outros cognatos para estas palavras que enfatizam os seus significados. O trabalho contextual é crucial.

A seguir estão breves declarações sumárias sobre a santidade no Novo Testamento grego:

1. A santidade implica pureza de coração (por vezes expressa como pureza de mente). Uma pessoa que é pura de coração é singular em lealdade e devoção. O coração representa o centro ou a essência do ser; é purificado apenas através da associação a Deus e, consequentemente, apenas verdadeiramente derivado de Deus. Mas este conceito também implica uma "purificação" legítima que deixa o coração puro, imaculado.

2. Esta pureza é uma qualidade interior com expressão externa. É algo com o qual a pessoa coopera; há muitas referências à admoestação: "purificai-vos" (2 Coríntios 7:1). Isto implica que o trabalho interior de Deus é mantido sinergicamente. De acordo com Kenneth Waters, pureza é uma "qualidade interior [que é] manifesta externamente no padrão da resposta humana e comportamento, estilo de vida, relações, actividades missionais e compromissos vocacionais. Santidade e justiça externa são paralelos nas Escrituras Cristãs"[24].

3. A santidade no Novo Testamento é "holística". Não é uma qualidade entre outras mas um bem global, "a soma e fonte de todas as virtudes"[25]. Ou seja, a santidade é holística porque requer a apresentação da pessoa "como um sacrifício vivo, santo e aceitável perante Deus" (Romanos 12:1). A santidade também é holística no sentido de envolver tanto o conteúdo moral negativo como o positivo. Isto é, a santidade não é apenas a ausência do pecado mas também a presença do bem. A pessoa santa, então, age em amor e não apenas evita o profano.

4. A santidade no Novo Testamento é tanto uma chamada individual como corporativa. Cada indivíduo é chamado à santidade (Mateus 5:48; 1 Tessalonicenses 4:3-8; 1 Pedro 1:15-16). Mas o corpo de Cristo como um organismo unido também é chamado "santo" e chamado a viver a sua vida corporativa de adoração, em santidade (1 Coríntios 1:2; 12:12-26).

5. De acordo com a interpretação wesleyana de santidade, o Novo Testamento grego implica uma compreensão de santidade tripla: uma santidade final que irá, um dia, ser revelada (1 João 3:2); um crescimento progressivo em santidade ao longo da vida (Filipenses 1:6-11); e a que é chamada de "inteira santificação", descrita como um ponto de viragem em natureza (1 Tessalonicenses 5:23-24).[26]

## SANTIDADE EM MATEUS E MARCOS

De acordo com David Kendall, a tradição wesleyana de santidade tem geralmente negligenciado os evangelhos na procura de apoio bíblico relativamente à teologia da santidade e santificação. Ele crê que talvez seja assim, porque "Jesus tem pouco a dizer sobre o assunto da santificação". Aparentemente, "os termos padrão são raramente encontrados"[27]. No entanto, isto não significa que Jesus não tenha qualquer teologia de santidade! Ele fala claramente de santidade, apesar de ser em contextos diferentes e com um vocabulário diferente do que os outros escritos do Novo Testamento.[28]

George Lyons sugere que poucos judeus "comuns" teriam tomado a chamada para uma vida santa como uma chamada pessoal. Antes, grupos como os saduceus, essénios, zelotes e fariseus, tinham cuidados especiais para evitar a corrupção característica do mundo. Todos esses grupos, uns mais do que os outros, definiram a santidade como uma separação física, real, daqueles que poderiam torná-los imundos. Se estavam "contaminados," executavam rituais para restaurar a sua pureza.[29] Os fariseus, em particular, tentavam obedecer à lei (as 613 apresentadas nas Escrituras hebraicas) como forma de evitar a impureza. É incorrecto vê-los como legalistas insinceros. No entanto, Jesus desafiou a sua compreensão de que o termo "santidade" apenas implica separação física. David Kendall assinala que Jesus advertiu os fariseus firmemente:

> Jesus defendia que as pessoas contraem as piores formas de imundícia, não de contaminações externas, mas da corrupção interna. Não da comida que se come, mas da fonte do coração "…procedem os maus pensamentos, mortes, adultérios, prostituição, furtos, falsos testemunhos e blasfémias. São estas *as coisas* que contaminam o homem; mas, comer sem lavar as mãos, isso não contamina o homem" (Mateus 15:19-20). Ele pronunciou pesar sobre aqueles que se preocupavam mais com a pureza; eles tinham-se tornado lápides lavadas de branco no exterior, mas eram cadáveres em decomposição por dentro.[30]

Então, a santidade, de acordo com Jesus, é mais do que uma posição situada na relação com o mundo ou com Deus; a santidade é mais do que derivada. Envolve um coração puro. Jesus focou-se numa mudança moral interna, que se expressa como amor. "Amarás, pois, ao Senhor, teu Deus, de todo o teu coração, e de toda a tua alma, e de todo o teu entendimento, e de todas as tuas forças: este *é* o primeiro mandamento. E o segundo, semelhante a este, *é:* Amarás, pois, ao Senhor, teu Deus, de todo o teu coração, e de toda a tua alma, e de todo o teu entendimento, e de todas as tuas forças: este *é* o primeiro mandamento. E o segundo, semelhante a este, *é:* Amarás o teu próximo como a ti mesmo. Não há outro mandamento maior do que estes" (Marcos 12:30-31). Esta passagem é a essência da santidade de acordo com Jesus Cristo.

Também importante para a nossa construção de santidade nos primeiros dois evangelhos é o Sermão do Monte. Muitas das bem-aventuranças quebram a noção tradicional de que apenas os profissionais religiosos têm a esperança de se encontrarem no reino de Deus. Os modestos e humildes são aqueles que irão receber as respostas abençoadas de Deus. Em Mateus e Marcos, e certamente também em Lucas, vemos Jesus a ministrar aos menos prováveis do reino deste mundo. O reino de Deus não é oferecido apenas a alguns, mas a todos. A mensagem de Jesus reordena o *status quo*. A santidade potencial é estendida aos menos favorecidos e, quando eles respondem, as suas vidas são, frequentemente, transformadas de forma radical. Parte da contribuição da tradição wesleyana de santidade para a igreja é a ênfase de que todos são chamados à santidade — literalmente todos.

O Evangelho de Marcos pinta a santidade como dependente de um relacionamento contínuo com Deus. Nele encontramos proeminente o tema do discipulado. De acordo com Kent Brower, o discipulado é introduzido através do compromisso e mantido através da obediência. É progressivo e "incessante". Permite falhas mas apela para a mais alta fidelidade à vida de amor.[31]

## SANTIDADE EM LUCAS E ACTOS

Pelo facto do Evangelho de Lucas e os Actos dos Apóstolos serem normalmente considerados como duas partes da mesma história, escrita por Lucas, abordá-los-emos como uma unidade. O tema que abrange ambos é a obra do Espírito Santo. Jesus é representado em Lucas como o primeiro exemplo de uma vida vivida no Espírito. Lucas diz directamente que o Espírito Santo estava com Jesus desde o nascimento; o Espírito Santo estava, aliás, envolvido na Sua concepção. Da mesma forma, a referência ao

Espírito Santo em Actos, torna-se na maior descrição da novidade de vida que os apóstolos, e um número crescente de discípulos, experimentaram.

O Evangelho de Lucas foca-se na presença do Espírito Santo na vida de Jesus. Além do Seu nascimento, observamos o Espírito no baptismo de Jesus, levando-O até ao deserto da tentação e de lá para fora, e, depois, quando Jesus revela a Sua missão citando Isaías:

> "E, chegando a Nazaré, onde fora criado, entrou num dia de sá-bado, segundo o seu costume, na sinagoga, e levantou-se para ler. E foi-lhe dado o livro do profeta Isaías; e, quando abriu o livro, achou o lugar em que estava escrito:
>
> O Espírito do Senhor é sobre mim, pois que me ungiu para evan-gelizar os pobres, enviou-me a curar os quebrantados do coração, A apregoar liberdade aos cativos, e dar vista aos cegos; a pôr em liberdade os oprimidos; a anunciar o ano aceitável do Senhor". (Lucas 4:16-19)

Um dos temas principais é que Jesus vem àqueles que mais precisam d'Ele. Mas este sentido de missão está claramente ligado ao Espírito de Deus, que capacita e Lhe dá poder para cumprir esta missão. Há também o sentido de que o Espírito está envolvido na missão de Jesus para revelar Deus e a Sua natureza à humanidade.[32] E como é que Deus é? Lucas 15 providencia um entendimento sobre a natureza amorosa do Deus santo, que busca e que salva. Em suma, "de acordo com Lucas (…) Jesus é con-cebido pelo poder do Espírito Santo, comissionado pelo Espírito Santo, guiado pelo Espírito Santo, ungido pelo Espírito Santo, cheio do Espírito Santo e cheio do poder do Espírito Santo. Todo o Seu ministério é conduzido pelo Espírito"[33].

Em Actos, Lucas continua a ênfase no Espírito e procura mostrar que assim como o Espírito trabalhou na vida de Jesus, também irá trabalhar na igreja, a seguir ao Pentecostes, capacitando os discípulos, comissio-nando-os, guiando-os, ungindo-os e enchendo-os para que possam cum-prir o seu propósito missional (Actos 1:8). Robert Wall reflecte acerca deste assunto

> De acordo com a forma final do Novo Testamento, a mudança dos quatro evangelhos para Actos, contempla uma mudança na narra-tiva temática e interesse teológico de Jesus (Evangelho) para o Es-pírito (Actos). O Messias, que é capacitado pelo Espírito para a Sua

missão terrena, torna-Se o baptizador celeste, por cujo Espírito os Seus sucessores na terra agora estão habilitados para continuar o Seu ministério. Esta mudança crucial marca o problema histórico e programático que a comunidade dos discípulos de Cristo enfrenta: serão eles capazes de sobreviver à separação física quando Jesus partir? O problema teológico que Actos considera é este: que forma de vida terá Israel nesta era pós Jesus? A sucessão do movimento messiânico para uma comunidade apostólica e a continuidade do papel do Messias para aquilo que Ele começou é o tema central de toda a narrativa. Rispidamente dito, a sucessão de eras na história da salvação de Deus de messiânica para apostólica (…) [é] marcada e facilitada pelo Espírito de Deus.[34]

A demarcação entre uma era para a seguinte é feita nos primeiros dois capítulos de Actos. Na Sua ascensão, Jesus assegura novamente aos Seus discípulos que Outro virá; isto é cumprido no Pentecostes. Em Lucas, João Baptista prediz aquele que irá alargar o baptismo das águas para incluir o baptismo com fogo. João refere: "Ele irá baptizar-vos com o Espírito Santo" (Lucas 3:16). Este baptismo, então, que transpira no Pentecostes, é o baptismo de Jesus Cristo usando o Espírito Santo. Portanto, tecnicamente, não nos movemos da era do Messias para a era do Espírito de maneira que implique um modalismo herege. O Espírito é o agente de Deus em Cristo, não uma força independente (Actos 2:32-39). Porque é que isto é importante? Porque a obra de Deus na salvação e santificação é sempre trinitária; é errado referir que Jesus salva e que o Espírito santifica. Deus (como Trindade) salva, Deus (como Trindade) santifica. Os textos de Lucas não apoiam o modalismo herege, que reduzem Deus a uma só pessoa que executa funções diferentes em modos diferentes.

Ainda assim, é claro que o Pentecostes é o cumprimento da promessa deste baptismo, quando o Espírito Santo vem na Sua totalidade. Não há dúvida que o que aconteceu aos discípulos foi o **baptismo do Espírito Santo**. A questão, na história recente da tradição wesleyana da santidade, é se esta experiência apostólica deve ser vista como equivalente à inteira santificação e se, por isso, deve ser o padrão para todos os cristãos.

Têm sido publicados mais artigos sobre o baptismo do Espírito Santo no principal jornal da tradição wesleyana da santidade, o Wesleyan Theological Journal [Jornal Teológico Wesleyano], do que sobre qualquer outro assunto. No entanto, não há consenso. Ao longo dos anos este assunto tem sido alvo de grande debate na tradição wesleyana. Até hoje divide-se em duas posições interpretativas. Mesmo assim, o Pentecostes marcou um novo começo na comunidade e uma transformação dentro dos indivíduos.

É pelo Espírito que a comunidade de fé é curada e transformada (ou recriada) para ser um povo sofredor, fiel a Deus num mundo anti-Deus. (…) É pelo Espírito que o Jesus sofredor está "presente" na comunidade e é o Espírito que está habilitado a dar testemunho d'Ele. Neste sentido, o baptismo do Espírito é um ritual de iniciação a uma vida cruciforme.[35]

Consideravelmente, Actos ainda subentende que o Espírito não traz apenas o poder para a comunidade ser testemunha missional de Cristo, mas também purifica e limpa. O Deus de Lucas 15 é manifestado na vida dos novos crentes. A novidade de vida oferecida não é apenas perdão pela culpa mas também reconciliação, regeneração e, em Actos, "baptismo do Espírito" — que está frequentemente associado à santificação.

## SANTIDADE EM JOÃO E NAS EPÍSTOLAS DE JOÃO

Claramente, o Evangelho de João tinha um propósito diferente do que os primeiros três evangelhos canónicos. Clemente de Alexandria, um pai da igreja do segundo e terceiro séculos, e um dos primeiros teólogos da igreja, afirma que João pretendia propositadamente complementar as narrativas dos outros evangelhos. As intenções de João são claramente afirmadas no fim do seu livro. Como o texto diz, ele escreveu para que as pessoas pudessem crer que Jesus é o Cristo e que venham a ter vida no Seu nome (20:31). Este propósito é espelhado no primeiro capítulo da primeira carta de João: "O que vimos e ouvimos, isso vos anunciamos, para que também tenhais comunhão connosco; e a nossa comunhão é com o Pai, e com seu Filho, Jesus Cristo" (1 João 1:3). O que encontramos em João, então, é mais do que uma narrativa. Observamos que reflexão teológica significa "fortalecer a fé e assim produzir vida"[36]. Em João, Jesus move-Se do Cristo da história para o Cristo da fé.

Sobre o assunto da santidade em João, temos que começar novamente com Deus. De acordo com Kent Brower, o Evangelho de João move-nos na direcção da Trindade.[37] Mas ao contrário da descrição do Deus Santo do Velho Testamento como remoto e transcendente, João retrata Deus como Um de intimidade e amor. Clark Pinnock escreve: "Como um círculo de relacionamentos de amor, Deus está dinamicamente vivo. Existe apenas um Deus, mas este Deus não é solitário, é antes uma comunhão de amor distinguida pela vida transbordante"[38]. O académico joanino Moody Smith refere: "A unidade do Pai e do Filho é expressa em termos de amor e missão. (...) Esta unidade e amor são estendidos para incluir os discípulos de Jesus, a igreja (cf. 14:21; 15:9; 20:21) e o amor mútuo torna-se a base e fundação da sua existência"[39]. Na oração de Jesus em João 17, Ele convida-nos a uma intimidade com Deus que não é um tipo de união mística[40], mas uma permanência (capítulo 15) no amor de Deus — Paulo usa a frase "em Cristo"; Pedro usa "participantes na natureza divina". O Novo Testamento trespassa a transcendência de Deus e fala de uma unidade com Cristo e uma unidade com outros que estão em Cristo. A própria encarnação aproxima-nos de Deus, como no versículo "o Verbo tornou-Se carne". Por isso, quando Jesus ora "santifica-os", emergem ideias que vão além da pureza. A santificação não pode ser separada do amor — um amor derivado da presença de Deus.

As cartas de João agarram neste tema. Nelas, João chega a dizer que o amor pode ser perfeito. A primeira teve um impacto profundo no entendimento de Wesley acerca da perfeição cristã. Como é que este livro nos ajuda? Seguem-se algumas sugestões:

1. João reconhece o pecado como um perigo para os cristãos; mas de forma nenhuma sugere que o pecado contínuo deve figurar na vida cristã (1 João 1:5-10).

2. João promete perdão e a purificação de "todas as injustiças" para aqueles que se arrependerem (versículo 9).

3. O amor de Deus deve dominar a vida cristã. O amor de Deus "derramado em nós" capacita-nos para "colocar os nossos corações em descanso na Sua presença naquilo que os nossos corações nos condenam" (3:19-20).

4. Como aqueles a quem "Deus amou(-nos) primeiro", devemos amar os nossos irmãos e irmãs. Este amor é activo e busca suprir as necessidades dos outros (versículos 16-18).

5. Existe um sentido em que o amor é "completo" entre nós e que este amor perfeito lança fora o medo (4:17-18). Este amor perfeito mantém os mandamentos e por isso tem tanto conteúdo ético como relacional.

## SANTIDADE NAS EPÍSTOLAS DE PAULO

Em vez de nos debruçarmos numa perspectiva de santidade paulina geral, buscaremos um entendimento mais específico sobre dois livros — a epístola aos Romanos e a primeira epístola aos Tessalonicenses.

A epístola aos Romanos é o argumento teológico mais extenso de Paulo. Tem um lugar importante no desenvolvimento da igreja. Martinho Lutero começou a Reforma essencialmente por causa da sua interpretação de Romanos. A vida de João Wesley foi mudada dramaticamente quando ouviu a leitura dos comentários de Martinho Lutero a Romanos. Este livro detém um lugar dominante na teologia protestante. Detém também um lugar proeminente na teologia da tradição wesleyana de santidade. Paulo não somente fala de "salvação apenas pela fé" mas fala também da santificação como o corolário adequado à salvação que recebemos em Cristo. Encontramos tanto a expiação como a santidade neste importante livro paulino (ver também Romanos 6 e 8, especificamente 8:3-4). Poderíamos organizar o livro em duas secções: os capítulos 1 a 4 estabelecem claramente a doutrina da salvação. William Greathouse situa a mudança para a doutrina da santificação no versículo 12 do capítulo 5, e a transição de Paulo nos versículos 1 a 11.[41] Os capítulos 5 a 8 e 12 são especificamente acerca da santificação. Os restantes capítulos discutem o relacionamento entre Israel e a Igreja.

O capítulo 5 contribui para uma discussão singular na teologia do Novo Testamento sobre o relacionamento entre Adão, os seus descendentes e Jesus como o "Novo Adão". A discussão de Paulo neste capítulo, aborda a doutrina do pecado original, que passou para cada geração sucessiva. A queda de Adão foi um acto de desobediência, mas o Novo Adão obedece completamente a Deus e, por isso, restaura o potencial de obediência daqueles que estão em Cristo. Observamos, então, o que é chamada de doutrina da recapitulação. O que Adão tirou da humanidade através das suas acções prejudiciais, Cristo recapitula através das Suas acções restauradoras. No entanto, se olharmos de perto, Cristo oferece "*tudo o mais*" excessivamente acima da simples graça equalizadora. "Porque se pela ofensa de um só, a morte reinou por esse, muito mais, os que recebem a abundância da graça, e do dom da justiça, reinarão em vida por um só — Jesus Cristo" (5:17). Onde o pecado abundou, a graça abundou ainda mais. Wesley usa as palavras de Paulo quando fala de justiça (ou amor) reinando no coração do Homem, em vez do pecado.

Nos capítulos 6 e 7, Paulo elabora mais a fundo sobre como é que a vida em Cristo realmente é. "Mas graças a Deus que, tendo sido servos do pecado, obedecestes de coração à forma de doutrina a que fostes entregues. E, libertados do pecado, fostes feitos servos da justiça" (6:17-18). Paulo encoraja os romanos, à luz desta liberdade, a buscar uma vida de santidade. É de notar que, enquanto Paulo fala dos romanos como escravos da justiça e de Deus — no capítulo 6 — no capítulo 8, ele alonga a discussão e proclama que enquanto filhos de Deus, abandonamos qualquer sentido de escravatura para nos conhecermos como filhos de Deus, com uma confiança e intimidades que clamam *Abba*, ou "papá". O que leva a esta transição? A elaborada discussão de Paulo sobre a lei nos capítulos 7 e 8.

Se examinarmos a história da interpretação da última metade de Romanos 7, no movimento wesleyano da Santidade, descobrimos uma alteração que muda radicalmente o seu sentido. De forma simples, Wesley acreditava que a pessoa que Paulo descreve na primeira pessoa era pré-Cristo, alguém que se tentava salvar pela lei, um não regenerado. Os escritores calvinistas (os contemporâneos de Wesley e os de hoje), por outro lado, têm tendencialmente interpretado a situação desta pessoa como se se tratasse da vida de alguém já em Cristo. Os sucessores imediatos de Wesley afirmaram a sua posição. Mas, alguns deles, mais tarde, na América no século XIX, começaram a interpretar a situação descrita no capítulo 7 como se se tratasse de um cristão regenerado que ainda não é inteiramente santificado. Aparentemente, W. B. Godbey foi um dos primeiros a sugerir esta posição. Encontramos apoio para esta interpretação nas obras de Beverly Carradine, Henry Clay Morrison, Charles Ewing Brown e A. M. Hills (figuras do fim do século XIX e inicio do século XX). No século XX, estudiosos e teólogos da tradição wesleyana de santidade voltaram à interpretação de Wesley e viram esses versículos como descrevendo uma pessoa não regenerada.

Da perspectiva da tradição wesleyana de santidade, a luta da pessoa que Paulo descreve no capítulo 7 é vencida no capítulo 8. A essência da mensagem da santidade surge desta descrição da vida no Espírito. Paulo diz que através de Cristo "(…) a justiça da lei se [cumpre] em nós, que não andamos segundo a carne, mas segundo o espírito" (8:4). Isso é possível apenas por causa do que "Deus fez" (versículo 3) ao enviar-nos Jesus. Assim, Paulo é completamente optimista acerca da vida no Espírito. À medida que caminhamos com o Espírito, é-nos dada vida, somos feitos filhos

de Deus, cheios com esperança, assegurados do amor de Deus e feitos mais
do que vencedores em relação ao pecado e qualquer outra coisa que nos
separe de Deus. Paulo segue estas frases, fortes e optimistas, admoestando
os Romanos a que "(…) [apresentem] os vossos corpos" a Deus como "sacrifício vivo", que os irá transformar (Romanos 12:1-2) e capacitar a amar
(versículos 9 a 21). Assim, consagração, ou inteira devoção, é um conceito
importante tanto no Novo como no Velho Testamento.

George Lyons escreve: "os pastores e professores cristãos encontram-se
cada vez mais na posição dos apóstolos do primeiro século. A [sua] função
não é simplesmente converter pagãos ou doutrinar aos convertidos. É cristianizar a igreja"[42]. Lyons olha especificamente para a primeira epístola de
Paulo aos Tessalonicenses à procura de orientação sobre este assunto. Ele
argumenta que cristianizar os cristãos é exactamente o propósito de Paulo
nesta carta e que o grande número de referências à santidade neste curto
livro é digno de nota.[43] A primeira carta aos Tessalonicenses é, historicamente, um livro extremamente importante para a tradição wesleyana de
santidade. Se alguém tivesse de escolher uma passagem bíblica que repre-
sentasse a tradição, seria 1 Tessalonicenses 5:23-24. Pode dizer-se que uma
teologia bíblica de santidade seria incompleta sem esta epístola.

Enquanto reflecte sobre 1 Tessalonicenses, Lyons também escreve:
"Para aqueles de nós que levam a sério a herança wesleyana de santidade,
a ortodoxia não é suficiente. Não podemos justificar a nossa existência
teológica a menos que promovamos activamente a 'santidade de coração
e vida'"[44]. Isto é o que Paulo faz nesta carta. Ele mostra que a chamada à
santidade se estende a todos, não apenas a uma elite. Para Paulo, uma vida
cristã "em pecado" é um oximoro! A santidade não é uma abstracção; é
vivida através da graça de Deus. Podemos proclamar, baseados nas palavras de Paulo nesta e noutras epístolas, que a santidade é mais poderosa
do que o pecado. O meio para este poder e purificação é a consagração
humana ao Santo. É uma vida totalmente dada, rendida, e inteiramente
devota a Deus. Como tal, é uma vida totalmente transformada pela graça.

O último capítulo de 1 Tessalonicenses dá atenção específica e explícita
à inteira santificação: "E o mesmo Deus de paz vos santifique em tudo; e
todo o vosso espírito, e alma, e corpo, sejam plenamente conservados irrepreensíveis, para a vinda do nosso Senhor Jesus Cristo. Fiel é o que vos
chama, o qual também o fará" (5:23-24). A tradição wesleyana da santi-

dade, tem substituído as palavras "em tudo" pela palavra "inteira". Infelizmente, esquecemo-nos frequentemente desta ênfase holística. Hoje, "inteiro" tem diferentes conotações. Podemos pensar em cozinhar um peru, por exemplo, e dizer que o peru está cozinhado por inteiro. Sim, esperemos que todo o peru esteja cozinhado. Mas tendemos a querer dizer que o peru foi cozinhado em todo o tempo necessário para que fique pronto. Podemos dizer que cozinhar o peru durante mais tempo seria arruiná-lo! Infelizmente, há quem interprete a palavra "inteiro" com o significado de "pronto", no sentido de que mais nenhum crescimento é necessário além do adquirido na tal experiência.

O que Paulo quer dizer nestes versículos é que somos santificados em todo o nosso ser. Não há nenhuma parte de nós que não seja tocada pela obra santificadora de Deus. Paulo, de facto, sugere que esta santificação vem antes "da vinda do nosso Senhor" mas que ela deve ser mantida. Devemos manter-nos irrepreensíveis. A única forma disto acontecer é continuar em santidade de coração e de vida. Mas graças sejam dadas a Deus, esta continuação não é algo que façamos por nós mesmos. Deus está envolvido na nossa santidade. A graça de Deus continuará a santificar, no sentido em que a nossa santidade irá crescendo à medida que permanecemos inteiramente devotos.

## SANTIDADE EM HEBREUS E TIAGO

Ao contrário dos escritos de Paulo endereçados a gentios ou congregações mistas, o que encontramos nos livros de Hebreus e Tiago é a mensagem da santidade pregada aos judeus do Novo Testamento. De acordo com F. F. Bruce, o propósito de Hebreus é:

> estabelecer a finalidade do evangelho em contraste com todos os que vieram antes, mais particularmente, em contraste com o culto levítico, como a forma de perfeição, a forma que em si mesma leva [as pessoas] a Deus, sem qualquer interrupção de acesso. Ele [o escritor] estabelece a finalidade do cristianismo ao estabelecer a supremacia de Cristo, na Sua pessoa e na Sua obra.[45]

Jesus é, de facto, em contraste com o antigo pacto, o melhor e mais perfeito caminho. Ele é inteiramente Deus e inteiramente homem. A Sua salvação é de outro tipo, melhor do que antes. Mas apesar da expiação ser um tema proeminente em Hebreus, a santificação também o é. David Peterson escreve: "A purificação é a base da santificação. (...) Pela sua acção soberana em Cristo, Deus separa e vincula a Si mesmo aqueles que foram purificados da contaminação do pecado. Esta obra objectiva e consagradora de Deus tem implicações profundas para a atitude e comportamento daqueles que creêm"[46]. Assim, a pureza é agora incorporada e interna, não apenas atribuída a uma pessoa ou objecto com base no seu uso. As figuras do Velho Testamento, como destacadas em Hebreus 11, anteciparam a plenitude desta santidade agora disponível.

O livro de Tiago é importante no seu retratar desta santidade incorporada em várias formas práticas. Santidade, ou a "religião pura e imaculada para com Deus, o Pai, é esta: Visitar os órfãos e as viúvas nas suas tribulações e guardar-se da corrupção do mundo" (Tiago 1:27). Este tipo de vida amorosa e pura deve ser mantida, mesmo no meio de tribulações e perseguições. O amor persevera. Este amor não mostra nenhum favoritismo, é misericordioso, cheio de sabedoria e está sempre submisso a Deus. A fé trabalha na justiça, particularmente na comunidade de fé.

Um tratamento exaustivo da santidade na Bíblia está além do âmbito deste capítulo. Mas esperamos que estes pontos possam estabelecer a base para considerações teológicas mais profundas nos próximos capítulos. As seguintes declarações sumárias sublinham o que foi apresentado neste capítulo. Em "História da Santidade", a próxima parte do nosso estudo, iremos voltar-nos para o desenvolvimento histórico da teologia da santidade desde o primeiro século até ao século XX.

## DECLARAÇÕES SUMÁRIAS

1. O Velho Testamento retrata a santidade de Deus em termos que incluem a incomparabilidade, glória e ciúme de Deus.

2. A "hermenêutica de amor" ajuda os wesleyanos a interpretar textos de difícil interpretação no Velho Testamento.

3. No Velho Testamento, os seres humanos são santos da seguinte forma: quando estão num relacionamento com Deus; quando se consagraram ao serviço de Deus; quando não têm outros deuses além do único Deus; quando permanecem num pacto com Deus; e quando expressam o seu relacionamento com Deus através da obediência.

4. O grego usado no Novo Testamento acrescenta várias conotações novas ao significado de santidade.

5. Os temas de santidade do Novo Testamento incluem o seguinte: a obra do Espírito Santo (incluindo o "baptismo com o Espírito Santo") é enfatizada como um meio de cumprir os propósitos de Deus na vida do cristão; amor por Deus e pelo próximo continua a ser a norma da santidade; a inteira santificação é uma possibilidade para a vida terrena; a lei "escrita no coração" profetizada no Velho Testamento torna-se uma realidade; a vida com o Espírito traz liberdade e genuíno crescimento cristão em santidade e amor.

6. Parte da mensagem de Paulo inclui a ideia de "cristianizar cristãos" — admoestando-os a deixar o pecado para trás e a viver graciosamente.

7. As epístolas de Hebreus e Tiago foram escritas para audiências judaicas e destacam-se pela sua capacidade de aplicar a herança do judaísmo à obra de Jesus Cristo como fonte da santidade. Os hebreus oferecem uma análise cristológica da narrativa e da teologia do texto hebraico; Tiago dá um guia prático para a santidade, especificamente como esta está relacionada à forma como tratamos os outros.

## QUESTÕES PARA REFLEXÃO

1. Qual é a relação entre o Velho e o Novo Testamento?
2. Existe uma compreensão uniforme da santidade no Novo Testamento?
3. Qual é a mensagem da santidade que recebemos de João? e de Paulo? e de Tiago?
4. O que significará "cristianizar cristãos"?
5. De que forma é que alguns textos têm sido demasiado forçados para apoiar a santidade e a santificação?

Parte II

# HISTÓRIA DA SANTIDADE

# SANTIDADE NA HISTÓRIA: ANTIGUIDADE TARDIA ATÉ 1700

OBJECTIVOS DO ALUNO

*O estudo deste capítulo vai ajudá-lo a:*

1. Identificar temas da santidade nos escritos da igreja primitiva
2. Identificar temas da santidade no período medieval
3. Identificar temas da santidade nos escritores místicos católicos e anglicanos
4. Identificar temas da santidade no pietismo pré-wesleyano

PALAVRAS CHAVE

| | |
|---|---|
| Antiguidade tardia | *Theosis* |
| Patrístico | Platonista cristão |
| Apologética | Estoicismo |
| Asceticismo | Apocatástase |
| Monásticos Eremitas | Divinização |
| Monasticismo Cenobita | Hagiografia |
| Heresia | Origenismo |
| Pais apostólicos | Pelagianismo |
| Gnosticismo | Quietismo |
| Recapitulação | |

Saber que a santidade é uma doutrina bíblica é extremamente importante. Não é menos importante compreender que é também uma doutrina histórica, parte intrínseca do cristianismo desde o seu início. Particularmente importante para a tradição wesleyana de santidade, é saber que Wesley não desenvolveu a sua doutrina sem nenhuma base. A essência da mensagem de santidade surgiu muito cedo no cristianismo. Os temas de santidade continuaram na Idade Média, no período da Reforma e no antecessor teológico imediato de Wesley, o Anglicanismo. Com isto em mente, uma visão geral dos períodos e pessoas relevantes seguir-se-á neste capítulo e no próximo, com ênfase nas suas contribuições para o desenvolvimento do pensamento de santidade ou a sua significância para o Movimento de Santidade e para a proclamação da teologia de santidade.

## O PERÍODO PATRÍSTICO

Como vimos no capítulo anterior, o conceito de santidade não é uma invenção dos escritores do Novo Testamento. A teologia do povo hebreu no Velho Testamento incluiu a chamada para uma vida santa e justa. Mas o conceito de santidade não está limitado a escritores bíblicos. Há também uma ênfase cristã extra na santidade, particularmente expressa na identificação do "homem santo" na cultura da **antiguidade tardia**.[1]

No limiar da sociedade haviam pessoas que não faziam parte da vida do típico romano. Estas pessoas eram vistas como mediadores entre a humanidade comum e o divino (os deuses). A sua separação era também uma separação económica — eram sem abrigo, nómadas e tinham de pedir esmola para obter comida. Mas isto acrescentava ainda mais ao seu estatuto de "santo", nas mentes do povo romano, visto que os deuses tomavam conta deles. Estavam separados o suficiente para serem considerados sábios e frequentemente eram os ministros da comunidade, no sentido em que serviam as pessoas quando estas necessitavam. Esta ideia do homem santo na sociedade romana oferece um pano de fundo secundário para a Bíblia no desenvolvimento do conceito de santidade no cristianismo primitivo — o período **patrístico**. O que é particularmente verdadeiro durante, e depois, do tempo de perseguição dos cristãos pelo Império Romano.

Nos séculos que seguiram o período apostólico, o cristianismo desenvolveu-se de forma drástica. Um desenvolvimento importante foi a auto-identidade da própria igreja em relação ao império. Anteriormente, o cristianismo era visto como uma seita judaica. Isto deu ao cristianismo um tipo de imunidade ou tolerância para com o Império Romano, pois era-lhe garantida as mesmas liberdades que a Israel. Mas lentamente, à medida que o cristianismo se começou a ver e a ser visto como uma nova religião, o império nota-o.

As perseguições começaram cedo na história cristã. No início foram esporádicas e localizadas. Mais tarde, as perseguições foram, em todo o império, ataques agressivos ao cristianismo como um todo. Justino Mártir (ca. 100-165 EC) argumentou no seu *Primeira Apologia* que os cristãos não deviam ser punidos unicamente pelo seu nome. Em vez disso, deviam ser investigados individualmente pelo seu carácter. Seguramente, ele acreditava, que tal investigação revelaria o amor e pureza dos cristãos e por isso a sua falta de culpa perante o estado. O próprio Justino foi martirizado.

O martírio desenvolveu uma teologia própria e intrigante. Muitos cristãos ansiavam ser martirizados. Era o maior sinal de santidade. O mártir era o "homem santo" (no sentido romano; havia tantas mulheres martirizadas quanto homens). O mártir situava-se como mediador entre o cristão comum e Deus. O mártir era aquele que andava nas pegadas de Cristo e levava o Seu sofrimento. Interessante que durante este período a igreja não diminuiu perante as perseguições mas cresceu significativamente. Um escritor primitivo da igreja, Tertuliano, disse: "O sangue dos mártires é a semente da Igreja"[2].

"Mártir" significa literalmente "testemunha". Testemunhar de Cristo ao ponto de literalmente morrer com Ele era a maior honra. Os mártires eram honrados acima de todos os outros, até mesmo acima dos líderes eclesiásticos ou professores. Falar do "culto" dos mártires não é inapropriado quando é dada consideração a como os mártires eram exaltados e admirados. O mártir era a melhor personificação da santidade. A igreja perseguida, então, serve como um importante pano de fundo para o desenvolvimento da "teologia de santidade" na antiguidade tardia. Este período durou desde o período apostólico até 313. A santidade estava viva e bem de saúde durante esses anos.

Um evento extremamente importante na história do cristianismo foi a conversão de Constantino (ca. 272-337). Quando Constantino disputava o controlo total do império romano, ele foi para a batalha e alegadamente ouviu uma voz que dizia: "Através deste sinal irás conquistar". Diz-se que olhou para o céu e viu a cruz, que significava o Cristo dos cristãos. E venceu a batalha. Como resultado desta experiência, Constantino publicou o decreto de Milão, em 313, legalizando o cristianismo. Também promoveu o cristianismo como a religião romana preferida. Há muito debate acerca da genuinidade da "conversão" de Constantino. O mínimo que se pode dizer é que Constantino usou esta mudança religiosa para sua vantagem política.

Os resultados de tal inversão de marcha são ambíguos. Por um lado, as perseguições pararam, certamente para o benefício dos próprios cristãos. Por outro lado, multidões da população romana foram baptizadas imediatamente como cristãos. De certo que isto diluiu a fé. A questão levantou-se rapidamente: como devemos perceber quem é realmente santo? Já não havia mais mártires para deterem o lugar mais santo. Quem poderia? Não é por acaso, teoriza-se[3], que depois do édito de tolerância de Constantino, um novo martírio se desenvolveu, particularmente no oriente.

Este novo martírio foi o surgimento do **ascetismo**. Se uma pessoa já não podia ser literalmente crucificada com Cristo, ao menos havia a opção da auto-crucificação metafórica ou a auto-mortificação. As pessoas começaram a praticar disciplinas físicas rigorosas como meio da purificação espiritual. Jejum severo, pobreza, castidade e até automutilação eram normais entre os ascéticos. Isto desenvolveu-se mais profundamente na prática dos eremitérios. Homens, e algumas mulheres, dirigiram-se ao deserto egípcio em particular, onde viviam em solidão, com poucas interacções uns com os outros. Desde essa altura, passaram a ser conhecidos como os Pais do Deserto.[4] Eventualmente estes eremitas, ou **monásticos eremitas,** formaram comunidades que levaram ao surgimento do que é conhecido como o **monasticismo cenobita**. Estas comunidades poderiam ser similares às que conhecemos como mosteiros ou conventos. De qualquer maneira, os ascetas eram identificados por outros cristãos como os novos santos, que substituíram os mártires como heróis cristãos.

Outro desenvolvimento importante no culto ou cultura do santo, foi o desenvolvimento da doutrina santa ou recta. A igreja começou a reconhecer as pessoas e ideias que deturparam o evangelho. Irineu de Lyons foi um dos primeiros a usar a palavra "**heresia**" no sentido técnico (ca. 175). Ele estava contra o ensino de Valentino, um gnóstico que andava a desviar os cristãos. Mas não o podemos dizer abertamente, uma vez que os gnósticos se consideravam cristãos. Foi realmente Irineu que traçou a linha no chão e declarou que os gnósticos estavam fora do círculo cristão. Foi isso que levou à óbvia, mas até então pouco reconhecida, necessidade de articular crenças inteiramente cristãs, ou ortodoxas. Porque é que os gnósticos eram hereges? O que constituía a fé cristã? Visto que os gnósticos também usavam as Escrituras, ainda por canonizar, em que base deveriam os cristãos argumentar serem conhecedores da verdade? Irineu, e outros, começaram a falar de uma "sucessão apostólica" como uma forma de legitimar a doutrina cristã.[5] Os mestres que estavam nesta sucessão eram os "santos".

Eventualmente tornou-se necessário convocar concílios de forma a estabelecer doutrinas e crenças ortodoxas. O primeiro concílio ecuménico foi convocado para debater o assunto do relacionamento de Cristo com Deus. Foi convocado em 325 e foi conhecido como o Concílio de Nicéia. Três outros concílios seguiram-se a esse, que também trataram de assuntos cristológicos. Estes afirmam ainda mais a posição ortodoxa sobre a natureza da pessoa de Cristo. Eles são o Concílio de Constantinopla em 381, o Concílio de Éfeso em 431 e o Concílio de Calcedónia em 451. Estes três concílios, juntamente com o Concílio de Nicéia são agora conhecidos como os primeiros quatro Concílios Ecuménicos (de sete). Isto significa que toda a ortodoxia cristã é fiel às suas decisões.

Perseguição e martírio, ascetismo radical e o crescimento da ortodoxia foram elementos importantes no desenvolvimento de uma teologia primitiva do santo. Aprofundaremos estes elementos à medida que seguimos o rasto do desenvolvimento da teologia da santidade ao longo da história da igreja primitiva.

## OS PAIS APOSTÓLICOS

Quando os historiadores se referem aos **patriarcas apostólicos** da igreja primitiva, eles estão a referir-se a um grupo específico de escritores, que escreveram as suas obras no primeiro século, ou cedo no segundo século. O grupo inclui Clemente de Roma (30-100), Ignatius de Antioquia (30-107), os autores da Didaqué (100-150), o autor da Epístola de Barnabé (130-138), Policarpo (65-155) e o autor do Pastor de Hermas (96-150). Christopher Bounds investigou cada um desses autores e escritos, sobre o tema da perfeição cristã.[6] Ele sumarizou as suas conclusões nas seguintes categorias: "O que significa Perfeição Cristã"; "A possibilidade da perfeição cristã na vida presente"; e "Os meios da perfeição cristã".

De acordo com os patriarcas apostólicos, como interpretados por Bounds, a perfeição cristã primeiro implica "uma perfeição de amor, resumida explícita e implicitamente em dois grandes mandamentos. (...) O amor cristão é a rubrica dominante pela qual a perfeição é compreendida"[7]. Segundo, Bounds sugere que a perfeição cristã implica a liberdade do pecado. "Negativamente, isto significa que os cristãos estão livres do pecado deliberado; positivamente, eles vivem vidas de completa obediência aos mandamentos de Deus"[8]. A maioria dos patriarcas apostólicos refere-se a uma mudança interior que possibilita isto.

Bounds também afirma que os patriarcas apostólicos acreditavam claramente que a perfeição cristã é possível nesta vida terrena. "Cada um dos patriarcas ensina que os cristãos podem ser aperfeiçoados em amor, cumprir os dois grandes mandamentos de Jesus, ser livres do pecado deliberado e ter os seus corações orientados em amor e pureza"[9]. Este optimismo acerca da possibilidade da perfeição cristã, ou santidade, continua ao longo do período ante-niceno. Não seria até passados mais de cinquenta anos do concílio de Nicéia que os pensadores ocidentais se tornariam pessimistas quanto à graça santificadora.

Os meios da perfeição cristã como experimentada nesta vida, é simplesmente a obra de Deus "feita possível através da vida redentora de Cristo e a presença santificadora do Espírito Santo"[10]. Mas, para os patriarcas apostólicos esta obra de Deus é sinérgica. Os indivíduos devem participar prontamente e de livre vontade com a graça de Deus de forma a crescer em santidade. Este tema sinergético estende-se também para o período ante-niceno.

## TEÓLOGOS ANTE-NICÉIA TARDIOS

### Justino Mártir (ca. 100-165)

Os escritos de Justino Mártir representam um tipo de literatura conhecida como apologética. Mas além de apologéticos, também vemos elementos de um agudo optimismo acerca da possibilidade de viver sem pecado. O conceito da santidade de Justino não deve ser visto como uma doutrina formalizada numa *summa* teológica mais alargada, desenvolvida sistematicamente, mas sim como contextualmente influenciada pelos seus propósitos apologéticos num tempo de perseguição e martírio. O seu propósito primário foi defender os cristãos contra falsas acusações de ateísmo e imoralidade. Tanto na *Primeira* como na *Segunda Apologia*, ele faz todos os esforços para mostrar que os cristãos, ao invés de estarem envolvidos em práticas que até os pagãos achariam indefensáveis (tais como canibalismo e abuso sexual de crianças), estavam de facto a viver vidas que excediam a vida virtuosa exaltada pelos romanos. Podemos encontrar um pressuposto adjacente em Justino — que o cristão professado simplesmente não peca — que é de facto inculpável:

> Portanto requeremos que as acções de todos aqueles que vos acusaram sejam julgadas, de forma a que cada convicto seja punido como malfeitor, e não como cristão; e se é claro que alguém é inculpável, que ele seja absolvido, pelo simples facto de que, por ser cristão, não comete injustiças. (*Primeira Apologia*, VII)[11]

Ele também implica que se a vida de alguém é pecaminosa, isso nega a profissão de fé do cristão. "E que aqueles que não forem encontrados a viver como Ele ensinou, sejam considerados como não cristãos, mesmo se professarem com os seus lábios os preceitos de Cristo; pois não são aqueles que fazem profissão, mas aqueles que fazem obras, os que são salvos". (*Primeira Apologia*, XVI)[12]

Justino estava interessado em defender a responsabilidade individual pelo pecado e em dar ênfase à livre escolha, em vez das cosmologias mais fatalistas:

> Temos aprendido dos profetas, e acreditamos ser verdade, que as punições e os castigos e boas recompensas são dadas de acordo com o mérito das acções de cada homem. Uma vez que se assim não for, e todas as coisas acontecem por destino, absolutamente nada estará no nosso próprio poder. Se estiver fadado que este homem seja bom e o outro mau, nem o primeiro tem mérito nem o último deve ser culpado. E novamente, a menos que a raça humana tenha o poder de evitar o mal e escolher o bem por livre vontade, não tem de prestar contas pelas suas acções, sejam elas quais forem. (*Primeira Apologia*, XLIII)[13]

### Perpétua (d. 203)

Perpétua foi uma heroína reverenciada da igreja primitiva e o dia da sua execução foi reconhecido e celebrado liturgicamente. O texto em si (*The Martyrdom of Perpetua and Felicitas*)[14] retrata Perpétua como um "homem honorário" pela sua bravura viril — uma associação que era comum na literatura de martírio. Perpétua e Felicitas, sua escrava, morreram como homens. O relacionamento de Perpétua com a sua família foi central no motivo do seu martírio. Ela tinha consigo, na prisão, um filho pequeno, enquanto aguardava a morte. De forma similar, Felicitas estava prestes a dar à luz. O pai, pagão, de Perpétua tentou, sem sucesso, convencê-la a negar a sua fé para que pudesse educar o seu filho como deveria. Ela recusou e consequentemente viu a sua criança ser-lhe retirada. Como é que Perpétua permaneceu com tal determinação, negando as suas responsabilidades como mãe e desafiando a sua posição de filha? Ela mostrou uma singeleza de coração que lhe permitiu devotar-se inteiramente à vontade de Deus. O próprio texto original oferece aprovação explícita da libertação de Perpétua das preocupações e ansiedades da maternidade, atribuindo tal libertação à intervenção divina. Enquanto se pode argumentar que a percepção prevalente dos martírios femininos, como "viris" ou "varonis", é centrada no homem, tal percepção permite ao menos que as mulheres ascéticas obtenham um certo nível de autonomia. Este tema continuará ao longo do período patrístico. Mulheres como Perpétua são modelos da santidade singular de coração.

*Irineu (d. 202)*

Irineu de Lyon foi também perseguido e eventualmente martirizado. Apesar das circunstâncias do martírio serem tão importantes para Irineu como o foram para Justino, Irineu formou a sua teologia estando em conflito com aqueles que considerava heréticos, de entre os que se consideravam dentro do campo cristão. Ele é mais conhecido pela sua distinção entre ortodoxia e heresia do que pelo seu martírio. Por causa da sua clara demarcação de limites, ele tornou-se um dos primeiros pensadores cristãos a formalizar o conceito de ortodoxia. O seu *Contra Heresias* é uma crítica forte aos erros do **Gnosticismo** Valentiniano. E no entanto, Irineu foi também teologicamente criativo na sua refutação da heresia. Mais notável, ele aprofundou o entendimento da igreja primitiva de Cristologia e Soteriologia. Ele é mais conhecido pela sua teologia de **recapitulação** e a sua elaboração de Jesus Cristo como o Novo Adão. Ele afirma que Jesus Cristo obedeceu onde Adão desobedeceu e através dessa obediência, Jesus abre as portas para também podermos obedecer totalmente a Deus e assim voltarmos ao estado original de Adão nesta vida. A Soteriologia de Recapitulação foi utilizada por Wesley e pelos seus sucessores, bem como aspectos da antropologia teológica de Irineu.

A antropologia teológica de Irineu também nasceu deste ambiente de conflito. O seu debate com os gnósticos, particularmente a interpretação destes sobre a Queda, formou o seu entendimento da natureza humana. Irineu estava interessado em defender a bondade da criação, opondo-se à tendência gnóstica de considerar maligno o mundo material.

Num movimento altamente original, ele viu Adão e Eva "como crianças", inocentes e imaturas. Isto leva-nos a considerar o ensino de Irineu sobre o pecado como sendo "a antítese ou a correcção do de Santo Agostinho"[15]. Apesar de atribuir a responsabilidade a Adão e Eva pela sua desobediência, Irineu não considerou esta desobediência tão nefasta, ou consequencial, como Agostinho, séculos mais tarde. Em vez disso, o pecado é um resultado da imaturidade e uma oportunidade para iluminar a misericórdia de Deus que irá ser expressa, em última instância, por um Cristo recapitulado.

> Portanto, desde o início Deus tinha o poder de dar perfeição ao homem, mas o homem, criação nova, estava incapaz de recebê-la, ou de retê-la se a tivesse recebido. É essa a razão pela qual o Verbo de Deus, sendo perfeito, Se fez uma pequena criança junto dos homens, não para Si mesmo, mas por causa do estado infantil do homem, de forma a que pudesse ser recebido pelo homem na medida em que o homem fosse capaz de recebê-Lo. Não é que houvesse impotência ou falta da parte de Deus; a incapacidade era do homem, criação nova. (…) Tal é a sequência, o ritmo, o compasso no qual o homem, criado e formado, é feito à imagem e semelhança de Deus. O Pai decide e ordena, o Filho executa e cria, o Espírito nutre e dá vida; pouco a pouco, o homem ascende até à perfeição (*Against Heresies*, 38.1-3).[16]

Irineu manteve um entendimento crescente da história humana. Conceitos como "estágios de vida" e "ascender até à perfeição" fazem do seu sistema tanto compassivo, para com a natureza humana na história (recapitulado por um Cristo humano), como optimista sobre a habilidade da humanidade em progredir para a perfeição futura (prenunciado por um Cristo escatológico). Isto tem levado muitos estudiosos a identificar um tema fluorescente de **theosis** nos patrísticos tão cedo como a obra de Irineu.[17]

A declaração clássica de Irineu da doutrina da *theosis* é encontrada no prefácio do quinto livro de *Against Heresies*. Muitos estudantes da tradição wesleyana de santidade têm associado a ideia de *theosis* com a doutrina de santificação. Irineu escreve: "[Seguimos] o único e inabalável Professor, o Verbo de Deus, o nosso Senhor Jesus Cristo, que, através do Seu amor transcendente, Se tornou o que nós somos, para nos levar a ser até mesmo o que Ele é"[18].

Paul Bassett parafraseia esta passagem dizendo: "Não existe apenas autêntica divindade que se torna carne, mas há também a carne que se torna divindade. De facto, o último é a razão do primeiro. (…) O crente é realmente transformado em divindade no seu carácter essencial"[19]. Claramente, Irineu acreditava que através da recapitulação de Jesus Cristo e através da obra salvadora, a humanidade pode ser totalmente restaurada à sua forma original.

### Clemente de Alexandria (ca. 150—ca. 215)

Clemente de Alexandria precedeu Origines enquanto líder da escola catedrática e teológica em Alexandria. Clemente foi perseguido durante a Grande Perseguição de 202. Ele tomou a difícil decisão de fugir por um tempo e esconder-se de forma a evitar a morte. À luz desta experiência, ficou ainda mais determinado a contribuir para a literatura ortodoxa que brotava especialmente dos seus esforços de refutar os gnósticos. Clemente escreveu não apenas no carácter da perseguição mas também com clareza teológica suficiente para contribuir para a formação primitiva da doutrina.

Clemente era filósofo antes de se converter ao cristianismo e continuou como filósofo cristão depois da sua conversão. Há muito que é considerado um cristão platonista. Um dos seus objectivos era recuperar a palavra "gnóstico" dos gnósticos, afirmando que Deus não dá conhecimento divino especial a apenas uns poucos "eleitos" — Orígenes irá continuar a causa de Clemente neste ponto. Em vez disso, Cristo é a fonte de todo o conhecimento verdadeiro e o conhecimento de Cristo está disponível para todos os cristãos. O foco de Clemente está em Cristo como o verdadeiro professor.

Para Clemente, iluminação ou conhecimento não é apenas o conhecimento intelectual, mas o conhecimento de Cristo que capacita o verdadeiro amor. O cristão perfeito, ou o "verdadeiro gnóstico", leva uma vida de moralidade, mas também, especificamente, uma vida sem imoralidades "fervorosas". Clemente é sem dúvida influenciado pelo **Estoicismo** neste ponto — uma filosofia que defende a importância de manter todas as emoções submetidas à razão. Clemente parece identificar a perfeição cristã como o "estóico" ideal que atenua por completo a sua "paixão". É lamentável que o Estoicismo de Clemente chegue a interpretar Cristo como desapaixonado; isto influenciará, sem dúvida, outras interpretações sobre a humanidade de Cristo na igreja primitiva. Mas se pusermos de parte as suas complexidades desconcertantes, com o propósito de interpretar a santidade, podemos ver que Clemente acreditava convictamente na perfeição cristã e afirmava que o cristão perfeito leva uma vida de inteira devoção a Deus, com um amor no seu coração que o leva ao viver santo, mesmo no meio do sofrimento e perseguição. Cristo oferece não apenas conhecimento mas também um exemplo por excelência da vida cristã correcta.

Clemente parece fazer uma distinção entre a fé do cristão comum e a fé "do perfeito"; mas ainda assim declarou claramente que "imediatamente, na nossa regeneração, alcançamos essa perfeição pela qual buscamos. Porque fomos iluminados, que é conhecer a Deus. Aquele que conhece o que é perfeito não é imperfeito"[20]. Mas Clemente também falou de uma perfeição crescente. "Sendo baptizados, somos iluminados; iluminados, tornamo-nos filhos; sendo feitos filhos, somos feitos perfeitos; sendo feitos perfeitos, somos feitos imortais. (...) Esta obra [progressiva] é variadamente chamada de graça, iluminação e perfeição"[21].

Mais à frente na jornada cristã, o cristão perfeito tem um discernimento mais profundo da natureza da virtude. "Verdadeiramente ali, somos filhos de Deus, que colocaram de lado o velho homem, e se despiram da vestidura da iniquidade, e vestiram a imortalidade de Cristo, para que nos tornássemos novos, povo santo"[22]. A natureza desta santidade é sempre o amor. Como diz Clemente noutro lugar, "O homem perfeito deve então praticar o amor e por consequência acelerar a amizade divina, cumprindo os mandamentos de amor"[23]. À luz do optimismo de Clemente (que via como possível a perfeição nesta vida), ele oferece um sistema elaborado da ética cristã que cobre quase todas as situações imagináveis. Para Clemente existe claramente uma "forma cristã" de agir. É notório que João Wesley tenha usado as considerações éticas de Clemente de Alexandria como um modelo para o seu folheto *The Character of a Methodist* [O Carácter do Metodista].

### Orígenes (ca. 165—ca. 254)

Orígenes foi um escritor brilhante, que escreveu o que veio a ser conhecido como a primeira teologia sistemática cristã; ele escreveu no início do século III do cristianismo. Ainda muito jovem, tornou-se professor da escola cristã em Alexandria. O seu único desgosto em toda a sua vida foi não ter sido martirizado ao lado do seu pai quando era adolescente. Apesar de torturado, no fim da sua vida, as suas feridas não lhe trouxeram morte ou martírio imediato. Demoraram vários anos até que morresse das perseguições que sofreu. Orígenes viria a ser mais conhecido pelos seus escritos do que pelo seu fim.

Apesar de ter estabelecido o fundamento no seu trabalho mais importante, *On First Principles,* e apesar deste se parecer muito com uma prestação inicial da ortodoxia teológica, Orígenes também escreveu teologia especulativa sobre assuntos que acreditava não serem abordados nas Escrituras. Assim, a complexa teologia especulativa de Orígenes foi suspeita durante a sua vida e rejeitada definitivamente após a sua morte. Mas apesar de tal condenação, o valor de Orígenes na história continua a ser debatido. Enquanto alguns estudos têm procurado resgatá-lo para o aprisco ortodoxo, outros tomaram um rumo diferente, vindo mesmo a questionar a validade de se falar, de todo, de uma ortodoxia pré-nicena. De qualquer forma, "O compromisso cristão de Orígenes não foi questionado, mas as suas conclusões teológicas estimulavam a apologética, ou repudiação, ardentes; ele estava demasiado certo para estar errado, ou demasiado atraentemente errado para ser ignorado"[24].

Ao contrário dos escritores patrísticos, Orígenes transcendeu o seu contexto histórico com a sua criatividade e originalidade. Peter Brown e Rebecca Lyman parecem apreciar esta qualidade transcendente. Brown chama-o de "magnificamente idiossincrático".[25] Tematicamente, Brown dá a sua atenção ao conceito de Orígenes sobre o corpo, enquanto Lyman examina a sua "cosmologia"[26]. Ambos os temas se relacionam implicitamente à doutrina da santidade e às vezes explicitamente.

Brown, como Lyman, entende que o diálogo de Orígenes com os diferentes gnósticos é sobre a questão da diversidade espiritual "da humanidade". Exactamente no centro de todos os ideais de Orígenes está o livre arbítrio. Orígenes desenvolveu a sua famosa doutrina da Queda como tentativa de explicar esta diversidade espiritual humana. Rebecca Lyman examina a antropologia teológica de Orígenes e sugere que ele procura refutar o determinismo gnóstico. O livre arbítrio torna-se importante para os argumentos de Orígenes.

Apesar de certos gnósticos explicarem as diferenças entre os indivíduos estratificando-os em três categorias pré-determinadas, Orígenes mantinha uma doutrina de liberdade individual dizendo que cada alma caiu de acordo com as suas próprias escolhas, sendo a causa de muitos os corpos. Apesar de ser tentador ver Orígenes como um simples platónico, com o corpo enquanto prisão da alma, Brown sugere:

> Para Orígenes, a queda de cada espírito individual, num corpo particular, não é de forma nenhuma um cataclismo; ser colocado num corpo, é experimentar um acto positivo da misericórdia divina. Orígenes distanciou-se dos seus contemporâneos, insistindo que o corpo era necessário para a cura lenta da alma. Seria apenas através da pressão das limitações impostas pelo mundo material, que o espírito aprenderia a recuperar o seu anseio inicial de ir além de si mesmo, para se abrir, cada vez mais calorosamente, ao amor de Deus.[27]

Orígenes acreditava numa compreensão individualista do pecado e consequentemente numa compreensão mais individualista da salvação e santidade.

O sistema de Orígenes é, talvez, o mais optimista de todos os revistos até agora, não só porque ele estava certo de que cada alma tem o potencial para ser transformada à semelhança de Deus e para retornar à perfeita comunhão com Ele, mas também porque ele acreditava que cada alma alcançará esta ascensão. Orígenes foi condenado parcialmente porque o seu optimismo o levou à doutrina da **apokatastasis** (salvação universal). É realmente optimista acreditar que a graça irá salvar até Satanás!

O capítulo de Brown sobre Orígenes é intitulado propositadamente para reflectir todo o esquema teológico de Orígenes, e chama-se "Ser Transformado". É este optimismo extremo, assim como a ênfase de Orígenes no livre arbítrio humano, a sua rejeição de todo o determinismo, e a sua interpretação da Queda, que levou Elizabeth Clark a colocar Orígenes e os seus seguidores na oposição polar da antropologia teológica de Agostinho.[28]

Apesar das tendências especulativas e intelectuais de Orígenes, a sua esperança e optimismo intenso pela humanidade, e a crença aguda na graça de Deus, torna o seu sistema profundamente pessoal e a sua soteriologia altamente sinergética. Ou como Lyman articula:

> Apesar de ser altamente optimista acerca do potencial dos seres humanos, Orígenes também reconheceu a necessidade da assistência divina constante, sendo a vontade própria, por si mesma, incapaz

de obediência consistente. Isto não se deve meramente à natureza mutável, mas também porque dentro da teologia de Orígenes a vontade do ser não é meramente um poder indeterminado mas uma expressão de piedade e crescimento em direcção a uma nova vida. A pessoa não se torna perfeita apenas pela sua vontade; a divinização consiste não num hábito, mas na vontade e amor dirigidos a Deus.[29]

E assim, a santidade é influenciada pela escolha individual (não depende de qualquer condição hereditária), por uma aceitação profunda da graça como assistência divina e, fundamentalmente, por um compromisso de amar e mover progressivamente para mais perto da união com Deus.

## PERSPECTIVAS PÓS-NICENA

O período pós-niceno do cristianismo primitivo é marcado pelo crescimento dramático do ascetismo e pela busca do consenso cristão. É também um tempo em que diferenças subtis, entre o cristianismo oriental (grego) e o ocidental (latino), se tornaram mais pronunciadas. A maioria das figuras analisadas nesta secção são orientais. De facto, os patriarcas latinos discutidos aqui foram grandemente influenciados por temas orientais. Não é que a "santidade" esteja ausente do cristianismo latino. Aliás, a grande controvérsia conhecida como a Controvérsia Donatista foi sobre assuntos de padrões éticos elevados e pureza eclesiástica. Mas o contexto e *ethos* que alimentavam o próprio João Wesley eram claramente orientais.[30]

### Antão do Deserto (ca. 251—356) e Atanásio (ca. 293—373)

O que sabemos da vida de Antão do Deserto vem da **hagiografia**, biografia de uma pessoa santa, escrita por Atanásio. Antão foi o primeiro gigante, no movimento monástico, que foi viver no deserto egípcio pouco depois do Édito de Milão. Ironicamente, apesar de procurar solidão, Antão foi incapaz de fugir da civilização, porque esta veio até ele. Peregrinar ao deserto, para ver o homem santo, tornou-se cada vez mais popular. O cristão comum procurava Antão em busca de sabedoria e direcção.

De acordo com Atanásio, Antão foi tentado no deserto e, por isso imitou, perante o povo, as tentações de Cristo. As tentações do corpo — a necessidade de alimento adequado, de sexo, os confortos da sociedade em várias frentes — foram facilmente superadas por Antão. Ele era capaz de se destacar das actividades humanas normais. As suas grandes tentações eram do espírito. Atanásio escreveu acerca das lutas constantes entre demónios e Antão, das quais saiu sempre vitorioso.

Para os patriarcas do deserto em geral, qualquer conceito de pecado deve ser visto em relação ao *telos*, ou objectivo, da humanidade: humanidade aperfeiçoada expressa em amor e pureza. Seja a metáfora "o retorno ao Paraíso", "a escada da ascensão" ou a "contemplação pura da Unidade divina," o pecado é retratado em cada uma como o maior obstáculo para o *telos* da santidade. O asceticismo é então um estilo de vida que pretende conquistar os obstáculos de uma jornada espiritual específica; o asceticismo é um meio para um fim, não o fim em si mesmo. O objectivo é descrito como a restauração ao primeiro estado de Adão e Eva.

É neste ponto que Atanásio expressa a função de Cristo nesta restauração. Atanásio, como Irineu, articulou uma expressão clássica da doutrina da *theosis*. Na *De Incarnation* 54, Atanásio escreveu: "Ele, de facto, assumiu a humanidade para que nós nos possamos tornar Deus". Isto também tem sido traduzido como "Deus tornou-Se homem para que nos possamos tornar Deus". Uma tradução mais literal do grego pode ser lida: "Ele tornou-Se in-carnado (isto é, em carne) para que nos possamos tornar divinos". Apesar de debatido pelos estudiosos,[31] a normal interpretação wesleyana desta frase é que nos tornamos como Deus, ou como Cristo, no nosso carácter e não que partilhamos da *ousia,* ou essência, de Deus. Atanásio acreditava claramente que tal assentimento era possível nesta vida, apesar de provavelmente estar reservado para aqueles dispostos a viver "à parte" do mundo. É interessante que Atanásio teve uma função importante no Concílio de Nicéia, onde os arianos foram vencidos. Os arianos argumentavam que Cristo tinha sido criado por Deus, num ponto específico de tempo, e que não partilhava a essência divina de Deus, mas era apenas "como" Deus. O resultado deste concílio, que rejeitou as premissas arianas, era importante para as ideias de Atanásio acerca da *theosis*. Se Cristo não fosse totalmente Deus, então Deus não Se tornou incarnado em Cristo e portanto não providencia a forma pela qual nos tornamos "divinos".

### Basílio (ca. 330-79) e Macrina, "a Jovem" (324-79)

Basílio era o irmão mais velho de Gregório de Nissa. Juntamente com o seu amigo Gregório de Nazianzo, os três são conhecidos como os patriarcas capadócios. Cada um contribuiu bastante para a igreja pós-nicena. Todos eram instruídos em filosofia e retórica. Todos eram ordenados e serviram como pastores ou bispos. Mas é Basílio que é particularmente conhecido pela sua teoria e prática ascética. De forma interessante, Basílio disse que tudo o que tinha aprendido de valor espiritual tinha vindo da sua irmã Macrina — conhecida como "a Jovem", para a distinguir da sua avó, também ascética, Macrina a Velha. Gregório de Nissa foi quem escreveu a biografia da jovem, intitulada *The Life of Macrina*. Mas foi Basílio quem se ocupou, mais de perto, com a sua causa.

Macrina começou um convento para mulheres na quinta da sua família. As suas discípulas eram também a sua mãe e todas as suas servas. Elas fizeram votos de viver um estilo de vida ascético austero. Gregório descreveu Macrina com o exemplo primordial de santidade e comparou a sua fé à de Moisés. Na prática, ela representa um modelo feminino da *theosis*. Gregório de Nissa, Basílio e Gregório de Nazianzo passaram tempo na quinta e reconheceram em Macrina a sua santidade devota e uma profunda maturidade espiritual.

O tempo de Basílio no mosteiro da família inspirou-o a escrever uma das primeiras "regras" do monasticismo cenobítico. Estas regras eram orientações acerca de como viver uma vida ascética em comunidade e incluía um horário explicativo de como os membros passariam os seus dias; eles equilibravam o trabalho, devoção privada e adoração corporativa. Não há duvidas de que Basílio foi altamente influenciado pelas rotinas monásticas da sua irmã. As regras de Basílio foram orientações para a piedade pessoal nos séculos que se seguiram.

Gregório deu grande atenção à morte de Macrina, como era costume quando se escrevia hagiografias de pessoas marcantes. Aos seus olhos, ela tinha-se tornado uma santa antes da sua morte e morreu como santa que era.

## Gregório de Nissa (ca. 335-ca. 394)

Gregório de Nissa é considerado o teólogo sistemático desta família devota e dos patriarcas capadócios. O seu trabalho sobre a Trindade foi influente no Concílio de Constantinopla em 381. Ele também escreveu um tratado importante intitulado *On Perfection*. Apesar de não estar textualmente ligado a João Wesley (Wesley nunca usa o nome de Nissa), os temas de Gregório são todos acerca do conceito da perfeição cristã. Também o assunto de Gregório é representativo da posição oriental que tanto influenciou as ideias de Wesley sobre a santidade.[32] Gregório ofereceu um discernimento importante sobre a natureza da perfeição. Ele reviu trinta e dois nomes de Cristo. Esses nomes, que Gregório afirmou excederem claramente a nossa capacidade humana, chamam-nos à adoração. Mas a maioria dos nomes descrevem um aspecto de Cristo que devemos imitar. A semelhança a Deus, possível através da participação na graça, é o objectivo da vida cristã.

Esta revisão dos nomes de Cristo permitiu a Gregório declarar que a perfeição moral está dentro das nossas capacidades à medida que praticamos a virtude. Tal como com a maioria dos pensadores orientais, encontramos Gregório assumindo que não precisamos de pecar. Ele escreveu: "Perfeição na vida cristã, no meu julgamento, [é] a participação da nossa alma, discurso e actividades, em todos os nomes pelos quais Cristo é assinalado, para que a perfeita santidade, de acordo com a eulogia de Paulo, seja tomada sobre o indivíduo em 'todo o corpo e alma e espírito', continuamente protegido contra a mistura com o mal"[33].

Gregório também implica que a virtude em direcção à perfeição continua a crescer. Não faz sentido falar da chegada à perfeição se a perfeição é definida em relação às virtudes. Parar de crescer em virtude leva a pessoa a ser necessariamente menos virtuosa. A virtude deve ser activa. A virtude não pode ser limitada, nem mesmo pela perfeição, disse ele. "Porque é esta a verdadeira perfeição: nunca parar de crescer em direcção ao que é melhor e nunca limitar a perfeição"[34]. Sobre este ponto encontramos um platonismo restrito em que a mudança, ou mutabilidade, é um sinal de imperfeição.[35] Vários outros escritos são indicativos da teologia de santidade de Gregório, incluindo *De Professione Christiana*, que questiona e responde ao que significa verdadeiramente ser cristão. Ele responde novamente à questão chamando a uma vida como a de Cristo, virtuosa, pela graça divina.[36]

## Pseudo Macário

Depois de anos de estudo em que se assumiu Macário do Egipto como o autor de uma obra cristã primitiva muito importante, *The Fifty Homilies*, podemos agora referimo-nos a ele como "pseudo macário". Temos apenas teorias acerca da sua possível identidade. O que sabemos é que o lugar onde foi escrito não foi o Egipto, mas provavelmente a Síria. Alguns têm associado o escritor ao Messalianismo,[37] que foi condenado como heresia no Concílio de Éfeso em 431. Mas "um número crescente de especialistas concordam, de qualquer forma, num ponto: quando a linguagem messaliana aparece nas homilias, não há nada especialmente herético acerca da forma como é utilizada. (…) Hoje continuamos a honrar as homilias como um clássico da vida espiritual"[38].

Kallistos Ware descreve claramente os três estágios da espiritualidade do Pseudo Macário: (1) A pessoa que não está debaixo da graça é caracterizada como tendo um coração cheio do mal que domina a sua condição interior e o seu comportamento exterior; (2) O próximo estágio vem quando uma pessoa recebe a graça salvadora, através de Jesus Cristo, mas este é um estado de luta espiritual, na medida em que tanto o pecado como a graça habitam no coração, princípios de luz e trevas lutam pelo domínio no mesmo coração; (3) finalmente, o pecado é tirado do coração através do poder do Espírito Santo à medida que a pessoa coopera com esta obra. Pseudo Macário associa o estágio final à perfeição: "Tal é a progressão básica vista por Macário: de um coração possuído pelo mal, para um coração residido pelo pecado e pela graça e finalmente para um coração que pertence somente a Deus"[39]. É fascinante que esta representação dos estágios da vida espiritual seja tão semelhante ao paradigma que dominou a linguagem do movimento de Santidade do século XIX. De facto, algumas das homilias são lidas como se fossem pregadas de um púlpito num encontro sobre santidade! Sabemos que o próprio João Wesley leu as homilias e "cantou" em resposta às mesmas.[40]

Pseudo Macário é um escritor que falou da transformação completa da pessoa humana; esta transformação permite que a pessoa responda a Deus com obediência amorosa. Como o wesleyanismo em geral, as homilias falam de uma espiritualidade de coração. Elas também revelam uma pneumatologia forte, ou doutrina do Espírito Santo: "As almas que buscam a santificação do Espírito, que é algo que está fora do poder natural, são completamente preenchidas com o seu amor total pelo Senhor"[41]. O Espírito é maior do que o pecado na medida que buscamos a santificação do Espírito.

> Esta [corrupção] deve ser expulsa pelo que é estranho à nossa natureza, o presente celestial do Espírito, restaurando a pureza original. E a menos que recebamos agora o amor celestial do Espírito através de uma petição ardente, e pedirmos por fé e oração, e nos voltemos contra o mundo, e a menos que a nossa natureza se junte em amor, o qual é o Senhor, e sejamos santificados do poder corrupto do mal, pelos meios desse amor do Espírito, e a menos que nos preservemos

inabaláveis até ao fim, andando com diligência de acordo com todos os seus mandamentos, seremos incapazes de obter o reino celestial.[42]

Uma citação similar é encontrada na homilia 44: "Porque se neste mundo uma pessoa não pode receber a santificação do Espírito, através de muita fé e imploração, e ser 'feita participante da natureza divina', e permeada pela graça pela qual pode cumprir cada mandamento sem culpa e de forma pura, não seria feita para o Rei dos Céus"[43].

O Pseudo Macário também dá o impressionante passo de associar a santificação ao baptismo do Espírito Santo. "Mas aqui o povo de Deus, sendo tão especial, recebe o sinal interno da circuncisão no seu coração. Pois a faca celestial corta a parte excedente da mente, que é a incircuncisão impura do pecado. Com eles estava o baptismo santificando a carne, mas connosco existe o baptismo com o Espírito Santo e fogo"[44].

Mas também tinha uma doutrina forte de *theosis* ou divinização. Ao invés de ser apenas cristológica, é também pneumatológica. "O Espírito celestial tocou a humanidade e trouxe-a à divindade"[45]. Ele falava frequentemente em partilhar da natureza divina, através da obra do Espírito. Ele era completamente optimista porque acreditava que o pecado pode ser superado nesta vida e que a perfeição se expressa em virtude. "Pois isto é pureza de coração, que quando vês os pecadores e os fracos, tens compaixão e mostras misericórdia para com eles"[46].

Mais tarde ele afirmou:

> Por isso, aquele que encontrou e possui dentro de si o tesouro celestial do Espírito cumpre, de forma justa, todos os mandamentos e pratica todas as virtudes sem culpa, puramente sem esforço e com uma certa facilidade. Imploremos então a Deus, buscando e orando para que nos presenteie com o tesouro do Espírito, para que sejamos capacitados para andar nos Seus mandamentos sem culpa e com pureza, e para que cumpra cada justiça pedida ao Espírito em pureza e perfeição por meio do tesouro celestial que é Cristo. (...) A pessoa que encontrou o Senhor, o verdadeiro tesouro, ao buscar o Espírito pela fé e grande paciência, faz sobressair os frutos do Espírito.[47]

Finalmente, e para sumarizar a contribuição de Pseudo Macário num entendimento inicial da santificação, perfeição e *theosis*, vemos (1) um optimismo em como a graça pode superar o pecado; (2) um foco na obra do

Espírito no coração, que santifica e limpa; (3) a necessidade da pessoa ter intencionalmente uma mente com um único propósito e ser dependente de Deus; (4) uma vida de virtude e semelhança a Cristo para a pessoa santificada; e (5) uma pureza de coração expressando-se como compaixão, misericórdia e amor. Para cada afirmação acima referida, há pelo menos mais uma dúzia em cada ponto no *The Fifty Homilies*.[48] Embora seja extremamente importante compreender que Pseudo Macário está a falar para uma comunidade de ascéticos e monásticos e que o seu optimismo é orientado para aqueles que passaram as suas vidas buscando a santidade sem distracção, muita da sua teologia pode ser aplicada à vida de qualquer cristão genuíno.

*João Crisóstomo (ca. 347—407)*

No início da sua carreira, Crisóstomo passou dois anos em reclusão monástica nas montanhas junto a Antioquia. Problemas de saúde levaram-no de volta à cidade, tomando a sua vida uma direcção muito diferente. Ele serviu como diácono e sacerdote em Antioquia (381-97) e como bispo de Constantinopla (397—407), tornando-se amplamente conhecido pelas suas aptidões homiléticas. A sua educação retórica inicial, com o reconhecido Libanius, foi colocada em uso no púlpito, mas a sua teologia foi claramente desenvolvida no contexto ascético. De acordo com Peter Brown, o objectivo de Crisóstomo era levar o deserto à cidade, criando pequenas comunidades ascéticas a partir das residências da população.[49] Ele era frequentemente caracterizado como um severo moralista pelos seus paroquianos de Antioquia, exigindo apenas um pouco menos do cidadão comum do que exigia dos monásticos. Vigen Guroian refere: "Para ele, o principal era a natureza da família cristã como uma entidade eclesiástica: a família como uma vocação do reino de Deus, prestando uma disciplina de *ascese* espiritual e moral. (…) A *ascese* [palavra grega para exercícios de auto-abnegação] serve não apenas a perfeição do indivíduo mas é direccionada à perfeição de comunidade"[50]. No fim, "poder falar de Antioquia como uma cidade totalmente cristã" era apenas um ideal. Ficou "o desejo pungente, tragicamente não realizado da sua vida"[51]. Ele encontrou conforto naqueles que partilhavam o seu rigor ascético.

Para Crisóstomo, a virgindade era o meio para a criação original. "[Ele] postula que a virgindade é a verdadeira condição humana, não apenas a angélica. (…) Ao adoptarmos a virgindade, não apenas nos tornamos mais divinos, mas somos novamente chamados para a nossa verdadeira natureza humana"[52]. Enquanto alguns têm defendido que a elevada análise do potencial da virgindade tenha abrandado ao longo da sua vida, uma elaboração mais correcta pode ser a atribuição da sua mudança de retórica a uma mudança de audiência. O seu trabalho, *On Virginity,* é dirigido aos companheiros ascetas, enquanto as suas últimas homilias eram maioritariamente dirigidas a pessoas casadas. Ainda assim, nas últimas, ele expressou o seu desejo de que os seus paroquianos "comuns" também procurassem a santidade, apesar de acreditar que a situação ideal para tal busca era a vida ascética.

Com este contexto em mente, podemos agora ver algo mais acerca da compreensão de João Crisóstomo sobre a perfeição cristã. Seguindo muitos dos patriarcas gregos, Crisóstomo argumentou uma doutrina forte do livre arbítrio. O indivíduo é responsável pelas suas próprias escolhas e pecados. Embora não deixasse de referir os efeitos da queda de Adão na sua posteridade, Crisóstomo era optimista quanto à capacidade e aptidão da pessoa de chegar à verdadeira virtude. Se alguém caísse, Crisóstomo argumentaria fortemente acerca da responsabilidade pessoal, exaltando a capacidade humana para o arrependimento. Para ele, a imagem de Deus pode ser restaurada e pode ser feito um verdadeiro progresso na jornada para a perfeição. Os seus últimos escritos, como mencionado acima, evidenciaram uma mudança de atitude. Apesar de não ter abandonado a sua crença na virtude monástica, ele defendeu cada vez mais o mesmo padrão de uma vida virtuosa para todos, monástico ou não, casado ou não.

Indo contra outros estudos, que consideram a ética de Crisóstomo algo superficial e moralista, F. X. Murphy mantém que a síntese da mensagem bíblica com a retórica do Helenismo (em conteúdo e em técnica) de Crisóstomo oferece, de facto, profundos discernimentos éticos. Murphy diz que a ideia madura de Crisóstomo, de que a busca pela perfeição e de que a vida verdadeiramente virtuosa são para cada cristão, está fortalecida com a teologia de amor e quase põe em causa a vida solitária da sua juventude e as suas visões da virgindade.[53]

Portanto, Crisóstomo acreditava que a capacidade da verdadeira moralidade é universal, vindo mais tarde declarar que os não monásticos merecem ainda maior admiração pela sua busca pela perfeição no meio das influências mundanas. Juntamente com o seu optimismo na capacidade humana pela escolha moral, Crisóstomo mantinha um alto padrão de comportamento ético. Ele admoestava particularmente o seu clero, em Constantinopla, a viver com integridade pura.

Nos seus primeiros escritos, já observamos o seu entendimento de que a vida virtuosa não era acerca do asceticismo em nome de si próprio.[54] O objectivo era a imitação de Cristo, não apenas nas proibições de Crisóstomo, mas também nas suas chamadas à acção. A virtude é mais do que evitar o pecado — apesar de tal evasão ser crucial particularmente no que toca à vanglória e ao amor pelo dinheiro. O conteúdo positivo da virtude é, acima de tudo, o amor.

João Crisóstomo é claramente um patriarca oriental. No final do século IV, há duas figuras que fazem a ponte entre o Oriente e o Ocidente que merecem investigação – João Cassiano e Jerónimo. Cada um tomará um rumo diferente ao negociar aqueles que se vieram a tornar diferentes mundos teológicos.

### João Cassiano

João Cassiano foi um monge que viajou o mundo. A sua cidade natal é desconhecida. É provável que a sua língua materna fosse o latim, mas era tão fluente em grego que é possível que tenha crescido na área bilíngue da Cítia Menor (que é hoje a Roménia). Por volta de 380, quando Cassiano tinha apenas 20 anos, ele e o seu companheiro de viagem, Germano, foram à Palestina na busca da vida ascética. Ele estabeleceu-se em Belém na altura em que os peregrinos eram populares e os mosteiros estavam a florescer. Lá, ele e Germano juntaram-se a uma comunidade cenobítica. Depois de vários anos ele tomou a decisão de seguir Abba Poinufius para o Egipto, onde experimentaram toda a glória ascética do deserto. As experiências de Cassiano com os grandes Pais do Deserto irão ser a fonte dos seus escritos mais influentes, *The Institutes [As Instituições]* e *The Conferences [As Conferências]*.

Depois de cerca de quinze anos no deserto, Cassiano e Germano deixaram o Egipto quando a perseguição dos origenistas começou. Muito depois da morte de Orígenes, havia um grupo que seguiu algumas das suas ideias teológicas heréticas. À parte dessas ideias, o **Origenismo** é mais conhecido pela sua abordagem mística da vida ascética. Os origenistas eram extremamente devotos e devotavam-se à oração de uma forma que excedia até mesmo os monges ortodoxos mais dedicados. Podemos argumentar que a sua condenação era mais pela sua espiritualidade radical do que pela sua teologia. No entanto, como fortes defensores da doutrina de Orígenes acerca do livre arbítrio humano, os origenistas tornaram-se suspeitos num mundo teológico que se movia cada vez mais para o Ocidente e suas temáticas. Curiosamente, muitos deles, incluindo Cassiano, depois de deixarem o Egipto dirigiram-se para norte e para Constantinopla durante o tempo em que Crisóstomo era bispo.

Cassiano e Germano tornaram-se discípulos devotos de Crisóstomo. Cassiano parece ter ganho algum poder eclesiástico enquanto lá esteve. Quando Crisóstomo foi deposto, no final da sua vida, Cassiano foi incumbido de levar uma carta a Roma e ao Papa Inocêncio em nome de Crisóstomo. Cassiano permaneceu envolvido na política eclesiástica de Constantinopla e vê-lo-emos envolvido mesmo na controvérsia de Nestorius, que, por sua vez, levou ao Concílio de Éfeso (que lidou com a divindade de Jesus Cristo).

Mas Cassiano é mais conhecido por trazer o monasticismo oriental para o Ocidente quando estabeleceu os mosteiros na Gália. É aqui que os seus escritos são mais usados. Cada texto das *Conferências* e das *Instituições* é um registo das suas conversas com monges egípcios. A sua sabedoria é trazida ao ocidente. Cassiano construiu as suas comunidades na Gália, explicitamente com teorias e práticas ascéticas orientais. Nos seus escritos, vemos uma ligação clara à compreensão oriental da perfeição cristã, mais especificamente nos seus conceitos de pureza de coração e santificação.

A âncora bíblica para a doutrina de Cassiano sobre a pureza de coração é: "Bem-aventurados os limpos de coração, porque eles verão a Deus" (Mateus 5:8). Ao ligar a pureza de coração à visão de Deus, a bem-aventurança liga o "objectivo" ao "fim". Ao mesmo tempo, o uso pouco frequente de Cassiano deste texto em particular, lembra-nos que a sua compreensão de pureza de coração não depende de um texto bíblico mas está enraizada numa rica tradição bíblica e pós-bíblica.[55]

O conceito da pureza de coração de Cassiano, contém três temas principais: a purificação, a equação teológica da pureza de coração com o amor e a experiência de libertação do pecado, a que ele chama de tranquilidade de coração. Cassiano, como outras figuras orientais, acreditava que as práticas que ajudam à pureza não são o fins em si mesmas. Ele sabia que a obsessão com a perfeição podia levar ao desespero, ira ou julgamento em relação aos outros. "Trocar o meio pelo fim"[56] é perigoso. Como sugeriu Columba Steward, um dos biógrafos mais recentes de Cassiano, "Cassiano ecoa Paulo: nem mesmo a total destituição pode assegurar a perfeição, a menos que haja amor que "consista apenas na pureza de coração" (*Conferência* 1.6.3).[57]

*Jerónimo (ca. 347—420)*

Jerónimo é também a ponte entre o Oriente e o Ocidente. Mas o seu caminho é diferente do de Cassiano. Como este, Jerónimo era do Ocidente. Ele também viajou e também se estabeleceu em Belém. Mas certas controvérsias levaram-no a um lugar teológico muito diferente quando regressou a casa.

Jerónimo, especialmente interessado no desenvolvimento do monasticismo feminino, juntou à sua volta certas benfeitoras que se tornaram suas discípulas ascéticas. Paula abriu um convento em Belém perto do mosteiro de Jerónimo. Ele elogiou inúmeras mulheres por deixarem os seus maridos e filhos para trás para que se pudessem devotar inteiramente a Deus.

Implícito na teoria ascética de Jerónimo, e nesta reiteração do seu desejo de que as suas virgens mostrassem um desapego relacional firme, está a sua teologia do casamento.[58] Tal teologia é vista mais explicitamente na controvérsia com Joviniano (anos 390). Depois de vários anos em Belém foi-lhe dada uma cópia dos escritos de Joviniano, que desafiaram uma das suas maiores convicções – a de que a vida ascética era superior e mais santa aos olhos de Deus, do que a concessão à fraqueza sexual chamada de casamento. O grito de guerra de Joviniano era que todas as mulheres – virgens, viúvas e matronas — são de "igual mérito"[59]. Joviniano foi excomungado por causa dos seus esforços; apesar disso, alguns cristãos de entre os mais proeminentes em Roma apoiavam-no e a sua influência continuou.

Os esforços de Jerónimo em refutar as reivindicações de Joviniano centram-se nos primeiros capítulos de Génesis. Jerónimo presume que "devemos preservar a ideia de que antes da Queda, [Adão e Eva] eram virgens no Paraíso; mas depois de pecarem e serem expulsos do Paraíso, casaram-se imediatamente"[60]. Por isso, para Jerónimo, a condição de Adão e Eva no jardim era virginal. Deus não os criou para o casamento e para a reprodução sexual, mas esses foram os resultados da Queda. A virgindade é "o modo preferido da vida humana"[61]. Elaine Pagels avalia a situação dizendo que depois do *Against Jovinian* de Jerónimo ter chegado a Roma, "até aqueles que concordavam que a virgindade superava o casamento ficaram envergonhados pela veemência de Jerónimo".[62]

Outro debate moldou significativamente a teologia de Jerónimo, um que selou a sua identidade como pensador ocidental. A controvérsia origenista surgiu no início de 380 e continuou até ao século seguinte, finalmente misturando-se com outra heresia, o **Pelagianismo**. Elizabeth Clark traça o envolvimento crescente de Jerónimo nesta controvérsia e mostra que as suas preocupações mudam com o passar do tempo.[63]

De acordo com Clark, em 396, Jerónimo tinha feito ainda poucos esforços para se distanciar do pensamento de Orígenes. Ela atribui esse facto à inabilidade de Jerónimo de discernir os meandros e as complexidades teológicas do debate.[64] Antes, o corte radical com o seu amigo de longa confiança, Rufinus, foi o que intensificou o envolvimento de Jerónimo; ambos usaram a controvérsia para alimentar essa desconsideração mútua. Os "ataques frequentemente velados mas de uma violenta selvajaria para com o seu ex-amigo"[65], são abundantes nas apologias "ortodoxas" de Jerónimo. Rufinus tinha fortes laços com o Origenismo e defendia a sua causa. Mas, para responder aos ataques de Jerónimo, acusou-o de Origenismo, notando a sua dependência em muitos dos seus comentários. Jerónimo, apesar dos seus árduos retrocessos teológicos, tinha "lançado sementes para as acusações de Origenismo contra si mesmo".[66] Por sua vez, quando Jerónimo acusou viciosamente Rufinus de heresia, é claro que "aderiu à causa anti-origenista por razões pessoais e não intelectuais"[67].

Depois de muitos anos, Jerónimo começou, finalmente, a explicar os aspectos heréticos do Origenismo de uma forma sistemática. Quando o fez, focou-se na proposição que mais o enfurecia acerca das declarações de Jovinian: o Origenismo refutava uma hierarquia moral. Jerónimo acreditava que as gradações de estado espiritual entre os ascéticos e os indivíduos casados deviam ser preservadas a todo o custo.

Peter Brown aborda o envolvimento de Jerónimo na controvérsia origenista e os efeitos desta na sua teologia, de um ângulo diferente. Em vez de um despertar gradual, fluído e incerto, como Clark sugere, Brown retrata a posição de Jerónimo contra o Origenismo como um momento de decisão. O que Jerónimo rejeitou foi a ênfase inicial oriental no potencial humano ilimitado para a transformação. De acordo com Brown, Jerónimo acabou por concluir que tal "era irrevogavelmente inaplicável no seu tempo"[68]; por isso, quase sem o saber, Jerónimo traiu o seu próprio passado. Os vislumbres de optimismo no seu pensamento começaram a desaparecer.[69] Enquanto "escreveu contra Pelágio em 415, Jerónimo não se poupou a meios para destruir toda a esperança da perfeição cristã na terra"[70]. Ele começou a acolher uma antropologia demarcada. "Para uma nova geração que começara a ouvir Agostinho, o desejo sexual revelava a solidariedade inescapável de toda a humanidade no pecado de Adão. (…) Jerónimo veio a viver numa era muito diferente daquela em que começara a sua carreira"[71].

Pouco depois do tempo de Jerónimo, Roma caiu e começou a Idade Média no Ocidente. Sabemos que a igreja e a espiritualidade cristã iriam continuar a florescer no Oriente durante séculos. O pessimismo antropológico na teologia, que tomou conta do cristianismo ocidental, também se verificou no campo político. A selvajaria da humanidade foi revelada quando Roma desmoronou. Quinhentos anos passariam antes que o sopro da vida voltasse ao cristianismo ocidental, apesar de, com certeza, com alguns suspiros ao longo do caminho. A questão é, pode algum tipo de crença na perfeição cristã ser ressuscitada no novo milénio?

## DO PERÍODO MEDIEVAL ATÉ WESLEY

Acabámos de analisar intensamente a teologia do período da igreja primitiva por duas razões. Primeiro, tivemos de estabelecer que a teologia de santidade está profundamente enraizada na tradição cristã desde o seu começo. Segundo, porque João Wesley estudou a literatura patrística com uma diligência ímpar. Desde cedo, em Oxford, ele desenvolveu a prática de ler os patriarcas, continuando a vê-los como autoridade na Geórgia e ao longo da sua vida como evangelista e fundador de um movimento. Ele deu preferência a escritores do Oriente e àqueles que escreveram durante o período pré-niceno.[72] Muitos dos temas encontrados na igreja primitiva influenciaram o seu entendimento da perfeição cristã. Ele via-os como uma fonte importante no seu próprio desenvolvimento teológico. Com certeza que João Wesley também foi influenciado por escritores mais recentes. Segue-se um resumo de alguns autores mais recentes que contribuíram para o seu pensamento.

### Bernard of Clairvaux (d. 1153)

Quando o Ocidente emergiu da Idade Média, surgiu também uma estimulação e realização intelectuais. A teologia do Escolasticismo revigorou a reflexão cristã, particularmente a teologia mais técnica. O interesse monástico sofreu uma renovação. Antes mesmo dos franciscanos e dos dominicanos, no período medieval primitivo, Bernard of Clairvaux estabeleceu uma nova ordem, os Cistercianos. Ele é conhecido por vários eventos históricos significantes, mas são as suas obras devocionais que mostram uma profunda espiritualidade com tons de santidade.

Ao contrário dos últimos esforços de Jerónimo em manter uma hierarquia espiritual baseada em votos de castidade, Bernard usou o casamento como uma metáfora da vida devota. Ao retratar o nosso relacionamento com Deus como um casamento, ele elogiou a profundidade do amor de Deus por cada indivíduo. Nas palavras de Paul Bassett: "Claro que a insistência de Bernard em que Deus é o iniciador, sustentador e o alvo do amor cristão não é uma novidade. A novidade em Bernard é (novidade no sentido de ter estado perdido ou mudo desde Agostinho) a expectativa de que através da acção do amor divino, o nosso amor pode ser perfeito nesta vida"[73]. Desde Agostinho, o conceito de perfeição tem lentamente sido desassociado do amor. "Bernard reúne os dois".[74] Certamente que a prática de tais pessoas, como Francisco de Assis, que se fez pobre para amar os pobres, modela um amor público, em vez de um amor enclausurado, para com o próximo.

### Tomás de Aquino (ca. 1225-74)

Uma das maiores contribuições de Tomás para o cristianismo ocidental é a sua aplicação da filosofia de Aristóteles à tarefa da teologia. Apesar das suas contribuições para a teologia serem vastas em geral, focaremos a nossa atenção em dois aspectos dos ensinos de Aristóteles que Tomás cristianizou.

Primeiro, Aristóteles ofereceu uma definição de perfeição muito diferente da oferecida por Platão. Para todos os efeitos, Platão acreditava que apenas o divino era perfeito. Tudo o mais, incluindo a humanidade, seria, portanto, menos que perfeito e sem potencial para o ser. De forma semelhante, o que é real não é o material, mas a forma ou ideia para a qual o material inadequadamente aponta. Novamente, algo material, até o ser humano, é menos que real e, por isso, menos que perfeito. Aristóteles, por outro lado, definia a perfeição como *telos*, ou propósito. Por outras palavras, uma cadeira, por exemplo, é perfeita se alcançar o seu propósito. Se uma pessoa se senta nela e ela a sustém, a cadeira cumpre o seu propósito perfeitamente.

Segundo, Tomás elabora uma teoria ética de Aristóteles. Aristóteles deu ênfase ao desenvolvimento da virtude como um dos objectivos da vida humana. Apenas a pessoa virtuosa pode ser realmente feliz. Uma pessoa torna-se virtuosa praticando acções virtuosas de tal forma que se tornam um hábito. O que, por sua vez, desenvolve inclinações – a pessoa está inclinada a praticar actos virtuosos. Inclinações tornam-se em carácter. Como o próprio Tomás sugeriu, a nossa inclinação para a virtude nunca pode ser totalmente destruída, nem mesmo pelo pecado. O que Tomás adicionou ao esquema de Aristóteles foi a graça. Isto é crucial para o entendimento de Wesley sobre o pecado e a imagem de Deus. De Tomás, Wesley também ganhou discernimento sobre a doutrina da graça preveniente, sobre pecado como um acto volitivo e sobre o significado de perfeição. Estes serão discutidos em capítulos posteriores neste livro.

## MISTICISMO CATÓLICO PRÉ-REFORMA

### Julian of Norwich (1342—ca. 1416)

Julian of Norwich era uma mística inglesa. Ela era anacoreta na Church of Saint Julian em Norwich. Não sabemos o seu nome verdadeiro. Através de várias visões, Julian desenvolveu uma crença intensa em Deus como amoroso, compassivo e misericordioso. É dito que o seu trabalho, *Sixteen Revelations of Divine Love*, antecipa alguma da teologia da graça de Martinho Lutero. Apesar de ter vivido com grande dor física, a teologia de Julian era optimista. Falava do amor de Deus em termos de júbilo em vez de lei e dever. Para Julian, sofrer não era um castigo de Deus. Ela acreditava que Deus amava todos e que ofereceria graça a quem tivesse necessidade. Como Catherine de Siena, a teologia de Julian era invulgarmente holística. Ambas evitam um dualismo do corpo-alma, comum a outros místicos dos seus dias. A teologia de santidade de Julian é centrada no amor inefável de Deus.

### Catherine of Siena (1347-80)

Catherine of Siena era conhecida pela sua influência positiva nas políticas da Igreja Católica. Depois de anos em solidão, decidiu deixar a sua cela e envolver-se no mundo, para Cristo. Também é conhecida pela sua teologia. Para o nosso propósito aqui, examinaremos dois aspectos das suas profundas formações teológicas. Primeiro, Catherine parece ter tido uma compreensão intuitiva da verdade que atribuiu ao Espírito Santo. Ela acreditava que apenas o Espírito leva homens e mulheres às "profundezas de

Deus". "Quando isto acontece, a pessoa assim agraciada tem um conheci-mento de Deus que, em harmonia com o conhecimento vindo de um in-telecto iluminado pela fé, é mais profundo e mais perfeito"[75]. Segundo, e de forma similar, Catherine demonstrou que a característica essencial do misticismo é a sua dimensão afectiva. Catherine descreveu a sua consciên-cia afectiva como uma capacidade de "provar e ver as profundezas da Trin-dade"[76]. Como Catherine, Wesley irá ter um lugar forte na sua teologia para esta dimensão afectiva da verdade e fé cristãs.

### Thomas à Kempis (ca. 1379—1471)

Sabemos que Wesley bebeu profundamente do poço de trabalho de Thomas à Kempis. Thomas à Kempis era um monge católico, alemão, que escreveu material devocional. Ele é mais conhecido pela sua obra *The Imitation of Christ*. Wesley afirmou que leu este livro numa altura muito importante do seu desenvolvimento teológico. Também disse que este facto ajudou a formar o seu entendimento sobre a santidade e a perfeição cristãs. Anteriormente, não tinha assimilado que a própria essência da santidade era a semelhança a Cristo. Wesley não se desviaria desta definição essencial para o resto da sua vida.

## MISTICISMO CATÓLICO PÓS-REFORMA

### Francois de Sales (1567—1622), Santa Teresa de Ávila (1515-82), Francois Fenelon (1651—1715), e Madam Guyon (1648—1717)

Dos místicos pós-reforma listados acima, Wesley ganhou uma pro-funda apreciação do poder transformador da vida interior. Os meios espe-cíficos da graça, particularmente a oração e a solidão, foram incorporados no seu próprio entendimento de uma santificação progressiva. No en-tanto, hesitou em adoptar totalmente o misticismo pós-reforma, por duas razões básicas. Primeiro, Wesley acreditava que a busca pela união mística com Deus não era o objectivo primário da vida cristã. Segundo, e da mesma forma, rejeitou a tendência dos místicos para o que é conhecido como o **quietismo** — uma rejeição actual das boas obras como estando contra uma dependência na graça de Deus. Ele rejeitou alguns dos ensinos morávios por essa mesma razão. (Mais uma vez, isto será explicado em maior detalhe em capítulos posteriores). Curiosamente, alguns estudiosos estão a começar a fazer ligações entre o misticismo de Madam Guyon e o Movimento de Santidade do século XIX. Phoebe Palmer está agora a ser estudada da perspectiva do misticismo. Sabemos que Palmer leu Guyon por sugestão do seu grande amigo Thomas Upham.

## PIETISMO PÓS-REFORMA

### Johann Arndt (1555—1621)

O pietismo foi maioritariamente um movimento dentro do protestantismo alemão (Luteranismo). Em reacção crescente à rigidez da doutrina depois dos reformadores iniciais, Martinho Lutero e João Calvino, houve quem, nos círculos protestantes, começasse a concentrar-se nas práticas da piedade, que estavam enraizadas nas experiências internas da vida religiosa. Os escritos de Johann Arndt eram maioritariamente místicos e devocionais; e foram inspirados por pessoas como Bernard of Clairvaux e Thomas à Kempis. O seu trabalho principal, *Wahres Christentum*, influenciou tanto a piedade Católica Romana, como a Protestante. Arndt enfatizava a vida de Cristo nas pessoas, desafiando o lado mais forense da teologia reformadora, que dava atenção quase exclusiva à obra de Cristo para as pessoas.

### Philipp Jakob Spener (1635—1705)

Philipp Spener escreveu um importante texto pietista, *Pia Desideria*, que propôs várias formas de restaurar o fervor da verdadeira fé cristã. Ele também começou por instituir círculos íntimos de oração e leitura da Bíblia; enfatizou o sacerdócio de todos os crentes e a obra interna do Espírito Santo. Uma forma de Pietismo era o Moravianismo, que foi extremamente importante no desenvolvimento espiritual do próprio Wesley. Apesar de, eventualmente, se vir a desligar do Moravianismo em relação a alguns assuntos, não podemos subestimar a influência destes na sua vida.

## ANGLICANISMO

Wesley trouxe muito da sua teologia da Igreja de Inglaterra. O rei Henry VIII separou a igreja do Catolicismo Romano em 1532. O Parlamento Inglês estabeleceu uma forma de governo que colocou o rei como a cabeça, tanto da igreja, como do estado de Inglaterra. A primeira declaração oficial da teologia inglesa veio nos "Ten Articles of Religion". Estes mostraram que mesmo que Henry se tivesse, politicamente, separado do catolicismo, não apoiava todos os dogmas da Reforma Protestante. Duas obras importantes para o desenvolvimento da fé inglesa foram: *The Book of Homilies* (1546) e The *Book of Common Prayer* (1549). Nestas podemos notar que a teologia está inextricavelmente ligada à liturgia, ou adoração. Depois da morte de Henrique, o seu filho, Edward VI, subiu ao trono ainda jovem. Durante o seu reinado, a igreja moveu-se na direcção dos Reformadores. Mas quando Edward morreu, a sua irmã, Rainha Mary, tomou um caminho agressivo de volta ao Catolicismo. Ela ficou conhecida como "Bloody Mary" ["Maria Sangrenta"] porque usou todos os meios necessários para suprimir qualquer oposição à posição católica. Alguns dos que estavam no lado oposto foram exilados. Quando Mary morreu, esses exilados (principalmente calvinistas) voltaram para Inglaterra determinados a livrar a igreja dos excessos do catolicismo inglês. Eles vieram a ser conhecidos como os Puritanos.

Elisabeth I tornou-se rainha depois de Mary. Ela era irmã de Edward e de Mary mas de uma mãe diferente. Elisabeth buscou e lutou por uma igreja unida; ela desejava proteger a igreja das tentativas de controlo de Roma, por um lado, e do calvinismo agressivo dos Puritanos, por outro. O Act of Uniformity (1559) ajudou a trazer uma posição intermédia. Através dele, Elizabeth estabeleceu o governo da igreja, separado do catolicismo, e restabeleceu o *Book of Common Prayer* e o *Book of Homilies* como guias teológicos. A sua resolução tornou-se conhecida como a "Declaração Elizabetiana". Apesar de posteriormente, reis e líderes da igreja terem tentado influenciar o equilíbrio numa ou noutra direcção, a declaração e a sua *via media* tornaram-se o paradigma duradouro da teologia e doutrina inglesas.

Wesley foi anglicano do nascimento até morte. A sua lealdade era profunda e inabalável pela sua necessidade prática de ordenar ministros metodistas na América. Mas além da lealdade franca, muito da visão teológica de Wesley foi grandemente influenciada pelo pensamento anglicano. Directamente da teologia anglicana do século XVIII, Wesley adoptou certas compreensões teológicas. Para o nosso propósito aqui, mencionaremos os seguintes focos da teologia anglicana nos dias de Wesley: a bondade de Deus; a rejeição de uma teoria de satisfação da expiação; eleição condicional; justiça transmitida; Cristo como central para todas as conclusões teológicas; a Bíblia como a única regra de fé; uma inclinação para com a *via media*; uma crença que a teologia é melhor explicada prática e liturgicamente; o uso dos recursos da igreja primitiva e, mais importante, uma ênfase na santidade de coração e vida.

Agora avançamos para o próximo capítulo para discutir a própria teologia da perfeição cristã de Wesley, assim como as expressões da teologia
de santidade dos séculos XIX e XX. Examinaremos as contribuições de
várias pessoas para a doutrina da santidade ou as suas contribuições para
o movimento que a propagou.

## DECLARAÇÕES SUMÁRIAS

1. Os temas da santidade primitiva influenciaram João Wesley,
   especialmente as fontes pré-nicenas e orientais.

2. A teologia do cristianismo oriental foca-se no ascetismo e era
   bastante optimista acerca do avanço na santidade.

3. Os místicos cristãos focam-se na oração e nas experiências
   imediatas de Deus, como caminho para a santidade.

4. Tomás de Aquino interpretou santidade e perfeição de uma
   perspectiva aristotélica.

5. João Wesley foi influenciado por um tipo de pietismo conhecido
   como Moravianismo.

6. O Anglicanismo tinha uma forte teologia de santidade que
   influenciou Wesley.

## QUESTÕES PARA REFLEXÃO

1. O que é que acreditavam os patriarcas apostólicos sobre a
   santidade? E os patrísticos? E os místicos? E os pietistas?

2. Como é que as teologias cristãs ocidentais e orientais contrastam
   uma com a outra?

3. Devem todos os cristãos ser "ascéticos"? Porque sim ou porque
   não?

4. Qual foi a contribuição do Anglicanismo para a visão teológica
   geral de Wesley?

# SANTIDADE NA HISTÓRIA: 1703—2000

OBJECTIVOS DO ALUNO

*O estudo deste capítulo vai ajudá-lo a:*

1. Distinguir as ideias de Wesley das do Metodismo posterior
2. Descrever a relação entre o Metodismo americano e o Movimento de Santidade
3. Identificar várias pessoas importantes na árvore "genealógica" do Movimento de Santidade
4. Descrever os problemas do Movimento de Santidade no século XX

PALAVRAS CHAVE

Pós-milenismo

Pré-milenismo

Devemos reconhecer, ao abordarmos este capítulo sobre a teologia de santidade desde João Wesley, que o Movimento Wesleyano de Santidade não é a única tradição que enfatiza a santidade. Com certeza que as tradições ortodoxa, católica e protestante não ficam, de repente, mudas sobre este assunto, quando Wesley aparece em cena. Podemos dizer que depois de João Wesley, desenvolve-se um entendimento característico da santidade e da santificação. Por esta razão, podemos falar legitimamente da tradição teológica wesleyana de santidade. O capítulo seguinte irá explorar alguns dos contributos que se viram nesta tradição. Uma avaliação de outros fluxos, mais periféricos, também será importante. O objectivo final é alcançar uma breve descrição de algumas das denominações de santidade mais relevantes.

O contexto deste capítulo é bastante menos complexo do que o do anterior. O contexto global é o Metodismo: a sua fundação por João Wesley; o caminho que tomou na Grã-Bretanha após a sua morte; como se transformou no contexto americano; e como se separou em Metodismo "normal", por um lado, e no Movimento de Santidade, por outro. Cada uma das pessoas examinadas a seguir representa um fio na tapeçaria maior começada pelo próprio Wesley. Cada pessoa contribui com algo único para a narrativa geral da teologia de santidade nos séculos XVIII, XIX e XX.

## JOÃO WESLEY

De uma forma bem real, cada um dos capítulos deste livro abrange a teologia de João Wesley; a maioria fá-lo explicitamente. Por essa razão, a sua visão teológica, a mais geral e a de santidade, podem ser melhor descobertas ao ler todo o livro. Para o nosso propósito, providenciaremos apenas declarações muito sumárias que irão introduzir e ajudar na negociação dos capítulos por vir.

### DECLARAÇÕES SUMÁRIAS[1]

1. Wesley manteve que o amor a Deus e ao próximo é descritivo e normativo da vida cristã. Para Wesley, o amor não apenas está presente mas também "governa" no coração maduro ou perfeito do cristão.

2. Wesley veio equiparar a inteira santificação com um nível de maturidade cristã e foi sempre cuidadoso ao reivindicá-lo demasiado cedo na

jornada cristã. Mas também exortou as pessoas a buscarem a experiência no "agora".

3. Santidade, ou perfeito amor, é uma obra de graça, que é ao mesmo tempo progressiva e instantânea. Os estudiosos de Wesley falam de santificação em quatro estágios: (a) santificação inicial, que é equivalente ao nascer de novo; (b) santificação progressiva, que é o crescimento diário em Cristo que acontece tanto antes como depois da inteira santificação; (c) inteira santificação, que limpa o coração e capacita o perfeito amor; e (d) a santificação final, também conhecida como glorificação, que acontece após a morte.

4. Santidade, ou perfeito amor, é sinergética; é vivida num relacionamento dinâmico com Deus, que providencia a graça de que precisamos para sermos santos à medida que cooperamos com essa graça.

5. Wesley desconfiava de termos como a "destruição" do pecado, porque sugeriam uma impossibilidade do pecado voltar. Mas era altamente optimista acerca de como o amor derramado nos nossos corações, através da fé, pode excluir o pecado. O debate sobre se a perfeição incluía, ou não, o pecado, cansava-o. A sua ênfase era sempre no amor — não numa vida sem pecado — como o objectivo da maturidade cristã, apesar de acreditar que o amor conquista o pecado.

6. Wesley acreditava "que a vida cristã não tinha de ser uma luta contínua" contra o poder do pecado. Para ele, negar este tipo de transformação vitoriosa era "negar a suficiência da graça capacitadora de Deus — tornar o poder do pecado maior do que o poder da graça," o que era impensável para Wesley.

Estas declarações sumárias não abarcam toda a teologia de Wesley, mas condensam um *ethos* do pensamento maduro de Wesley sobre o assunto da santidade e da santificação. Agora, avançamos para o desenrolar da história depois do próprio Wesley. Começaremos com o Metodismo Británico pós-Wesley dos séculos XVIII e XIX.

## METODISMO BRITÂNICO PÓS-WESLEY

Wesley nasceu e morreu anglicano. Ele nunca quis que os metodistas se separassem da sua igreja mãe. Contudo, permitiu que os metodistas nas colónias americanas ordenassem o seu próprio clero. Tal aconteceu por uma razão muito prática. Os americanos viram-se sem poder tomar a

Santa Ceia porque a maioria dos sacerdotes anglicanos, se não todos, fu-
giram das colónias durante a Guerra Revolucionária. Ele permitiu as ordenações metodistas, em 1784, para que os metodistas americanos pudessem receber os sacramentos. Mas isto não afectou o Metodismo Britânico,
que permaneceu parte da Igreja Anglicana até depois da morte de Wesley.
A separação oficial em Inglaterra aconteceu em 1795.

Na maior parte, os metodistas britânicos que viveram durante e depois
da vida de Wesley, continuaram a enfatizar os temas de santidade do próprio Wesley. Mas há diferenças que, mais tarde, também irão influenciar
as expressões do Metodismo.

### John Fletcher (1729-1785)

John Fletcher foi o sucessor escolhido por Wesley para liderar o Metodismo, mas morreu antes dele. No entanto, teologicamente, Fletcher levou o Metodismo avante. *Checks to Antinomianism,* de Fletcher, foi a
chave para o desenvolvimento da identidade do Metodismo Britânico.
Ainda durante a vida de Wesley, alguns metodistas seguiam aspectos do
Calvinismo, particularmente como articulados pelo seu amigo George
Whitefield. Mas o trabalho de Fletcher, *Checks,* encerrou a questão e de-
marcou, claramente, o Metodismo como Arminiano.

Outra contribuição importante de Fletcher foi o ter associado a inteira
santificação ao baptismo do Espírito Santo. O facto de Wesley nunca ter
propagado a sua teologia sobre este assunto, marca Fletcher como um con-
tribuidor único para formulações posteriores. O seu pensamento viria a
influenciar a doutrina de santidade cem anos mais tarde na obra de pessoas
como Phoebe Palmer e Asa Mahan.

Fletcher claramente associou o Pentecostes à inteira santificação e, por
isso, fez do Pentecostes uma experiência aplicável a todos os cristãos. Há
uma diferença, no entanto, entre o conceito de Fletcher e o entendimento
do Movimento de Santidade, sobre o que alcança o baptismo do Espírito.
O vínculo do Pentecostes com a inteira santificação, no contexto americano mais tardio, é um vínculo da santidade a um poder ousado, particularmente o poder de testemunhar. Fletcher, por seu lado, associa o Pentecostes à perfeição e ao amor. Vemos, então, em Fletcher, um tom diferente.

> Devemos receber tanto da verdade e do Espírito de Cristo, pela fé,
> que temos o puro amor de Deus, ao Homem, derramado nos nos-

sos corações pelo Espírito Santo, que nos é dado, e somos preen-
chidos com a mente mansa e humilde que havia em Cristo. E se
um derramar do Espírito, uma manifestação clara da verdade santificadora, nos esvazia de nós mesmos para sermos cheios com a
mente de Cristo e com amor puro, seremos, sem dúvida, cristãos,
no sentido pleno da palavra.[2]

*Adam Clarke (ca. 1760-1832)*

Adam Clarke é mais conhecido por providenciar ao povo metodista
um comentário bíblico extenso, publicado pela primeira vez em 1826. De
acordo com a interpretação de William Greathouse, a teologia de Clarke
focou-se especialmente na santificação como a capacitação e cumprimento
do propósito original de Deus. O próprio Clarke escreveu:

> O propósito total de Deus é de restaurar o homem à Sua imagem
> e levantá-lo das ruínas da sua queda; fazê-lo perfeito; apagar todos
> os seus pecados, purificar a sua alma, e enchê-lo com santidade;
> para que nenhum temperamento impuro, mau desejo, afeição ou
> paixão impura esteja alojado, ou seja dentro dele; isto, e só isto, é a
> verdadeira religião ou perfeição cristã.[3]

Ele faz-nos lembrar Wesley. Clarke aprofundou a teologia de Wesley,
na sua ênfase intensa na inteira santificação como o meio mais importante
para alcançar esta perfeição cristã. Enquanto Wesley idealizava que os pregadores metodistas ensinassem uma ênfase equilibrada tanto da natureza
gradual da santificação progressiva como da instantaneidade da inteira
santificação, Clarke enfatizava claramente a última. De igual modo, como
visto na citação acima, enquanto Wesley via a perfeição cristã como im-
perativamente vinculada ao amor, Clarke tendia a abordar a purificação
do pecado. Apesar da doutrina de Clarke não estar em desacordo com a
de Wesley, o nível com o qual Clarke classificou a purificação do pecado
levou a perfeição cristã a uma direcção levemente diferente. À medida que
o tempo foi passando, houve um alargamento no debate entre aqueles que
enfatizavam o amor perfeito e aqueles que enfatizavam a vida sem pecado
como definitivo da santidade de coração.

*Richard Watson (1781-1833)*

Richard Watson foi o primeiro metodista a escrever uma teologia sistemática. Ele distinguiu-se de Clarke tanto na ênfase como na metodologia teológicas. De acordo com John Peters, Clarke escreveu com o espírito

de um evangelista, enquanto que Watson escreveu como um estudioso e professor.[4] Talvez a metodologia seja suficiente para explicar a diferença no conteúdo. A voz de um evangelista precisa talvez de uma chamada à decisão, como a chamada para uma experiência instantânea da inteira santificação. Ser teólogo e estudioso, permitiu que Watson tivesse uma ruminação mais deliberada e, talvez, uma reflexão mais teológica sobre Wesley. Qualquer que seja a razão, vemos em Watson uma maior ênfase no amor, que é paralela à de Wesley. Também encontramos uma ênfase nos vários estágios da santificação, incluindo a santificação inicial. De acordo com Greathouse, Watson, como Wesley, afirmou fortemente os efeitos libertadores da regeneração.[5] No entanto, tal não significa que Watson não trata o assunto da inteira santificação.

O livro *Theological Institutes,* de Watson, lê-se por vezes como uma apologia contra aqueles que mantinham a posição de que estamos ligados à natureza pecaminosa até depois da morte. "O alcançar da perfeita liberdade do pecado é algo a que os crentes são chamados durante a vida presente; e é necessário para a plenitude da "santidade"[6]. Watson continuou a proclamar os muitos benefícios espirituais recebidos de Deus para aqueles que são inteiramente santificados. Ele apresentou grande apoio bíblico para a sua posição. Também usou os pais da igreja primitiva e as ideias dos filósofos. O seu tratamento da doutrina de santidade é completo e racional, e aborda, particularmente, a possibilidade dela poder ser alcançada no presente.

*William Burt Pope (1822-1903)*

William Burt Pope foi um académico bíblico e um teólogo sistemático. Falando de Pope, John Peters escreve: "Aqui estava uma miniatura, sem distorção, de Wesley"[7]. Thomas Langford descreve Pope como um cristão católico e não sectário no que diz respeito à piedade e doutrina cristãs. Langford continua, dizendo, no entanto, que Pope rejeitou qualquer sincretismo com o desenvolvimento do Modernismo em Inglaterra. Apesar de ser um académico bíblico, exacto e preciso, permaneceu pré-crítico muito depois do desenvolvimento do criticismo bíblico.[8] Assim, Langford afirma, que há pouco na sua primeira obra, *A Compendium of Christian Theology* (1877), que se diferencia de Wesley, Clarke ou Watson. William Greathouse, por outro lado, examina cuidadosamente a teologia da santificação de Pope e oferece muitos pontos de contribuição. Um deles será mencionado aqui.

Pope discutiu a inteira santificação extensivamente e destacou, como outros têm feito, a obra do Espírito Santo no evento. O que Pope ofereceu foi uma ligação mais profunda entre a obra do Espírito e a consagração do crente. De certa forma, o entendimento de Pope assemelha-se à ênfase americana da consagração, como requisito absoluto para que Deus limpe, purifique e santifique o coração da pessoa. No entanto, o que parece diferente é que enquanto a fórmula americana de fé, consagração e testemunho, coloca importância na obra do indivíduo,[9] Pope foi cuidadoso em sublinhar que a obra de santificação é feita por Deus, através da acção interveniente do Espírito Santo. O Espírito Santo capacita a pessoa a consagrar-se a Deus. Isto é similar à fé da regeneração — a fé é uma dádiva do Espírito à qual a pessoa responde. Pope também se referiu à obra do Espírito como o selo desta consagração; o Espírito Santo também é a "energia" que "*opera pelo amor*"[10]. Em última análise, para Pope, a santidade é a união da purificação de Deus com a consagração pessoal capacitada pelo Espírito.

*Os Booth, Catherine (1829-1890) e William (1829-1912)*

Co-fundadores do Exército de Salvação, Catherine Booth e William Booth, eram membros do Metodist Connection, mas foram expulsos porque favoreceram um grupo interessado na reforma metodista. Catherine Mumford nasceu numa família metodista em Inglaterra, no início do século XIX. Quando ainda era bastante jovem, a família mudou-se para Boston, onde se envolveram activamente no Temperance Movement. Em 1851, favorecendo o grupo de reforma acima mencionado, Catherine foi expulsa do Methodist Connection. William Booth era membro do grupo. Catherine casou-se com ele quando tinha trinta e seis anos e tiveram oito filhos. Influenciada por Phoebe Palmer, Catherine publicou *Female Ministry* em 1859, onde exorta as mulheres a aceitarem e a buscarem todas as áreas do ministério cristão, incluindo a pregação; ela própria começou a pregar no ano seguinte.

William Booth foi co-fundador com Catherine e o primeiro general do Exército de Salvação. Depois de casar, em 1855, William tornou-se ministro em associação com a Methodist New Connexion Church. A sua paixão era o evangelismo e acreditava que a sua chamada era para uma larga itinerância; em 1861, quando os metodistas quiseram restringi-lo, ele demitiu-se e deixou a igreja.

O ministério dos Booth centrou-se principalmente nas áreas da pobreza extrema. Uma obra em Londres, chamada The Christian Mission [A
Missão Cristã], expandiu-se nos seus esforços de evangelizar e nas suas
tentativas de cuidar das necessidades físicas e sociais dos pobres. Em 1878,
a missão foi reorganizada como o Exército de Salvação. A doutrina da perfeição cristã era central para a teologia do Exército de Salvação. Do seu
entendimento da doutrina, o imperativo social da reforma tornou-se central para a prática religiosa do exército. Nos Estados Unidos, o Exército
de Salvação associou-se rapidamente ao "Movimento de Santidade" Americano, que providenciou uma base teológica para o seu interesse na reforma. No ano em que a sua esposa faleceu (1890), William publicou *In
Darkest England—and the Way Out*. Nele, Booth esboçou programas específicos que iriam aliviar o sofrimento dos pobres e ofereceu uma teologia
política e prática directa. À sua morte, o exército estava estabelecido e os
seus filhos tomaram a liderança.

## METODISMO AMERICANO DOS SÉCULOS XVIII E XIX

Como mencionado antes, Wesley permitiu uma divisão americana do
anglicanismo, por causa das praticalidades da administração da Santa
Ceia. O Metodismo americano foi, portanto, oficialmente organizado em
Dezembro de 1784, quando Thomas Coke e Francis Asbury foram auto-
rizados a ordenar pregadores metodistas à parte da Igreja de Inglaterra.

À medida que o Metodismo se desenvolveu ao longo do século XIX,
tornou-se uma força poderosa na religião americana. Alguns estudiosos
chamariam a este tempo o "século metodista", por causa do seu domínio
na cultura e vida americanas.[11] Os indivíduos e eventos aqui examinados
são apenas uma pequena representação daqueles que formaram o poder
crescente do Metodismo na América.

*Richard Allen (1760-1831)*

Em 1784, o Metodismo na América era ainda pequeno. No entanto,
a vida e obra de pessoas como Francis Asbury tiveram efeito. Uma das
conversões mais importantes do carácter do "Grande Despertar" (um
grande sentido de avivamento que varreu a América e a Grã-Bretanha) foi
a de um escravo, Richard Allen. De acordo com um dos biógrafos de Allen, Dennis Dickerson, "Allen proclamou a sua fidelidade ao modo de

vida wesleyano. "Eu não poderia ser nada mais que um metodista uma vez que nasci e acordei no seu meio", declarou ele".[12] Contudo, no fim da sua vida, Allen separou-se da Igreja Episcopal Metodista.

Allen foi acalentado num Metodismo inicial que mostrava activa e apaixonadamente o tipo de amor que promovia o igualitarismo. O seu amo foi também trazido para o aprisco metodista e, por isso, Allen teve oportunidade de comprar a sua própria liberdade em 1783. Ele começou a pregar ao longo da região Atlântico central. Uma vez, quando pregou na Pensilvânia, "os brancos insistiram que prolongasse a sua estadia para ouvirem mais dos seus ensinamentos. (…) Essas interacções fáceis com os brancos wesleyanos, muitos dos quais endossaram a oposição metodista à escravatura, mostraram um corpo religioso sem distinções de cor ou classe e exclusivamente devoto à salvação, espiritualidade e piedade"[13].

Mas este tipo de aceitação daltónica não continuou. De acordo com Dickerson, as ordenações em 1784 não foram favoráveis ao igualitarismo metodista. Alguns metodistas começaram a atribuir valor aos seus pregadores consoante a "patente, ou autoridade hierárquica". O próprio Asbury reconheceu os efeitos que tal teria nos pregadores negros. Depois de vários encontros difíceis, cheios de um preconceito novo ao Metodismo, Allen decidiu separar-se deste, que tanto amava. Ele começou o Metodismo africano na América, estabelecendo a primeira congregação Episcopal Metodista Africana em 1794 e a denominação de mesmo nome em 1816. O objectivo de Allen era recapturar o que o Metodismo tinha perdido. Dickerson sugere que foi o Metodismo africano que realmente se tornou "herdeiro" do movimento wesleyano.[14]

Allen procurou pregar o que era essencial ao cristianismo histórico e à teologia metodista. Tal incluiu uma ênfase na santificação, mas não na santificação por si própria. O Metodismo africano expressou o conceito de Wesley sobre o amor perfeito que, colocado de forma mais simples, alimentava o pobre. Mais tarde, o Metodismo branco dividir-se-ia por causa do assunto da escravatura. Apenas a Igreja Episcopal Metodista Africana se manteve unida ao longo da Guerra Civil.

## Thomas Ralston (1803-1891)

Com Thomas Ralston começamos realmente a ver como a teologia da santidade de Wesley foi mudada pelo seu contexto. A situação americana — os seus princípios fundacionais, a sua cultura e as suas liberdades — tornou-se o caldeirão sincretista onde o Metodismo britânico se misturou, mudou e transformou. A primeira de entre as várias razões que resultaram nesta transformação, foi a mistura da teologia já optimista de Wesley, com o optimismo americano que dominou o século XIX. A segunda, foi o encontro da doutrina de Wesley sobre a perfeição cristã com a marca singular do revivalismo americano. E a terceira, foi o facto de o Metodismo se tornar numa religião do povo num nível ainda maior na América, do que tinha sido na Grã-Bretanha. Todas estas intersecções tiveram implicações teológicas. Alguns metodistas resistiram claramente às mudanças sincretistas resultantes, outros não. Aqueles que aceitaram e salientaram as mudanças viriam a concordar com o *ethos* do Movimento de Santidade.

Pregadores e professores metodistas americanos, como Ralston, começaram a pregar a inteira santificação com uma urgência única. Wesley acreditava na inteira santificação e, certamente, encorajou o seu povo a buscá-la. Mas em Wesley vemos a boa vontade de esperar pela acção santificadora de Deus. Na América, a mensagem era buscar activamente a inteira santificação. Rolston ecoa muitos pregadores dando voz a esta mensagem: "A grande questão é, para cada um e todos nós, que não percamos tempo, mas nos levantemos de uma vez e 'persistamos para o alvo, pelo prémio da soberana vocação de Deus em Cristo Jesus'"[15].

Contribuindo para esta repetida chamada de buscar a inteira santificação agora, estava o revivalismo americano, que deu às pessoas o lugar onde fazer exactamente isso. Os seguidores de Wesley buscaram a inteira santificação no ambiente dos seus grupos pequenos, conhecidos como "classes" ou "bands". Não havia "chamadas ao altar" nos campos onde Wesley pregava. O chamar pessoas à frente para tomar uma decisão no momento é uma invenção única do revivalismo americano. Esta chamada era, principalmente, para "nascer de novo". Mas quando o revivalismo americano encontrou a doutrina da perfeição cristã de Wesley, a chamada ao "banco dos arrependidos" também incluía uma chamada para ser inteiramente santificado. Neste contexto, a importância dada à instantaneidade da experiência só se veio a intensificar.

No contexto americano, também vemos uma ousadia acerca do que esperar da inteira santificação. Novamente, onde Wesley era cuidadoso acerca das expectativas, os pregadores americanos, com o seu optimismo americano, eram mais seguros. Ralston, como outros, pode então escrever:

Se, através da graça, abandonamos um pecado, podemos abandonar todo o pecado. Se pudermos ser limpos de um pecado, podemos ser limpos de todo o pecado. Se podemos manter um
mandamento, podemos, através da graça, "manter toda a lei" — a
lei da fé e do amor, debaixo da qual estamos colocados pelo evangelho. (…) Se avançamos para um nível de santidade ou santificação, que atingimos quando somos justificados, porque não podere-
mos, pelo mesmo princípio, "prosseguir até à perfeição"? [16]

Embora Wesley não discordasse, a princípio, desta declaração, tal revela um novo tom. Pelo menos, Ralston, mantém uma ênfase apropriadamente forte na graça. Este não será sempre o caso à medida que a teologia
da santidade na América se continua a desenvolver. A ênfase na graça e
dependência de Deus viria a ser difícil de manter quando o sonho americano passou a ser a realização pessoal pelo próprio esforço.

## Phoebe Palmer (1807-0874)

Phoebe Worrall nasceu numa típica casa metodista americana. Apesar
de ter apenas o equivalente à educação secundária, ela cultivou uma habilidade literária que seria inestimável nos anos posteriores, quando a sua
escrita — livros, tratados, artigos e poesia — a tornou conhecida pelos
seus leitores. Aos dezoito anos de idade, Phoebe Worrall casou com Walter
C. Palmer, um médico capaz e disposto a suportar a sua visão religiosa.

Uma série de tragédias pessoais (a morte de três filhos) levaram à experiência religiosa em 1837 (inteira santificação) que impeliu Phoebe Palmer
a entrar numa vocação religiosa que incluía a pregação e o ensino aos leigos. Através da sua vocação, ela influenciou a vida de milhares, começou
o Movimento de Santidade (segundo bastantes autores)[17], e fez nascer várias denominações que hoje a vêem como sua matriarca. Ainda assim, Palmer permaneceu uma metodista firme.

Phoebe Palmer, com a sua irmã Sarah Lankford, liderou as famosas
Tuesday Meetings [Reuniões de Terça-Feira] em sua casa, frequentemente
consideradas o lugar onde nasceu o Movimento de Santidade. Uma das
contribuições mais importantes de Palmer foi a publicação do livro *The
Way of Holiness*, que tornou a inteira santificação compreensível ao público. Ela própria lutara contra a doutrina porque, na sua opinião, os pregadores tornavam-na difícil de compreender. Alguns têm criticado a sua
simplificação da mensagem da santidade. No entanto, isso possibilitou

tornar a experiência da inteira santificação acessível a toda uma geração de pessoas comuns.

Os ensinos de Palmer acerca da doutrina ofereceram ao crescente Movimento de Santidade uma resposta à questão: "Como é que uma pessoa é inteiramente santificada?" Ela desenvolveu uma fórmula de três passos que guia as pessoas a buscar a experiência instantaneamente. A consagração — o derramar de tudo a Deus — é seguida pela fé que crê que Deus quer realmente santificar o coração. Quando esta santificação ocorre, a pessoa deve testificar da experiência. Tal, é conhecida como o "pacto de altar", baseado na exegese feita por Adam Clarke. Consagrar tudo a Deus é, em efeito, colocar tudo no altar, que é Cristo. O altar então santifica a dádiva. Palmer também influenciou o movimento ao enfatizar, como Wesley, a dimensão social da santidade — ela chamou as pessoas a saírem das suas áreas de conforto, indo para a rua ou em missão, de encontro às necessidades dos menos afortunados.

### Randolph Foster (1820-1903)

Randolph Foster nasceu em Williamsburg, Ohio, em 1820. Apesar de ter abandonado a educação aos dezassete anos, tornou-se professor de teologia sistemática no Drew Theological Seminary vindo, mais tarde, a ser o seu presidente. Foi eleito como bispo na igreja metodista em 1872.

O que encontramos na teologia de Foster é uma forte defesa da inteira santificação como um evento subsequente à regeneração. Enquanto o próprio Wesley e muitos dos seus sucessores teológicos argumentavam que a inteira santificação poderia ocorrer antes da morte, Foster vê-se na posição de ter de argumentar que há mais a esperar após a da regeneração. Alguns metodistas haviam sugerido um tipo de inteireza na perfeição que acontece no novo nascimento da pessoa. "Uma questão a levar a sério é, 'Não é a obra de Deus perfeita na regeneração?' E respondemos, sim, é uma regeneração perfeita. Mas a perfeita regeneração não é a santificação perfeita, mais do que a perfeita penitência é a perfeita regeneração. A alma é perfeitamente nascida de novo, mas não é perfeitamente feita santa"[18].

De acordo com Greathouse, Foster representa aqueles metodistas que permaneceram fiéis ao ensino de Wesley sobre a perfeição cristã. "Christian Purity [A Pureza Cristã] — como a obra veio a ser conhecida — foi claramente destinada a manter a Igreja Episcopal Metodista na base sólida da sua posição wesleyana. (…) [Foster ofereceu] uma chamada clara e urgente à santidade bíblica da forma como tem sido compreendida dentro do Metodismo desde o seu início"[19]. A sugestão de Greathouse é apoiada pela afiliação de Foster aos Seminários Northwestern e Drew, quando estavam a ser influenciados para a manutenção da inteira santificação como uma obra subsequente e definitiva da graça. O que Greathouse não clarifica, é que mesmo nas primeira décadas do movimento na América, faltava ao Metodismo uma voz única sobre o assunto. Foster, e outros, podem ter clamado por uma ênfase "na santidade bíblica como compreendida desde o seu início," mas no início do século, a "posição de Wesley" tornou-se turva. Mais tarde, no século XIX, o Metodismo distanciou-se daquilo que se tinha tornado a interpretação de "santidade" de Wesley. John Miley representa as etapas da retirada de ênfase da inteira santificação no Metodismo.

*John Miley (1813-1895)*

John Miley assumiu a posição de Randolph Foster, seu cunhado, como cabeça da teologia sistemática em Drew, quando este se tornou bispo. Enquanto alguns metodistas, como William Burt Pope, resistiram aos "avanços" do Modernismo, John Miley buscou explicitamente actualizar o Wesleyanismo para o mundo moderno. Isto é claramente evidente no seu livro, *Systematic Theology*, publicado em 1892.

Langford considerava Miley um teólogo "nato" mas dogmático.[20] Isto deve-se às suas tentativas de criar um diálogo entre a ciência e a teologia. Miley acreditava servir a tradição ao "levá-la por novos caminhos".[21] Observamos isto de forma mais clara na forte ênfase de Miley na experiência religiosa — tal como outros perto da mudança do século e depois. Miley fez mudanças importantes relativamente à Bíblia. Primeiro, sugeriu que as Escrituras eram importantes na oferta de conhecimento sobre a fé cristã e a doutrina, mas que não produziriam uma experiência directa com Deus. "A experiência com Deus é imediata; as Escrituras clarificam e dão expressão normativa à fonte de sentido dessa experiência"[22]. Segundo, Miley avançou com a teoria dinâmica da inspiração bíblica e distanciou firmemente o Metodismo de quaisquer tendências "mecanistas". Tal influenciaria pessoas como H. Orton Wiley quando descreveu a posição da Igreja do Nazareno acerca da inspiração bíblica.

Sobre a doutrina da santificação, Miley abriu o caminho para a interpretação metodista que declara que a santificação pode ou não incluir uma "segunda bênção". Enquanto o seu objectivo era o de encorajar a tolerância de entendimentos diferentes da santificação, o que resultou foi uma

distância crescente entre o Metodismo e as denominações que compõem
o Movimento de Santidade. Isto não implica que a interpretação da santidade tenha desaparecido do Metodismo depois da sua separação ideoló-
gica. Por exemplo, Asbury College, e mais tarde o Asbury Theological Seminary, sob a liderança de pessoas como Henry Clay Morrison (1857-
1942), evitaram mover-se para um Metodismo mais liberal. Daniel Steele
e John Wood também seriam considerados metodistas de santidade.

*Daniel Steele (1824-1914)*

Daniel Steele foi um ministro metodista que serviu como pastor e
evangelista antes de ensinar o Novo Testamento e teologia na Boston University. Steele seguiu de perto Fletcher ao ligar a inteira santificação ao
baptismo do Espírito Santo. Como estudioso do Novo Testamento, associou o livro de Actos à experiência. Ele também declara que o próprio
Jesus experimentou "duas recepções" do Espírito Santo, primeiro no Seu
baptismo e segundo na Sua ascensão. Esta exegese deu a Steele a ousadia
de falar das nossas "duas recepções" do Espírito: na regeneração e na inteira santificação. Da interpretação de Steele sobre Actos, Greathouse diz:
"isto tornou-se subsequentemente o padrão do ensino da santidade"[23].
Steele também representa aqueles que falam da "inteira erradicação" do
pecado. Steele alinha-se com Wesley quando fala do amor como ponto
central na experiência da inteira santificação.

*John A. Wood (1828-1905)*

John Allen Wood, que começou a sua carreira como pastor da Igreja
Episcopal Metodista, foi um dos fundadores da National Camp Meeting
Association for the Promotion of Holiness [Associação Nacional de En-
contros de Avivamento para a Promoção da Santidade], que cedo se tor-
nou uma forma importante de expandir a mensagem de santidade pela
América.

O livro de Wood, *Perfect Love*, que rapidamente se tornou um clássico
da teologia de santidade, segue um padrão comum àqueles que clamam a
santidade nos finais do século XIX. Ele distinguiu a inteira santificação da
regeneração; argumentou com quem se opusesse à doutrina; e ofereceu passos para obter a experiência. Tal como Phoebe Palmer, ele avisou que as
pessoas que buscam a santidade devem (1) compreender o que estão a buscar, nomeadamente, a "destruição ou remoção do pecado inato"; (2) chegar

a uma resolução firme e decidida de obter a experiência; (3) fazer uma inteira consagração a Deus e colocar "todas as coisas sobre o altar"; e (4) ter fé.[24] O que se segue, é uma lista de admoestações sobre a fé para a inteira santificação:

1. Crer que Deus a prometeu na Bíblia Sagrada.
2. Crer que Deus é capaz de cumprir o que prometeu.
3. Crer que Deus deseja fazê-lo.
4. Crer que Deus já o fez.

Estás tu a entregar tudo e a confiar em Deus? Se estás, está feito.[25]

Mais tarde, teólogos viriam a questionar a sabedoria deste tipo de teologia de "reivindicação".[26] A pregação e as publicações que defendem esta abordagem foram dominantes no emergente ethos da santidade. Concentremo-nos por breves instantes num tipo de optimismo de santidade que, talvez surpreendentemente, conseguiu contornar o Metodismo.

## MOVIMENTO DE SANTIDADE DO SÉCULO XIX: UM NOVO TIPO DE CALVINISMO

O calvinismo revivalista do século XIX encontrou a doutrina da perfeição cristã, tradicionalmente wesleyana, na Oberlin College, em Ohio. Oberlin foi estabelecida em 1834 com uma agenda explicitamente reformada e uma crença na igualdade humana. A faculdade foi fundada na junção de vários eventos. O abolicionismo era uma preocupação crescente em todos os estados, por vezes directamente relacionada ao fervor religioso. O Lane Theological Seminary, em Cincinnati, tornou-se um lugar de grande controvérsia sobre o assunto da escravatura. Estudantes, incluindo Theodore Weld, insistiram numa acção abolicionista mais radical. Eles agiram de acordo com as suas crenças tratando os negros como seus iguais, associando-se a eles fora do seminário. Mas foi tomada a decisão de proibir os estudantes de viver as suas crenças abolicionistas e de silenciar todas as discussões acerca da escravatura, quer na sala de aula quer entre professores. Um total de quarenta alunos saiu do seminário, como forma de protesto.

Enquanto isso, uma outra escola dera início ao seu trabalho, conhecida como Oberlin Institute. Era explícita acerca da sua agenda reformista e da sua crença na igualdade humana. O instituto contactou Asa Mahan, um dos administradores do seminário Lane que sempre apoiara os estudantes e ele concordou em ser o primeiro presidente. Aos estudantes de Lane que se matricularam no primeiro ano seguiram-se cerca de trezentos alunos. Surpreendentemente para aquela altura, Oberlin admitiu tanto negros como mulheres.

A teologia do instituto não estava desligada da sua agenda social. Charles Finney (1792-1875), o grande revivalista e professor de teologia sistemática em Oberlin, e Asa Mahan (1799-1889), presidente do instituto, estavam atentos ao tema da inteira santificação, uma novidade revivalista e em expansão ao longo da América, Canadá e Grã-Bretanha. Calvinistas como Finney e Mahan rejeitaram uma ligação necessária entre a doutrina da perfeição cristã e o Metodismo, pregando uma nova síntese do calvinismo e da santificação, que ficou conhecida como a Nova Teologia ou o Novo Calvinismo. A sua abordagem recebeu grande crítica das denominações calvinistas mais tradicionais. Esta Nova Teologia era profundamente optimista acerca da mudança pessoal e social que pode acontecer através da santificação.

Asa Mahan é mais conhecido por reacender a ligação da inteira santificação com o baptismo do Espírito Santo, proclamada por John Fletcher. A inteira santificação estava assim ligada ao poder e à capacitação do Espírito Santo. Ele acreditava que as pessoas eram capacitadas para fazer mais do que humanamente possível, por causa deste baptismo do Espírito. Isto abriu novos horizontes, particularmente para as mulheres do Movimento de Santidade. Talvez não seja coincidência que Antoinette Brown, a primeira mulher ordenada como pregadora na América, era graduada da Oberlin College.

O radicalismo de Oberlin diminuiu depois de Finney e Mahan. Este declínio pode estar directamente relacionado com o regresso a uma teologia calvinista mais tradicional — uma teologia na qual faltava um entendimento do século XIX sobre a perfeição cristã.

### Hannah Whitall Smith (1832-1911)

Hannah Whitall, nascida Quaker em Filadélfia, experimentou a inteira santificação, chamando-lhe o "segredo" da felicidade. Esta crença resultou num livro que se tornou um clássico religioso, *The Christian's Secret of a Happy Life*. Hannah começou a envolver-se em organizações interessadas nas preocupações das mulheres, tais como a Women's Christian Temperance Union e o movimento sufragista. Estas preocupações sociais estavam ligadas ao optimismo social da teologia de santidade.

Hannah e o seu marido, Robert, viajaram para Inglaterra para uma série de palestras. A sua primeira conferência, em Inglaterra, advogando a sua posição teológica foi em 1873. Em 1875, esta conferência foi convidada a ir à Igreja de Keswick, pelo seu pastor anglicano, tornando-se um evento anual que passou a ser conhecido como a Keswick Convention.

A conferência é significante, histórica e teologicamente, por causa do seu relacionamento e reinterpretação da doutrina da inteira santificação (como mantida pelas igrejas relacionadas com o Metodismo). O Keswickianismo — denominação pela qual ficou conhecida — foi começado e mantido por figuras não wesleyanas, como Smith e W.E. Boardman (um presbiteriano), que enfatizaram "a vida cristã mais elevada". Os calvinistas keswickianos, como os wesleyanos, enfatizaram um momento distinto de total consagração; no entanto, ao contrário dos wesleyanos, os keswickianos acreditavam que o poder da "velha condição" é contrariado pela presença do Espírito Santo, em vez de limpo. Tal é uma distinção subtil, mas clara. O movimento estava associado ao revivalismo de D. L. Moody (os Smith seguiram o itinerário de Moody na sua viagem a Inglaterra) e, mais tarde, a Billy Graham; também estava associado com instituições como o Moody Bible Institute, a Wheaton College e o Dallas Theological Seminary.

Várias tentativas de cooperação entre os wesleyanos e os keswickianos foram feitas, mas quando a teologia keswickiana gravitou para a escatologia pré-milenar, a distância cresceu. A Keswick Convention decorre, ainda, anualmente e atrai visitantes de todas as partes do mundo. A teologia keswickiana é considerada uma prima próxima do movimento wesleyano de santidade.

## O MOVIMENTO DE SANTIDADE AMERICANO: "DISSIDENTES" METODISTAS DO FIM DO SÉCULO XIX[27]

Uma ênfase na inteira santificação era claramente um traço comum do Movimento Wesleyano de Santidade. Mas a maioria das novas denominações formadas por pessoas saídas do Metodismo oficial, teve também um forte impulso reformista. Muitas pessoas separaram-se do Metodismo que amavam por razões que não eram apenas teológicas. A teologia de santidade, como interpretada pelos "dissidentes", levou a um envolvimento na acção social baseado no igualitarismo. A santidade pentecostal,

assim designada pela sua associação ao poder do primeiro Pentecostes (não
ao falar em línguas), renovou de tal forma o movimento que exigiu o der-
rubar das estruturas sociais opressivas. A teologia de santidade estava intimamente relacionada com causas como o abolicionismo, os direitos das
mulheres (em particular o de pregar), cuidar dos pobres, a temperança, e
muitos outros serviços dirigidos aos mais necessitados da sociedade.

Não é coincidência, então, que as pessoas descritas nos seguintes perfis
sejam mais conhecidas pelas suas reformas do que pelas suas formulações
teológicas. As primeiras denominações de santidade tentaram reclamar o
ensino de Wesley sobre a perfeição cristã e a agenda social que daí surgiu.
"O Metodismo Primitivo", como é chamado, também inclui o cuidado
dos pobres, argumentos contra a escravatura, e várias actividades requeridas dos primeiros metodistas britânicos.

### Orange Scott (1800-1847) e Luther Lee (1800-1889)

Uma das primeiras denominações a separar-se da Igreja Episcopal Metodista foi a Wesleyan Methodist Connection, co-fundada por Orange
Scott e Luther Lee. Orange Scott nasceu numa família muito pobre. Apesar disso, e da sua quase completa falta de educação, ele veio a mostrar-se
um talentoso pastor e forte abolicionista. Ele levou o assunto da escravatura à Conferência Geral da Igreja Episcopal Metodista como delegado
em 1836. A sua veemência levou à desaprovação de muitos, acabando por
ser removido da sua função de liderança no distrito. Depois, juntou-se à
American Anti-Slavery Society [Sociedade Anti-Escravatura Americana],
viajando e falando pela causa. Finalmente, ele decidiu deixar a Igreja Metodista e, juntamente com Luther Lee, um grupo separou-se em 1842.
Este grupo organizou a Conexão Metodista Wesleyana, nova denominação de santidade.

Luther Lee nasceu no famoso distrito "incendiado" no norte do estado
de Nova Iorque. Esta expressão era usada porque o fogo de avivamento
tinha varrido esta parte do país de forma dramática. Ele tornou-se pastor
na Igreja Episcopal Metodista da mesma região. Em 1839 Lee tornou-se
líder na Massachusetts Anti-Slavery Society. Após a organização da nova
denominação, Luther Lee foi eleito como o seu primeiro presidente. Curiosamente, foi ele que pregou no culto de ordenação de Antoinette
Brown, a primeira mulher ordenada na América. Pelo resto da sua vida
serviu como pastor em várias novas igrejas wesleyanas e como professor
em várias das primeiras faculdades da tradição.

## B. T. Roberts (1823-1893)

B. T. Roberts foi o fundador da Igreja Metodista Livre. Ele cresceu numa cultura firmemente metodista e foi dramaticamente chamado ao ministério. Roberts dá o primeiro passo no distanciamento do Metodismo através da publicação do seu artigo "New School Methodism". Ele estava preocupado com a ascensão social do povo metodista, que se acomodava gradualmente à cultura à sua volta. Para Robert, o sistema de aluguer de bancos (assentos) em muitas igrejas episcopais metodistas era simbólico. Os membros mais ricos da congregação podiam escolher o seu assento, que passava a ser propriedade sua. Isto, claro, ia contra as Escrituras, na mente de Robert, e contra a missão para com os pobres, tão central no Metodismo "primitivo". Roberts estava também comprometido com a abolição da escravatura. Nesse sentido, o nome escolhido para a sua denominação "separatista" tinha duas conotações distintas. O "livre", em Igreja Metodista Livre, referia-se aos assentos livres, mas também ao povo livre. Roberts, em particular, tomou para si um ministério intensificado para com os pobres. De acordo com Douglas Cullum:

> Da perspectiva de Roberts, o "New School Methodism", ascendente e progressivo, dos seus dias, tinha-se esquecido da missão original do Metodismo de espalhar a "santidade bíblica por todas as nações". A publicação do seu artigo foi o factor mais decisivo que levou à expulsão de Roberts da Igreja Episcopal Metodista em 1858.[28]

A denominação foi fundada quando um grupo que seguia Roberts e outro grupo, que seguia John Wesley Redfield (também expulso) se uniram em 1860. Os primeiros Metodistas Livres viveram frugalmente de maneira a melhor ministrar e pregar aos pobres. O Metodismo Livre foi, por isso, tanto um tipo de piedade prática como um ramo teológico do Movimento de Santidade Wesleyano.

### Amanda Berry Smith (1837-1915)

A vida de Amanda Berry Smith, nascida como escrava em 1837, representa uma vida afectada pelo impulso igualitário da teologia da santidade. Ela tornou-se evangelista, missionária e reformadora social. Participou desde cedo na Igreja Episcopal Metodista, mas deu por si numa classe [de escola dominical] totalmente branca, onde, aparentemente, os líderes só

estavam dispostos a ensiná-la no fim do encontro. Como tinha de dar en-
trada no trabalho antes do fim da classe, deixou de participar e afastou-se.

Cedo na sua vida, Amanda teve uma visão na qual se via a pregar. Depois da morte do seu marido, James Smith, ela experimentou a inteira
santificação debaixo do ministério de John Inskip, que foi bastante influenciado por Phoebe Palmer. Há alguma evidência de que Amanda Berry
Smith participou nos Tuesday Meetings de Palmer, encontros extraordi-
nariamente importantes no desenvolvimento do Movimento Wesleyano
de Santidade. A posição de Palmer sobre o assunto da escravatura é ques-
tionável.[29] Mesmo assim, os encontros de Smith com Palmer parecem tê-
la ajudado a associar o fortalecimento espiritual à eliminação do preconceito.

Em 1879, Smith torna-se missionária. Primeiro na Índia, onde ficou
durante dois anos e depois em África (Libéria e Serra Leoa) durante outros
oito. Apesar de ser oficialmente membro da Igreja Episcopal Metodista
Africana, eles não apoiaram os seus esforços ministeriais. Ela passou a
grande parte da sua carreira ministerial associando-se a igrejas de santidade
e associações maioritariamente de brancos. Também se envolveu fortemente com organizações que enfatizavam a abolição e a temperança. Tornou-se uma grande palestrante na Women's Christian Temperance Union
sob a liderança de Frances Willard. Tal colocou Smith em cena como uma
evangelista reconhecida nacionalmente. Um dos maiores presentes que
Smith deixou para trás foi a sua autobiografia, publicada primeiramente
em 1893. Ela revelou que nunca se sentiu totalmente aceite quer nos círculos brancos como nos negros. De forma perspicaz escreveu: "Eu penso
que algumas pessoas poderiam compreender a quintessência da graça santificadora se fossem negras durante vinte e quatro horas"[30]. É interessante
que também tenha escrito que parte da sua experiência da inteira santificação envolveu a aceitação e gratidão pela sua cor.

## Daniel Warner (1842-1895)

Mesmo enquanto novas denominações saíam da Igreja Episcopal Metodista, haviam várias associações do outro lado das linhas denominacionais. Associações nacionais de vários tipos tornaram-se proeminentes no
Movimento de Santidade. No entanto, alguns suspeitavam que as distinções denominacionais eram potencialmente divisivas, mesmo dentro dessas associações mais alargadas. Mas estas pessoas não possuíam uma cha-

mada para o não-denominacionalismo, por assim dizer. Em vez disso, tra-
balhavam para aquilo que pode ser chamado de denominacionalismo
transcendente — baseado na crença de que a chamada de Cristo para a
perfeita unidade dentro da Sua igreja deve transcender as afiliações
denominacionais.

Daniel Warner cresceu numa Igreja de Deus alemã que seguia a teologia de John Winebrenner. Winebrenner saiu da Igreja Reformada alemã
por discordar em dois pontos que se tornaram centrais na posição teológica da denominação que fundou: primeiro, a Bíblia é a única regra autoritária para a fé e prática; e segundo, cada cristão precisa ter uma experiência de conversão pessoal ou um novo nascimento. Winebrenner também afirmou o livre arbítrio e rejeitou as afirmações rígidas de credo e
membresia de igreja — princípios com os quais Daniel Warner concordava. No entanto, depois de ter a sua experiência de inteira santificação, o
grupo alemão revogou a licença ministerial de Warner. Um grupo separado da Igreja de Deus relicenciou-o e ele continuou como pastor, evangelista e editor de um dos mais importantes jornais de santidade dos finais
do século XIX, o *Gospel Trumpet*.

Warner participou em associações nacionais com o objectivo de promover a mensagem de santidade, mas acabou por deixá-las. Ele sentiu fortemente que Deus lhe tinha revelado que qualquer tipo de sectarianismo
era contra as Escrituras. Um dos biógrafos de Warner, Barry Callen, disse:

> A saída de Warner foi inspirada por uma visão da igreja fora de
> todas as denominações, capacitada pela santidade dinâmica. Ele
> importava-se profundamente com a unidade dos crentes, via a san-
> tidade como o meio para tal, e julgava a existência contínua de es-
> truturas denominacionais múltiplas e frequentemente competitivas
> como um mal entre o povo de Deus, o qual Deus pretendia des-
> truir.[31]

Warner aconselhava as pessoas a deixarem todos os sistemas e estruturas e a dar as boas-vindas ao movimento apenas conhecido como a Igreja
de Deus. Mais tarde, identificou-se pela extensão de "Anderson" (no estado do Indiana, EUA) de forma a distinguir-se de outras denominações
que levaram o nome de Igreja de Deus. Ainda mais tarde, o movimento
(nome pelo qual preferem ser chamados) deparou-se com a necessidade de
organização. No entanto, ter uma membresia oficial da igreja foi considerado desnecessário.

Este movimento é considerado um forte membro da família de denominações do Movimento Wesleyano de Santidade. Como outros, a Igreja
de Deus começou com uma inclinação para ministrar aos marginalizados.
Mas ao contrário de outras denominações no movimento, a Igreja de Deus
tem mantido uma grande população de afro-americanos. Também tem
mantido uma boa percentagem de mulheres pregadoras e ministras. Apesar do Movimento de Santidade ter sido chamado de seita pelos historiadores que o viram de fora, a eclesiologia de tais grupos como a Igreja de
Deus revela um impulso ecuménico legítimo.

*Martin Wells Knapp (1853-1901)*

Outro exemplo desta teologia dirigida à unidade pode ser visto na vida
e obra de Martin Wells Knapp e no estabelecimento da International Revival Prayer League (que veio a ser a Pilgrim Holiness Church) e na abertura da God's Bible School. Knapp foi influente no lançamento de grupos
de santidade radical ou de doce santidade radical. Esses grupos eram ca-
racterizados pela rejeição dos vícios culturais e pela adopção da simplicidade radical (monetária), como meio para alcançar os pobres e estabelecer
traços da igreja comunitária de Actos. A santidade radical é mal compreendida se for vista pejorativamente como uma forma de legalismo.

*Phineas Bresee (1838-1915)*

Phineas Bresee nasceu e cresceu no estado de Nova Iorque. Decidindo
entrar para o ministério, mudou a sua família para o Iowa e juntou-se à
conferência da Igreja Episcopal Metodista. Em 1864 foi nomeado ancião,
presidindo a Conferência Metodista de West Des Moines. Ele não gostou
da sua função como administrador e, por isso, voltou para o circuito da
pregação. Mais tarde na sua vida, mudou-se para Los Angeles, onde se
tornou conhecido pelo seu evangelismo eficaz e poderoso, vindo a pastorear muitas igrejas metodistas proeminentes no sul da Califórnia.

Bresee tinha experimentado a inteira santificação em 1867 e não tinha
vergonha de pregar sobre isso. Também estava intensamente interessado
em missão urbana. Saiu da Igreja Episcopal Metodista em 1894 e associou-se à Peniel Mission, em Los Angeles. Bresee e o presidente da University of Southern California, J. P. Widney, organizaram uma igreja local
chamada Igreja do Nazareno. Bresee era o pastor. Ele também começou
uma revista de santidade conhecida como a Nazarene Messenger. O seu
trabalho floresceu na pequena denominação.

A Igreja do Nazareno cresceu em número não apenas através de conversões, mas também através de fusões. Foram historicamente importantes as fusões com a New England Association of Pentecostal Holiness Churches em 1907, com as igrejas de santidade de Cristo no Texas em 1908, e com um grupo do Tennessee, a Missão Pentecostal em 1914. O nome foi brevemente mudado para Igreja do Nazareno Pentecostal (voltou ao nome original em 1919).

Bresee era conhecido como um mediador aguçado. Pelo bem da unidade, fez compromissos sobre assuntos que considerava não serem "essenciais". Por esta razão, a Igreja do Nazareno não toma uma posição particular sobre a escatologia, por exemplo. Bresee também misturou a tradição metodista do baptismo infantil com a ênfase mais anabaptista no baptismo do crente — os pais podiam escolher.

O nome Igreja do Nazareno foi uma forma de associar a denominação com o humilde nazareno e falar dos seus interesses particulares para com os pobres e marginalizados. A denominação organizou rapidamente o trabalho missionário no estrangeiro e este tem permanecido forte. Teologicamente, a denominação é profundamente wesleyana (frequentemente usando a *via media*, ou uma posição mediadora, sobre vários assuntos) e é soteriologicamente focada. A inteira santificação é enfatizada e a denominação associa-se claramente com a tradição do Movimento Wesleyano de Santidade. É considerada a maior denominação da santidade.

## O MOVIMENTO DE SANTIDADE NOUTRAS PARTES DO MUNDO

Antes de prosseguirmos para a tradição wesleyana de santidade do século XX, devemos fazer uma pausa para perguntar como é que o Movimento de Santidade se desenvolveu noutras partes do mundo durante a última parte do século XIX. Usaremos a Grã-Bretanha e a Ásia como apenas dois exemplos da expansão mundial da mensagem de santidade.

Vários pregadores de santidade proeminentes foram à Grã-Bretanha pregar sobre a inteira santificação. Os simpatizantes keswickianos e os evangelistas de santidade mais rígidos, tais como Phoebe Palmer, tiveram um grande impacto. A teologia da santidade estava viva e bem de saúde na Grã-Bretanha. De acordo com Floyd Cunningham, "Eram poucas as diferenças entre a pregação de líderes de santidade britânicos como William Arthur, Samuel Chadwick, W. D. Drysdale e Oswald Chambers e os seus homólogos americanos"[32]. A Grã-Bretanha e a América tinham em comum uma linguagem e literatura de santidade. George Sharpe, da Escócia, passou muitos anos na América e associou-se à National Holiness Association. Quando voltou para casa, percebeu que "um número de pessoas na Escócia e Inglaterra ensinava e cria na mesma doutrina que ele"[33]. Muitas pessoas, tais como Francis Crossley, William McDonald, George Grubb e os Booth, foram influentes no desenvolvimento da identidade da santidade britânica.[34]

O Movimento Wesleyano de Santidade do século XIX espalhou-se pelo mundo, não apenas na América do Norte e na Europa. Espalhou-se na Ásia, até na China. Segue-se um breve exemplo.

A Oriental Missionary Society (OMS, agora OMS International), apesar de oficialmente ser não denominacional, era completamente de santidade na sua teologia e pregação. Foi muito apoiada pela God's Bible School e Martin Wells Knapp. Começou com uma escola bíblica no Japão e rapidamente se expandiu com uma estratégia de missão desenvolvida pelo fundador Charles Cowman. Distribuiu milhões de Bíblias e folhetos. O maior sucesso da OMS foi no campo de missão da Coreia. Dois estudantes treinados na escola bíblica no Japão começaram o trabalho. Eles ajudaram a abrir uma escola bíblica. Robert Nam Soo Chung, um graduado da God's Bible School e da Asbury College, e Sung Bong Li, energizaram o trabalho da OMS através das suas pregações revivalistas. Eventualmente desenvolveu-se uma denominação independente de qualquer denominação americana. A Korea Evangelical Holiness Church estava numa estreita ligação com a escola bíblica começada anos antes. MyungJik Lee era o director e professor da escola e tornou-se o principal teólogo de santidade na Coreia, no início do século XX. É de notar que esta escola bíblica acabou por se chamar Seoul Theological Seminary e cresceu, vindo a tornar-se o maior seminário wesleyano do mundo. As guerras, é claro, dividiram a Coreia e a denominação passou por dificuldades. Mas em 1995 tinha perto de um milhão de membros. O cristianismo na Coreia tinha explodido. Juntamente com outras denominações, o Movimento Wesleyano de Santidade tem ainda uma forte presença.

# TEOLOGIA DE SANTIDADE DO SÉCULO XX

No século XX um dos grandes desafios do Movimento Wesleyano de Santidade foi como transformar um movimento num grupo de denominações. Assim, muita energia foi gasta na parte inicial do século XX na organização e escrita de novas teologias sistemáticas para os novos contextos denominacionais. À medida que o século progrediu, a teologia wesleyana de santidade foi fortalecida e formada. Cada uma das pessoas apresentadas abaixo fez contribuições significativas para o seu desenvolvimento.

## A. M. Hills (1848-1935)

Aaron Merritt Hills, que começou o seu ministério na Igreja Congregacional, tornou-se mais tarde associado com um número de instituições de santidade de educação superior.

O estilo de Hill foi polémico e às vezes antagónico. Os seus escritos incluíam críticas a certos comportamentos, tais como o uso de tabaco e álcool, porque ele acreditava que as crises sociais do fim do século XIX eram espirituais por natureza. Como um forte **pós-milenista**, acreditava que a doutrina da perfeição cristã iria resolver os problemas sociais. As suas críticas eram também dirigidas à doutrina. Ele criticou descaradamente a teologia keswickiana, o alto criticismo bíblico e o **pré-milenismo**. As suas posições contra Darwin retratam-no como conservador. Mas, curiosamente, também criticava a teoria do ditado verbal e a infalibilidade absoluta da Bíblia.

A sua obra mais importante, *Holiness and Power*, publicada em 1897, circulou bastante. A sua teologia sistemática, *Fundamentals of Christian Theology*, colocou o livre arbítrio como a sua hermenêutica central e "tendeu a enraizar a fé e a santificação nos actos da vontade humana"[35]. *Holiness and Power* é uma leitura interessante para um historiador. Ao longo do livro ele cita figuras importantes do Movimento de Santidade do século XIX incluindo Daniel Steele, Phoebe Palmer, Catherine Booth, Hannah Whitall Smith e Charles Finney e traz as suas teologias para o século XX. A sua intenção era oferecer evidência da inteira santificação apresentando testemunhos pessoais e apoio bíblico para a doutrina da santidade. Esta abordagem de testemunho era comum na literatura de santidade.

*Samuel Logan Brengle (1860-1936)*

Samuel Logan Brengle começou o seu ministério como pregador de circuito da Igreja Episcopal Metodista. A agenda do Exército de Salvação atraía-o e ele viajou para Londres para conhecer os Booth. Brengle era mais teólogo do que os Booth e depois de anos ao serviço iniciou-se na carreira de escritor. Os seus livros selam a mensagem de santidade na consciência teológica da denominação de formas ainda não vistas.

Brengle trouxe de volta para o Movimento de Santidade a atitude de Wesley para com a inteira santificação. Especificamente, Brengle manteve que a segurança de Deus, ou o testemunho do Espírito, é necessária para afirmar a experiência. Isso contraria aqueles que tinham abordado uma fé mais nua (sem qualquer testemunho), como Ralston e Palmer. É interessante que ele publicou um livro chamado *The Way of Holiness* em 1902, usando o título exacto do clássico de Palmer sobre este assunto. Brengle foi uma chamada de volta para a teologia de santidade de João Wesley (sublinhando a santificação inteira *e* progressiva), apesar do Movimento de Santidade do século XIX acreditar fazer exactamente isso, face à distância da inteira santificação no Metodismo principal. A mensagem de Brengle sobre a necessidade de equilíbrio (entre o "momento" e o processo) iria encontrar fortes apoiantes na última parte do século XX.

*H. Orton Wiley (1877-1961)*

Henry Orton Wiley, pastor, educador e presidente de uma faculdade da Igreja do Nazareno, completou, em 1941, a colecção *Christian Theology*, de três volumes — que cedo se tornou a obra teológica mais importante no Movimento de Santidade e assim permaneceu durante várias décadas. O que Wiley trouxe ao pensamento de santidade do século XX foi a síntese entre a teologia wesleyana e a ênfase moderna no pessoal, na antropologia teológica e na fé, como um relacionamento pessoal com Deus através do Filho e nutrido pelo Espírito Santo. Deus é um Deus pessoal. A experiência cristã é uma fonte importante para a teologia, segundo o pensamento de Wiley, como também o foi para Wesley e outros teólogos mais abrangentes, como Friedrich Schleiermacher. Wiley permaneceu fiel ao optimismo wesleyano da graça, sem deixar ruir a sua teologia no liberalismo protestante daquele tempo. Ele também conseguiu evitar o pessimismo dos "novos [teólogos] ortodoxos", tais como Barth, Brunner e Niebuhr.[36] Wiley era bastante dependente de Pope e Miley e menos dependente da literatura de santidade do que seria esperado. O tom de Wiley é parecido, em algumas partes, com o de Brengle, porque Wiley também redireccionou a tradição rumo à reivindicação de um Wesley mais equilibrado do que aquele apresentado pelas figuras do século XIX que seguiram a ênfase de Fletcher no baptismo com o Espírito Santo.

## Mildred Bangs Wynkoop (1905-1997)

Mildred Bangs cresceu sob a influência de alguns dos primeiros grandes pregadores da Igreja do Nazareno e H. Orton Wiley foi o seu mentor teológico. Ela teve o raro privilégio de dactilografar a colecção *Christian Theology* para publicação.

Mildred e o seu marido, Ralph, começaram a sua vida juntos como evangelistas. Ambos pregavam e tinham muita procura na Califórnia, Oregon e Washington. Eles também pastorearam juntos durante anos. Depois de receber o seu doutoramento em teologia, Mildred ensinou no Western Evangelical Seminary e, mais tarde, serviu como presidente e professora na Japan Christian Junior College e no Japanese Nazarene Theological Seminary (de 1960 a 1965). Enquanto estava na Ásia, estudou intensamente a cultura, tentando compreender não apenas como funcionavam os relacionamentos, mas também como poderia melhor articular a teologia de santidade na mente asiática. É claro que esta experiência expandiu o seu próprio vocabulário teológico, que mais tarde teve um profundo efeito naqueles que leram a sua compreensão holística da santidade.

Depois de voltar do Japão, Wynkoop ensinou na Trevecca Nazarene College e mais tarde no Nazarene Theological Seminary (a primeira mulher eleita para o corpo docente do seminário). Ela foi também a primeira mulher a ser eleita presidente da Wesleyan Theological Society. Como teóloga, Wynkoop era conhecida e era uma oradora muito procurada, tanto dentro como fora da Igreja do Nazareno. De acordo com vários estudiosos, o livro A *Theology of Love: The Dynamic of Wesleyanism* de Wynkoop, publicado em 1972, revolucionou a forma como a doutrina da santidade era articulada na tradição wesleyana de santidade. Esta obra apresenta a sua interpretação da teologia do perfeito amor de João Wesley.

Como Wesley, ela era ecléctica no seu pensamento, criativa, sintética e, por isso, singular. O seu livro desafiou modelos que tinham representado a única perspectiva da inteira santificação. Foi controversa e vários consideraram-na demasiado radical. No entanto, hoje, trinta anos depois, o seu livro continua a ser influente e é ainda usado na educação superior sobre a santidade wesleyana.

O que é que tornou a teologia de Wynkoop tão significativa? Foi o seu foco intenso na experiência humana e nas relações humanas. A sua compreensão do pecado e a sua compreensão da santidade estão articuladas em termos da relacionalidade. A nossa capacidade para relacionamentos, para relacionamentos *amorosos*, é o nosso propósito e destino, dados por Deus. Existe uma razão santa, desenhada por Deus para o relacionamento com Deus, com os outros e ainda connosco mesmos. O pecado distorce estes relacionamentos. O amor, vindo de Deus, restaura-os. A santidade é, então, mais visível quando amamos como Deus primeiramente nos amou. E o pecado não é reduzido apenas a um grupo de regras e leis quebradas, que podem facilmente levar a um legalismo estagnado. O pecado é anti-relacionamento, anti-amor. A santidade enquanto amor, como definido pela interpretação de Wynkoop sobre a teologia de João Wesley, é dinâmica e viva. Acima de tudo, é *relevante* para o nosso dia a dia. A santidade deve ser "credível" na vida real.[37]

*George Allen Turner (1908-1998)*

George Allen Turner foi um importante estudioso bíblico para a tradição de santidade no século XX. O seu ministério incluiu pastorear na Congregational Christian Church e na Free Methodist Church e uma longa carreira de ensino na Asbury College. Parte do seu legado enquanto professor foi a ênfase no imperativo wesleyano para com as necessidades dos pobres e oprimidos. A sua tese de doutoramento, publicada sob o título *The More Excellent Way* (1952), foi mais tarde revista e publicada em 1964 como *The Vision Which Transforms*. Tal tese serviu como uma das mais fortes defesas bíblicas da teologia da santidade do século XX.

Num debate posterior na Wesleyan Theological Society, Turner defendeu a posição de associar a inteira santificação com o baptismo com o Espírito Santo, discutida em meados do século XIX. Este debate serviria como uma separação no desenvolvimento da teologia de santidade no século XX. Outras figuras importantes no debate foram Donald Dayton e Larry Wood. O debate revelou uma diferença marcante entre aqueles que queriam abordar o lado wesleyano do Movimento Wesleyano de Santidade e aqueles que queriam abordar o lado da santidade. Desde essa altura tem havido a tendência de identificar os teólogos de santidade pelo lado do assunto no qual se situam. É provavelmente justo dizer que os teólogos de hoje em dia são ainda identificados desta forma.[38]

## Richard S. Taylor (1912-2006)

Richard S. Taylor posicionou-se, claramente, no lado da santidade da tradição wesleyana de santidade. Richard Taylor foi um ministro e educador na Igreja do Nazareno. Ele foi um dos escritores wesleyanos de santidade mais prolíficos do século XX. "O ministério de Taylor tem sido caracterizado por polémicas vigorosas contra o calvinismo e defesas extensas das formulações doutrinais tradicionais do Movimento de Santidade"[39]. Ele foi um dos proponentes mais fortes no século XX do entendimento de santidade sobre a inteira santificação. As suas obras mais importantes foram: *The Right Conception of Sin* (1939), *The Disciplined Life* (1962) e *Exploring Christian Holiness, Vol. 3: Theological Foundations* (1985).

## William M. Greathouse (1919-2011)

William Greathouse representa aqueles que clamavam por um retorno ao Wesleyanismo mais clássico. Greathouse serviu a Igreja do Nazareno como professor, presidente, tanto da Trevecca Nazarene College como do Nazarene Theological Seminary, e como superintendente geral da denominação. Também importante no desenvolvimento da teologia wesleyana de santidade do século XX têm sido as suas variadas publicações. Ele tem inúmeras publicações nas áreas da teologia histórica e bíblica, na medida que se referem à doutrina da santidade, incluindo mais recentemente um comentário de dois volumes sobre Romanos, co-escrito por George Lyons.

Greathouse representa o equilíbrio supracitado entre uma forte ênfase na inteira santificação como um momento decisivo e a necessidade para o crescimento progressivo na graça. Ele estava particularmente interessado em rearticular a importância dos meios da graça, incluindo a Santa Ceia, como catalisadores vitais no crescimento das pessoas.

## J. Kenneth Grider (1921-2006)

Joseph Kenneth Grider, que recebeu o seu doutoramento pela Glasgow University, foi um teólogo e educador proeminente na Igreja do Nazareno. Foi professor de teologia no Nazarene Theological Seminary de 1953 a 1992. Grider ofereceu muitas obras teológicas para o Movimento Wesleyano de Santidade. A sua obra mais importante foi *Entire Sanctification: The Distinctive Doctrine of Wesleyanism* (1980), que defende fortemente o modelo de santidade do século XIX e o baptismo com o Espírito Santo. Ele também publicou *A Wesleyan-Holiness Theology* em 1994, que muitos consideram o seu grande opus, uma obra com o objectivo de oferecer uma alternativa ao livro de H. Ray Dunning, *Grace, Faith and Holiness*. Grider via Dunning (com Mildred Bangs Wynkoop, William Greathouse e Rob Staples) como um dos teólogos relacionais que, acreditava ele, estavam a enfraquecer a forte e distinta ênfase da inteira santificação, que dominou o pensamento de santidade do século XIX. Por um lado, Grider acreditava que o século XIX tinha melhorado o próprio Wesley; os teólogos relacionais pediam uma recuperação da interpretação mais clássica da teologia de Wesley que, para Grider, ameaçava a urgência da mensagem de santidade da inteira santificação.

## Rob L. Staples (1929—2015)

Teólogos relacionais, como Rob L. Staples, não abandonaram a doutrina da inteira santificação. Em vez disso, eles acreditavam que a ênfase equilibrada de Wesley sobre a regeneração, progressiva e inteira santificação tinham sido largamente esquecidas e, que o entendimento da inteira santificação no século XIX, tinha ofuscado a graça de Deus ao longo da jornada cristã. Antes da sua reforma, Rob Staples foi professor de teologia na Bethany Nazarene College (agora Southern Nazarene University) e no Nazarene Theological Seminary. Grider e Staples estiveram no NTS ao mesmo tempo. Staples passou a envolver-se no debate da Wesleyan Theological Society sobre o baptismo com o Espírito Santo nos anos 70, ao escrever um resumo sobre o assunto.[40]

A maior contribuição de Staples para a teologia wesleyana de santidade veio da sua publicação do livro *Outward Sign and Inward Grace: The Place of Sacraments in Wesleyan Spirituality*, em 1991. Staples enfatizou o lugar importante dos meios da graça e o sacramento da Santa Ceia em particular no desenvolvimento espiritual. Ele considera a Santa Ceia como o sacramento de santificação e une assim a espiritualidade sacramental à doutrina da perfeição cristã de Wesley.

## James Early Massey (1930—)

James Earl Massey tem sido um ministro e educador na Igreja de Deus (Anderson). Ele serviu durante muitos anos na Anderson College como pastor do campus, professor de pregação e do Novo Testamento e como deão da School of Theology. Ele também serviu como professor universitário e deão na capela da Tuskegee University.

Massey era um pregador e estudante africo-americano bastante importante na tradição de santidade do século XX. A reconciliação tem sido, para si, um tema teológico consistente; ele praticou-a durante o movimento dos direitos civis como pastor e amigo de Martin Luther King Jr., e tem-na desenvolvido através de sermões e comentários bíblicos que tem editado e escrito. Três dos seus livros são sobre a arte de pregar como uma forma de reconciliar as pessoas com Deus.

Invulgarmente ecuménico, Massey tem servido em concílios da igreja, tem sido orador em dezenas de campus universitários e seminários e recebido honras como um dos maiores pregadores das gerações recentes. É respeitado na grande comunidade evangélica e também pelas denominações de primeira linha. É provedor vitalício do Asbury Theological Seminary e detentor do prémio Lifetime Achievement Award da Wesleyan Theological Society.[41]

### Howard Snyder (1940—)

Howard Snyder nasceu na República Dominicana em 1940. Tem servido a Free Methodist Church como pastor, missionário (no Brasil) e professor. Tem ensinado no United Theological Seminary em Dayton, Ohio, e é membro do corpo docente do Asbury Theological Seminary desde 1996. "Snyder tem exortado os wesleyanos a afirmar a eclesiologia radical da igreja do crente enquanto trabalha pela justiça racial, económica e contextual"[42]. Ele acabou de completar uma extensa biografia de B. T. Roberts. Snyder foi e continua a ser uma voz teológica proeminente na tradição wesleyana de santidade.

### Susie Stanley (1948—)

Susie Stanley é mencionada aqui por ter fundado uma organização extremamente importante, a Wesleyan-Holiness Women's Clergy Association. Ela recebeu o seu doutoramento em Religião e Cultura Americana pela Iliff School of Theology em 1987. Tem ensinado teologia histórica no Western Evangelical Seminary e na Messiah College. Em 1993, representou o Movimento de Santidade na World Conference on Faith and Order of the World Council of Churches. Stanley é uma anciã ordenada na Igreja de Deus (Anderson).

No início dos anos 90, Stanley reconheceu uma importante necessidade na vida de muitas mulheres, pastoras do movimento wesleyano de santidade e procurou encontrar formas de as conectar umas com as outras.

Mais de cem mulheres participaram na primeira conferência Come to the Water em Glorietta, Novo México. A conferência reune-se a cada dois anos. Perto de seiscentas mulheres participaram na conferência em Nashville em 2008. Para além da conferência, Stanley tem liderado a organização ao publicar e desenvolver o currículo sobre o tópico das mulheres no ministério. Os seus dois livros também significantes, *Feminist Pillar of Fire: The Life of Alma White* (1993) e *Holy Boldness: Women Preachers' Autobiographies and the Sanctified Self* (2002), são esboços importantes de mulheres líderes e pregadoras no século XIX.

Agora que completamos as revisões bíblicas e históricas da teologia de santidade, encontradas nos primeiros dois capítulos deste livro, iremos explorar o que deve ser a teologia de santidade hoje em dia. Para isso, continuaremos o nosso diálogo com as Escrituras e com a história, com a esperança de comunicar uma teologia de santidade relevante, tanto para o presente como para o futuro.

## DECLARAÇÕES SUMÁRIAS

1. John Fletcher e outros metodistas britânicos modificaram alguns dos ensinos de Wesley sobre a perfeição cristã.
2. A compreensão metodista da perfeição cristã na América foi influenciada pelos princípios e cultura americanos.
3. O revivalismo foi um mecanismo importante para pregar a perfeição cristã.
4. O Movimento de Santidade esteve profundamente ligado à reforma e ao igualitarismo social.
5. O Movimento de Santidade abordou a instantaneidade da inteira santificação.
6. Os teólogos da santidade do século XX diferiram na sua ênfase — uns focaram-se no wesleyanismo clássico, outros sobre as modificações dos ensinamentos de Wesley feitas pelo movimento de santidade.

## QUESTÕES PARA REFLEXÃO

1. Está o Movimento de Santidade hoje preocupado com a reforma social?

2. Como é que o Movimento de Santidade diferiu do Metodismo do fim do século XIX?

3. É importante a fidelidade teológica a Wesley? Porque sim ou porque não?

4. Quais são alguns dos problemas de hoje em dia, visto que o Movimento de Santidade opera num mundo pós-moderno?

Parte III

# A Teologia de Santidade para Hoje

# CINCO

# O Deus Santo

*O estudo deste capítulo vai ajudá-lo a:*

1. Compreender alguns dos debates históricos e contemporâneos acerca da natureza de Deus
2. Identificar as várias funções de Jesus Cristo como servo
3. Identificar a obra do Espírito Santo na regeneração e santificação
4. Reconhecer o quão crucial é para a tradição wesleyana de santidade enfatizar o amor de Deus

## PALAVRAS CHAVE

| | |
|---|---|
| Trindade | Teologia natural |
| Teodicidade | Marcionismo |
| Transcendência | *Imago Dei* |
| Sinergismo | Recapitulação |
| Atributos morais | Graça preveniente |
| Atributos naturais | Sentidos espirituais |
| Imanência | Racionalismo |
| Omnipresente | Empirismo |
| Patripassionismo | Epistemologia |
| Modalismo | Inclusivismo |
| Impassibilidade | Exclusivismo |
| Eu-tu | Pluralismo |
| Panenteísmo | Regeneração |
| Asseidade | *Ordo salutis* |
| Soteriologia | *Via salutis* |
| Deísmo | Despertar |
| Condescendência | Paracleto |

Deus é santo e Deus chama-nos a sermos santos. Compreender mais acerca de Deus é, portanto, essencial para o nosso estudo da santidade. Apesar de não podermos explorar tudo o que a Bíblia e a tradição cristã dizem acerca de Deus, podemos dar a nossa atenção àquelas áreas que são especialmente relevantes para a teologia de santidade. Para o fazer, certas qualificações serão úteis e precisam ser lembradas à medida que começamos.

Apesar de termos a intenção de ser fielmente trinitários, não vamos prosseguir numa análise das facetas mais profundas da doutrina da Trindade. Um estudo da Trindade pode envolver uma análise tanto da vida de Deus unida dentro da **Trindade**, como da interacção trinitária de Deus connosco. O(s) relacionamento(s) de Deus dentro d'Ele mesmo é (são) um assunto de especulação, mas o próprio Deus, em relação a nós, é algo que podemos conhecer, porque Deus escolheu relacionar-Se connosco. Este capítulo irá, por isso, enfatizar a actividade de Deus para com a humanidade, dando especial consideração à salvação de Deus que nos é oferecida. *Deus é o Deus que salva*. Isto diz algo definitivo acerca da natureza santa de Deus. A santidade de Deus afecta o relacionamento de Deus connosco.

Este capítulo e os capítulos que se seguem sobrepõem-se de várias formas. Os capítulos que se seguem cobrem os tópicos da humanidade, pecado e salvação. É observável uma distinção intencionada entre os capítulos. Apesar deste capítulo ser acerca da actividade de Deus para connosco, os próximos capítulos são acerca da nossa resposta para com essa actividade.

## Salvação

"Salvação", no sentido wesleyano, não é apenas um termo que é sinónimo de justificação, ou de ser perdoado dos pecados. Implica toda a vida cristã e inclui, necessariamente, a santificação, o crescimento cristão e a transformação através da vida da pessoa até que ele ou ela morra. A salvação é então mais do que ir para o céu.

## A SANTIDADE DE DEUS

Abordar a teologia como uma "conversa sobre Deus" é complexo. A grande variedade de teologias disponíveis pode ser lida como um menu de um buffet. Além das muitas nuances das tradições mais clássicas (católica,

ortodoxa, luterana, calvinista, wesleyana, etc.), a adição das teologias con-
textualizadas da segunda metade do século XX torna incontáveis as nossas
opções. Até tentativas mais recentes para voltar à tradição (e.g., ortodoxia
radical) são reacções a reacções iniciais contra um entendimento, supostamente ultrapassado, de Deus. Porque é que "Deus" muda inevitavelmente
no século XX? Porque é que Deus "morre"? Porque é que Deus ressuscitou
em tantas formas diferentes? Estas são questões certamente complexas.
Modestamente, ofereceremos algumas explicações.

### Teologia da "Morte de Deus"

Décadas depois da declaração de Nietzche, a ideia de que "Deus
está morto" floresceu de tal forma que é considerada a sua própria
teologia, décadas depois da declaração de Nietzsche. O movimento
"morte de Deus" desenvolveu-se nos anos 60 com proponentes
como Harvey Cox.

Antes de tudo, "Deus" colapsa debaixo do enorme peso da evidência
do maligno abjecto. Compreensivelmente, o problema do mal torna-se a
principal preocupação da teologia depois do Holocausto. A **Teodicidade**
assume uma precedência que jamais tinha recebido ao longo da história
do cristianismo. O Deus de amor, que permite tal sofrimento, é colocado
em questão. Para contrariar os argumentos que a teodicidade levanta, alguns afirmam a visão tradicional de Deus como monergisticamente coac-
tivo (uma visão que vê Deus como capaz de Se sobrepor ao nosso livre
arbítrio e agir independentemente da nossa resposta). É compreensível
que muitos sejam tentados a reafirmar fortemente o controlo de Deus
num mundo que parece tão fora de controlo. Mas este tipo de soberania
é vista por muitos como incompatível tanto com um Deus amoroso como
com a enormidade do sofrimento no mundo. Particularmente para os wesleyanos, parece errado apresentar o controlo de Deus num esforço de O
salvar das perguntas que surgem no meio da tragédia. Mas há também a
tentação de compensar para o outro lado, reduzindo Deus e a Sua habilidade de agir no mundo. Nomeadamente, somos tentados a ceder à tendência de fazer Deus à nossa própria imagem.

Manter a santidade de Deus é uma forma de evitar a tendência de antropomorfizar Deus (isto é, descrever Deus usando apenas características
humanas). Na teologia, tem havido sempre a tentação de fazer de Deus
um tipo de co-criatura.[1] (De certa forma, é este Deus humanizado que,

talvez correctamente, Feuerbach, Nietzche, Freud e Marx mataram).
Ainda assim, quando este antropomorfizar é evitado, há ainda o perigo de
restringir o ser de Deus com as nossas próprias asserções. Neste sentido,
todas as tentativas de definir Deus — especialmente as tentativas metafí-
sicas — possuem a tentação de idolatrar as nossas próprias ideias acerca de
Deus. Mas um entendimento adequado da santidade de Deus leva a uma
confissão do mistério de Deus. Qualquer tentativa de redefinir Deus que
remova o mistério de Deus é errada.

Um dos benefícios de passar de uma perspectiva modernista, com a
sua confiança em que a razão pode fornecer conclusões abrangentes sobre
Deus, para uma pós-modernista, é a revitalização da misteriosa natureza
de Deus. De certa maneira, é uma revitalização da santidade de Deus. É a
reafirmação de que Deus é transcendente.

## DEUS COMO TRANSCENDENTE

Deus é transcendente. Um aspecto crucial da santidade de Deus é encontrado nesta alteridade. Deus é "inteiramente outro", diferente de tudo
o que Ele criou. É esta alteridade que nos permite fazer a declaração paradoxal que *apenas* Deus é santo e que, por isso, nos chama a ser santos. A
seguinte declaração é importante para manter a premissa de que Deus é
transcendente e de que Deus é santo: *Deus é necessariamente independente
de tudo o que não é Deus.* Mais uma vez, paradoxalmente, Deus é necessariamente livre.

Apesar deste ponto de vista ser basicamente um entendimento clássico
de Deus, hoje nem sempre é afirmado, mesmo nos círculos wesleyanos.
Em discussão está a crença que Deus está intimamente envolvido connosco, sofre connosco e está verdadeiramente imanente no mundo. Mas a
independência de Deus não anula esta crença essencial. **Transcendência**
e independência não implicam que Deus é indiferente ou não tem empatia
para com a criação. Em vez disso, afirma o oposto. É a "alteridade" de
Deus que permite que Ele Se envolva livremente com a criação, especialmente na expressão de amor.

Algumas teologias, reagindo a certas teorias da transcendência, têm su-
gerido um tipo de *interdependência* panenteísta no relacionamento entre
Deus e a humanidade, onde Deus é quase reduzido a um nível humano.
Mas em vez de tomar esta rota, a teologia wesleyana tem mantido que um

relacionamento divino-humano dinâmico e sinergético é mais do que suficiente para apoiar as interacções amorosas de Deus connosco. Este **sinergismo** não precisa de limitar a liberdade de Deus de forma a afirmar a nossa.

---

### Volição Divina

Durante séculos (começando no período escolástico — ca. 1100-1400 EC) os teólogos têm debatido se Deus é, ou não, um Deus volitivo. O debate desenvolve-se desta forma: por um lado, se Deus é algo por natureza, então Deus não pode agir de outra forma; por outro lado, limitar a habilidade de Deus de ser ou agir, apelando à natureza de Deus, implica necessariamente a limitação "natural" de Deus e a liberdade essencial de Deus é perdida. O debate surge quando a teologia tenta discernir e distinguir os **atributos naturais** dos **atributos morais** de Deus. Os atributos naturais são as qualidades de Deus que são imprescindíveis. Por outras palavras, se Deus deixa de ter determinado atributo natural, então deixa de ser Deus. Frequentemente, a qualidade do amor é considerada como um atributo natural. Se Deus deixa de amar, Ele deixa de ser Deus.

---

A liberdade de Deus levanta questões interessantes. Tem Deus uma relação imprescindível para com a Sua criação? Alguns teólogos contemporâneos mantêm que existe uma necessidade em Deus de estar relacionado com algo exterior a Si mesmo.[2] O assunto aqui levantado tem implicações na auto-suficiência de Deus e por isso na Sua santidade.

Se Deus precisa da humanidade, poderia, potencialmente, usá-la mal, para os Seus próprios objectivos, por assim dizer. Contudo, Deus não nos amou, nem sequer nos criou, por ter esse vazio que precisava ser preenchido. Seria idêntico dizer que um pai procria uma criança para atender às suas próprias necessidades. Consideramos que tal pai não percebeu o verdadeiro sentido de ser pai e que pode ser potencialmente perigoso para a criança![3] Existe uma dádiva associada à vida que a criança recebe dos seus pais. Quando os pais já não vêem esta vida como um presente, as crianças podem sofrer. Se cremos que os pais que têm tal visão são perigosos, porque pensaríamos que um Deus que pensa de forma similar é tolerável ou digno de adoração? Um Deus como este poderia usar o mundo para Seu próprio ganho. Mas mesmo se dissermos que Deus precisa de estar relacionado com os Seus filhos, de alguma forma suave, estaríamos a reduzir a

independência de Deus, a Sua liberdade essencial, a Sua santidade e a capacidade d'Ele de amar como Ele ama. A criação de Deus deve ser mantida
como um *presente*.[4]

Deus apenas pode amar com *agape* quando é essencialmente livre da
necessidade ou da dependência em relação à criação. Se afirmamos que
Deus tem a intenção de que nós, seres humanos, amemos com o amor
*agape*, então esse mesmo amor requer a libertação das nossas próprias necessidades em todos e quaisquer actos. Como na transcendência de Deus,
é apenas num tipo de auto-transcendência que o amor é verdadeiramente
possível. Se procuramos ir de encontro às nossas necessidades através de
outra pessoa, o amor torna-se necessariamente *philio* ou *eros*. O auto-sacrifício é necessário para o amor *agape*.[5] Se isto é verdade para nós, é certamente verdade para Deus, a fonte de todo o amor. Qualquer tipo de
interdependência necessária entre Deus e a Sua criação, pode representar
um desafio ao amor incondicional de Deus. Esse amor objectiva a(s) pes-
soa(s) em necessidade. O argumento, agora clássico, de Martin Buber sobre a diferença entre os relacionamentos **Eu-tu** e Eu-isso, aplica-se certamente ao relacionamento de Deus com a criação. Colocado de forma simples, Martin Buber acreditava que todos os relacionamentos devem ser
baseados em tratar as pessoas como pessoas, como "tu". O oposto, o relacionamento Eu-isso, seria quando uma, ou ambas as partes, tratam o outro
como objecto, apenas em termos do que o outro pode fazer por si; um
relacionamento Eu-objecto é inerentemente egoísta. Ou seja, Deus deve
ser visto como aquele que estabelece, e certamente mantém, o relacionamento Eu-tu com a humanidade. Se esta linha de pensamento é afirmada,
é difícil imaginar Deus como carente em qualquer sentido da palavra.
Deus é santo na Sua independência. É nesta veia que afirmamos que Deus
é transcendente.

## DEUS COMO IMANENTE

A santidade de Deus como a Sua liberdade essencial, alteridade e transcendência é uma abstracção fundamentada. Mas quando afirmamos a santidade de Deus como imanência e como envolvimento imanente de Deus
no mundo, falamos tanto de revelação, como da nossa experiência de
Deus. A santidade de Deus na imanência, expressa como amor *agape*,
move Deus a um amor que tem "a largura, o comprimento, a altura e a
profundidade" — um amor que podemos "conhecer", apesar de "exceder

todo o entendimento". De facto, este amor é o que nos enche "de toda a plenitude de Deus" (Efésios 3:18-19). Poderia haver melhor frase para descrever a imanência de Deus do que esta expressa por Paulo? Este amor é tudo menos indiferente ou impassível.

Apesar de Deus ser independente, Ele está envolvido com o mundo. Deus escolhe, de forma livre, não apenas criar todas as coisas, mas também estar intimamente envolvido desde então. De facto, Deus é o sustentador do universo. Importante para este sustento é a afirmação de que Deus é, ao mesmo tempo omnipresente e sempre-presente. A omnipresença de Deus, através do Espírito, é uma declaração de que Deus está em todos os lugares. Deus como sempre-presente afirma a natureza eterna de Deus, o Deus que é e sempre será. Mas, mais do que isso, a sempre-presença de Deus afirma que Deus nunca deixou de estar com a Criação ao longo da história. Ainda mais do que isso, a omnipresença e o carácter sempre presente de Deus não são apenas uma afirmação teológica, mas também soteriológica, com aplicações para a vida cristã. Através da presença de Deus vemos um vislumbre da devoção infinita de Deus para connosco, a dedicação de Deus para com a nossa salvação — para com a nossa renovação à Sua imagem — à medida que nós, directamente, experimentamos a santidade de Deus. À luz disto, fazemos bem em abordar a noção da santidade de Deus que tem tido um efeito prático negativo.

Um mau entendimento acerca da transcendência e imanência de Deus tem levado à ideia de que porque Deus é santo, é incapaz de co-habitar com o pecado. Este tipo de pensamento começou como um esforço adequado para manter a santidade e a alteridade de Deus. Infelizmente, a ideia tem ido demasiado longe. Para algumas pessoas, a afirmação de que Deus não pode estar onde o pecado está, tem-nas deixado desesperadas pela presença de Deus nas suas vidas. A ideia de que Deus nos deixa cada vez que pecamos vai contra os inúmeros versículos bíblicos que proclamam a presença permanente de Deus.[6] De facto, é um entendimento erróneo da expiação, sugerir que Deus, apesar dos sentimentos de abandono existenciais de Jesus, O renunciou na cruz. Tal ideia ameaça uma qualidade importante de Deus — que Deus é unificado em propósito. Devemos manter o mistério de que Deus experimentou a morte.

No nosso caso, o Espírito Santo certamente não nos abandona se cometemos um pecado. Podemos até dizer que o Espírito Santo deve estar "presente para o pecado" de forma a removê-lo. O amor de Deus por nós levou Cristo a levar o pecado do mundo para que pudéssemos ser livres dele. Devemos manter em mente que Deus irrita-se com o pecado por causa do seu efeito devastador em nós. Deus odeia o pecado porque ama o pecador. Deus busca conquistar o pecado, mas não porque é demasiado puro para estar na sua presença. Afinal, Deus é omnipresente. Deus busca conquistar o pecado porque Deus é por nós.

Assim, uma compreensão profunda da imanência de Deus evita qualquer sugestão de indiferença em Deus. O amor de Deus pela humanidade não O move apenas a "enviar o Seu único filho" mas (como o próprio Jesus prometeu) não nos deixou, nem deixa, órfãos. O Espírito Santo veio para ser sempre-presente no mundo e nas nossas vidas. É uma presença empática e apaixonada.

O que nos leva a outro perigo, ao considerarmos o carácter imanente de Deus. É um perigo que tem sido debatido ao longo da história da igreja. Sucintamente, é Deus impassível? Isto é, podemos influenciá-lo a ponto de O "mudar"? O **patripassionismo** (que significa literalmente "o pai sofre"), foi condenado como heresia. A sua censura, no entanto, resultou no outro extremo, que nega qualquer paixão em Deus.

A heresia original afirmou que Deus, o *Pai,* incarnou e morreu na cruz, sugerindo um tipo de modalismo (Deus Pai tornou-Se Deus Filho e depois Deus Espírito, negando assim a Trindade essencial). Infelizmente, a denúncia da heresia levou alguns pensadores ortodoxos a mover-se para a propagação da ideia de que o Pai possuía qualidades estóicas. No entanto, isto é um entendimento erróneo do carácter de Deus, especialmente para aqueles cuja tradição enfatiza que Deus é amor. Deus é movido. Deus é empático. Deus sofre connosco. Deus é tudo excepto estóico.

Relacionada com a questão da **impassibilidade** de Deus, está a pergunta: Deus muda? Não há dúvida de que existe evidência no Velho Testamento que Deus muda de "ideias" e até de planos. À luz disto, os versículos "Jesus Cristo é o mesmo ontem, hoje e eternamente" (Hebreus 13:8) ou "Deus não é homem, para que minta; nem filho do homem, para que se arrependa" (Números 23:19) não devem ser interpretados de forma demasiado rígida (a menos que queiramos dizer que a natureza essencial de Deus não muda). No entanto, não precisamos mudar para um entendimento panteísta de Deus para aceitar a evidência bíblica da mudança de coração ou mente de Deus. O panteísmo crê que, metafórica e metafisicamente, o mundo está "em" Deus; assim, sempre que o mundo muda,

Deus muda com ele. Não é preciso adoptar este entendimento de forma a afirmar as qualidades mais empáticas de Deus. É mais do que possível crer na independência e na racionalidade apaixonada de Deus ao mesmo tempo.

## DEUS COMO AMOR

A relacionalidade de Deus é um atributo natural. Deus é, por natureza, relacional. Mas uma explicação mais aprofundada é necessária ou iremos dar por nós a voltar para o debate sobre a independência de Deus. Como Agostinho afirmou, Deus enquanto Trindade é composto pelos relacionamentos internos dessa Trindade.[7] E como os teólogos orientais enfatizam, o amor interno na Trindade essencial mitiga qualquer subordinação de uma pessoa para com a outra. Isto é, o amor *agape*, expresso por Deus, é primeiramente expresso em Deus. Há amor partilhado entre as três pessoas da Trindade. Assim, podemos dizer que Deus é amor sem a necessidade de sugerir que nós somos os únicos objectos desse amor — como se Deus precisasse de nós para ser quem é, enquanto amor.

Mas pára a relacionalidade de Deus nos limites da Sua própria essência? Como um atributo natural de Deus, sim. Isso é o que os teólogos querem dizer pela **asseidade** de Deus — que Deus é suficiente em e no próprio Deus, e que Deus vem de nada excepto de Deus; Deus é inderivado. E por isso a relacionalidade de Deus é primeiramente uma declaração acerca da Trindade. Mas Deus, que é amor no próprio Deus e entre as pessoas de Deus, escolhe ampliar esse amor à criação. As histórias da interacção de Deus com a humanidade, em Génesis, mostram claramente que Deus deseja estar em relacionamento com o que Ele criou, especialmente e unicamente com os seres humanos. "Precisa" Deus deste relacionamento? À luz de tudo o que tem sido sugerido acima, não. Mas o desejo é diferente da necessidade. É adequado e apropriado dizer que Deus deseja um relacionamento com a humanidade. Deus, como amor, expressa amor. Deus é capaz de amar por causa da Sua natureza trinitária. Mas Deus, que escolhe criar, de forma a ampliar o Seu amor além de Si mesmo, deseja estar relacionado amorosamente com todos.

Uma compreensão de Deus como santo, transcendente, imanente e relacional traz-nos finalmente à afirmação suprema de que Deus é amor. E esse amor é o que define mais exactamente a santidade de Deus e mais precisamente modifica o relacionamento transcendente e imanente com o mundo. A santidade de Deus como amor, não é apenas a altura, mas também o mais profundo de tudo o que a teologia wesleyana afirma. O amor de Deus amplia, tanto em distância como em profundidade, tudo o que esta acredita. Isto não contradiz a sugestão de que a essência da teologia wesleyana é a **soteriologia**, visto que o amor de Deus é um amor que nos alcança, infinitamente, de forma a salvar. A expressão final deste amor vem a nós na incarnação. Cristo é o amor personificado. Como tal, Ele revela que a natureza do amor é um serviço incarnado disposto a levar uma cruz.

# O SERVIÇO DO FILHO

Quaisquer tendências deísticas (**deísmo**) que tenham surgido da afirmação da transcendência de Deus são contrariadas por uma forte compreensão da imanência relacional e amor de Deus e pela afirmação de que "Deus amou o mundo, de tal maneira, que deu o seu filho unigénito" (João 3:16). Como Martinho Lutero diria, esta **condescendência** divina no Filho é verdadeiramente um dos actos mais amorosos (e por isso salvadores) de Deus por nós.[8] Relevantes para a doação do Filho pelo Pai, são as muitas ramificações dessa dádiva. A incarnação revela-nos o carácter de Deus; Jesus recapitula a humanidade por nós, vivendo uma vida de amor como o modelo a seguir; o Filho é o meio de Deus para nos salvar a nós e a todo mundo; o Filho é a esperança que temos da ressurreição; o Filho exerce a função de sacerdote por nós; e em todos estes actos, Ele mostranos que até mesmo o amor divino é melhor expresso em serviço. Voltamos agora a nossa atenção para cada uma dessas expressões cristológicas de amor santo.

## O FILHO COMO A REVELAÇÃO DE DEUS

Se queremos conhecer Deus, olhamos para Jesus. No próprio acto de enviar o Seu Filho, vemos Deus como amor que Se dá. Além disso, a pessoa do Filho revela o Pai perfeitamente (apesar de não exaustivamente) e revela Deus como santo, amor perfeito. Jesus Cristo é a revelação total e final de Deus. A **Teologia Natural** desaparece no fundo, à medida que a luz da revelação de Deus irrompe na incarnação. Na proclamação do mistério da fé cristã, declaramos que Cristo nasceu. O *logos* de Deus tornouSe carne e habitou entre nós. Este "escândalo da particularidade", este "universal concreto", este Deus incarnado é a "loucura" na qual o Evangelho é fundado. Apesar da igreja ter levado mais de 450 anos para descrever totalmente o significado paradoxal da incarnação de Deus (no Credo de Calcedónia), é uma proclamação bíblica simples que mudou e continua a mudar o mundo.

O que nós fomos incapazes de fazer por nós mesmos, "Deus fez" (Romanos 8:3) ao enviar o Filho. A igreja é clara. Jesus não é apenas como Deus em características, mas totalmente Deus (em essência) e, por isso, totalmente capaz de revelar Deus.

Poderíamos escrever uma longa lista das disposições e acções à semelhança de Cristo baseadas no ministério de Cristo, como vistas nos evangelhos. A própria essência de Cristo revela Deus como amor santo. Mas não apenas isso, Jesus Cristo também nos revela as intenções de Deus para a humanidade.

## Velho e Novo Testamentos

Ao longo da história da igreja, particularmente na história da interpretação bíblica, tem havido um debate acerca da "consistência" de Deus entre o Velho e o Novo Testamento. A expressão final da descontinuidade é encontrada no **Marcionismo**, que foi declarado herético. Ainda assim, o que Marcião pretendia fazer era talvez mais nobre do que parece à primeira vista. Ele tentou lidar seriamente com um Deus retratado no Velho Testamento como irado, homicida (até genocida) para com indivíduos ou grupos. Outras tentativas têm sido feitas para encontrar a graciosidade de Deus no Velho Testamento. Um adágio cristão é interpretar o Velho Testamento à luz do Novo. A questão surge, então: será Jesus Cristo uma espécie de errata da forma como vemos Deus no Velho Testamento?

## O FILHO COMO RECAPITULAÇÃO DA HUMANIDADE

Escrevendo no segundo século, Irineu de Lyon elaborou uma cristologia preliminar, mas robusta, que influenciou a igreja (ver a discussão anterior no capítulo 3). Uma das ideias mais profundas que ofereceu, foi a de que Jesus Cristo recapitula a humanidade. Irineu elaborou a compreensão de Paulo sobre Cristo como o segundo Adão (ver Romanos 5). Isto é, o que foi perdido por causa da queda desobediente de Adão é restaurado em obediência a Cristo.

A vida incarnacional de Jesus Cristo (e não apenas a Sua morte) revela-nos a humanidade como ela deve ser. Jesus é tanto totalmente Deus como totalmente humano. Como tal, Ele é capaz de mostrar claramente quem Deus é e quem Deus originalmente pretendia que fossemos – não apenas à imagem de Deus mas também totalmente humanos. Em Jesus vemos o nosso potencial. O pecado é uma aberração à verdadeira vida humana e à criação como um todo. Mas vemos a totalidade humana, o humano perfeito, na pessoa de Jesus Cristo. Em Cristo vemos quem devemos ser como seres humanos. Através de Cristo podemos ser restaurados e renovados nesta humanidade.

Ao contrário de outras tradições, a teologia wesleyana é profundamente optimista acerca de tal restauração, aliás, da transformação da vida humana. Em Cristo podemos ter esperança de que a nossa potencialidade de sermos verdadeiramente humanos pode ser actualizada. Esta transformação está na essência do nosso entendimento da santificação. A Queda distorceu a imagem de Deus na humanidade; a obediência de Cristo (até à morte na cruz) capacita a progressiva renovação e restauração a essa mesma imagem. E o que é a *imago Dei* na teologia wesleyana? É a capacidade de amar e ser amado nos relacionamentos divinos e humanos, assim como a criação. Portanto podemos apropriadamente afirmar que a vida santificada é uma vida onde a habilidade de amar como Deus ama é capacitada em nós. Ou seja, à luz da doutrina da **recapitulação**, podemos declarar que através da graça, tornamo-nos mais e mais humanos, ou renovados à imagem de Deus. (Investigaremos isto mais a fundo nos capítulos seguintes).

Em Cristo vemos a chamada para sermos mais como Ele; também vemos a chamada para sermos mais e mais nós mesmos – quem Deus originalmente nos criou para sermos. Qualquer esperança para tal graça transformadora vem da vida sacrificial de Cristo – expressa através da Sua morte na cruz – mas também revelada vitalmente na Sua atitude contínua de serviço enquanto viveu.

## O FILHO COMO O SERVO E MODELO

Fundamental à tradição cristã é a perspectiva de que Cristo é o nosso professor. Clemente de Alexandria destaca-se como um dos que enfatizou a natureza didáctica do ministério de Cristo na terra. Jesus Cristo não apenas nos revela Deus, não apenas personifica a humanidade como foi originalmente criada, mas Ele também nos mostra como viver as nossas vidas humanas em Deus. Ele ensinou os Seus discípulos. Ele ensinou especificamente através dos Seus sermões, parábolas e das Suas ilustrações. Mas Ele também ensinou através do exemplo. Desta forma, Jesus representa, para nós, a actualização da chamada de Deus para a santidade. Jesus Cristo mostrou aos Seus discípulos uma vida de obediência total a Deus e de expressão completa do amor aos outros. Mas esta chamada à santidade não é desejada apenas para Jesus. Através dos Seus lábios ouvimos as seguintes palavras dirigidas à Igreja: "sede vós, pois, perfeitos, como é perfeito o vosso Pai, que está nos céus" (Mateus 5:48). E qual é o conteúdo desta santidade? Jesus deixou claro que não é a observância rígida da lei. Mas também não é a subjugação da lei. Em vez disso, a lei será cumprida quando os maiores mandamentos forem colocados em acção. Amor a Deus e ao próximo são a essência do ensino e modo de vida de Cristo.

Jesus contrariou, frequentemente, a ordem das coisas do mundo. De certa forma inverteu o seu sentido. Ouvimos d'Ele que o primeiro será o último e que o último será o primeiro (Mateus 19:30); que se queremos encontrar vida, devemos perdê-la (Mateus 10:39); que discipulado é negar-se a si mesmo e levar a cruz (Lucas 9:23); que o reino dos céus não pode ser encontrado onde a tentação nos leva a procurá-lo (Lucas 17:20-21); que o Messias não irá liderar uma rebelião terrena, mas que irá sofrer e morrer (João 18:36; Lucas 17:25). Mas além do Seu ensino verbal, também sabemos que Ele "levantou-se da ceia, tirou as vestes e, tomando uma toalha, cingiu-se. Depois, pôs água numa bacia e começou a lavar os pés aos discípulos e a enxugá-los com a toalha com que estava cingido". (João 13:4-5) Como professor e modelo, Ele revelou que a vida em Deus é acerca de serviço. Poder-se-ia dizer que o serviço é a ética do amor de Deus.

## O FILHO COMO O SALVADOR DO MUNDO

A incarnação de Cristo, a obra recapituladora e o modelo de ensino do serviço são salvíficos, mas a Sua cruz é aquilo que mais expressa o amor salvador de Deus. Os wesleyanos são profunda e apropriadamente cristológicos. Existem numerosas teorias da expiação e todas têm características soteriológicas importantes e talvez igualmente viáveis. Mas os wesleyanos, seguindo a tradição como um todo, focam-se na cruz como a maior expressão do amor que se dá, que sofre e que se esvazia. Há várias interpretações do sentido da cruz nas Escrituras, mas provavelmente nenhuma mais eloquente do que o hino que Paulo "canta" à igreja em Filipos:

> De sorte que haja em vós o mesmo sentimento que *houve* também em Cristo Jesus, Que, sendo em forma de Deus, não teve por usurpação ser igual a Deus, Mas aniquilou-se a si mesmo, tomando a forma de servo, fazendo-se semelhante aos homens; E, achado na forma de homem, humilhou-se a si mesmo, sendo obediente até à morte, e morte de cruz. (Filipenses 2:5-8)

De acordo com o estudioso bíblico George Lyons, a interpretação tradicional das secções desta passagem poderia levar o leitor a crer que Jesus estava a "actuar" a partir do carácter de Deus na Sua obra de auto-esvaziamento na cruz. "Mas à luz da teologia bíblica, parece-me que uma interpretação causal é mais adequada". Isto é, "a capacidade de Deus em render as Suas prerrogativas como Deus, para Se tornar humano, para Se tornar servo, para aceitar a cruz, não é *em vez do Seu estado anterior* como Deus, mas **por causa** dele: "*Porque* Deus estava na forma de Deus, (…) Ele esvaziou-se a Si mesmo"."[9]

Se Cristo nos revela a natureza de Deus, total e finalmente, então concluímos que a natureza de Deus é amor santo, como demonstrado e, por isso, definido pelo acto sacrificial de Deus na cruz. É este tipo de amor quenótico que Deus expressou totalmente ao enviar o Filho para ser o salvador do mundo.

## O FILHO COMO O RESSURRECTO

A forma como a cruz identifica a ressurreição em termos de salvação é uma questão complexa. Apesar de se poder dizer que toda a graça vem da morte de Cristo na cruz, seria um relato incompleto do acto salvador de Deus não fazer referência à ressurreição de Cristo. Apenas à luz da Sua ressurreição é que a Sua morte ganha o significado salvador único que não poderia ser alcançado de outra forma, independentemente de quão santa foi a vida que Jesus viveu. Paulo coloca isto clara e fortemente: "E, se Cristo não ressuscitou, logo é vã a nossa pregação, e também é vã a vossa fé. (…) E, se Cristo não ressuscitou, é vã a vossa fé, e ainda permaneceis nos vossos pecados" (1 Coríntios 15:14, 17). Não temos fé na ressurreição, assim como não temos fé na cruz. Temos fé n'Aquele que foi crucificado e ressurrecto.

O significado da ressurreição é encontrado na sua relevância teológica e nas suas ramificações éticas. Teologicamente, a ressurreição é parceira no dialecto da cruz do Cristo crucificado e é, por isso, crucial, para um entendimento tanto da cristologia como da soteriologia. Mas também é mais que doutrina pura na sua significância. A ressurreição deve ser vista não somente como um evento histórico, mas também através dos olhos da fé – ou mais precisamente – através dos olhos de uma pessoa que tem fé. É apenas assim, que a rigidez do dogma e do credo ganham vitalidade. Mas temos mais do que fé no evento histórico ou até mais do que esperança na nossa futura ressurreição. Há um aspecto da ressurreição em que presentemente participamos.

De certo modo, não só é Jesus Cristo o ressurrecto, como também deve ser visto como o ressurrecto ao longo de toda a Sua vida. Isto impede que O vejamos apenas como um homem santo ou moral, que estava disposto a morrer. Apesar de ser difícil compreender, Jesus como humano, participou continuamente na ressurreição. Tal não diminui a realidade da morte de Cristo ou a realidade do Seu sofrimento. Colocamos a nossa fé no Senhor crucificado. Mas essa fé é confirmada e fomentada na ressurreição. Da mesma forma, nós agora participamos na vida e poder da ressurreição em Cristo, apesar de podermos apenas antecipar a nossa ressurreição final. Através da participação nesta vida e do poder da ressurreição, vivemos de forma diferente.

## O FILHO COMO O SUMO SACERDOTE E MEDIADOR

Mesmo sendo Aquele que ressuscitou, que foi exaltado, que ascendeu aos céus e que está à direita do Deus Todo-Poderoso, Cristo permanece como nosso servo. O Novo Testamento alude à obra contínua de Cristo. João designa Jesus Cristo como nosso advogado, sugerindo que Cristo está sempre *por* nós. O escritor de Hebreus descreve claramente a função de Jesus como o nosso sumo sacerdote. Ele é um sacerdote, capaz de simpatizar com as nossas fraquezas, porque também sofreu na terra. Enquanto totalmente humano, Jesus é, para nós, o representante de Deus. Enquanto Deus, Jesus media o amor de Deus por nós. Por isso, "Cheguemo-nos,

pois, com confiança, ao trono da graça, para que possamos alcançar misericórdia e achar graça, a fim de sermos ajudados em tempo oportuno"
(Hebreus 4:16).

Paulo declara explicitamente em Romanos 8:34 que "Jesus Cristo, que
morreu — mais do que isso, que foi ressuscitado — está à mão direita de
Deus e está também a interceder por nós". No mesmo capítulo de Romanos, Paulo já tinha declarado que "também o Espírito ajuda as nossas fraquezas; porque não sabemos o que havemos de pedir, como convém, mas
o mesmo Espírito intercede por nós, com gemidos inexprimíveis" (versículo 26). Mas para que não imaginemos a segunda e terceira pessoas da
Trindade como tentando desesperadamente apaziguar a primeira, como
se nós "fossemos pecadores nas mãos de um Deus zangado"[10], Paulo in-
terpõe que, de facto, "Deus é por nós" (versículo 31). "Ele que não nos
recusou o seu próprio Filho, mas ofereceu-O por todos nós, não nos con-
cederá com ele todos os dons?" (versículo 32). Como referido antes, Deus
está unido em propósito, para salvar todos que serão salvos.

Cristo revela que o amor de Deus para connosco é uma dádiva — uma
doação de Si mesmo em natureza e soteriológico em propósito. E é este
mesmo amor que é expresso na atitude de servo de Cristo para com os
Seus discípulos; é este amor que O leva a tranquilizar os Seus discípulos
no Cenáculo, assegurando-lhes que não os iria deixar sozinhos. O Espírito
Santo estava para chegar.

## A PRESENÇA DO ESPÍRITO

Influenciadas por um paradigma wesleyano, as denominações de santidade enfatizam a total personalidade do Espírito Santo, opondo-se à subordinação e despersonalização do Espírito que vem do uso de expressões
linguísticas como "o Espírito de Cristo". Tendo isto em mente, continuaremos a nossa análise explorando as actividades soteriológicas primárias do
Espírito Santo, à medida que o Deus Santo se-nos-é revelado. Novamente,
o tema da servidão deve estar na vanguarda do nosso pensamento, porque
o Espírito Santo não apenas serve os propósitos do Pai e do Filho, mas
também expressa o amor quenótico santo de Deus para connosco e, assim,
*serve*-nos.

## O ESPÍRITO SANTO E A GRAÇA PREVENIENTE

Fundamental para o paradigma wesleyano é a doutrina da **graça preveniente**. De facto, a obra preveniente de Deus é sinónimo da actividade do Espírito. Tecnicamente, para Wesley, o caminho da salvação começa com o presente gratuito de Deus da graça preveniente, que sempre "vem antes", buscando atrair e chamar-nos para Deus. A graça preveniente *é* a presença e obra do Espírito Santo; e esta ênfase pneumatológica é o que mantém a graça preveniente vital e pessoal, impedindo que se torne apenas num conceito abstracto. Consideraremos três funções do Espírito Santo como expresso na graça preveniente: o seu propósito em conferir "conhecimento" sobre Deus, o seu papel "extra-cristão" e a sua tarefa de despertar.

A teologia wesleyana é indutiva por natureza. É informada pela experiência. Como tal, qualquer afirmação declarativa que possamos fazer, vem da vida em Deus, não de proposições dogmáticas acerca de Deus para com as quais nos pretendemos conformar. A verdade não é definida por uma questão "modernista", objectivamente alcançada, analisada e afirmada. A verdade é encontrada em pessoas, através do "conhecimento" experimental de pessoas e é, por isso, dinamicamente relacional. Por exemplo, para Wesley, uma pessoa poderia seguir todas e quaisquer afirmações de credo e ainda assim não ser "recta de coração" ou não estar relacionada com a fonte da verdade de tais afirmações. Isto não quer dizer que os credos são irrelevantes. Aliás, os credos podem ser vistos como experiências colectivas dos primeiros cristãos. Mas crença não é simplesmente, e em última análise, um assentimento intelectual a uma verdade aprovada, mas é também uma confiança profunda e corajosa no Deus que salva. E, por isso, quando o Espírito nos guia à verdade, somos guiados pelas nossas experiências de graça, à medida que nos entregamos a Deus. Outra forma de o dizer, é que os nossos **sentidos espirituais** informam a nossa teologia.

Wesley mediou o caminho entre os seus contemporâneos – os platonistas de Cambridge, por um lado, e os empiristas populares, por outro. Ele desenvolveu a ideia dos sentidos espirituais. Similar aos platonistas, que utilizaram a forma clássica do **racionalismo**, Wesley acreditava na iniciativa divina de dar ideias divinas. Mas Wesley não era um racionalista puro. Formado pela sua época, acreditava fortemente no método empirista de obter a verdade. No entanto, um **empirismo** rígido levava geralmente à conclusão de que qualquer conhecimento acerca de Deus é impossível, por não poder ser percebido através dos cinco sentidos. A **epistemologia** de Wesley, de forma não surpreendente, reflecte a sua tendência para com a *via media* (uma via intermédia). Ele concebeu um "sentido espiritual" dado por Deus, através do qual podemos perceber Deus. Tecnicamente falando, a graça preveniente dá a todas as pessoas o sentido espiritual; o Espírito Santo leva todas as pessoas a Deus através deste sentido.

## Inspiração Plenária

Os Wesleyanos acreditam que o Espírito Santo inspirou, suficientemente, os escritores originais do canon. A maioria dos wesleyanos crêem na inspiração plena das Escrituras, que define uma rejeição da doutrina mecânica ou verbal e inerrância absoluta e que declara explicitamente que a Bíblia é perfeita na sua intenção de "revelar a preocupação de Deus por nós em coisas necessárias à nossa salvação" (ver capítulo um). Esta posição tem consequências para a forma como interpretamos as Escrituras. Novamente, a soteriologia guia os nossos movimentos interpretativos.

Os wesleyanos afirmam que Deus quer que todas as pessoas sejam salvas. Mas o significado da salvação deve ser clarificado. A teologia wesleyana vê a salvação de forma ampla: fomos salvos, estamos a ser salvos e seremos salvos. Isto é, o paraíso não é o único objectivo. Uma vida espiritual abundante, aqui, na terra, também é importante. Isto exclui qualquer forma de depreciação da vida humana. Também salvaguarda contra a tentação do cristianismo de se virar para o dualismo ou neo-gnosticismo, que sugere que o objectivo da vida é o espírito escapar do corpo. O evangelismo ganha um novo sentido neste contexto de afirmação da vida humana. Não estamos apenas a tentar levar "as pessoas para o céu". Acreditamos que ser cristão é realmente a melhor forma de viver a vida, aqui e agora.

Isto abre a questão sobre o que pensam os wesleyanos acerca das outras religiões. A teologia wesleyana é uma forma de **inclusivismo**. Isto difere do **exclusivismo**, por um lado, e do **pluralismo,** por outro (ver o Glossário). Os wesleyanos bebem directamente da discussão de Paulo nos primeiros capítulos de Romanos. Paulo afirma que há quem não viva debaixo da lei do Judaísmo e que, portanto, serão julgados à parte da mesma. Estas pessoas serão julgadas de acordo com o seu modo de vida à luz daquilo que lhes tem sido dado. Paulo alude ao sentido da consciência dada a toda a humanidade. É, portanto, possível, que se alcance a salvação eterna sem ter tido oportunidade de conhecer o Evangelho de Cristo. Esta é a função da graça preveniente. Um exclusivista, por outro lado, rejeitaria esta ideia. Apenas aqueles que expressamente confessam Cristo como seu salvador têm a esperança de chegar ao céu.

Para os wesleyanos, a graça preveniente é uma expressão profunda do amor infinito de Deus pelo mundo. Este amor não exclui ninguém. Por causa desta forte crença na graça preveniente, os wesleyanos crêem na possibilidade da vida eterna para aqueles que nunca ouviram sobre Jesus.

Da mesma forma, aqueles que não se apropriaram pessoalmente do Evangelho por causa das suas "enfermidades"[11], são também salvos pela graça preveniente de Deus. Tal inclui bebés e crianças, ainda incapazes de tomar uma decisão pessoal por Cristo, mas também indivíduos mental ou emocionalmente incapacitados.

Na própria essência da crença na graça preveniente está a crença de que Deus está a chamar todas as pessoas a um relacionamento. Desde o nascimento, Deus chama todas as pessoas para Si mesmo. Esta chamada é constante e incessante. Deus corteja-nos para que O busquemos e sigamos. Deus não só nos corteja mas também nos desperta. Este aspecto da graça preveniente será estudado na próxima secção sobre a **regeneração**, visto estarem intimamente ligadas na *ordo salutis (via salutis)* ou ordem (ou meio) da salvação.

## O ESPÍRITO SANTO E A REGENERAÇÃO

É a graça preveniente – o Espírito Santo – que nos atrai, acorda as nossas almas para a necessidade de Deus. Esta graça, assim como toda a graça, pode ser resistida. Mas se lhe é permitido fazer a sua obra, a graça preveniente e a presença do Espírito Santo levará a pessoa ao ponto do **despertar**. Este é o momento em que somos convencidos da nossa própria pecaminosidade e desamparo longe de Deus. Mas esta obra de convencimento de Deus não nos leva ao desespero, pois somos também convencidos da esperança da nossa redenção. Convicção e esperança, então, não são respostas meramente humanas à obra anterior do Espírito, mas são expressões da obra do Espírito nos nossos corações quando cooperamos com a graça, sempre disponível, de Deus.

No esquema de Wesley, o despertar pessoal está intimamente ligado ao arrependimento; e o despertar, se for respondido, leva ao arrependimento, fé e regeneração. O arrependimento pode ser igualado ao sofrimento divino – sofrimento no sentido de que somos convencidos da nossa condição; divino porque não nos leva ao desespero mas sim à confiança na suficiência de Deus (2 Coríntios 7:10). Um segundo significado do arrependimento é a própria renúncia do pecado e a redirecção do nosso caminho em direcção a Deus.[12] É, também crucial invocar o Espírito quando falamos da própria fé, pois a fé é um dom de Deus e não uma obra humana. Capacitados sinergeticamente, o arrependimento e a fé, auxiliados pelo Espírito, levam à regeneração.

É a obra de Jesus Cristo que torna possível a regeneração. O Espírito Santo está activo nesta regeneração. Somos feitos novas criaturas através da obra do Espírito Santo. A regeneração implica mais do que o sentido forense da justificação (formalmente forjado pela expiação) e a linguagem familiar da adopção, como filhos e filhas, e co-herdeiros com Cristo. A regeneração implica não apenas uma mudança em relação à família de Deus, mas também uma mudança real no próprio ser. Somos novos outra vez.

A regeneração pode estar correctamente ligada à santificação inicial. A santidade é conferida ao regenerado, não apenas imputada. Esta obra é, por isso, eficaz, através da actividade transformadora do Espírito, que começa no novo nascimento. Foi por isso que Wesley chamou a atenção dos seus pregadores para não proclamarem a santificação de tal forma, que o poder do novo nascimento fosse minimizado. A santidade começa na regeneração. A santificação começa no nosso novo nascimento, em Jesus Cristo.

Além disso, o Espírito Santo testifica ao nosso espírito esta transformação em natureza e relacionamento. Apesar do próprio Wesley ter adaptado a doutrina da segurança ao longo da sua vida — sugerindo que a pessoa poderia perder o testemunho sem perder a sua salvação — na maioria das vezes, a segurança é o dom subsequente, dado pelo Espírito Santo para o propósito da confiança espiritual perante Deus e a dúvida. O Espírito permite a aceitação sincera da aceitação de Deus.[13]

## O ESPÍRITO SANTO E A SANTIFICAÇÃO

A vontade de Deus é que todos sejam santificados. Frequentemente referimos a obra do Espírito Santo na santificação. Alguns poderão argumentar que esta designação — o Espírito Santo "santifica os crentes" — ameaça um foco cristológico adequado na obra santificadora de Deus. Mas esta frase pode ser interpretada como sendo a aplicação da graça cristológica da obra do Espírito. A santificação é a obra de Deus em Cristo através do Espírito Santo.

O Espírito Santo capacita a obra libertadora de Deus, que encontra cumprimento na regeneração, santificação e na vida santa. O Espírito Santo santifica os crentes, inicial, progressiva, inteira e finalmente. Isto é, é mais do que possível crescer na nossa capacidade de amar Deus com todo o nosso ser e de expressar o amor santo de Deus ao "próximo como a nós mesmos". Através da presença do Espírito Santo, e à medida que Deus derrama o Seu amor no coração, o amor "exclui o pecado".[14] Esta graça, que cura a *doença* do pecado e nos capacita para o viver sacrificial, é novamente a essência do santo Deus trino. O Espírito Santo pode, de facto, transformar as atitudes dos cristãos nas de Cristo Jesus, que Se esvaziou a Si mesmo (*quenosis*) "de tudo menos do amor".[15]

O Espírito está continuamente ocupado com a actividade santificadora de Deus, especificamente através da morada permanente e purificadora do Espírito.[16] Além disso, a obra capacitadora do Espírito Santo é o que habilita a pessoa para a vida e semelhança a Deus (2 Pedro 1:3-4), que inclui "o desenvolvimento e melhoramento espiritual no carácter e personalidade semelhantes aos de Cristo".[17]

## O ESPÍRITO COMO PARACLETO

Quando Cristo e os Seus discípulos se juntaram no Cenáculo, na noite em que foi traído, Ele falou claramente dos perturbadores e iminentes eventos. Durante o Seu discurso, Ele descreveu a vinda do Espírito Santo. Entre as muitas actividades do Espírito que Jesus mencionou, talvez a mais necessária e mais premente foi a promessa de Jesus da contínua presença de Deus através do Espírito Santo, especificamente como Paracleto. A origem da palavra vem do grego, *para*, que significa "lado a lado," e *kaleo*, que significa "chamar". O Espírito Santo, então, é chamado a andar lado a lado com os cristãos, ajudando-os a suportar a carga. É frequentemente traduzido por "consolador".

O Consolador vem totalmente quando o Emanuel parte. "Deus connosco" no Cristo, envia outro para estar presente com os Seus discípulos, o Espírito Santo. Assim como Cristo representou o Pai, o Espírito irá representar Cristo. É aqui que a designação "Espírito de Cristo" faz mais sentido. Apesar de querermos manter o Espírito como uma pessoa definitiva da Trindade, a unidade do Espírito com o Pai e com o Filho, em carácter e em propósito, assegura-nos a presença amorosa de Deus connosco. E a presença de Deus através do Espírito Santo é o maior conforto que qualquer pessoa poderia precisar.

O Pentecostes é verdadeiramente um dia que mudou o mundo. Apesar de termos de evitar qualquer insinuação de modalismo, podemos ver a vinda do Espírito Santo como um evento sem precedentes na história. O Espírito estava activo na história do povo hebreu, mas apareceu em momentos excepcionais com propósitos específicos. Só no Pentecostes surgiu um entendimento da morada permanente de Deus, uma presença interior que, especificamente, traz poder.[18] A natureza dramática do evento levou alguns estudiosos do Movimento de Santidade a igualar o Pentecostes com a experiência da inteira santificação.[19] Isto tem sido debatido — se tal associação é, ou não, sustentável exegeticamente. Mas, no mínimo, o Pentecostes deve ser visto como o início de uma nova era na obra de Deus e da Sua presença no mundo. É, sem dúvida, o novo nascimento da igreja. O que naquele momento foi iniciado, continua hoje. De facto, afirmamos não só que o Espírito está presente e activo no interior de cada indivíduo, mas também afirmamos o mistério de que o Espírito está *na* igreja.

## O ESPÍRITO SANTO E A IGREJA

O Espírito Santo está genuinamente presente e activo, contínua e eficazmente, na igreja. É o Espírito Santo que chama a igreja a unir-se como corpo de Cristo. As marcas incarnadas da igreja são marcas espirituais, feitas verdadeiras apenas pela presença e actividade do Espírito. É a obra do Espírito que faz da igreja uma ou unificada. É um mistério da graça, como Deus toma a evidente diversidade nesta instituição humana e a une em espírito e em propósito. A linguagem da vida do "corpo" é uma expressão da interdependência e igualdade de cada participante, chamado a, e capacitado para, a obra graciosa de Deus.

Além disso, a igreja usufrui da comunhão do Espírito Santo, quando expressa a sua essência e propósito na adoração, pregação, ministério sacramental, obediência a Cristo e na mútua prestação de contas. O Espírito Santo está totalmente imerso nas práticas e funções da vida da igreja. A adoração a Deus é ajudada pelo Espírito e a presença do Espírito é assegurada entre aqueles reunidos em Cristo. Todo o acto de pregação, desde o texto ao sermão e à proclamação do mesmo, é feito pela inspiração, orientação e presença do Espírito Santo. Qualquer forma de ministério no qual a igreja investe, apenas dá fruto porque o Espírito Santo o viabiliza. A obediência a Cristo é possível através da obra capacitadora do Espírito. A mútua prestação de contas entre irmãos é mais do que um esforço humano. É um meio da graça. Todos os meios da graça são eficazes através da obra do Espírito, particularmente os sacramentos.[20] E quando a igreja demonstra a obra redentora de Cristo no mundo, é apenas pelo poder do Espírito Santo.

O Espírito Santo, a terceira pessoa da Trindade, cuja essência é também amor quenótico santo, está verdadeiramente sempre presente e eficazmente activo na, e com a, igreja de Cristo; o Espírito está verdadeiramente a convencer o mundo do pecado e a regenerar aqueles que se arrependem e crêem; e o Espírito santifica genuinamente os crentes e guia-os a toda a verdade apresentada em Jesus.

## DECLARAÇÕES SUMÁRIAS

1. É o amor que mais exactamente define a santidade de Deus e modifica o Seu relacionamento transcendente e imanente com o mundo. A santidade de Deus, enquanto amor, é a altitude e profundeza máximas de tudo o que a teologia wesleyana afirma.

2. A transcendência e imanência de Deus devem ser cuidadosamente equilibradas.

3. A incarnação revela o carácter de Deus; Jesus recapitula a humanidade; Ele modela uma vida de amor; Ele é o caminho da nossa salvação; Ele é a nossa esperança de ressurreição; Ele é o nosso sacerdote; e em todos estas acções, Jesus mostra-nos que até o amor divino é melhor expresso como serviço.

4. *Quenosis* está na essência do carácter de Deus como nos foi revelado em Jesus Cristo.

5. O Espírito Santo está verdadeiramente sempre presente e eficazmente activo na igreja; o Espírito convence o mundo do pecado, está activo na regeneração e santificação, e guia-nos a toda a verdade apresentada em Jesus.

6. O desejo de Deus por um relacionamento connosco inclui a intimidade da morada permanente do Espírito Santo.

## QUESTÕES PARA REFLEXÃO

1. Como é que a tradição wesleyana de santidade enfatiza o amor de Deus de forma diferente das outras tradições? Esta abordagem leva-nos a diferentes conclusões teológicas?

2. O que significa dizer que Deus é santo? O que significa a santidade de Deus?

3. Por que razão é importante dizer que Jesus Cristo é totalmente humano?

4. Que função tem o Espírito Santo em dar-nos a salvação?

# HUMANIDADE CRIADA E CAÍDA[1]

## OBJECTIVOS DE APRENDIZAGEM

*O estudo deste capítulo vai ajudá-lo a:*

1. Reconhecer os aspectos mais importantes da humanidade de uma perspectiva teológica
2. Definir pecado
3. Compreender a doutrina do pecado original duma perspectiva wesleyana
4. Identificar os efeitos da graça preveniente no pecado original

## PALAVRAS CHAVE

| | |
|---|---|
| Antropologia teológica | Afeições |
| Imagem natural | Temperamentos |
| Imagem moral | Disposições |
| Privação | Hamartiologia |
| Depravação | Idolatria |
| Estado natural | Salvação forense |
| Estado legal | Pelagianismo |
| Estado evangélico | |

Crítico para qualquer teologia de santidade é uma reflexão do que significa ser humano como criação de Deus, em relação a Deus. Também é crítica uma compreensão adequada do pecado, especificamente de como ele tem afectado a humanidade desde a Queda. Só hipoteticamente podemos falar de algum tipo de humanidade original ou perfeita — como a experimentada por Adão e Eva. Podemos mais concretamente falar de uma humanidade perfeita na pessoa de Jesus Cristo. Mas quando consideramos a nossa condição humana actual, ela deve ser entendida como caída. Qual o significado, então, deste estado caído? Quais são os resquícios, se é que existem, do modelo original? O que é que se pode resgatar? Mas mais importante, o que é que pode ser renovado? Tais questões, e incontáveis outras, mostram que a salvação e santificação não se podem divorciar da **antropologia teológica**, isto é, do estudo da humanidade em relação a Deus, nem da doutrina do pecado.

## HUMANIDADE

Está para além do nosso âmbito oferecer uma discussão exaustiva sobre a da humanidade, especialmente no que toca à da doutrina da antropologia teológica. Falar da humanidade apenas de uma perspectiva teológica traz os seus desafios. O ser humano não se pode separar da biologia, sociologia, psicologia e de outras áreas do estudo social e científico. Reflexões sobre o que significa ser humano levantam assuntos chave sobre antropologia, teológicos ou não. Mas há muito que pode ser dito teológica e biblicamente acerca da humanidade, que permanece independentemente da pesquisa social e científica. Tentaremos afirmar concisamente o que podemos dizer sobre a humanidade como criada *por Deus*.

Existem dois temas teológicos relevantes, que surgem do relato da criação em Génesis.

Primeiro, de acordo com a interpretação judaica e com a cristã, é extremamente importante afirmar que tudo o que Deus criou era bom, especialmente os seres humanos. Isto contrasta com outros mitos da criação que vêm de outras religiões e filosofias.

Cedo no cristianismo, um movimento conhecido como o Gnosticismo começou a ameaçar a igreja desde o seu interior. Um dos assuntos que finalmente levou o Gnosticismo a ser considerado herético foi a sua crença acerca de como o mundo foi criado e a avaliação dessa mesma criação. Apesar de haver diferenças entre os próprios gnósticos, a história base da criação admitia dois desvios. Primeiro, o gnosticismo não acreditava em Deus como criador; para os gnósticos, o mundo foi criado por um semideus caído. O que logicamente se segue é que tudo o que este semideus criou é necessariamente mau. Por isso, toda a criação, incluindo a humanidade, é inerentemente corrupta desde o momento da sua criação. Qualquer coisa material é inimiga do espírito ou alma. Tal imita uma das ideias de Platão, a de que "o corpo é a prisão da alma". De acordo com o Gnosticismo, o objectivo da espiritualidade é finalmente libertar o elemento eterno da humanidade, do seu corpo material, finito e destrutivo. Foi contra este pano de fundo gnóstico, que a igreja ortodoxa afirmou firmemente a incarnação e a "ressurreição do corpo" na sua teologia e credos. É vital para o cristão afirmar que Deus nos criou bons na nossa humanidade, tanto no corpo como no espírito. Alguns comentários sobre as "partes" do ser humano adequam-se nesta análise.

Existe uma diferença entre as perspectivas hebraica e grega sobre a humanidade. Para os hebreus no Velho Testamento, o ser humano é visto holisticamente. Isto é, não existe uma distinção radical entre o corpo e a alma. Não é que o corpo tenha uma alma, ou que a alma tenha um corpo, mas a alma e o corpo estão tão entrelaçados que são praticamente indistinguíveis na vida real. Na perspectiva grega, contudo, vemos a tendência de falar em partes distintas — corpo, alma e espírito. Aliás, o próprio Paulo aplica esta linguagem. Mas a diferenciação entre os três tem levado ao extremo de trifurcar (ou bifurcar em certas alturas) cada parte como entidades separadas. Será que nos é requerido assumir o modelo de Paulo como a antropologia do Novo Testamento, que é, por isso, superior? Ou como sugerem alguns estudiosos, é o modelo hebreu o modelo bíblico mais disseminado, com a filosofia grega sobrepondo-se a ele?

Aqui podemos mesmo considerar a informação obtida fora do enquadramento teológico mais restrito. A recente pesquisa sobre o cérebro tem levantado a questão de uma forma diferente. Qual é a diferença entre o cérebro e a mente? Existe algo em nós que transcende a neurofisiologia pura? Estamos nós reduzidos a sinapses e neurotransmissores porque podemos, de facto, ser explicados por tais impulsos físicos? É isto tudo o que somos? Estas questões têm levado um neuropsicólogo confessionalmente wesleyano a advogar o que chama de "fisicalismo não redutor".[2] Isto é, nós somos os nossos corpos. Isto é verdade. Mas não significa que somos só os nossos corpos. Há algo dentro de nós que transcende e, por isso, contraria a noção do ser humano reduzido à biologia pura. Podemos até apelidar o modelo hebreu de antropologia holística do fisicalismo não redutor! Mildred Wynkoop afirma que no Novo Testamento a unidade da personalidade é claramente assumida e recusa o que chama de "tricotomia especulativa" por ser helenismo inútil.[3]

A segunda afirmação crucial que recebemos do relato de Génesis é que, os humanos, tanto macho como fêmea, são criados à imagem e semelhança de Deus. Várias tradições têm definido imagem de várias formas. Uma interpretação do período da igreja primitiva (que acabou por ser considerada herética), propôs que imagem se referia ao corpo físico real de Deus.[4] Parecem realmente existir muitas imagens antropomorfizadas nas Escrituras. Mas, em última análise, a ortodoxia afirmava que estas deviam ser interpretadas metaforicamente.

Alguns intérpretes ocidentais da imagem têm declarado que esta se refere à nossa capacidade humana de racionalizar. Esta é a visão de muitos teólogos clássicos, incluindo o grande católico Tomás de Aquino (d. 1275). Outra interpretação é que a humanidade se assemelha a Deus no seu relacionamento com o resto da criação. Tal como Deus está numa posição hierárquica sobre a humanidade, a humanidade está numa posição hierárquica sobre a terra. Ainda outra explicação da imagem é aquela sobre a liberdade humana. Deus criou-nos livres e autodeterminados. As diferentes conclusões acerca do que a imagem de Deus realmente é, apresentam uma diversidade de opinião que pode parecer desconfortável. Mas as próprias Escrituras não oferecem uma explicação. Existe, então, alguma interpretação específica declarada pela tradição wesleyana de santidade?

A necessidade relacional do ser humano é fundamental para o entendimento do próprio Wesley sobre a humanidade. Somos criados para nos relacionarmos. Somos criados para o amor e criados para amar. Wesley estava consciente das diferentes interpretações da *imago Dei*, mas tal como Mildred Bangs Wynkoop, e outros, ele mantinha a imagem como a capacidade para amar.[5] H. Ray Dunning tem desenvolvido sobre os relacionamentos definitivos da humanidade como originalmente pretendidos: somos criados para amar Deus, amar os outros e ter um amor particular por nós mesmos e pelo mundo.[6] Talvez a passagem bíblica que é mais profundamente conclusiva sobre a teologia wesleyana é Lucas 10:27: "Amarás ao Senhor, teu Deus, de todo o teu coração, e de toda a tua alma, e de todas as tuas forças, e de todo o teu entendimento, e ao teu próximo como a ti mesmo". (Ver Levítico 19:18; Deuteronómio 6:5)

Há momentos na escrita de Wesley em que ele distingue a imagem natural da moral na humanidade. Estas fazem o paralelo entre os atributos naturais e morais de Deus. A **imagem natural** de Deus na humanidade refere-se às características ou faculdades peremptórias do ser humano. A imagem moral refere-se ao carácter da santidade e amor que Deus originalmente desejou e deseja para a humanidade.

Essencial para entender a visão de Wesley sobre a humanidade e a salvação é o facto de que, depois da Queda, a imagem permanece. É distorcida, mas não é obliterada. E, por isso, a salvação para Wesley (amplamente definida para incluir a santificação) é o processo de restauração e renovação da imagem de Deus em nós. Esta ideia de que a imagem permanece depois da Queda tem levado alguns intérpretes de Wesley a falar numa doutrina de total **privação**, em vez de total **depravação**, como a forma preferida de Wesley de se referir aos efeitos da Queda.[7] Através da Queda, somos *privados* do relacionamento primário com Deus e todos os outros relacionamentos são consequentemente distorcidos; mas a capacidade para amar e a esperança de uma renovação permanecem. A Graça Preveniente permite que esta capacidade seja concretizada e sintoniza os nossos sentidos em Deus. Visto que a graça preveniente é dada a todos, a humanidade "sem Deus" é uma "abstracção lógica".[8] A intensa doutrina calvinista da total depravação, por outro lado, não é tão optimista.[9] Através da Queda, somos totalmente depravados, sem Deus no mundo e irreparavelmente corrompidos. A ideia de Calvino sobre a graça comum ajuda a atenuar os efeitos da Queda, mas não da mesma forma que a graça preveniente de Wesley. Estes dois entendimentos tão diferentes da Queda e dos efeitos na *imago Dei* produziriam doutrinas muito diferentes em Wesley e Calvino.

Wesley também falou de certos estados humanos, o natural, o legal e o evangélico.[10] O **estado natural** é apenas um estado hipotético antes da Queda. Foi o estado no qual Deus criou Adão e Eva. Apenas Jesus, como Cristo, nasceu no estado natural, livre do pecado original (discutido mais à frente). Por **estado legal**, Wesley refere-se à nossa posição perante Deus antes da experiência do novo nascimento. Vivemos debaixo da lei. Se Lhe permitirmos que faça o Seu trabalho, levar-nos-á a reconhecer a nossa necessidade de salvação. A graça preveniente assiste-nos ao despertar-nos para essa necessidade. O **estado evangélico**, então, é subsequente ao novo nascimento em Cristo; não estamos sob a lei, mas debaixo da graça. O novo nascimento começa o processo de uma renovação da imagem de Deus em nós.

Outro aspecto importante da antropologia de Wesley é o seu foco naquilo a que chama **afeições** e **temperamentos** religiosos. Apesar de ser correcto interpretar Wesley como defensor de uma visão mais hebraica e holística do ser humano, para o propósito de explicar o crescimento cristão na santidade, ele distingue certas facetas da psicologia no interior de cada pessoa. Juntamente com a vontade humana e liberdade pessoal, ele identifica afeições como disposições interiores que integram as dimensões racionais e emocionais da vida humana. Quando estas **disposições** são habituais, transformam-se em afeições duradouras que trazem, de facto, liberdade para a acção humana. Por exemplo, uma pessoa cria o hábito de praticar actos de bondade, levando a que se diga que é uma pessoa bondosa, pois a bondade passou a fazer parte de quem ela é. Na próxima oportunidade de praticar a bondade, a pessoa é livre de o fazer, no sentido de que escolher um acto contrário é pouco provável. A pessoa está positivamente inclinada. As suas afeições serão consistentes com as suas disposições habituais.

Neste assunto, Wesley baseou-se em Aristóteles (como comunicado por Tomás de Aquino). A diferença entre Aristóteles e Aquino, e por isso Wesley, é que uma visão cristã da ética das virtudes de Aristóteles incorpora a graça (o modelo foca-se no desenvolvimento do carácter praticando certas virtudes, por exemplo, a honestidade, a bondade e a coragem). Tudo o que aqui tem sido dito aplica-se também ao desenvolvimento do carácter de santidade. À medida que a graça santificadora de Deus nos ajuda, a santidade pode tornar-se nas nossas inclinações, porque as nossas disposições se tornaram afeições que produzem, neste caso, um carácter santo. Tal será melhor examinado no capítulo 11.

## PECADO

O que é o pecado? Surpreendentemente, responder a esta questão pode não ser fácil. As diferentes tradições definem o pecado de forma diferente. Frequentemente o pecado é dividido em três categorias distintas: mal sistemático, pecado pessoal e pecado original. O mal sistemático é melhor definido como uma série de eventos que no fim magoam ou oprimem os outros. Os produtos que compramos poderão ser resultado do trabalho de crianças ou escravos. Apesar de certamente não desejarmos participar em danos, o sistema no qual vivemos é, de certo modo, caído. Talvez devêssemos boicotar as empresas que compram a empresas opressoras (e por aí adiante). O problema é que é quase impossível comprar alguma coisa que não oprima alguém. Assim como não há um sistema económico perfeito, também não há um sistema político perfeito. Só o ser cidadão num certo país envolve-nos em injustiças de tempos a tempos. O conceito do mal sistemático crê que há pecados sociais. Mas não pensamos normalmente em tais pecados como pecados pelos quais somos culpados.

Pecados pessoais são pecados aos quais atribuímos culpa. Os pecados pessoais são usualmente vistos como actos de desobediência contra alguma lei. Mas as leis, encontradas nas Escrituras, não são tão arbitrárias como podem parecer. Mesmo as centenas de leis judaicas, que já não seguimos, todas tinham propósitos muito específicos. A maioria, senão todas, foi dada por Deus com o propósito de nos proteger. Os Dez Mandamentos não são apenas dez leis que Deus inventou para que fosse o patrão e nós os pecadores, quando desobedecemos. Se sondarmos mais profundamente, veremos que os Dez Mandamentos têm muito propósito. Mantê-los é uma forma de amarmos Deus e os outros. Jesus diz claramente que quem cumprir os dois mandamentos de amor cumpre toda a lei. Quebrar a lei, então, pode ser visto como anti-amor. Aliás, uma definição de pecado pode ser sempre que vamos contra a lei do amor. Mas à medida que as diferentes tradições tentam definir o pecado de forma mais precisa, diferentes teologias emergem.

Como observado, as posições wesleyana e calvinista sobre os efeitos da Queda na imagem de Deus, distinguem-se uma da outra. Por outro lado, os wesleyanos e os calvinistas discutem acerca do assunto do pecado. Os seus argumentos são baseados em duas compreensões muito diferentes do que o pecado é. De acordo com João Calvino, o pecado é ficar aquém da glória de Deus ou falhar o alvo. Por isso, qualquer qualidade que não seja parecida com Deus, ou imperfeição na humanidade, é considerada pecaminosa. É compreensível que um calvinista possa afirmar que pecamos diariamente em pensamento, palavra e acção. A maioria diria simplesmente que somos pecaminosos porque não somos Deus.

Os wesleyanos, por outro lado, têm abordado o elemento volitivo do pecado. O pecado, para Wesley, é uma transgressão voluntária de uma lei

conhecida de Deus. Isto é, o pecado é sempre um acto consciente de rebeldia contra o que Deus deseja para nós. Isto poderá também implicar
que não conhecer a lei é uma desculpa legítima para a nossa responsabilização perante a mesma. Somos inocentes se formos ignorantes. No entanto, Paulo aborda isto em Romanos 2. Paulo introduz o conceito da
consciência e propõe que, pelo facto de a todos os seres humanos ter sido
dado um sentido interior do certo e do errado, não há desculpas mesmo
para quem desconheça a lei hebraica. Todos são responsáveis perante
Deus. E, de certa forma, esta afirmação é vital para compreender uma
perspectiva de santidade sobre a santificação, uma vez que a perspectiva
de santidade afirma que este tipo de rebeldia — seja contra a lei ou contra
a consciência — não é *necessária*. Pode haver vitória sob o pecado (usando
esta definição). No entanto, Wesley não nos oferece esta definição de uma
transgressão voluntária, como a única definição de pecado.

## Ovelhas e Cabras

"E quando o Filho do homem vier em sua glória, e todos os
santos anjos com ele, então se assentará no trono da sua glória; E
todas as nações serão reunidas diante dele, e apartará uns dos outros, como o pastor aparta dos bodes as ovelhas; E porá as ovelhas
à sua direita, mas os bodes à esquerda.

Então dirá o Rei aos que *estiverem* à sua direita: Vinde, benditos
do meu Pai, possuí por herança o reino que vos está preparado,
desde a fundação do mundo; Porque tive fome, e destes-me de comer; tive sede, e destes-me de beber; era estrangeiro, e hospedastes-
me; *Estava* nu, e vestistes-me; adoeci, e visitastes-me; estive na prisão, e fostes ver-me.

Então os justos lhe responderão, dizendo: Senhor, quando te
vimos com fome, e *te* demos de comer? ou com sede, e *te* demos de
beber? E quando te vimos estrangeiro, e *te* hospedámos? ou nu, e *te*
vestimos? E quando te vimos enfermo, ou na prisão, e fomos ver-
te?

E, respondendo o Rei, lhes dirá: Em verdade vos digo que,
quando *o* fizestes a um destes meus pequeninos irmãos, a mim *o*
fizestes.

Então dirá, também, *aos que estiverem* à sua esquerda: Apartai-
vos de mim, malditos, para o fogo eterno, preparado para o diabo

> e os seus anjos; Porque tive fome, e não me destes de comer, tive sede, e não me destes de beber; sendo estrangeiro, não me recolhestes; *estando* nu, não me vestistes; e enfermo, e na prisão, não me visitastes.
>
> Então eles, também, lhe responderão, dizendo: Senhor, quando te vimos com fome, ou com sede, ou estrangeiro, ou nu, ou enfermo, ou na prisão, e não te servimos?
>
> Então lhes responderá, dizendo: Em verdade vos digo que, quando a um destes pequeninos o não fizestes, não o fizestes a mim. E irão estes para o tormento eterno, mas os justos para a vida eterna". (Mateus 25:31-46)

Por exemplo, Wesley, estava sempre pronto a dizer que há dois tipos de pecado, o de omissão e o de comissão. Um pecado de comissão é quando cometemos um acto que nos é proibido. Quebramos a lei. Mas Tiago é claro na sua carta quando diz que pecado também é a designação correcta quando sabemos o bem que devemos fazer e não o fazemos (omitimo-nos de o fazer) (Tiago 4:17). Na realidade, particularmente à luz de Mateus 25, sabemos que devemos cuidar dos pobres, visitar os doentes e presos e gerar outros actos de misericórdia. Mas a maioria das pessoas omite-os diariamente e, por isso — de acordo com esta definição — peca. Cancela isto a esperança de uma vida santificada? Não, se formos claros acerca do que queremos dizer por santificação. O entendimento errado e pouco saudável acerca da santidade — a que chamamos perfeccionismo — tem levado muitos a pensar que a confissão é inapropriada para um cristão santificado, o que, para Wesley, não faz sentido.

Quanto mais nos aproximarmos de Deus, mais profunda será a nossa necessidade de viver uma vida confessional, confessando a nossa completa dependência de Deus ao nível mais profundo do nosso ser. Isto é, quebrar uma lei óbvia ou até omitir uma boa acção pode tornar-se cada vez menos um problema, à medida que crescemos na graça. Mas depois, o Espírito Santo, enquanto nos molda e forma, aprofunda-se no nosso coração; a nossa resposta deve ser uma tristeza piedosa quando entristecemos o coração de Deus.

Wesley considerava um desperdício de tempo a discussão sobre a que nível a santificação nos leva em termos da presença do pecado na nossa vida.[11] A sua preocupação mais profunda era viver uma vida cheia do amor de Deus, crescendo em discernimento de como melhor expressar amor uns pelos outros e por um mundo necessitado. Às vezes a nossa preocupação acerca do pecado é, como 1 João diz, pelo medo da punição (4:18). Wesley, seguindo este verso em 1 João, queria salientar que o amor perfeito retira o medo. Quando crescemos fora de tal medo, a nossa motivação muda. Não buscamos a santidade por nossa causa para que nos possamos declarar santos e sem pecado, colocando aí a nossa segurança. A santidade é normativa para amar Deus com todo o nosso ser e amar o nosso próximo como a nós mesmos, mas também definitiva. A santidade é sempre pelo bem dos outros. Quando o fazemos, estamos a ser quem Deus nos criou para sermos. Como Wesley declarou, o amor exclui o pecado. Isto aplica-se não apenas aos pecados pessoais que cometemos, mas também à doutrina conhecida como pecado original.

A mudança recente da estrutura modernista para uma estrutura pós modernista teórica tem todo o tipo de ligações com a vida real. Tal apresenta o teólogo com a tarefa de correlação — comunicar a verdade religiosa a um novo contexto. Devemos efectuar esta tarefa de falar a verdade sem perdermos o seu carácter dinâmico. Toda a linguagem acerca do pecado é metafórica. Mas o uso da metáfora — talvez novas metáforas para uma nova geração — não deixa de afirmar que o pecado é real. A experiência não nos deixa ignorá-lo. A teologia pós moderna — apesar das mudanças que traz — não aborda o pecado de forma ligeira.

## PECADO ORIGINAL

Numa tentativa séria de fazer "provisão adequada para o elemento humano da vida"[12] e de impedir a abordagem da mais experiencial de todas as doutrinas apenas no abstracto, examinaremos a Bíblia, e Wesley, na sua compreensão de pecado "inato" ou pecado original. Através da ênfase de Wesley na vida e fé experimentais, e na natureza do pecado, podemos encontrar uma linguagem que também comunica e ressoa com as "necessidades" pós-modernas de relacionalidade, com a busca por sentido e com a busca por uma experiência baseada na espiritualidade. Mas antes de começarmos qualquer revisão histórica ou sistemática do pecado, devemos começar com as Escrituras como base para tudo o que sabemos sobre a humanidade caída.

Devemos primeiramente reconhecer que as Escrituras não satisfazem a nossa curiosidade acerca do pecado original. Não explicam a causa do pe-

cado. Curiosamente, os termos teológicos familiares que descrevem o pecado não são expressões bíblicas. Termos como "pecado original", "pecado
herdado", "carnalidade", "depravação" e "pecado inato" não são encontrados directamente na Bíblia. Todos eles são generalizações ou palavras
abstractas e estas são raramente, se de todo, encontradas na Bíblia. Nem
mesmo "a Queda" é uma expressão bíblica.

Além das várias referências a Adão nos escritos de Paulo, a Bíblia é
silenciosa acerca da transmissão da Queda. Não há nada que sugira que as
pessoas pecam inevitavelmente por causa dessa experiência histórica. Em
2 Coríntios 11:3, Paulo expressa o temor de que os crentes sejam levados
para longe da simplicidade do coração único, que está em Cristo, e faz
referência a Eva. Mas nesta passagem nada é dito acerca da influência do
seu pecado na raça humana. Em vez disso, a suposição de que não precisamos de pecar é óbvia. A referência de Paulo ao pecado de Adão em Romanos 5 e 1 Coríntios 15, não é uma teologia de pecado, mas uma ocasião
para magnificar a vitória de Cristo sobre os efeitos do pecado. Paulo diz
que a morte veio ao mundo pelo pecado de um homem, mas mais significativo é que a vida veio através de Cristo.

A abordagem mais significativa de Paulo sobre o relacionamento entre
o pecado humano e Adão está em Romanos 5:19, "Porque, como, pela
desobediência de um só homem, muitos foram feitos pecadores, assim,
pela obediência de um, muitos serão feitos justos". Mas nesta passagem, a
referência ao equilíbrio presente na vinda de Cristo refuta uma teoria de-
talhada do pecado original (que apareceria trezentos anos depois), sem
fundamento bíblico. O que Paulo mostra, no entanto, é que todos pecam,
e nisto é extremamente realista. Até em Romanos 3:23, Paulo diz que ao
pecar somos destituídos. Ele não diz que sendo destituídos, pecamos. As
Escrituras são claras que para que o pecado seja pecado, uma medida real
de responsabilidade pessoal é pressuposta. Tal não desacredita toda a teologia acerca da ligação entre Adão e o resto da humanidade. Mas o que a
Bíblia transmite é que cada indivíduo é, em essência, a causa real dos pecados que comete. Qualquer que seja a explicação do impulso humano
universal de rejeitar Deus (e a Bíblia não o explica), permanece o facto de
que cada pessoa é pessoalmente responsável por essa rejeição.

Mais uma vez, curiosamente, a Bíblia não nos informa acerca de como
o pecado é transmitido. É certo que a influência do pecado é de longo
alcance, mas o método exacto não é explicado. Na verdade, não nos são

dadas quaisquer respostas especulativas para nenhum dos problemas intelectuais que possamos ter com uma teoria do pecado. Apenas os efeitos nocivos dos nossos próprios pecados, pessoalmente escolhidos, são discutidos e parece ser tudo o que é necessário. O que quer que digamos, então, além do ensino expresso nas Escrituras, deve ser identificado como tradição humana — tão sagrada quanto seja. Infelizmente, a tradição (como uma fonte da verdade no quadrilátero wesleyano) não tem expressão uniforme da teoria de transmissão, nem é consistente acerca de outros aspectos da teologia do pecado. A humildade à volta destes assuntos de hamartiologia livrar-nos-á de uma distorção do tema bíblico da salvação.

A Bíblia também é silenciosa acerca da interpretação da "essência" do pecado de Adão e de como essa essência, ou raiz do pecado, se manifesta em nós. Agostinho foi o primeiro a fazer a sua interpretação "doutrinal" para a igreja.

Agostinho e Pelágio eram contemporâneos do final do terceiro século, início do quarto. Pelágio acreditava que os seres humanos não só não herdaram a culpa de Adão, mas que também não herdaram qualquer corrupção. E por isso, cada pessoa tinha a mesma escolha que Adão e Eva tiveram no jardim. Ele afirmou que nascemos com uma liberdade natural. Agostinho, por outro lado, insistiu numa forte doutrina do pecado original, total depravação, culpa herdada e, por isso, uma doutrina muito forte da graça (levando, por último, à sua teoria da predestinação). O debate foi concluído quando Pelágio foi considerado herético pelo cristianismo ortodoxo. Mas Agostinho não alcançou uma vitória perfeita. Enquanto o Concílio de Orange (529) confirmou a sua doutrina do pecado original, não afirmou a doutrina da dupla predestinação.

Wesley rejeitou Pelágio (apesar de mostrar alguma simpatia por ele).[13] No entanto, também não partilhou da doutrina de Agostinho. Para Agostinho, a essência, ou a raiz, do pecado original era melhor definida como orgulho. Apesar de muitos intérpretes de Wesley terem seguido a versão tradicional do pecado original como orgulho, há outras interpretações disponíveis.[14] De acordo com esta análise e apesar de Wesley usar a palavra "orgulho" frequentemente, esta nunca foi usada como paradigma global para o pecado original. O seu sermão mais directo sobre o tópico, "Pecado Original" (1894), mostra a falta de domínio da palavra "orgulho". Aqui, a idolatria é classificada claramente como a definição primária do pecado original, seguindo-se-lhe o "orgulho", a "vontade própria" e o "amor pelo mundo".[15] Wesley disse, "todo o orgulho é idolatria"[16] tal como o "amor pelo mundo". Isto é, há duas formas de pecado original: amor anormal pela própria pessoa (orgulho) e amor anormal pelos outros, aqui descrito como "amor pelo mundo". Wesley explica mais profundamente esta frase: "O que é mais natural para nós do que buscar a felicidade na criatura, e não no Criador?"[17] Wesley escreveu outro sermão, perto do fim da sua vida, intitulado "Idolatria Espiritual". Neste sermão, a idolatria é claramente a sua forma primária de falar sobre a essência do pecado original.

## Do Sermão "Idolatria Espiritual" de Wesley

Sem dúvida que é da vontade de Deus que nos amemos uns aos outros. É da Sua vontade que amemos os nossos familiares e os nossos irmãos cristãos com um amor peculiar; e aqueles em especial, os quais Ele tem tornado particularmente frutíferos para as nossas almas, estes, somos ordenados a "amar fervorosamente;" porém "com um coração puro". "Mas não é isto impossível com o homem?" Reter a força e ternura das afeições, contudo, sem qualquer mancha para a alma, com uma pureza imaculada? Não me refiro apenas à luxúria. Sei que é possível. Sei que uma pessoa pode ter uma afeição indizível por outra sem ter qualquer desejo deste tipo. Mas será a afeição livre de idolatria? Não é esta afeição, amar mais a criatura do que o Criador? Não é isto colocar um homem ou uma mulher no lugar de Deus? Dando-lhes o nosso coração? Que tal seja cuidadosamente considerado, até por aqueles os quais Deus tem juntado; pelos maridos e esposas, pais e filhos. Não se pode negar que estes se devem amar ternamente: existem mandamentos em como assim deve ser. Mas não lhes é mandado, nem permitido, que se amem de forma idólatra. Todavia, quão comum é isto! Quão comum é um marido, uma esposa, um filho, ser colocado no lugar de Deus. Quantos são os que, vistos como bons cristãos, colocam as suas afeições uns nos outros, de forma a não deixar lugar para Deus! Eles buscam a sua felicidade na criatura e não no Criador. Um poderá em verdade dizer ao outro, eu vejo-te, senhor e razão dos meus desejos. Isto é, "não desejo nada além de ti! Tu és o que eu desejo! Todo o meu desejo é para ti e para a lembrança do teu nome". Se isto não é idolatria pura, não sei o que será.[18]

O pecado original como idolatria foi também um assunto chave no desenvolvimento da teologia de santidade na América. Phoebe Palmer desenvolveu doutrinas do pecado e santidade que tiveram implicações significativas no Movimento de Santidade do século XIX. Para todos os efeitos, Palmer seguiu Wesley na sua discussão da idolatria espiritual, falando a partir de uma perspectiva feminina. Em vez de recitar a ladainha tradicional daquelas coisas que interferem com a vida espiritual – egoísmo, falta de fé, traições da carne — Palmer, com rígida franqueza, admitiu que o obstáculo primário no seu crescimento espiritual tinha sido "uma grande casa envolvendo cuidados proporcionais". A sua própria experiência da inteira santificação envolveu a renúncia dos traços idólatras presentes no relacionamento com o marido e filhos. É crucial notar que, enquanto a experiência de Palmer da inteira santificação envolveu um tipo de libertação das afeições terrenas e obrigações domésticas, tal libertação não desenvolveu um descontentamento com os laços familiares. O primeiro mandamento, então, permite o segundo: Amar Deus com *todo* o ser (incomparável) permite o amor aos outros. Assim, a definição de santidade preferida do próprio Wesley, o amor, é possível não somente através do derrubamento da idolatria tradicional do ego, mas também através do derrubamento de uma idolatria para com os outros.

Porque é que isto é importante para nós? Muita da pregação da santidade tem enfatizado o pecado do orgulho como a raiz do pecado do indivíduo. Faria sentido, então, que tal indivíduo fosse admoestado a pensar menos de si mesmo. Mas a baixa auto-estima é um problema excessivo até nas comunidades cristãs. Esta tendência de pregação talvez pressuponha que o orgulho piora a situação. Enquanto que uma forma de pecado é um egocentrismo inapropriado, o oposto também é inapropriado. A metáfora abrangente da idolatria pode abordar ambas as formas de pecado. A idolatria para com os outros está intrinsecamente ligada à baixa auto-estima. As pessoas que são encorajadas a encontrar-se a si mesmas apenas em Cristo encontram uma visão saudável e equilibrada de como se vêem.

O que quer que seja que o pecado é na prática, só pode ser totalmente reconhecido pelo que realmente é, ao ser visto contra o seu oposto – a santidade. Qualquer tentativa de definição do pecado antes da proclamação da provisão da graça entende mal a prioridade bíblica que é a santidade. Mas também é verdadeira a observação de que um entendimento claro do pecado é necessário de forma a compreender a largura e profundidade da redenção humana.

Fundamentando o entendimento de Wesley sobre o pecado, encontramos uma das suas mais fortes metáforas sobre a salvação: salvação como cura. Tal levou Wesley a um entendimento do pecado como "doença". A salvação é "terapêutica". Neste ponto, encontramos ressonâncias profundas entre Wesley a os pais orientais. Esta forma de conceptualizar o pecado como uma doença correlaciona-se com o optimismo de Wesley sobre a graça (santificadora), vendo-a como uma cura profunda (progressiva). A metáfora oferece grande benefício. E, contudo, esta perspectiva mais oriental pode ser criticada por tratar o pecado com ligeireza, por assim dizer, até ao ponto de interpretar a Queda como uma consequência compreensível da imaturidade de Adão e Eva. De forma similar, excessivamente enfatizada, a restauração da imagem de Deus na humanidade pode levar à desvalorização da distorção. Visto que algumas teologias pós-modernas podem também ser criticadas por tratarem levemente o pecado, a discussão sobre este assunto é ainda altamente relevante.

Não devemos negligenciar os discernimentos sobre o pecado dos pensadores "ocidentais" (tais como Agostinho, Lutero, Calvino, Soren Kierkegaard, Karl Barth e Reinhold Niebuhr). Apesar de reconhecidamente o ocidente ter relacionado, em demasia, a **salvação forense** a estes discernimentos acerca do pecado (a salvação como perdão tende a ser mais enfatizada do que a transformação interior), lutar contra a profundidade da natureza pecaminosa do ser humano, presente em tais pontos de vista, é-nos benéfico. Ao fazê-lo, a visão optimista do Wesleyanismo acerca de uma verdadeira transformação em natureza, só ganha em força. Tal perspectiva ocidental é aqui apresentada para que se lhe aplique uma análise wesleyana.

De acordo com alguns intérpretes (Soren Kierkegaard e quem tem adaptado as suas ideias), a humanidade nasceu numa realidade existencialmente ansiosa, uma que surge da criação, até mesmo antes da Queda. Esta realidade é encontrada prototipicamente no Éden, mas existe em cada indivíduo. Enquanto Adão é diferente de nós, no sentido de ter sido o primeiro (o progenitor é sempre diferente da sua progenitura), esta diferença tem um carácter quantitativo em vez de qualitativo.

[O indivíduo] pertence à natureza, mas não apenas à natureza, pois está posicionado entre a natureza e outro reino, e é sujeito a imperativos que nenhum reino pode explicar por si só. É material, e espiritual; é determinado, mas livre; é derivado, como a natureza que veio antes dele, e, ainda assim, ao contrário de tudo o resto presente na natureza, é exclusivamente responsável por se criar.[19]

Isto causa ansiedade. Mas o ser humano é realmente "ansioso por nada". Isto é, a ansiedade não é o resultado de uma situação imediata, mas sobre o ser capaz de cumprir o seu potencial num mundo limitado. Neste esquema, a ansiedade é definida como uma disposição que resulta desta ampla situação.

Quando uma pessoa tenta lidar com esta ansiedade longe de Deus, a ansiedade resulta em pecado. A pessoa é consciente da liberdade da potencialidade; ele ou ela é capaz. Mas a pessoa é também consciente do seu destino e permanência. E a consciência da habilidade *e* limitação causa ansiedade. É o lugar onde o finito toca o infinito, onde o temporal toca a eternidade, onde a necessidade toca a liberdade. Este estado de ambiguidade leva à tentação de cair para um ou outro lado destas tensões opostas. Se a pessoa cai no lado da finitude e permanência, irá pecar por falhar na escolha de atingir o seu pleno potencial. Se a pessoa cai no lado da infinidade e liberdade, irá pecar por se tentar realizar longe de Deus.

Neste apuro, Adão e Eva foram os primeiros a pecar e a afastarem-se de Deus. Mas toda a humanidade depois deles tem também caído por pecar. Isto é, o pecado original de Adão e Eva pode ser encontrado em cada pessoa. É este pecado original que nos afecta. Mas a escolha de concretizar o pecado é sempre nossa.

O que ganhamos deste modelo ocidental é um sentido da profundidade do pecado e os meandros de como ele afectou todo o nosso ser, particularmente na habilidade de nos relacionarmos. O pecado, como um acto intencional da vontade, traz separação de todos os relacionamentos, até no nosso relacionamento connosco mesmos. Por exemplo, mesmo perante a oferta de misericórdia, o desespero desconta o ego para si mesmo como demasiado corrompido. Este profundo afastamento fragmenta o ego; rompe os desejados relacionamentos com os outros, mas mais importante, afasta-nos de Deus, mesmo que vejamos a Sua chamada reconciliadora. É o nosso pecado que nos impede de acreditar que o pecado pode ser conquistado.

Há muito visto como fundamental para a inteira teologia de Wesley, o conceito da graça preveniente tem sido largamente presumido, em vez de adequadamente enfatizado. O seu significado pode ser visto como sobreposto ao conceito ocidental generalizado de depravação. A graça preveniente tem-nos ajudado a ver a potencialidade de algo diferente. Fundamental a qualquer doutrina do pecado original, é a crença de que a humanidade é incapaz de rectificar a situação na qual se encontra. Deus é a única forma pela qual a um ser fracturado é dada qualquer potencialidade para mudar. Mas de que forma é que somos salvos? Como é que somos resgatados da depravação absoluta?

Agostinho, e a ênfase da tradição reformada em tal depravação, leva-nos necessariamente à doutrina da predestinação. Apenas Deus pode salvar. A salvação deve vir através da eleição, porque a pessoa é absolutamente incapaz de fazer qualquer coisa – até decretar a fé — para participar em, ou ajudar na, salvação de Deus. Foi apenas na sua discussão com Pelágio que Agostinho adoptou esta posição extrema.

Mas enquanto os wesleyanos nunca admitiram qualquer noção de predestinação, em certas ocasiões admitiram o oposto, caindo num pelagianismo prático. Sem um entendimento da graça preveniente, não há forma de explicar como são possíveis os passos da fé, excepto através da vontade humana. Somos nós que nos devemos dirigir para a reconciliação e fé. Apesar de encontrarmos um Cristo que sofreu por nós, não encontramos o mecanismo pelo qual temos fé, nem para explicar como a fé supera o afastamento. Se é a presença de Deus que efectivamente vence o poder do pecado, somos nós que devemos encontrar o nosso caminho para essa presença ou existe um movimento para connosco, até no nosso afastamento, que não se sobrepõe à nossa vontade? É aqui que o poder do conceito (e realidade) da graça preveniente soluciona o problema de decidir entre a predestinação e o nosso pelagianismo escondido.

Como sugerido antes, a melhor forma de compreender a graça preveniente é pneumatologicamente. Isto é, esta graça não é uma substância mais do que o pecado é uma substância. Somos melhor servidos ao ver a graça preveniente como a actividade, e até presença, do Espírito Santo. Ao contrário dos estudiosos reformadores ocidentais, a teologia wesleyana crê que a situação pecaminosa na qual nascemos não é o único factor na nossa situação humana. Se somos puxados por um pecado original que se tem acumulado ao longo da história, há um contrapeso a puxar para a vida e para longe da autodestruição. A presença de Deus, através da actividade graciosa do Espírito Santo capacita a vontade, não para se salvar a si mesmo, mas para se mover para Deus, que Se move para nós. Isto é diferente da conceptualização de Pelágio da actividade da vontade. Temos o *livre arbítrio* porque temos sido *agraciados* pela própria presença de Deus. Temos recebido o livre arbítrio.

Se nos mantivermos como um ser fracturado, que é incapaz de se relacionar com os outros, sem grande distorção, podemos também manter o conceito wesleyano da graça preveniente, que permite uma renovação da *imago Dei* — e a possibilidade do amor genuíno para com os outros, para consigo mesmo, e, finalmente, para com Deus. Mas será que esta renovação só começa na altura da salvação? Esta é uma questão difícil, à qual Wesley responde de forma surpreendente. Primeiro, uma citação de Kierkegaard está em ordem:

> A [nossa] condição básica torna impossível o auto-aperfeiçoamento definitivo. Esta é a força da frase grega do sentido de Aristóteles "em termos da possibilidade", isto é, o carvalho está na bolota, o frango no ovo. (...) O ser que desejamos tornar-nos não está presente sequer potencialmente e todos os esforços para o desenvolver a partir da base existencial são fúteis, até que o ser esteja em "equilíbrio". Por isso, e só então, é que o ser existe "em termos de possibilidade," presente em si mesmo, uma base ideal para o desenvolvimento satisfatório. (...) "Tornar-se" pode agora tomar lugar.[20]

Por isso Kierkegaard e outros estudiosos reformadores acreditam que apenas depois de estarem numa relação salvadora (até predestinada) com Deus é que a potencialidade é oferecida. Não há qualquer semente antes da salvação. A verdadeira humanidade não está presente sequer potencialmente naqueles que estão no pecado e que têm concretizado o pecado através da escolha. Mas em vez de esperar que a salvação seja potencialmente restaurada, a teologia wesleyana abre a possibilidade da verdadeira potencialidade humana naqueles que ainda têm de encontrar equilíbrio e salvação. A nossa própria natureza muda na sua potencialidade imediatamente desde o momento do nascimento (vida) porque não somos apenas afectados pelo pecado original, mas tal pecado é também contrabalançado pela graça preveniente. A nossa potencialidade é restaurada. A nossa potencialidade começa a ser concretizada através da fé salvadora.

Em revisão, Pelágio acreditava que acreditava que os seres humanos não só não herdaram a culpa de Adão, mas também não herdaram qualquer corrupção. E, por isso, cada pessoa tem a mesma escolha que Adão e Eva tiveram no jardim. Ele afirmou que nascemos com *liberdade natural*. Agostinho, por outro lado, insistiu numa forte doutrina da depravação total e culpa herdada e numa forte doutrina da salvação como um dom de Deus em Cristo por meio do Espírito Santo. A *via media* vem através da doutrina da graça preveniente de Wesley. A graça que Deus dá a cada ser humano nascido no mundo dá à pessoa uma *liberdade agraciada*. Embora seja herdada uma inclinação para o pecado, a graça é dada para que o pecar (pecado concretizado) permaneça uma escolha pela qual seremos, correctamente, responsabilizados. A rejeição do pecado herdado de Wesley mantém que Deus é realmente justo. Agostinho também impede que Wesley seja pressionado a afirmar a predestinação. A doutrina do pecado de Wesley foi tão forte que apenas um acto predeterminado de Deus, irresistível, nos pode salvar. Wesley evitou esta conclusão lógica através da sua afirmação da graça preveniente universal.

Mas Wesley também mantinha que o nosso potencial não é o mesmo que o dos primeiros humanos. Wesley claramente cita no seu sermão "What is Man?" [O que é o homem?] que o nosso potencial, agora, é ainda maior desde que Cristo veio à terra. Podemos tornar-nos mais do que Adão ou Eva alguma vez puderam. Enquanto que a graça preveniente nos dá a semente, o nosso potencial começa o processo de concretização mais aguda, no momento do nosso segundo nascimento. É aqui que o processo, a que temos chamado de cura, realmente começa. E é nisto que o próximo capítulo se foca, com estas palavras de Wynkoop providenciando uma transição oportuna:

> A salvação tem a ver com o relacionamento interrompido. Sendo uma interrupção aos olhos de Deus e nos corações [do povo], a preocupação central é corrigir esse relacionamento. Nada menos poderá ser digno do termo salvação. A alienação deve acabar. Apenas Deus o pode fazer. Isto sabemos, em Cristo o afastamento acabou. Devemos receber Deus com um amor singelo. Qualquer duplicidade ou intenções dúbias, torna impossível a comunhão purificadora. O sacrifício do próprio Cristo na cruz, não tornou apenas possível a aprovação de Deus, mas também torna possível um coração puro. O pecado é, nesta vida, possível de corrigir. A alienação,

entre Deus e [nós], acaba. A antítese de amar Deus não é um estado, nem a santidade é um estado, mas uma atmosfera diária, ho-
rária, talvez até momentânea, mantida na presença e pelo poder do
Espírito Santo. Tal apela à mais profunda participação. Mas a participação não é tensa, artificial, inspirada pelo medo; antes é a pessoa totalmente empenhada em Deus com abandono. Tal não coloca um fardo impossível sobre a psique humana, nem exige qualquer medida especial de maturidade, habilidade ou conhecimento.
Exige, sim, crescimento e nutrição e uma sensibilidade espiritual
que se aprofunda sem fim.[21]

## DECLARAÇÕES SUMÁRIAS

1. É importante manter-se na bondade da criação de Deus,
   especialmente os seres humanos.
2. A *imago Dei* é definida como a capacidade de amar e de ter
   relacionamentos, de acordo com a teologia wesleyana de
   santidade.
3. "A Queda" não oblitera a *imago Dei* na humanidade.
4. A definição de pecado que usamos está intricadamente ligada à
   forma como entendemos a salvação.
5. O pecado original é definido por Wesley como idolatria.
6. O pecado pode ser superado nesta vida através da graça
   santificadora de Deus.

## QUESTÕES PARA REFLEXÃO

1. Como podemos explicar os bons actos daqueles que não crêem?
2. Que informação, ganha das ciências, pode informar a nossa
   antropologia teológica?
3. Como é que a posição de Wesley é intermédia entre Pelágio e
   Agostinho?
4. Será que o pecado original nos torna culpados diante de Deus na
   teologia wesleyana de santidade? Porque é que isso é importante?

# SALVAÇÃO TOTAL[1]

## OBJECTIVOS DOS ALUNOS
*O estudo deste capítulo vai ajudá-lo a:*
1. Identificar aspectos chave na expiação de Cristo
2. Compreender os vários concomitantes da conversão
3. Considerar várias falsas ideias acerca da inteira santificação
4. Traçar as várias formas de santificação na *ordo* (*via*) *salutis*

## PALAVRAS CHAVE

| | |
|---|---|
| Novo nascimento | Santificação inicial |
| Justificação | Justiça imputada |
| Regeneração | Justiça transmitida |
| Adopção | Inteira santificação |
| Certeza | Santificação progressiva |
| Testemunho do Espírito | Santificação final |
| Redenção | Ontológica |
| Reconciliação | Teleológica |

Quando os "evangélicos"[2] invocam a metáfora da salvação, referem-se a estar num relacionamento com Deus através de Jesus Cristo. Normalmente, há um momento, no tempo identificado como início do tal relacionamento, em que a pessoa coloca a sua fé em Cristo. Uma frase em particular, da conversa entre Jesus e Nicodemos em João 3, é emprestada a este assunto: "Necessário vos é *nascer de novo*" (versículo 7, ênfase adicionada). Há outras metáforas que também poderiam ser usadas. Mas a principal, que invocamos teologicamente é a da salvação. É da palavra grega para salvação, *soteria*, que falamos na doutrina da *soteriologia*.

Podemos legitimamente questionar de que é que somos salvos? Certamente, tanto os evangélicos em geral como as pessoas do movimento de santidade, acreditam que as pessoas são salvas do inferno e salvas da culpa dos seus pecados. Mas a teologia da santidade vai explicitamente além disso, afirmando que as pessoas podem também ser salvas do *poder* do pecado nesta vida. Deus "quebra o poder do pecado cancelado"[3]. É aqui que a teologia wesleyana de santidade se move além das formas mais reformadoras do evangelicalismo. Para Wesley, a salvação abrange a inteira vida cristã, do **novo nascimento** à morte e vida eterna.

Estritamente falando, não somos salvos por seguir a lei mas apenas através do que Cristo cumpriu na cruz. Mas a salvação é mais do que receber o dom deste acto, cumprido em nosso lugar. A salvação total envolve tal transformação genuína (através da graça de Deus) que, como Paulo diz, "a justiça da lei se cumpr[iss]e em nós" (Romanos 8:4). Na vida humana, então, a **justificação** (liberdade da culpa do pecado) e a santificação (liberdade do poder do pecado) estão fortemente entrelaçadas. É apenas para a discussão e clareza que as separamos aqui, usando a salvação para falar do perdão ganho pela expiação e a santificação para falar da transformação interior que vem de uma participação mais completa na vida de Deus (através da expiação de Cristo e em sintonia com o Espírito).

## SALVAÇÃO

É correcto ver as denominações do Movimento de Santidade como protestantes — como aquelas que afirmam a ênfase primária de Martinho Lutero: Somos salvos pela graça *apenas através da fé* (salvação pela graça através apenas da fé *em Cristo*). Como Efésios declara, somos salvos pela graça através da fé em Cristo, e não por obras, para que não nos gabemos ou coloquemos a confiança nas nossas próprias conquistas (ver 2:8-9). Esta graça vem porque Cristo sofreu na cruz.

Apesar de estar além do nosso objectivo aprofundar as várias teorias sobre o sofrimento de Cristo — as diferentes teorias da expiação que temos desenvolvido desde a igreja primitiva — iremos discutir aspectos chave da morte de Jesus que afirmamos serem essenciais para a salvação e para uma total compreensão do que Ele fez por nós.

Antes de mais, afirmamos que a morte de Jesus foi *voluntária* — Ele morreu de livre vontade. Não foi forçado contra a Sua própria vontade quando o povo O tentou, Lhe bateu e O matou. Agiu de livre vontade. Também, e talvez mais importante, não foi forçado por Deus. À medida que lutou e Se esforçou no Jardim de Getsémani, Ele podia-Se ter recusado a beber o cálice da tristeza, dor e angústia. Deus não O poderia forçar a fazê-lo. Ele tinha livre arbítrio e Deus nunca se intrometeria. Mas sabemos que Jesus Se submeteu à vontade de Deus e falou do Seu próprio coração, "todavia não se faça a minha vontade, mas a Tua". (Lucas 22:42). A morte de Jesus foi voluntária. Se não fosse, não teria sido eficaz na nossa salvação.

Segundo, afirmamos que a morte de Jesus foi *intencional.* Isto é, não foi o mero acaso que O levou à cruz, como se outros incidentes O tivessem levado a um desfecho diferente. Jesus Cristo nasceu para que pudesse morrer. Deus desejava que isto acontecesse. Mais uma vez, Ele não teria forçado Jesus a passar por isto, mas nós afirmamos que este era o plano de Deus para a redenção do mundo. "Porquanto o que era impossível à lei (...) Deus, enviando o seu Filho em semelhança da carne do pecado, pelo pecado condenou o pecado na carne" (Romanos 8:3). Enquanto os judeus, e até os discípulos de Jesus, esperavam um tipo diferente de Messias (um político), Jesus como o Messias veio como foi profetizado. Há uma expectativa genuína baseada nos propósitos revelados de Deus. E no fim da Sua vida, quando Jesus disse aos Seus discípulos que iria morrer, os seus olhos finalmente viram (apesar de não totalmente até depois do Pentecostes) que era esse o propósito de toda a Sua vida.

Em terceiro lugar, afirmamos também que a morte de Jesus foi *real.* Houve heresias cristãs primitivas que negaram que Jesus morreu uma morte totalmente humana. Os Gnósticos seguiam uma crença chamada Docetismo (da palavra grega *dokein*, "parecer"). Seguindo o seu mito da criação e a sua crença de que todas as coisas materiais são inerentemente más, eles crêem que Deus não podia permitir que Jesus tivesse um corpo humano real. Ele apenas parecia ter um corpo humano e apenas pareceu ter morrido. No entanto, a crença ortodoxa considera uma morte real crucial para que a morte de Cristo fosse salvífica. Ele sangrou sangue real, sofreu ferimentos reais, experimentou dor indizível e morreu uma morte verdadeiramente humana. A Sua morte foi ainda mais agoniante porque Ele levou sobre Si o peso do pecado de todo o mundo.

Finalmente, em quarto lugar, afirmamos que Jesus era *inocente* e consideramos essa inocência como absolutamente essencial para a Sua capacidade de nos salvar. O Velho Testamento fala de um sacrifício perfeito para o pecado como um cordeiro sem defeito. João Baptista refere-se a Jesus como o Cordeiro de Deus. Por consequência, o sacrifício de Jesus foi perfeito. A tradição tem mantido que foi por Jesus nunca ter pecado, que foi capaz de assumir o pecado do mundo. Se Ele mesmo fosse um pecador, não teria sido capaz de morrer pelo Seu próprio pecado, porque como Paulo diz, "todos pecaram e destituídos estão da glória de Deus" (Romanos 3:23), declarando que todo o pecado merece punição. Sabemos que o Novo Testamento claramente afirma que Jesus era igual a nós, em todas as formas, mas não pecou. Esta inocência era necessária para que a Sua morte salvasse toda a humanidade e não apenas Ele mesmo.

O que Jesus alcança na cruz — a expiação — é o que traz a salvação, mas é apenas parte da totalidade do estudo da soteriologia. Um aspecto dá atenção a como a vida e morte de Jesus expiam o pecado. Mas mais importante para a perspectiva wesleyana de santidade é como a Sua expiação nos afecta.

A primeira declaração que devemos fazer da nossa teologia é que a salvação é sinergética — a expiação é a fonte da salvação, mas temos de aceitá-la. O que isto significa é que temos que participar na graça disponível através da obra de Cristo ao cooperar na nossa salvação. Isto implica que a nossa actividade é aceitar a graça e até a fé que Deus dá. Esta fé não deve ser vista como uma obra que devemos alcançar, mas como uma recepção intencional da obra que Cristo tem feito em nós. Quando esta fé é activada e a graça é dada, somos salvos, tanto da culpa do pecado como no começo do processo onde Deus quebra o poder do pecado. Podemos chamar a este processo santificação. Há muitas metáforas para este evento salvador inicial. Cada uma das seguintes metáforas é uma designação para um aspecto diferente do mesmo momento da salvação.

## JUSTIFICAÇÃO

Ser justificado por Deus resulta no perdão dos nossos pecados. A culpa dos nossos pecados é removida. Deus não nos condena mais pelas nossas transgressões. Isto está na essência do tema da Reforma. Mais uma vez, Lutero foi separado dos seus colegas católicos pela sua declaração de que somos salvos pela fé. Nós chamamos a isto a sua doutrina da justificação. Também se pode dizer que é uma visão forense da salvação. Somos culpados. Merecemos castigo. Mas Jesus Cristo leva o castigo dos nossos pecados em Si mesmo. Assim, Deus como juiz é capaz de dizer que nós já não somos responsáveis pelos nossos pecados passados. A culpa é expiada. Wesley acreditava claramente na justificação, tal como Lutero acreditava na santificação. No entanto, Wesley enfatizou particularmente que a salvação vai além da justificação para resolver o problema ou doença subjacente. O modelo terapêutico de Wesley leva-o mais longe.

## REGENERAÇÃO

O termo favorito de Wesley para salvação é "novo nascimento". Este conceito significa que somos regenerados, nascidos de novo e somos novas criaturas em Cristo. Wesley nunca quis que a Sua doutrina da santificação minimizasse o poder e significado do novo nascimento. Verdadeiramente, "as coisas velhas já passaram; eis que tudo se fez novo" (2 Coríntios 5:17). Wesley foi mais além ao dizer que o novo nascimento é um evento que tem a função primária de quebrar o poder do pecado nas nossas vidas e que devemos esperar mudanças significativas numa pessoa, no momento em que decreta a sua fé. Isto é a **regeneração**.

## ADOPÇÃO

Wesley enfatizou fortemente a importância de ser um filho de Deus e co-herdeiro com Cristo. Este aspecto da salvação também implica que nascemos numa família, numa comunidade de irmãos e irmãs em Cristo. Tal impede-nos de imaginar a salvação como um conceito puramente privado. Somos adoptados por Deus e adoptados pela família de Deus. Os versículos que Wesley usou neste ponto foram Romanos 8:14-15.

Aqui, a **adopção** não foi o único ponto mencionado. Paulo também enfatiza o que Wesley chamava a doutrina da **segurança**, também conhecida como o **testemunho do Espírito**. Não somos apenas adoptados como filhos de Deus, mas o Espírito também testemunha ao nosso espírito que isso é verdade. O Espírito dá uma certeza interior profunda em como fomos aceites por Deus como Seus filhos amados e que Jesus é mais chegado do que um irmão.

## REDENÇÃO

A **Redenção** implica a liberdade do pecado. O Êxodo age como a principal metáfora bíblica para a redenção. É seguramente uma metáfora importante no entendimento wesleyano de santidade da total salvação ou santificação. De acordo com Romanos 7, assim como o povo estava escravizado pelos egípcios, nós estamos escravizados pelo pecado. Mas assim como Moisés levou o Seu povo para fora do Egipto, Jesus leva os Seus irmãos e irmãs para fora da escravidão e para a "terra prometida", onde já não somos cativos de nada, a não ser da nossa obediência voluntária a Deus. Já não somos escravos do pecado. A redenção também implica receber um novo propósito, nomeadamente, amar a Deus com todo o nosso ser e o nosso próximo como a nós mesmos. Assim como num "centro de resgate" as garrafas velhas são recicladas, dando lugar a novas garrafas, também as nossas vidas são redimidas do pecado dando lugar ao amor.

## RECONCILIAÇÃO

Somos reconciliados com Deus. Este é um tema que encontramos nos escritos de João Wesley e também nos hinos de Carlos Wesley. É o sentido de que a alienação e separação de Deus, implícitas no pecado, são superadas quando começamos um novo relacionamento com Deus. É uma reconciliação que subverte o que alguns estudiosos de Wesley têm chamado de privação ou privação relacional. A privação total, como mencionada antes (ver capítulo seis), é um entendimento modificado do conceito da total depravação de Calvino, que refere que a queda de Adão coloca toda a sua prole (a humanidade como um todo) numa escuridão total. A privação, por outro lado, afirma que a imagem de Deus permanece (apesar de distorcida) e que somos pecaminosos primeiramente porque temos sido privados de uma intimidade com Deus inicialmente desejada. O momento da salvação supera a separação e traz-nos de volta a um relacionamento com Deus, que cresce em intimidade à medida que crescemos espiritualmente.

## SANTIFICAÇÃO INICIAL

Wesley nunca usou o termo santificação inicial. Mas tal simboliza a sua crença de que o processo de ser feito justo começa no momento da salvação. No momento da salvação, a justiça de Deus é *imputada* (**justiça imputada**). Isto significa que Deus considera-nos santos por causa da santidade de Cristo. Mas, novamente, tomamos caminhos diferentes da tradição reformada porque os wesleyanos acreditam que no momento da salvação, Deus nos começa a *transmitir* a justiça (**justiça transmitida**) em nós. Isto é, Deus não apenas nos toma como justos ou santos, mas também nos torna realmente santos de forma progressiva à medida que começamos a nossa jornada como cristãos. Não é que Lutero, e outros, não tenham afirmado a justiça transmitida. Mas Wesley fê-la central na sua teologia de santidade. O momento da nossa salvação é também o momento da nossa santificação inicial. A santificação inicial rapidamente progride para uma santificação crescente. Voltamos agora a nossa atenção para a santificação como um todo.

## SANTIFICAÇÃO

Comecemos a nossa discussão sobre o que é a santificação, com um claro entendimento acerca do que a santificação não é. O próprio Wesley frequentemente usava a retórica para definir alguns aspectos da teologia, mostrando primeiro o que *não é*. Tentaremos, então, clarificar o nosso entendimento acerca da santificação e numerando vários *mitos*.

1. *Santidade e inteira santificação são sinónimos*

Este é um erro fácil de cometer. Para ser teologicamente preciso, a santidade e a santificação começam quando a pessoa nasce de novo e continuam ao longo da sua vida. A santidade nunca deve ser limitada a um evento instantâneo. A santidade é também uma forma de ser. A **Inteira Santificação** é um dos mecanismos que viabiliza ou concretiza esta forma de viver.

O diagrama abaixo é uma representação da total obra santificadora de Deus nas nossas vidas.

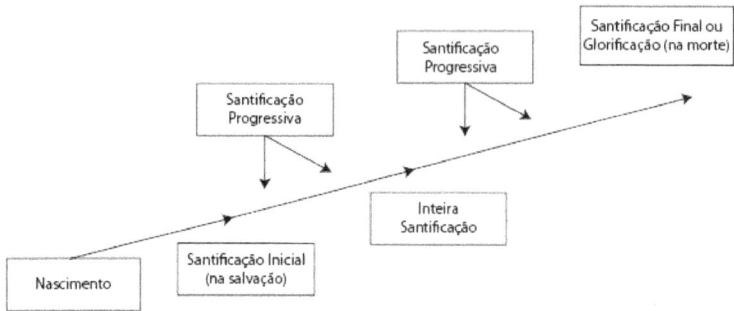

Tal representa o que às vezes é chamado de *ordo salutis*, ou ordem de salvação. (Alguns estudiosos de Wesley, como Randy Maddox, preferem *via salutis*, ou caminho da salvação, para descrever uma dinâmica mais fluida, contínua). No nascimento, é dada a cada pessoa a graça previeniente, que a levará a um relacionamento com Deus. Se a pessoa coopera com esta graça, resulta uma conversão ou um momento de salvação, através de um despertar, convicção, arrependimento e fé. Neste mesmo momento, começa o processo de salvação com o que é chamado de **santificação inicial**. Deus concede justiça e começa a transmitir essa justiça de tal forma, que a pessoa entra, então, no processo de ser feita santa. No entanto, este não é um evento completo. Segue-se a **santificação progressiva** que também pode ser chamada de santificação gradual, crescimento na graça ou até formação espiritual. À medida que o crescimento ocorre, a pessoa ganha um sentido de disponibilidade espiritual onde é possível um compromisso ainda mais profundo. Este é o momento da inteira santificação. *Depois* desta obra profunda da graça tomar lugar, segue-se novamente a santificação progressiva. O crescimento continua, através da inteira devoção constante, até que a pessoa morra e experimente a **santificação final**, também conhecida como glorificação. "...seremos semelhantes a ele, porque, assim como é, o veremos". (1 João 3:2).

## 2. *A Inteira Santificação é o destino da vida cristã*

Há três questões implícitas e perigosas que surgem desta falsa suposição. A primeira sugere que a experiência da inteira santificação é o fim do crescimento cristão. É tão importante enfatizar o crescimento na graça *depois* da experiência da inteira santificação como o é antes da mesma. A segunda, sugere que chegamos ao pináculo da experiência cristã e que a graça de Deus já fez tudo o que podia fazer, o que também é falso. Deus planeou que continuássemos a ser renovados à Sua imagem ao longo das nossas vidas. A inteira santificação é um ponto significante, mas não é certamente a maior experiência. A terceira, sugere que não devemos insinuar que estamos à procura de uma *experiência*. A inteira santificação é apenas possível quando estamos à procura de Deus e da vida vivida com Ele. A inteira santificação tem a ver com o nosso relacionamento com Deus; é uma pena se separarmos a experiência dos seus aspectos relacionais.

3. *A Inteira Santificação retira a nossa capacidade de pecar*

Como examinámos no último capítulo, o pecado é um assunto complexo quando relacionado com o entendimento sobre a santidade pela visão wesleyana. Mas o que podemos dizer com certeza é que nada irá tirar a nossa *capacidade* de pecar. O nosso livre arbítrio está sempre presente. Deus não nos tira as nossas próprias escolhas e, por isso, podemos sempre escolher pecar. A graça providencia-nos uma escapatória, mas em última análise responder ao Espírito Santo ou rejeitar o auxílio de Deus é uma escolha nossa. A suposição de que a nossa capacidade para pecar é retirada depois da inteira santificação é claramente um erro. Erro esse que Wesley encarou directamente, na controvérsia do perfeccionismo, contrariando forte e rapidamente.[4]

4. *Não recebemos totalmente o Espírito Santo até que sejamos inteiramente santificados*

Esta ideia é contrária ao ensino bíblico mas é, ainda assim, um mito que se tem perpetuado na teologia popular. Paulo diz em, Romanos 8, que se estamos em Cristo, recebemos o Espírito Santo. É no momento do nosso novo nascimento que o Espírito Santo vem habitar em nós. Mas, mais precisamente, o Espírito Santo está activo nas nossas vidas *antes* de conhecermos Cristo, no ministério do Espírito da graça preveniente. Cremos que o Espírito está a trabalhar na vida de cada indivíduo desde o nascimento, levando todas as pessoas a um relacionamento com Deus. Cremos que o Espírito Santo desperta as pessoas para a sua necessidade de salvação, convence-as do pecado e aplica-lhes a expiação de Cristo quando respondem em fé. A graça de Deus, apropriada por tal fé, é o que traz salvação. O Espírito *habita* no crente desde esse momento.

Outra interpretação errónea sobre este ponto é que recebemos uma porção do Espírito na salvação e todo o Espírito na inteira santificação, como se Deus fosse semítico com o Espírito Santo. É a nossa capacidade crescente de experimentar a totalidade de Deus que pode explicar este sentido de que recebemos mais do Espírito Santo depois. Mas, novamente, não é Deus que detém o Espírito. É a nossa capacidade de experimentar o Espírito que cresce e que se expande.

5. *Aqueles não inteiramente santificados são pecadores e cidadãos de "segunda classe"*

Como ainda agora referido, a relação do pecado com a salvação é complexa. Enfatizar demasiado a inteira santificação ao ponto de deixar de enfatizar a experiência do novo nascimento é perigoso. A vida cristã até ao ponto da inteira santificação, tem sido, por vezes, retratada como uma horrível vida de escravidão ao pecado, com pouca ou nenhuma vitória. Tal é contrário ao pensamento de Wesley, como veremos nos capítulos seguintes. Nunca devemos ver aqueles que foram inteiramente santificados como melhores do que aqueles que não o foram; nem devíamos ver aqueles, na estrada para a inteira santificação, como cristãos menores. Se estamos em Cristo, somos inteiramente cristãos.

Uma consequência deste pensamento errado é a crença de que os melhores candidatos à inteira santificação são os apóstatas! Não é, de todo, necessário desviarmo-nos de Deus para que venhamos a ter um compromisso mais profundo. A linguagem usada por alguns para expressar a experiência da inteira santificação – nomeadamente *"re-comprometi* a minha vida a Cristo" – pode falsamente insinuar que é necessário algum tipo de falha ou de desvio para que a experiência aconteça. Isto é completamente falso. O ideal é que cresçamos em Cristo entre a primeira e a segunda obra da graça sem nenhuma regressão.

6. *Apenas aqueles que são inteiramente santificados vão para o céu*

Este mito surgiu de uma interpretação errada de Hebreus 12:14, que diz, "Sem santidade ninguém verá o Senhor". Este erro surge da confusão entre o que é a santidade e a experiência da inteira santificação. Como veremos, a santidade tem um significado muito mais amplo. A obra santificadora de Deus é-nos dada, desde o momento do novo nascimento até à glorificação no céu. A inteira santificação é um passo importante na jornada espiritual. É uma perversão do próprio Evangelho sugerir que aqueles que alcançaram este passo é que são candidatos à vida eterna. Mas uma consequência ainda mais subtil pode ser retirada deste mito. A sugestão de que é a nossa própria rectidão garante o caminho para o céu, leva-nos ao próximo assunto.

### 7. No dia a dia, a santidade assemelha-se a uma presunção legalista

Se a santidade é reduzida a uma lista do que fazer e não fazer, o legalismo não tarda em chegar. Este foi o problema que Jesus confrontou com os fariseus. Eles olhavam apenas para o exterior e esqueciam-se da relevância do coração e da vida interior. Eles também se esqueciam que toda a justiça vem de Deus. Paulo clarifica, na sua carta aos Filipenses, que era perfeito no que diz respeito à obediência à lei. Mas que não é suficiente. Paulo precisava de Cristo para o limpar desde o interior. Um dos perigos de enfatizar a necessidade da santidade pessoal é que nos podemos esquecer do seu propósito e fazer dela o objectivo final. Isto leva-nos ao próximo mito.

### 8. O objectivo da vida santificada é viver sem pecado

A interpretação de Wesley é correcta ao referir, enfáticamente, que se conceptualizamos a santidade como a ausência de algo, nomeadamente do pecado, não apenas damos à santidade uma definição fraca e mal interpretada, como estamos também em perigo de perder a essência da vida cristã. Santidade é acerca da presença de algo: o amor. E o amor é completamente relacional. Podemos ser capazes de conceber uma vida sem pecado, se definirmos pecado como um acto rebelde contra a lei de Deus. Mas tal vida não seria verdadeiramente santa a menos que exibisse o amor genuíno.

Jesus contou uma parábola acerca de um espírito mau que deixa uma pessoa. Vagueia por lugares áridos em busca de descanso, mas não o encontra. Então decide, "Tornarei para minha casa, donde saí. E, chegando, acha-a varrida e adornada. Então vai, e leva consigo outros sete espíritos, piores do que ele, e, entrando, habitam ali; e o último estado desse homem é pior do que o primeiro" (Lucas 11:24-26). Se apenas falamos de santidade como uma casa limpa, sem nada a preencher o vazio, corremos o risco de nos tornarmos ainda mais pecaminosos do que quando começamos, insinuou Jesus. É crucial, para a identidade da santidade, que se diga que a vida sem pecado não é o objectivo principal da santidade e da santificação. O vazio deve ser preenchido por amor. "Amor a Deus e ao próximo" é a definição de santidade de Wesley.

9. *O inteiramente santificado não enfrenta tentações*

Apesar de haver uma oposição bíblica imediata, este ainda é um mito que causa grande confusão às pessoas. As Escrituras dizem-nos que Jesus foi tentado no deserto. Também nos dizem explicitamente que Ele foi tentado de todas as formas, como nós, mas que não caiu em tentação (Hebreus 4:15). E por isso, cremos que, apesar de Jesus ser sem pecado desde o nascimento e santo em todos os aspectos, Ele próprio enfrentou tentações. Ainda assim, as pessoas lutam na crença de que à medida que crescem na fé, a tentação será menor. Se quem experimentou a inteira santificação espera este resultado e se encontra num momento de tentação, terá, por razões desnecessárias, grande sofrimento em forma de dúvida espiritual.

10. *É impossível viver de acordo com as expectativas da vida santificada*

O evangelicalismo genérico tem ensinado às gerações recentes que são pecadores, salvos pela graça. E esta é uma mensagem importante. Mas o que queremos dizer quando, às vezes, aplicamos a linguagem de "salvação total" é que há mais. Somos pecadores salvos pela graça, mas é o desejo de Deus transformar-nos desde o interior para que nos tornemos mais. A mensagem wesleyana é que a vida cristã não está condenada a um ciclo de pecado e falha perpétuas, onde o poder do pecado parece maior do que poder da graça! Mas, em vez disso, Deus desejou, ainda antes da fundação do mundo, que fôssemos como Cristo de coração e vida. Deus é fiel ao chamar-nos para vidas santas; se Deus nos tem chamado, então "Ele irá fazê-lo" em nós (1 Tessalonicenses 5:24).

Examinámos alguns mitos acerca da inteira santificação – o que a inteira santificação *não* é. A nossa atenção volta-se agora para afirmações positivas que podemos apoiar.

1. *A inteira santificação é subsequente à regeneração*

Tal implica que existe uma segunda experiência na jornada cristã, que leva a pessoa além do que foi alcançado na altura em que foi salva. Apesar da santificação progressiva ser também subsequente à regeneração, a inteira santificação acontece, frequentemente, numa altura de decisão.

2. *A inteira santificação quebra o poder do pecado*

A tradição wesleyana de santidade crê que o poder do pecado pode ser efectivamente combatido (quebrado, limpo) para que possamos viver vitoriosamente nesta vida.

3. *A inteira santificação é caracterizada pela inteira devoção a Deus*

Consagrar tudo (nós mesmos, o que possuímos, a nossa família e amigos) a Deus e comprometer todo o nosso ser ao serviço de Deus é o primeiro requisito da vida inteiramente santificada.

4. *A inteira santificação resulta em obediência e amor*

Quando o poder do pecado é removido pela graça, somos cheios com um novo poder através da graça, para sermos obedientes aos desejos mais profundos de Deus para a nossa vida. As nossas intenções são purificadas e a nossa capacidade para amar cresce para uma verdadeira habilidade para amar.

5. *A inteira santificação tem um elemento tanto de tirar como de dar*

A nossa disposição interior para pecar "é removida", mas imediatamente a presença permanente do Espírito habita em nós de forma mais profunda e mais penetrante do que nunca antes. Wesley falou disso quando disse, "o amor [de Deus] exclui o pecado" no coração.[5]

6. *A inteira santificação é apenas através da fé (pela graça)*

João Wesley tomou a doutrina de Martinho Lutero, a *sola fide*, e aplicou-a à segunda obra da graça.[6] Assim como não somos capazes de fazer nada que mereça a salvação, não podemos fazer nada para merecer a santificação. Devemos sempre cooperar com a graça de Deus para chegar à santificação, mas não a podemos merecer.

7. *A inteira santificação é (geralmente) seguida pelo testemunho do Espírito*

Como mencionado antes, uma das doutrinas mais importantes para Wesley é o testemunho do Espírito, também conhecido como a doutrina da segurança. O Espírito testifica junto do nosso espírito que somos filhos de Deus. Aplicamos isto também à experiência da inteira santificação. Deus assegurar-nos-á de que Lhe permitimos fazer uma obra mais profunda e de que a graça santificadora nos foi dada. É de notar que Wesley, mais tarde na sua vida, estava ciente que por causa de factores não espirituais (tal como a doença mental, nos termos de hoje) uma pessoa podia ser incapaz de experimentar esta segurança interior.

8. *Várias metáforas podem ser usadas para descrever a inteira santificação*

Tal sugere que não há uma linguagem uníssona que se sobreponha. Em diferentes períodos da história foram usadas diferentes expressões, mas nenhuma é, normativamente, dominante. Toda a linguagem é, de certa forma, metafórica. Novas metáforas devem surgir de e para novas gerações.

9. *A inteira santificação requer crescimento subsequente, que deve ser nutrido intencionalmente*

A inteira santificação está longe de ser o fim. Não a alcançamos e ficamos à espera que tudo termine. Somos capacitados pela experiência da inteira santificação para crescer sem os obstáculos anteriores. Existe uma diferença substancial entre um coração puro e a maturidade cristã. Ter as intenções do coração purificadas dá-nos novo potencial, mas a maturidade, o processo de crescimento, é o que realiza, mais e mais, este potencial.

10. *Este crescimento é no carácter semelhante a Cristo*

Devemos sempre ver a jornada cristã com o objectivo de nos tornarmos mais e mais como Cristo. Isto é definitivo e normativo da vida santificada, com o amor de Cristo na frente do nosso entendimento do carácter de Deus.

## A ESTRUTURA DE UMA EXPERIÊNCIA

A questão permanece: como é que a inteira santificação acontece? É aqui que podemos ver algumas diferenças entre Wesley e o paradigma do século XIX. De acordo com Wesley, a inteira santificação pode ocorrer nesta vida. Bastantes testemunhos do seu povo metodista confirmaram-no na mente e coração de Wesley. Mas o seu conselho para quem buscasse a experiência era que "o esperassem no tempo que Deus ordenou". Esta espera não sugere passividade; atender aos meios da graça é, na verdade, um estilo de vida muito activo. Mas reflectia a profunda reverência de Wesley pelo tempo de Deus em fazer tal obra; este tempo não é conhecido por quem o espera.

No entanto, no modelo do século XIX, as pessoas eram ensinadas a buscar a experiência, quase agressivamente – a buscá-la já e a esperá-la já. Desenvolveu-se uma fórmula conhecida como o pacto do altar. Consistia em três passos distintos. Primeiro, a pessoa que busca a inteira santificação deve consagrar-se inteiramente a Deus, ao colocar-se no altar de Cristo. Segundo, tal pessoa deve ter fé de que Deus é capaz de a santificar inteiramente e que o quer fazer já. As pessoas que exercitaram esta fé podem estar absolutamente certas de que Deus as santificou. Finalmente, o terceiro passo é testificar da experiência. Vários criticam severamente esta fórmula, acreditando que leva a uma versão de "é meu direito e devo reivindicá-lo", a mente sobrepondo-se à matéria, racionalista, até austera, do princípio "somente pela fé".[7] Apesar desta acusação ser credível no abstracto, as pessoas que seguem este padrão mostram, frequentemente, profunda emoção — o que também é criticado. É difícil de ver como os críticos deste paradigma acusam os que buscam a experiência da inteira santificação no século XIX de racionalismo sóbrio e, ao mesmo tempo, de emotividade exagerada. A verdade é que o pacto do altar tornou a experiência da inteira santificação acessível a todas as pessoas.

Phoebe Palmer, por exemplo (a primeira a articular o paradigma do pacto do altar (ver capítulo quatro), lutou durante anos para encontrar a experiência, uma vez que o ensino metodista sobre o assunto, na primeira parte do século, era demasiado sofisticado e obtuso para o leigo comum. Era seu desejo ajudar a gente simples a encontrar um caminho mais curto do que o seu, uma vez que o negociou ansiosamente, por entre obstáculos e frustrações. A sua fórmula ajudou milhares e milhares de pessoas a encontrar a segunda bênção. O optimismo americano e o revivalismo deram a este caminho mais curto um solo rico, o qual deu fruto.

Apesar deste novo revivalismo do século XIX – que pregava que a salvação e a inteira santificação estavam disponíveis agora "para serem tomadas" – ter permitido que muitos encontrassem a experiência, existia o perigo de fixar e solidificar esse modelo do caminho da santidade como a verdade. Sempre que uma experiência espiritual (que transcende sempre qualquer linguagem usada para a explicar) é formulada, existe o perigo de se tornar rígida. A suposição poderia então dizer que se a experiência de certa pessoa difere, mesmo nos mais ínfimos detalhes, a sua experiência não é legítima. Devemos ser cuidadosos para não propagar a ideia de que algo fora dos nossos parâmetros é suspeito, particularmente porque as pessoas experimentam a inteira santificação de várias formas diferentes:

- Para alguns é calmo, como um sussurro; para outros é alto, como um trovão.
- Para alguns é apenas necessário o próximo passo de obediência; para outros é um torcer da alma.
- Para alguns pode vir cedo na jornada cristã; para outros depois de muitos anos a buscá-la.

- Para alguns é uma resposta à pregação da santidade; para outros uma experiência para a qual Deus os atrai, sem nunca lhes ter sido explicada.

A experiência da inteira santificação é tão única como cada indivíduo. Comparar e contrastar uma experiência com outra é inútil e até prejudicial. Requerer que o testemunho de uma pessoa seja igual à de outros serve apenas para definir um padrão que nos permite julgar e criticar o que não se encaixa no molde.

Precisamos de *equilibrar* a interpretação da inteira santificação dada por Wesley, com a dos seus sucessores americanos. Este equilíbrio salvaguarda quaisquer excessos. Contudo, há ainda uma área que verdadeiramente merece a nossa atenção.

A doutrina da inteira santificação precisa claramente de uma ênfase renovada à medida que avançamos para o século XIX. Temos de usar linguagem e simbologia de tal forma adequadas, que permita às pessoas, neste novo milénio, encontrarem essa obra, tão importante e profunda, neles mesmos. Pelo facto de muitos verem a doutrina como confusa ou irrealista, são necessárias novas formas para a expressar. Contudo, numa tentativa de abordar estes problemas legítimos, há quem, na tradição wesleyana de santidade, tenha sugerido como uma opção útil de retirar ênfase ao segundo aspecto da crise da experiência.

Muitos são solidários a estas preocupações. É importante definir a palavra "crise" e o que ela realmente implica. Mas abandonar o conceito de secundidade questionaria a importante ênfase da tradição wesleyana de santidade. Apesar de devermos encontrar formas de manter a nossa expressão da inteira santificação dinâmica, relevante e realista e de permitir diferenças de pessoa para pessoa, a inteira e a progressiva santificação devem ser compreendidas como realidades distintas. Podemos abordar parte do problema que tem levado alguns a sugerir a retirada da ênfase de uma segunda crise. Podemos fazê-lo enfatizando até ainda mais a transformação que é possível em nós através da formação espiritual. Reenfatizar o entendimento de Wesley dos meios da graça é absolutamente crucial para uma proclamação equilibrada e saudável da obra santificadora de Deus nas vidas do Seu povo. Discutiremos este tópico extensivamente no capítulo 11.

## OS EFEITOS DA INTEIRA SANTIFICAÇÃO

O que faz a inteira santificação por nós? Vamos abordar este assunto invocando alguns termos teológicos. A inteira santificação tem um efeito ontológico, teleológico e relacional nas nossas vidas.

### EFEITOS ONTOLÓGICOS

Quando os teólogos falam acerca de ontologia, referem-se ao estudo do ser. Embora tal possa assumir um significado um tanto abstracto, em explorações teológicas, tem também um sentido muito prático e relevante, um que é relevante para o nosso entendimento da santidade. A ontologia levanta questões como: O que significa ser? O que significa ser, em relação a Deus? Em relação aos outros? Em relação a nós mesmos? E o que dizer da nossa natureza? O que significa ser humano? Abordámos algumas destas questões nos capítulos anteriores. Aqui, é importante notar que podemos conceber a santificação em termos de como afecta o nosso ser ou natureza. A questão é simplesmente: Será que a santificação muda a nossa própria natureza? Se sim, como?

Apesar de existirem diferenças entre Wesley e o Movimento de Santidade do século XIX sobre este assunto, a teologia wesleyana de santidade geralmente afirma que Deus transforma a nossa natureza através da santificação – ou mais precisamente, Deus renova a nossa natureza original. O ditado popular que diz que pecamos porque "pecar é humano", está teologicamente errado. E tem consequências práticas bastante infelizes. O plano original de Deus para a humanidade era inerentemente bom. Apenas depois da Queda é que os humanos se tornaram pecaminosos e se encontraram sob a influência deste pecado original em cada geração sucessiva. Por isso, tecnicamente, o pecado é uma aberração da condição humana – uma grande deformação. Não é "humano" pecar.

O pecado afasta-nos da nossa humanidade, não nos aproxima. Ser renovado através da santificação (tanto inteira como progressivamente) é ser restaurado em natureza para o que Deus desejou originalmente. Talvez uma metáfora útil seja o cancro. No nosso estado original, somos santos, livres do cancro. Mas à medida que o cancro invade uma parte do corpo, o corpo torna-se doente. O corpo é ainda um corpo – a sua essência não muda – mas é um corpo doente. Apenas quando a doença é removida é que o corpo volta ao seu estado original de saúde. Seguindo esta lógica, tornar-se santo é tornar-se verdadeiramente humano. Ser verdadeiramente

humano, através da transformação e restauração interna de Deus na nossa
natureza, é tornar-mo-nos em tudo o que fomos criados para ser: santos e
completamente nós mesmos.

## EFEITOS TELEOLÓGICOS

Se a nossa ontologia é mudada (restaurada) pela santificação, então o
nosso telos ou destino também muda. Algumas traduções da Bíblia usam
a palavra perfeito quando traduzem a palavra telos. O que a palavra significa é, literalmente, completo, no sentido de uma culminação – maturidade. Às vezes é traduzido como "fim" e significa a maturidade do tempo,
circunstância ou carácter. Também pode significar o atingir da realização
consistente com o fim desejado. Carrega consigo um sentido de destino –
*não* numa forma pré-determinada – como se aqueles que se permitem ser
influenciados pela graça santificadora de Deus estivessem em linha com o
seu destino desejado. Fomos criados para viver em comunhão com Deus
para toda a eternidade. Apesar do pecado ter entrado no mundo, Deus irá
cumprir todas as coisas, para que vivamos em comunhão com Ele para
sempre. Por isso, o nosso relacionamento com Deus agora, não é apenas
uma restauração do Éden mas é também uma amostra do reino de Deus.

## EFEITOS RELACIONAIS

A "relacionalidade" não é uma criação da igreja ou da era pós-moderna.
Existia antes da fundação do mundo. Deus, na Sua natureza trinitária, e
na auto-expressão através da criação, é essencialmente relacional. E nós,
criados à imagem de Deus, somos também essencialmente relacionais. Teologicamente falando (especificamente num modo wesleyano), isto significa que um humano não pode ser imaginado sem referência a relacionamentos; ser humano significa necessariamente estar em relacionamento –
com Deus, com os outros, consigo próprio e com o mundo. Ser santo
significa estar num relacionamento apropriado e amoroso com cada um
destes. Este é o desejo de Deus e destino da humanidade. Se o pecado é
uma distorção destes relacionamentos através de diferentes formas de não
amor ou afastamento existencial, então a santidade implica uma restauração não apenas da nossa natureza e do nosso telos mas também da nossa
própria capacidade de relacionamentos. O amor nunca foi uma abstracção
para Wesley e a santidade é impossível sem um amor participativo activo.

É redundante rotular uma teologia wesleyana como uma teologia relacional. Do mesmo modo, a santidade e o amor, apesar de distintos em definição, são sinónimos na vida prática.

Ao examinar a santidade pelas três perspectivas que ainda agora discutimos, são introduzidos alguns assuntos contínuos da teologia de santidade. Abordaremos alguns deles aqui:

*Porque razão é significativo tornar trinitária a doutrina de santidade?* A diversidade teológica na igreja, tão evidente à medida que avançamos no século XXI, tem levado muitos teólogos a pedir um retorno à Trindade como a base para todas as outras interpretações teológicas. E, por isso, para se manter adequadamente de acordo com a tradição da igreja cristã dos últimos 1700 anos, é importante que a teologia de santidade também se fundamente num modelo trinitariano. Porque é que isso é importante?

Tem sido demasiado fácil na história da santidade cair no erro da bifurcação – ou mais precisamente, da trifurcação – a obra da primeira, segunda e terceira pessoas da Trindade. Demasiadas vezes, as pessoas têm falado de como Jesus Cristo salva e o Espírito Santo santifica ou de como, quando somos salvos, recebemos Cristo e de que, quando somos inteiramente santificados, recebemos o Espírito Santo. Este é um dos problemas práticos que se levantam quando a linguagem do "baptismo do Espírito Santo" é usada como uma metáfora da inteira santificação. Tal metáfora pode ser útil, mas não o é se passar a mensagem de que um crente não santificado (que na verdade é um termo impróprio) não tem o Espírito Santo na sua vida.

Esta errada utilização da metáfora também deixa a impressão de que a santificação está separada da expiação de Cristo. O entendimento mais preciso é que, tanto a salvação como a santificação são possíveis através da dádiva de Deus do Seu único filho, pela Sua obediência ao morrer na cruz e através da implementação da obra sacrificial do Filho, pelo Espírito Santo, nas nossas vidas, à medida que tomamos posse dos dons gratuitos de Deus do perdão e purificação. Tal não deixa de fora a atraente graça (preveniente), que permite a nossa resposta e a consequente graça asseguradora do Espírito Santo. Toda a obra de Deus no coração humano é a obra do Deus trino.

*Será que um paradigma relacional implica santidade "posicional"?* No último quarto do século XX, vários teólogos defenderam um novo paradigma para entender a doutrina da santidade. Eles tentaram reformular a doutrina, acreditando que o paradigma de meados do mesmo século se tinha tornado estéril e irrelevante à luz da maciça mudança cultural. Proponentes deste novo paradigma acreditavam que voltar a Wesley era a melhor forma de contemporizar a santidade. Eles descobriram que o próprio Wesley era, como referido antes, um teólogo relacional. Uma redescoberta de Wesley, para estes intérpretes, significava uma redescoberta da dinâmica relacional da teologia de santidade.

À medida que entramos no século XXI, a chamada para a redescoberta continua. Há uma necessidade de voltarmos à tradição de manter a nossa identidade wesleyana de santidade, numa época em que o evangelicalismo é cada vez mais sinónimo de fundamentalismo. Quando os teólogos começaram a expressar este novo (e, ao mesmo tempo, velho) paradigma, nos anos 70 e 80, encontraram grande resistência. E a acusação lançada contra eles era o perigo de santidade posicional.

A santidade posicional é frequentemente usada para descrever um entendimento calvinista e keswickiano da santificação. Como referido anteriormente, para um calvinista, somos apenas feitos justos através da imputação da justiça de Cristo. Por causa da nossa posição perante Deus, através da expiação de Cristo, Deus *encara-nos* como justos, apesar de não possuirmos qualquer justiça em nós mesmos. Os keswickianos tomam este entendimento da justificação e aplicam-no também à santificação. Não existe uma purificação interior, que não seja o poder do Espírito a suprimir a nossa natureza pecaminosa. O pensamento wesleyano de santidade, por outro lado, quer sublinhar que Deus nos confere a justiça; isto é, Deus faz-nos realmente justos através de uma obra interior da graça, começando no momento da regeneração e particularmente significante na altura da inteira santificação.

A "santidade posicional" é um rótulo adequado aos entendimentos calvinistas ou repressivos de como Deus traz a santidade ou a justiça ao crente. Mas a acusação da santidade posicional levantada contra teólogos mais relacionais na tradição wesleyana de santidade é infundada. Enfatizar o aspecto relacional da santidade, expressado através do amor, não negligencia a obra transformadora de Deus no nosso ser interior. Certamente não nega as mudanças ontológicas e teleológicas que vêm através do processo e crise da santificação.

Até agora, nesta parte do nosso estudo, cobrimos os fundamentos teológicos para um entendimento claro da santidade. A teologia de santidade deve reflectir sobre o carácter de Deus antes de articular qualquer conceito de santidade na humanidade. Devemos ser "perfeitos, como é perfeito o vosso Pai que está nos céus" (Mateus 5:48). Tal informa-nos que a perfeição de Deus é primordial em qualquer entendimento da santidade para a qual somos chamados. Também temos investigado as doutrinas da antropologia teológica e pecado. Uma perspectiva teológica do que significa ser criado à imagem de Deus como totalmente humano, é crucial para o entendimento da santidade como uma renovação dessa imagem e para salvaguardar contra qualquer noção de que a santidade requer que sejamos mais do que humanos. A santidade deve também ser definida apenas quando uma examinação profunda do seu oposto, o pecado, é considerada. E a ligação entre a salvação e a santificação, com a *ordo* ou *via salutis* totalmente concretizada, irá salvaguardar contra vários equívocos acerca da santidade, tanto teologicamente como na vida prática.

A nossa atenção vira-se agora para a parte 4 deste livro, onde abordamos o *viver* destes fundamentos bíblicos, históricos e teológicos. A santidade estará ligada aos seguintes temas: santidade e pureza, perfeição, poder, carácter e amor. Cada um tem fundamentos bíblicos, históricos e teológicos. Esta mudança, no entanto, vem da ênfase na santidade vivida. Porque se não o for, estará certamente morta.

## EXCURSO: "E SE SEMPRE FUI CRISTÃO?"

Este capítulo foi escrito como uma revisão básica dos tópicos da salvação e santificação. A *ordo salutis* usada é uma revisão prototipicamente evangélica (às vezes também referido como pietista). Contudo, este modelo representa apenas metade da nossa herança teológica. Vem do lado revivalista e pioneiro das nossas raízes, um que se expandiu para o ocidente americano e foi pregado a pecadores para que se arrependessem e fossem baptizados. Apesar de Wesley também ser evangélico na sua pregação, a sua herança anglicana incluía a prática de baptizar bebés, o que levava à subsequente confirmação da fé da pessoa. Wesley não era ignorante no que toca ao baptismo do crente, mas era mais raro do que para nós hoje, porque a maioria das pessoas em Inglaterra já tinha sido baptizada quando bebé.

O próprio Wesley nunca declarou uma experiência de conversão evangélica da forma como a conhecemos hoje. Apesar de outros quererem considerar a sua experiência em Aldersgate, em 1738, como a sua conversão evangélica, Wesley raramente se refere a essa experiência no fim da sua vida. Ele menciona as suas experiências em 1725 como as mais influentes (este é o ano em que estudou em preparação para a ordenação como diácono). Referida mais precisamente, de acordo com o que experimentou em Aldersgate, é a interpretação que diz que Wesley sentiu o testemunho do Espírito da sua já experimentada salvação. De que forma é que esta distinção nos é útil hoje?

A tradição de santidade é antiga o suficiente para ter quatro ou até cinco gerações de aderentes. Isto é, milhões de pessoas têm nascido na tradição em vez de terem sido salvas por seu meio. Podem não baptizar os seus bebés (apesar de algumas denominações de santidade certamente o permitirem), mas educam-nos na teologia e doutrinas da tradição. Infelizmente, tantas vezes usam linguagem que falha em reconhecer esta realidade. Tentam salvar os seus filhos, como se fossem adultos pecadores. Mas se defendemos uma forte doutrina da graça preveniente, como devíamos, tais esforços não fazem nenhum sentido teológico.

Cremos que a graça preveniente cobre os corações das crianças até que atinjam uma idade de responsabilização (que é, provavelmente, à luz da psicologia e da neurobiologia, por volta dos doze). Se, portanto, aceitarem Jesus Cristo pessoalmente antes desta idade, tecnicamente, nunca se tornaram pecadores! Wesley acreditava que a maioria dos anglicanos desprezou a graça dos seus baptismos em crianças. Mas este avivamento metodista e o seu objectivo do avivamento anglicano era dirigido a adultos. Quando se tratava das crianças, Wesley defendia fortemente a educação cristã, não as experiências de conversão na infância.

Será que isto significa que devíamos parar de evangelizar os nossos filhos? Sim e não. Sim, se os virmos fora da graça de Deus. Não, se o que queremos dizer por evangelizar é dar às crianças uma oportunidade de tomarem posse e experimentarem o amor de Deus por si mesmos.

Este entendimento correcto da teologia, devia ajudar aqueles que sentem que falta alguma coisa nos seus testemunhos porque sempre se conheceram como cristãos. Mas se pensarmos nisto, que melhor testemunho poderia haver da graça de Deus? Uma pessoa não precisa de uma vida horrível no pecado para ser capaz de louvar Deus pela Sua graça gloriosa! Apesar da teologia de santidade não querer retirar a ênfase das suas raízes pietistas e a doutrina da *sola fide*, deve dar espaço a quem experimenta o que podemos chamar de modelo mais anglicano nas suas raízes, até nas denominações de santidade.

## DECLARAÇÕES SUMÁRIAS

1. "Salvação" é um termo amplo para Wesley, abrangendo toda a vida cristã, que inclui a santificação.
2. A expiação de Jesus Cristo foi voluntária, propositada, real e inocente.
3. O momento da salvação tem vários significados: justificação, regeneração, adopção, reconciliação, redenção e santificação inicial.
4. A santificação começa na conversão e acaba na morte. É um erro usar a palavra "santificação" quando queremos realmente dizer "inteira" santificação.
5. Inteira santificação tem efeitos ontológicos, teleológicos e relacionais na pessoa.
6. A santificação é a renovação da imagem de Deus; também nos faz mais e mais humanos.

## QUESTÕES PARA REFLEXÃO

1. Porque razão é importante ser trinitário na teologia de conversão e na inteira santificação?
2. Porque razão é importante dizer que a graça santificadora é a graça "humanizadora"?
3. Será que o "pacto do altar" ainda comunica hoje? Porque sim ou porque não?
4. Consegue pensar em novas metáforas da inteira santificação que se adequem melhor ao século XXI?
5. A sua experiência de conversão vai de encontro ao modelo pietista ou anglicano?

Parte IV

# VIVER SANTO PARA UM NOVO SÉCULO

# OITO

## SANTIDADE ENQUANTO PUREZA

OBJECTIVOS DOS ALUNOS

*O estudo deste capítulo vai ajudá-lo a:*

1. Definir legalismo e antinomianismo e identificar os seus perigos
2. Compreender a importância da graça purificadora para equilibrar a tradição
3. Distinguir entre pureza de intenções e pureza de vida
4. Identificar obediência como um meio da graça
5. Considerar o tópico da sexualidade humana no contexto da pureza

PALAVRAS CHAVE

Pacto

Legalismo

Antinomianismo

Quietismo

Vários temas estão no âmago da teologia wesleyana de santidade. A pureza é um deles. Não podemos definir completamente a santidade a menos que falemos de um coração puro. Infelizmente, a pureza é uma daquelas ideias que tem sido frequentemente mal compreendida. Por causa desse equívoco, as pessoas têm tido um fardo acrescido de uma doutrina que deveria trazer liberdade. É frequente que a palavra "pureza" invoque sentimentos de vergonha, em vez de uma total confiança na graça purificadora de Deus. Este capítulo irá discutir os conceitos de moralidade, limpeza e obediência e como estes se relacionam com a santidade e o pecado. O objectivo mais profundo é reflectir sobre um entendimento saudável da pureza.

## DEFININDO MORALIDADE

Pode ser feita uma distinção entre a moralidade e a ética. Para o nosso propósito, "moralidade" será definida como as escolhas pessoais do indivíduo, visando evitar certas acções, pensamentos e atitudes. "Ética", por outro lado, será definida como moralidade social – o que fazemos, pessoal e comunitariamente, no sentido positivo de ajudar os outros. Neste capítulo, a nossa atenção estará sobre a moral pessoal; a ética social será abordada no próximo capítulo sobre perfeição cristã. Uma forma mais simples de abordar este tema, é admitindo que a pureza pode ser definida como ausência de pecado. Perfeição, por outro lado, denota a presença de amor.

De onde recebemos o sentido do que é correcto e errado? A resposta óbvia é da Bíblia. Mas a própria Bíblia parece apontar para algo mais profundo do que o conhecimento. Sugere que há uma consciência dentro de cada ser humano – um centro moral que parece inerente ao que significa ser humano. Esta consciência é um presente de Deus activado pela graça preveniente. Paulo fala de um conhecimento interior ou convicção "à parte da lei". Deus dá luz suficiente para que aqueles que não conhecem a lei judaica – ou, por incidência, as leis em geral – não tenham desculpas válidas para não se responsabilizarem pelo seu próprio pecado.

Mas a maior ênfase das Escrituras está na lei, como medida do pecado. "Que diremos pois? É a lei pecado? De modo nenhum; mas eu não conheci o pecado senão pela lei; porque eu não conheceria a concupiscência, se a lei não dissesse: Não cobiçarás. E eu, nalgum tempo, vivia sem lei, mas, vindo o mandamento, reviveu o pecado, e eu morri; E o mandamento, que era para vida, achei eu que me *era* para morte" (Romanos 7:7,

9-10). A lei em si mesma é "santa, justa e boa" (versículo 12), mas lembra-nos da nossa incapacidade de a cumprir longe da graça de Deus. Como discutido no capítulo 6, as leis não foram dadas arbitrariamente por Deus mas foram dadas para o propósito de nos proteger e indicar o caminho para amarmos Deus e os outros.

O fundamento da lei judaica, os Dez Mandamentos, é baseado no pacto primeiramente estabelecido com Abraão. Nesse pacto, vemos Deus a iniciar um relacionamento sinergético com a humanidade. Na Sua parte, Deus será sempre fiel. Abraão deve também prometer fidelidade. Deve mesmo andar pela fé. Mas já em Génesis 15 há um prenúncio do que Deus viria a fazer por nós ao enviar Jesus Cristo. Na cerimónia, aquando da confirmação do pacto, Abraão deveria ter andado por entre animais sacrificados, mas não o fez. E, portanto, Deus tomou o seu lugar. O que Abraão não conseguiu fazer por si mesmo, Deus fez. O que não conseguimos fazer por nós, Deus fez na cruz.

Vemos, então, ao longo do Velho Testamento, a história de um povo que manteve o pacto, mas também vemos com alguma frequência um povo infiel e desobediente. A dádiva da lei foi um acto gracioso de Deus para ajudar a guiar o povo a viver consoante a aliança estabelecida, no relacionamento divino-humano. Infelizmente, o povo falhou vez após vez. Mas Deus permaneceu fiel, oferecendo amor e misericórdia eternos. Finalmente, Deus fez uma nova aliança através de Jesus.

O escritor da carta aos Hebreus refere o sistema de sacrifícios que espiavam o pecado no Velho Testamento. "Porque, se o sangue dos touros e bodes, e a cinza de uma novilha, esparzida sobre os imundos, os santifica, quanto à purificação da carne, quanto mais o sangue de Cristo, que, pelo Espírito eterno, se ofereceu a si mesmo, imaculado, a Deus, purificará as vossas consciências das obras mortas, para servirdes ao Deus vivo?" (Hebreus 9:13-14). A nova aliança é como a primeira porque é baseada num relacionamento de fé. Mas a nova aliança vai além da primeira, porque os pecados não são espiados apenas exteriormente, através de Jesus Cristo, mas a causa interna do que nos leva a pecar é tratada pelo Seu sangue. O novo pacto é baseado na vontade amorosa de Deus ao dar o Seu único filho de "uma vez por todas" (Hebreus 7:27), para que a lei possa ser interiormente "escrita nos [nossos] corações" (Romanos 2:15). As nossas obras vão de encontro às nossas profissões de fé, porque algo aconteceu dentro de nós e não apenas por nós.

Isto levanta a questão da relação entre a fé e as obras. Este tem sido um problema ao longo da história da igreja. É um assunto que não está totalmente resolvido, nem mesmo no Novo Testamento. É claro que Paulo, reagindo contra o seu contexto como fariseu, quer enfatizar a fé. Encontramos discussões importantes sobre este assunto em Romanos, Gálatas e Filipenses. Em Filipenses, Paulo escreve, "Ainda que também podia confiar na carne; se algum outro cuida que pode confiar na carne, ainda mais eu; circuncidado ao oitavo dia, da linhagem de Israel, da tribo de Benjamim, hebreu de hebreus; segundo a lei, fui fariseu; Segundo o zelo, perseguidor da igreja; segundo a justiça que há na lei, irrepreensível". (Filipenses 3:4-6). Mas vai mais longe ao dizer que considera lixo todas essas coisas externas: "E, na verdade, tenho também por perda todas as *coisas*, pela excelência do conhecimento de Cristo Jesus, meu Senhor; pelo qual sofri a perda de todas estas coisas, e as considero como esterco, para que possa ganhar a Cristo, E seja achado nele, não tendo a minha justiça que vem da lei, mas a que vem pela fé em Cristo, *a saber*, a justiça que vem de Deus pela fé" (versículos 8-9).

Martinho Lutero tornou-se convicto da *sola fide* através das leituras do livro de Romanos, particularmente do capítulo 4. Paulo usa Abraão como o maior exemplo de fé: "Que diremos, pois, ter alcançado Abraão, nosso pai, segundo a carne? Porque, se Abraão foi justificado pelas obras, tem de que se gloriar, mas não diante de Deus. Pois, que diz a Escritura? Creu Abraão a Deus, e isso lhe foi imputado como justiça" (versículos 1-3). O resto do capítulo afirma, vez após vez, que Deus creditou Abraão como justo por causa da sua fé. Tal inclui a fé que mostrou quando ofereceu Isaque. Paulo praticamente denigre as obras como potencialmente perigosas. Mas tal não significa que Paulo não estava preocupado com a conduta cristã. A maioria das suas cartas aborda, em algum grau, a moralidade e a ética. Mas compare a abordagem de Paulo e Tiago no que toca a Abraão:

> Mas, ó homem vão, queres tu saber que a fé sem as obras é morta? Porventura o nosso pai Abraão não foi justificado pelas obras, quando ofereceu sobre o altar o seu filho Isaac? Bem vês que a fé cooperou com as suas obras, e que, pelas obras, a fé foi aperfeiçoada. E cumpriu-se a Escritura, que diz: E creu Abraão em Deus, e foi-lhe isso imputado como justiça, e foi chamado o amigo de Deus. Vedes então que o homem é justificado pelas obras, e não somente pela fé. (Tiago 2:20-24)

Não admira que haja rumores de que Martinho Lutero queria cortar Tiago do canon![1] É precisamente neste ponto que João Wesley se distancia dos descendentes da teologia de Lutero, os Morávios. Wesley apercebeu-se de que o legalismo que o limitava (até experimentar a *sola fide* em "Aldersgate") tinha de ser deixado para trás, a potencialidade do antinomianismo (o quietismo) dos seus amigos morávios devia ser evitada. O antinomianismo é a premissa de que a graça de Deus é tão abrangente e misericordiosa que podemos permanecer no pecado. Tiago afirma-se como uma correcção importante ao fanatismo que poderia resultar da posição de Lutero. A ênfase de Wesley na graça que traz santidade (que cresce de "glória em glória" — 2 Coríntios 3:18), caminha por uma linha crucial entre o legalismo, por um lado, e o antinomianismo, por outro. É a graça purificadora que pode equilibrar e curar o estrago causado por cada extremo.

O legalismo tem sido, por vezes, uma das maiores ameaças à tradição wesleyana de santidade. Entrou na história da tradição por meios mais sociológicos do que teológicos. Os primeiros metodistas de Wesley surgiram do primeiro Grande Avivamento; o Movimento de Santidade surgiu do segundo. Ambos surgiram de um avivamento e por isso têm sido referidos como o Avivamento Wesleyano do século XVIII e o Avivamento Wesleyano do século XIX. É interessante que os métodos de cada avivamento foram diferentes, mas os resultados foram os mesmos. Milhares e milhares ouviram a pregação da salvação e da santificação e milhares e milhares responderam. Wesley usava as suas "classes" e "bands" para iniciar as pessoas no novo nascimento ou na experiência de santificação e para nutrir a sua vida espiritual. O Avivamento de Santidade usava o altar de arrependimento como o veículo primário para chamar as pessoas a uma decisão por Cristo. Certamente, cada avivamento viu a obra extraordinária do Espírito Santo varrer toda a Grã-Bretanha (e outros lugares na Europa) e Estados Unidos. As pessoas estavam de facto a despertar para uma nova espiritualidade.

Um aspecto adicional do avivamento do Movimento de Santidade foi o desenvolvimento das campanhas em tendas e da National Camp Meeting Association [Associação Nacional Campanhas em Tendas]. Pessoas de vários contextos denominacionais (metodistas em particular) iam para junto do mar ou para a floresta por vários dias, por vezes semanas, para ouvirem a pregação de santidade e sentirem manifestações da obra do Espírito. Um testemunho comum era que o Espírito Santo quebrava o desejo de um ou outro vício. E por isso, os antigos comportamentos desapareciam em resultado de uma experiência espiritual intensa (e genuína). Mas como é que as gerações seguintes mantiveram tais experiências espirituais que resultavam em mudanças de conduta?

Dois esforços apresentaram-se-nos historicamente. O primeiro foi a demanda de mais e mais avivamentos. Depois da formação de denominações resultantes do avivamento e campanhas evangelísticas em tendas, o empurrão para novos avivamentos foi forte, mesmo depois do rescaldo dos avivamentos anteriores. Cerca de cem anos depois, o lugar dos avivamentos nas igrejas de santidade é debatido. Têm estes métodos, mais antigos, potencial para alcançar o mundo pós-moderno, ou está o Espírito Santo a chamar a igreja para outros meios?

A segunda forma pela qual as gerações subsequentes tentaram manter os resultados do Segundo Grande Avivamento, foram as listas de regras de conduta que se tornaram centrais para a identidade de quase todas as denominações de santidade. O que tinha sido uma consequência da obra do Espírito estava agora a ser escrito como uma evidência necessária para a obra do Espírito Santo. O que tinha sido descritivo agora tornava-se regulativo. Previamente, as pessoas que experimentavam o poder do Espírito Santo eram capacitadas para deixar certos comportamentos. Nas gerações que se seguiram, isto veio a significar que se certos comportamentos estivessem presentes, o Espírito Santo estaria ausente. O viver santo, como um mover do Espírito, tornou-se para alguns uma lista de regras. Tal abriu o caminho para o legalismo e para os juízos de valor. A moral resultante de um relacionamento vital com Deus foi reduzida a um moralismo que avalia a nossa própria perfeição, e até mesmo a dos outros.

Será que isto significa que as regras ou orientações encontradas nos manuais e livros de disciplina devem ser rejeitadas? Certamente que não. "A lei é boa". É o abuso da lei que ameaça a sua credibilidade. Paulo, campeão da fé, dedicou-se a listar o que devíamos evitar. Seguem-se três exemplos. Na primeira passagem (Romanos 1:29-32), Paulo escreve acerca dos que estão fora da igreja. Na segunda passagem (Gálatas 5:16-21), Paulo compara a vida no Espírito com a natureza carnal, como forma de admoestar os Gálatas relembrando-os de que já não são do mundo. Na terceira passagem (Colossenses 3:5-10), Paulo refere directamente que os

Colossenses devem livrar-se dos pecados, uma vez que a nova vida em
Cristo significa um novo comportamento.

*Romanos 1:29-32*

> Estando cheios de toda a iniquidade, prostituição, malícia, avareza,
> maldade; cheios de inveja, homicídio, contenda, engano, maligni-
> dade; sendo murmuradores, detratores, aborrecedores de Deus, in-
> juriadores, soberbos, presunçosos, inventores de males, desobedi-
> entes aos pais e às mães; néscios, infiéis nos contratos, sem afeição
> natural, irreconciliáveis, sem misericórdia; os quais, conhecendo a
> justiça de Deus, que são dignos de morte os que tais coisas praticam
> não somente as fazem, mas também consentem aos que as fazem.

*Gálatas 5:16-21*

> Digo, porém: Andai em Espírito, e não cumprireis a concupiscên-
> cia da carne. Porque a carne cobiça contra o Espírito, e o Espírito
> contra a carne; e estes opõem-se um ao outro, para que não façais
> o que quereis. Mas, se sois guiados pelo Espírito, não estais debaixo
> da lei. Porque as obras da carne são manifestas, as quais são: Pros-
> tituição, impureza, lascívia, Idolatria, feitiçarias, inimizades, por-
> fias, emulações, iras, pelejas, dissensões, heresias, Invejas, homicí-
> dios, bebedices, glutonarias, e coisas semelhantes a estas, acerca das
> quais declaro, como já, antes, vos disse, que os que cometem tais
> *coisas* não herdarão o reino de Deus.

*Colossenses 3:5-10*

> Mortificai, pois, os vossos membros, que estão sobre a terra; a pros-
> tituição, a impureza, o apetite desordenado, a vil concupiscência e
> a avareza, que é idolatria; pelas quais coisas vem a ira de Deus sobre
> os filhos da desobediência; nas quais, também, em outro tempo an-
> dastes, quando vivíeis nelas. Mas, agora, despojai-vos também de
> tudo: da ira, da cólera, da malícia, da maledicência, das palavras
> torpes da vossa boca. Não mintais uns aos outros, pois que *já* vos
> despistes do velho homem com os seus feitos, e vos vestistes do
> novo, que se renova para o conhecimento, segundo a imagem da-
> quele que o criou.

Todos os comportamentos listados representam o oposto da pureza, seja de uma forma ou de outra. Mas com certeza que pode ser argumentado que as listas de regras que encontramos nas Escrituras são diferentes das listas que encontramos nas declarações denominacionais. A diferença é que as listas denominacionais mudam ao longo do tempo, à medida que a cultura muda. Tal não significa que as denominações se estão a acomodar à cultura, apesar de algumas dissidências ocorrerem por esta razão. O que significa é que o que a denominação considera ser essencial deve ser visto como dinâmico quando tem a ver com a conduta cristã. Se certos comportamentos não estão directamente citados nas Escrituras como pecado é necessário um pouco de discernimento. Por exemplo, a Bíblia não aborda o assunto da roupa, jóias, etc. Mas em certa altura, a roupa adequada era sinónimo de vestidos compridos e pretos. A questão é, o que é, ou não é, adequado vestir hoje em dia? Haverá sempre discussões sobre questões como esta. Mas sobre algumas questões devemos ser cuidadosos para não olhar de forma pejorativa, declarando irrelevante tudo o que os nossos antecessores pensavam. Com frequência, encontramos melhores razões para as suas decisões de abstinência de certos comportamentos do que poderíamos imaginar.

O problema do álcool é um exemplo disso. O Movimento de Santidade esteve à frente de um grande movimento anti-álcool desde o seu começo. Foram formadas organizações para propor a proibição total do álcool e trabalhou-se arduamente para tal proibição. Mas as suas razões eram diferentes daquilo que podemos supor. No século XIX, as mulheres tinham poucos direitos. Raramente recebiam salário e eram, na maioria dos casos, dependentes dos ganhos dos seus maridos para a sua sobrevivência e sobrevivência dos seus filhos. Uma organização como a Women's Christian Temperance Union foi formada para proteger as mulheres. Os maridos gastavam os seus salários em bebida, embebedando-se regularmente, resultando em violência e em abusos contra as esposas e filhos. Este contexto revela uma razão bem diferente, para evitar o álcool, daquela que podíamos ter imaginado. É esta posição relevante hoje? A existência de organizações como a M.A.D.D. (Mothers Against Drunk Driving [Mães Contra a Condução Inebriada]) parece apontar para uma relevância contínua.

A questão central desta discussão sobre as orientações denominacionais é dupla. Por um lado, quando a lei se torna mais importante do que o espírito da lei, pode surgir o legalismo. Determinar a nossa santidade na base de regras é perigoso para uma espiritualidade saudável. Mas, por outro lado, a própria "lei" pode ainda assim ser boa e conter bons alertas no que toca à nossa necessidade de integridade cristã. Apesar de "todas *as coisas* [me] são lícitas, mas nem todas *as coisas* [me] convêm" (1 Coríntios 10:23).

É, então, a graça purificadora de Deus que previne tanto o legalismo como o antinomianismo. A *graça* livra-nos de qualquer indício de legalismo farisaico. A graça *purificadora* continua a chamar-nos para esta santidade real e transformadora e para longe do antinomianismo. Apesar da tentação para o legalismo ser maior, as igrejas de santidade não estão livres da tentação do antinomianismo. Paulo também abordou este assunto em Romanos. Aparentemente haviam pessoas que abusavam da doutrina da graça ao proclamarem: "Permaneceremos no pecado, para que a graça abunde?" (Romanos 6:1). "E, se a nossa injustiça for causa da justiça de Deus, que diremos? Porventura *será* Deus injusto, trazendo ira *sobre nós?* (Falo como homem.) De maneira nenhuma: de outro modo, como julgará Deus o mundo? Mas, se pela minha mentira abundou mais a verdade de Deus, para glória sua, porque sou eu ainda julgado, também, como pecador?" (Romanos 3:5-7).

Apesar da maioria das pessoas saber que não deve dizer tais coisas, ainda existe um perigo incipiente no pensamento. O mais comum é talvez a mentalidade que diz, "Se eu pecar hoje, sei que Deus amanhã me perdoa". Esta é uma interpretação errada do amor incondicional de Deus e surge de uma atitude depreciativa da graça. Tal leva a esquecer que a nossa salvação custou a Jesus Cristo a Sua própria vida. Como diz uma frase familiar, a graça é gratuita, mas tem um alto preço. A graça que Jesus pode oferecer por causa do Seu sacrifício inclui a graça purificadora.

## GRAÇA PURIFICADORA

De acordo com a teologia wesleyana de santidade, um dos temas principais das Escrituras é a chamada de Deus para buscar a santidade de coração e vida. À medida que Deus purifica os nossos corações e à medida que cooperamos com essa graça e vivemos no Espírito, a nossa santidade interior manifestar-se-á nas acções exteriores: tornamo-nos pessoas de *integridade*; as nossas vidas exteriores e interiores estão integradas. Mas o oposto de integridade também pode ser verdade. Jesus disse aos Seus dis-cípulos relativamente aos fariseus: "Mas, o que sai da boca procede do coração, e isso contamina o homem" (Mateus 15:18). E aos próprios fari-seus, Jesus avisa, "Ai de vós, escribas e fariseus, hipócritas! pois que limpais o exterior do copo e do prato, mas o interior está cheio de rapina e de iniquidade: Fariseu cego! limpa, primeiro, o interior do copo e do prato, para que também o exterior fique limpo" (Mateus 23:25-26).

A santidade moral implica evitar certos comportamentos, mas não pela nossa própria vontade e autodisciplina em nos conformarmos a um código moral exterior, por mais necessário e prático que seja. Devemos evitar cer-tos comportamentos porque são vazios de amor, porque estamos a ser lim-pos de tudo menos do amor e estamos a tornar-nos pessoas amorosas. So-mos motivados a viver como Cristo que é o resumo do amor que se auto esvazia. Ele, então, é a nossa verdadeira motivação e modelo. Como Jesus disse, cumprindo a lei do amor cumpriremos toda a lei. De acordo com a teologia de santidade, certos comportamentos são simplesmente inconsis-tentes com a transformação *interior* e serão deixados para trás à medida que avançamos com o Espírito Santo.

É neste sentido que a santificação implica ser separado do mundo. Como o antigo provérbio baseado em João 17 diz, é suposto estarmos "no mundo; mas (…) não [sermos] do mundo" (versículo 11, 15). Isto clara-mente contraria qualquer interpretação que sugira uma separação literal da sociedade para o propósito de nos mantermos limpos. Devemos estar totalmente envolvidos com a cultura de forma a sermos sal e luz, uma influência positiva. Mas não devemos ser *do* mundo no sentido de sermos influenciados negativamente por ele. As Escrituras avisam-nos da dupla mentalidade que pode resultar quando não nos vemos adequadamente como separados.

Ser santificado enquanto "separado" também significa estar separado para os propósitos de Deus. Esta palavra usada no Velho Testamento abrangia até objectos inanimados. Se algo era usado no tabernáculo ou no templo, era devidamente santificado, especialmente quando colocado no altar. Estendemos este conceito aos humanos para dizer que devemos ser santificados de forma a estarmos separados para o propósito santo de Deus nas nossas vidas. Phoebe Palmer, seguindo Adam Clarke, desenvolveu o pacto de altar ao interpretar Cristo como o altar. Quando nos colocamos totalmente "n'Ele", somos santificados, separados individual e comunitariamente como o povo santo de Deus para cumprir o que somos chamados a fazer no mundo. Palmer não pretendia insinuar qualquer tipo de santidade posicional, como se fôssemos santos só por sermos colocados em Cristo, o altar. Nesta metáfora, Cristo não só nos separa. Ele também nos purifica desde o interior. Somos limpos através da graça purificadora de Deus para que haja uma real, e não apenas relativa, mudança interior. Para ser teologicamente exacta, a purificação de Deus é o caminho para um coração puro. A pureza é o resultado da graça purificadora de Deus. Mas a pureza nunca deve ser considerada um *estado* que alcançamos. Nas palavras de Thomas Cook, "Ensinamos, não um estado de pureza, mas uma condição de pureza mantida, uma obediência e confiança momento a momento. 'O sangue de Jesus Cristo purifica-nos de todo o pecado todo o tempo limpando-nos a cada momento".[2]

A posição oposta — que defende, que somos purificados uma vez por todas como um acto completo — tem levantado dificuldades em expressões passadas do que pode ser chamado de teologia popular de santidade. A questão principal é: o que significa dizer que o pecado original é limpo no momento da inteira santificação, se a purificação contínua é o conceito bíblico mais prevalente? A limpeza contínua apenas é um problema se o pecado original é considerado, ou conceptualizado, como uma substância.

Recentemente, a palavra "erradicação" foi removida da nomenclatura oficial da denominação de santidade. Esta palavra tem uma longa história e foi usada especificamente para distinguir a teologia de santidade daquela da supressão, também conhecida como keswickianismo, que defende que o pecado original permanece mas é suprimido de ser a força dominante. Por um longo tempo a palavra "erradicação" foi uma parte da identidade teológica da santidade. No entanto, a palavra tem perdido o seu poder, se não a sua relevância no contexto presente.

Porque é que foi removida nesta altura? O problema principal com a palavra são as suas implicações infelizes. Claramente, é uma metáfora. Erradicar algo é desenraizá-lo, quase no sentido de uma procedimento cirúrgico que corta algo prejudicial para fora do nosso corpo. Infelizmente, isto levou à conceptualização do pecado original como uma substância, uma coisa que é removida de nós.[3] A metáfora tornou-se concreta na teologia popular. Contudo, se o pecado é visto como uma substância, como é que damos sentido à metáfora da erradicação se pecamos novamente? É então o pecado transplantado cirurgicamente de novo em nós? A metáfora torna-se sem sentido. Se, no entanto, a metáfora de limpeza é usada (talvez ainda com um sentido médico, como se uma ferida fosse limpa), não é impossível que uma infecção volte.

Esta ideia do pecado original encaixa-se muito bem na visão de Wesley de que o pecado é uma doença. Metaforicamente, para Wesley, o pecado original é descrito como uma doença, uma ferida na humanidade da qual o indivíduo precisa de ser curado. A limpeza medicinal é, com certeza, um conceito usado nas Escrituras. Naquela altura, não havia anti-sépticos à mão, por isso os instrumentos eram esterilizados com água ou fogo — ambos acabaram por se tornar símbolos religiosos.

Independentemente das metáforas usadas, o aspecto mais importante da inteira santificação é que o pecado original (equiparado ao conceito de Paulo sobre *sarx*) é tratado eficazmente pela obra de Deus para que não reine mais nos nossos corações, como diria Wesley. Contudo, para falarmos de teologia de santidade e não de teologia keswickiana, devemos desenvolver um pouco mais. É a graça de Deus, que limpa e purifica, que cumpre este potencial para a vitória e liberdade. O resultado é um coração devoto que se inclina para a vontade de Deus. Podemos resistir-lhe ou deixar de cooperar com Ele, mas Deus é capaz de purificar o nosso coração. "Fiel é o que vos chama, o qual também o fará" (1 Tessalonicenses 5:24).

Devemos ir mais longe para clarificar o entendimento de Wesley sobre a pureza. Ele fez uma distinção entre a pureza de intenções e a pureza de coração e de vida ao sugerir que enquanto as nossas intenções podem ser purificadas, é necessária maturidade para que essas intenções sejam mais e mais definitivas. Há uma diferença entre a pureza cristã e a maturidade cristã, de acordo com Wesley e com os seus seguidores. O que pretende Wesley dizer com *intenções*? Algumas citações serão úteis para chegar a uma conclusão. Ambas vêm da muito importante obra de Wesley, *A Explicação Clara da Perfeição Cristã*. A primeira citação deseja responder à questão: O que é perfeição cristã? As metáforas espirituais que ele usa incluem a ideia da pureza de intenções.

> Examinai-a de novo; considerai cada ponto com a maior atenção. Uma das suas facetas é a pureza de intenção, a dedicação total a Deus. É dar a Deus todo o coração, quer dizer, permitir que Ele governe todas as nossas disposições. Além disso, não é devotar

uma parte mas tudo da nossa alma, corpo e bens a Deus. Outra faceta é possuir a mente de Cristo, capacitando-nos a andar como Cristo andou. É a circuncisão do coração na completa imagem de Deus, à semelhança d'Aquele que nos criou. Ainda outra parte: amar Deus com todo o coração e o próximo como a nós mesmos. Agora escolhei a faceta que quiserdes (porque não há diferença material), visto que esta é a perfeição cristã.[4]

Previamente, no documento, Wesley definiu mais especificamente a pureza de coração e de vida, daquele que é totalmente devoto a Deus:

> Pois ele "é puro de coração". O amor purificou o seu coração da inveja, malícia, ira e toda a má disposição. Limpou-lhe o orgulho que só traz contendas e agora tem "ternas entranhas de misericórdia, de bondade, de humildade, de mansidão, de longanimidade". Ninguém pode tirar-lhe este tesouro, visto que não ama "o mundo nem as coisas do mundo", pois "todo o seu desejo é para Deus e para lembrança do Seu nome".
>
> De acordo com o seu único desejo, este é o único objetivo da sua vida; "fazer não a sua própria vontade, mas a vontade de Deus que o enviou". A sua única intenção em todo o tempo e em todo o lugar é não agradar a si mesmo, mas Aquele a quem a sua alma ama. Tem olhos singelos, pois, "se os olhos forem bons, todo o corpo terá luz" (Mt 6.22). Tudo é luz, como quando "o brilho de uma vela ilumina a casa". Deus reina; tudo o que se encontra na alma é santidade do Senhor. Não há no seu coração qualquer motivo que não esteja de acordo com a vontade divina. Todo o pensamento que surge aponta para Ele e está em "obediência à lei de Cristo"[5].

O que estas citações revelam é que Deus, inicialmente, purifica as nossas intenções. Mas à medida que continuamos a agir de acordo com essas intenções, a pureza de vida cresce para uma maturidade cada vez maior. Por outras palavras, a pureza de intenções é crucial na activação do nosso potencial para a santidade. À medida que Deus continua a trabalhar, este potencial para a pureza torna-se mais e mais real.

É dito que "de boas intenções está o inferno cheio". Este ditado é um bom lembrete de que se tivermos apenas boas intenções e nenhumas acções, estamos em perigo. Mas para os wesleyanos, este ditado não se encaixa. As boas intenções são cruciais para nós. As intenções dos nossos corações, purificadas pela graça, colocam-nos *perante* a vontade de Deus. A graça capacita-nos para *cumpri-la*. Como Kierkegaard disse, "A pureza de coração é desejar uma coisa"[6]. No entanto, o desejo de tal coisa deve levar à acção. A santificação deve ser seguida por uma maturidade crescente. A parte humana nesta santificação é a consagração ou devoção. Deus é Aquele que faz a purificação, primeiro das intenções e depois da vida vivida dessas intenções. A partir das ideias de Wesley, a teologia de santidade tem afirmado que podemos falar de uma pureza verdadeira (ou perfeição) de coração, mesmo que as nossas vidas ainda não reflictam, perfeitamente, uma pureza absoluta (ou perfeição) em acção.

## OBEDIÊNCIA

Isto dá azo a uma questão importante. Que lugar é que a obediência tem na vida santificada? Acabamos de afirmar que não nos estamos a contradizer quando dizemos que uma pureza nascente cresce para se tornar uma pureza em desenvolvimento e maturidade. Mas a chamada para termos as nossas vontades alinhadas com a vontade de Deus deve ser enfatizada o suficiente. Tal só é evidenciado através da nossa obediência capacitada pela graça.

Novamente, de Wesley: "Só Deus reina; tudo o que está na alma é "santidade ao Senhor". Não há uma moção no seu coração, se não de acordo com a vontade [de Deus]. Cada pensamento que surge aponta para Ele e para a 'obediência à lei de Cristo'"[7]. A lei de Cristo é a lei do amor. Mas não é uma lei qualquer, sentimental e insípida. A lei do amor requer a maior moral que possamos imaginar. E a obediência a esta moral deve ser da maior qualidade. Mas como evitamos que a obediência se torne num novo legalismo?

Sobre este ponto, Wesley mostra a sua genialidade. Quando fala acerca da obediência, Wesley não enfatiza o nosso próprio exercício da vontade, mas a capacidade de participar na graça de Deus. Obediência é, para Wesley, um dos meios da graça. Como todos os outros meios da graça, a obediência a Cristo dá-nos graça para que obedeçamos a Cristo! À medida que somos obedientes, recebemos mais e mais graça para sermos obedientes. Sim, devemos exercitar a nossa vontade. Mas não é uma vontade solitária. É uma vontade que é banhada na graça de Deus e acompanhada pela presença purificadora do Espírito Santo. A obediência a Cristo e à Sua lei não é algo que tenhamos que reunir por mais que desejemos ser-Lhe fiéis.

A graça é dada para que sejamos capacitados tanto para desejar, como para fazer a vontade de Deus. Tal protege-nos de uma presença legalista. Mas há também o perigo do antinomianismo, quando se discute a obediência com gerações mais novas.

Um aspecto da mente pós-moderna é que é altamente desconfiada em relação à autoridade. A autoridade já não é atribuída por causa do título ou função. Isto pode parecer desrespeito flagrante. Mas é mais complexo que isso. Muitos, no mundo pós-moderno, têm sofrido com relacionamentos de autoridade desfuncionais e abusivos, que causam grande dano emocional. Consequentemente, há uma, legítima, profunda desconfiança no que toca à autoridade em geral. Nem os cristãos conseguem evitar esta desconfiança na igreja. Ter a função de pastor, por exemplo, já não é razão suficiente para ser respeitado. De forma geral, para o pós-modernista, todo o respeito e toda a vontade de se submeter à autoridade de alguém, baseia-se na credibilidade e confiança de tal pessoa. A confiança só é fomentada quando a pessoa se sente amada.

Isto pode ser aplicado também a Deus, especialmente se Deus é apenas associado com a lei e julgamento e imaginado como um grande magistrado no céu. Na lógica anterior, permitir que a vontade de Deus seja autoritária na nossa vida baseia-se no facto de Deus ser ou não credível e confiável. Mas muitos questionam se Deus realmente é amor. Num mundo cada vez mais secular — até pós-cristão — o amor de Deus já não é simplesmente presumido. Neste mundo pós-Holocausto, questões de teocidade (sobre a justiça de Deus e a existência do mal) pairam no ar.

Mas apesar da tentativa geracional em desacreditar a confiabilidade e amor de Deus, Ele tem passado o teste. De acordo com a teologia wesleyana de santidade, o carácter de Deus é retratado como amor e o amor como sendo a própria essência de Deus. A mensagem wesleyana de santidade vai de encontro às necessidades desta era. Afirma que Deus tem sido sempre fiel. Proclama que podemos estar certos da Sua bondade e da Sua grande preocupação pelo nosso bem. Quando uma pessoa se submete em obediência a Cristo, encontra em Deus uma rocha sólida. Baseada naquilo que conhecemos de Deus em Cristo, como nos tem sido revelado pelo Espírito Santo, uma pessoa tem boas razões para se submeter à Sua autoridade. Sim, isto requer submissão humilde. Mas para muitos, a falta de submissão surge das feridas e da necessidade de auto-protecção, não necessariamente do orgulho. Como sempre, o evangelho é boas novas para os feridos, os quebrados e os que estão a morrer. " Pois Deus enviou o seu Filho ao mundo, não para condenar o mundo, mas para que este fosse salvo por meio d'Ele" (João 3:17). A Igreja é chamada a ser ministra desta reconciliação. E isto cumpre a lei do amor.

Ao considerarmos o conceito da graça purificadora, uma outra questão permanece. Se estamos a ser santificados e a própria pureza de intenções está a manifestar-se nas nossas vidas e as nossas vidas mostram o carácter que Wesley descreveu nas suas palavras citadas anteriormente, ainda assim pecamos? Já definimos que Wesley nunca sugeriu que a capacidade de pecar nos é retirada. Ele refutou esta ideia herética sempre que a encontrou. Teremos sempre a habilidade de pecar. Mas dito isto, continua o pecado a ser parte da vida cristã?

Wesley escreveu dois sermões que são relevantes para este debate: "On Sin in Believers" [Sobre o Pecado nos Crentes] e "Repentance of Believers" [Arrependimento dos Crentes]. O seu objectivo principal em "On Sin in Believers" era contrariar a ideia (atribuída por ele a Count Zinzendorf, um morávio) de que quando somos justificados, somos inteiramente santificados. Não há pecado que permaneça em nós, incluindo o "pecado inato". Wesley argumentou que tal era uma nova doutrina que ia contra a igreja primitiva, a grega e romana, as reformadas e a Igreja de Inglaterra. Todo o Cristianismo tem afirmado que o pecado permanece na vida daquele justificado. Como diz o Artigo IX (dos Artigos Anglicanos): "O Pecado Original não consiste na imitação de Adão (como em vão propagam os pelagianos); é, porém, a falta e corrupção da Natureza de todo o homem, gerado naturalmente da semente de Adão; pelas quais o homem dista muitíssimo da rectidão original e é, de sua própria natureza, inclinado ao mal, de sorte que a carne sempre cobiça contra o Espírito; e, por isso, toda a pessoa que nasce neste mundo merece a ira e a condenação de Deus. E esta contaminação da natureza ainda permanece também nos regenerados (…)"[8]. Wesley contrariou cada argumento apresentado por Zinzendorf, apresentando uma interpretação correcta das Escrituras, passagem a passagem. A questão é clara. O arrependimento é essencial para a vida cristã porque os cristãos pecam. Mas Wesley afirmou que tanto a culpa como o poder do pecado são quebrados na justificação — uma declaração que não estamos tão prontos a aceitar hoje em dia. Mas Wesley argumentou bem este seu ponto:

Permitimos que o estado de alguém justificado seja indizivelmente grande e glorioso. Tal indivíduo nasce de novo, "não de sangue, não da carne, nem da vontade do homem, mas de Deus". É um filho de Deus, um membro de Cristo e um herdeiro do reino dos céus. "A paz de Deus, que excede todo o entendimento, guardará o seu coração e mente em Cristo Jesus". O seu próprio corpo é o "templo do Espírito Santo" e uma "habitação de Deus através do Espírito". Ele é "criado de novo em Cristo Jesus": é lavado, é santificado. O seu coração é purificado pela fé; ele é limpo "de toda a corrupção que há no mundo;" "o amor de Deus é derramado no seu coração pelo Espírito Santo que lhe é dado". E por isso, à medida que ele "anda em amor," (no qual deve sempre andar), adora a Deus em espírito e em verdade. Ele guarda os mandamentos de Deus e faz as coisas que são agradáveis aos olhos de Deus; exercitando-se como "tendo uma consciência que não ofende a Deus nem ao homem:" ele tem o poder tanto sobre o pecado exterior como o interior, mesmo desde o momento em que é justificado. (II.4)[9]

Wesley continua, no entanto, dizendo: "Não estava ele livre de todo o pecado, não havendo mais pecado no seu coração? Não o posso dizer; Não acredito nisto. (…) O Apóstolo afirma claramente que a carne, a natureza má, opõe-se ao Espírito, até mesmo nos crentes; que mesmo nos regenerados há dois princípios 'contrários um ao outro'" (III.1).[10]

Wesley preocupava-se com a consequência da ideia de Zinzendorf que poderia levar a uma atitude de indiferença no combate contra o pecado que se emaranha em nós. O pecado já não é uma ameaça para a alma segundo Zinzendorf e portanto vigiar e orar por protecção era desnecessário. Wesley não faz nenhuma tentativa, neste sermão em particular, de falar acerca de uma correcta interpretação do papel da santificação no pecado original. A sua intenção era apenas definir correctamente a ideia de que os cristãos não pecam depois da justificação porque são totalmente puros daí em diante.

Em *Repentance in Believers* [Arrependimento nos Crentes], por outro lado, Wesley é muito claro acerca da inteira santificação. Observamos neste sermão algumas das declarações mais directas acerca desta doutrina. Ele não declara relativamente à inteira santificação o que Zinzendorf de-

clara acerca da justificação — que a inteira santificação nos faz praticamente incapazes de pecar. Mas Wesley fala de uma transformação radical
como resultado desta obra da graça de Deus.

> Isto é tão, evidentemente, verdade que quase todos os filhos de
> Deus, espalhados pelo mundo inteiro, independentemente das suas
> divergências, na sua generalidade concordam sobre isto; — que
> apesar de, pelo "Espírito, [podermos] mortificar as acções do
> corpo", resistir e conquistar tanto o pecado exterior como o inte-
> rior: apesar de podermos enfraquecer os nossos inimigos dia a dia;
> — ainda assim não os podemos afastar. Pela graça que nos é dada
> na justificação não os podemos erradicar. Apesar de vigiarmos e
> orarmos cada vez um pouco mais, não podemos totalmente limpar
> nem os nossos corações nem as nossas mãos. Não conseguimos, até
> que agrade ao nosso Senhor falar aos nossos corações novamente,
> falar uma segunda vez, "Sê limpo": e apenas depois é que a lepra é
> limpa. E apenas depois, a raíz do mal, a mente carnal, é destruída;
> e o pecado original já não subsiste. Mas se não existe uma segunda
> mudança, se não há libertação instantânea depois da justificação, se
> não existe mais do que uma obra gradual de Deus (e que há uma
> obra gradual ninguém nega), então devíamos ficar satisfeitos, tanto
> quanto podemos, de permanecer cheios de pecado até à morte.
> (I.20)[11]

O pecado original pode ser limpo. Mas até aqui, é o arrependimento
que nos abre a porta a tal limpeza. Ele continua:

> Então assim é, que nos filhos de Deus, o arrependimento e a fé
> respondem juntamente um ao outro. Pelo arrependimento senti-
> mos que o pecado permanece nos nossos corações, colado às nossas
> palavras e acções: pela fé, recebemos o poder de Deus em Cristo,
> purificando os nossos corações e limpando as nossas mãos. Pelo ar-
> rependimento, permanecemos sensíveis ao facto de que merecemos
> castigo pelos nossos temperamentos, palavras e acções: pela fé, so-
> mos conscientes de que o nosso Advogado, junto do Pai, está con-
> tinuamente implorando por nós e, por isso, está continuamente
> desviando toda a condenação e castigo. Pelo arrependimento temos
> uma convicção firme de que não há socorro em nós: pela fé recebe-
> mos não apenas misericórdia, "mas a graça" em todos os "tempos

de necessidade". O arrependimento nega a possibilidade de qualquer outra ajuda; a fé aceita toda a ajuda de que estejamos necessitados, dAquele que tem todo o poder no céu e na terra. O arrependimento diz, "Sem Ele não consigo fazer nada": A fé diz, "Posso tudo n'Aquele que me fortalece". Através d'Ele não apenas posso superar, mas expulsar, todos os inimigos da minha alma. Através d'Ele posso "amar o Senhor meu Deus com todo o meu coração, mente, alma e forças"; sim, e "andar na santidade e justiça perante Ele todos os dias da minha vida"[12].

Portanto, a inteira santificação é um acto de Deus, que vem através do arrependimento e da fé. O arrependimento como a profunda convicção, nos nossos corações, de que somos culpados e de que, à parte da graça de Cristo, estamos desesperados; a fé como a confiança da obra de Deus em nós – realmente, somos purificados pela fé.

No entanto, a questão mantém-se: Ainda pecamos depois da "segunda mudança" (inteira santificação)? Se aplicarmos a definição mais limitada de Wesley e definirmos pecado como uma transgressão voluntária de uma lei conhecida de Deus, sendo, por isso, um acto rebelde e teimoso, podemos dizer que tal pecado é um padrão que deve ser, de facto, quebrado. Se considerarmos a sua discussão mais ampla, e considerarmos que o pecado é algo que vai contra o amor, incluindo os pecados de omissão, até aqueles que são inteiramente santificados pecam. O próprio Wesley cansou-se desta questão. Era frustrante porque parecia que a motivação desta questão era forçá-lo a declarar a perfeição absoluta, a qual negou veementemente.[13] O que ele queria salvaguardar era que o amor de Deus pode preencher completamente o coração de uma pessoa devota a Deus, que tal amor pode excluir o pecado. Este amor de Deus é um amor purificador, continuamente preenchendo o coração daqueles que O amam. A desobediência consciente, voluntária e rebelde é estranha para tal coração purificado. Cometer tal pecado não é impossível, mas iria contra a natureza que tem sido desenvolvida pela graça purificadora e capacitadora de Deus.

Wesley também queria abordar que a moralidade pessoal e a pureza são mantidas e nutridas através da comunidade de fé e não apenas através dos nossos esforços individuais. O sistema de "classes" e "bands" de Wesley possibilitava um local de mútua prestação de contas para aqueles que neles participavam. Tinham o propósito de encorajar o bem (obras de misericórdia) e de evitar o mal. Como ilustrado abaixo, os grupos de mútua prestação de contas eram escrupulosos em examinar as vidas dos seus membros.

## As Regras de Wesley[14]

O desígnio do nosso encontro é, obedecer àquele mandamento de Deus: "Confessai as vossas culpas uns aos outros, e orai uns pelos outros, para que sareis: a oração feita por um justo pode muito nos seus efeitos".

Para o efeito, pretendemos:

1. Encontrar-nos, pelo menos, uma vez por semana.
2. Chegar pontualmente à hora combinada, sem qualquer razão extraordinária.
3. Começar (aqueles que estejam presentes) exactamente à hora, com música ou oração.
4. Falar cada um com ordem, livre e abertamente, sobre o verdadeiro estado das nossas almas, com as falhas que cometemos em pensamento, acção ou tentações que temos sentido, desde o nosso último encontro.
5. Acabar cada encontro em oração, de acordo com o estado de cada pessoa presente.
6. Desejar que, primeiro, qualquer pessoa entre nós fale sobre o seu próprio estado, questionando, depois, sobre o resto, com ordem, com tantas questões quantas hajam, relativamente ao seu estado, pecados e tentações.

Algumas das questões propostas a todos antes de serem admitidos entre nós, podem ser para este efeito:

1. Tens tu o perdão dos teus pecados?
2. Tens tu paz com Deus, através do nosso senhor Jesus Cristo?
3. Tens tu o testemunho do Espírito de Deus junto do teu espírito, de que és filho de Deus?
4. Está o amor de Deus derramado no teu coração?
5. Tem o pecado, interior ou exterior, domínio sobre ti?
6. Desejas que te falem sobre as tuas falhas?
7. Desejas que te falem sobre todas as tuas falhas de forma clara e consciente?

8. Desejas que todos nós te digamos, de tempos a tempos, o que está no nosso coração relativamente a ti?

9. Considera! Desejas que nós te digamos o que quer que pensemos, o que quer que temamos, o que quer que oiçamos, relativamente a ti?

10. Desejas que, ao fazê-lo, aprofundemos o mais possível, chegando logo ao âmago da questão e examinemos o teu coração a fundo?

11. É teu desejo estar nesta, e em todas as outras ocasiões, inteiramente aberto, para falar do que está no teu coração, sem excepção, sem dissimulação e sem reservas?

Quaisquer destas questões devem ser colocadas sempre que oportuno; as quatro perguntas seguintes devem ser feitas em cada encontro:

1. Que pecados conhecidos cometeste desde o nosso último encontro?

2. Com que tentações te encontraste?

3. Como foste liberto delas?

4. O que tens pensado, dito ou feito, que tenhas duvidas se é pecado ou não?

Tal análise rigorosa parece descabida no nosso contexto contemporâneo. Mas deveria ser? Não confiamos o suficiente uns nos outros para permitir tal honestidade e abertura acerca das nossas vidas. Mas deveríamos? Talvez outro aspecto da mente pós-moderna — aquela de buscar profundamente relacionamentos autênticos, especialmente na igreja — possibilitará novamente este tipo de mútua prestação de contas. Independente de como a articulamos, devemos contrariar a ideia de que a nossa moralidade pessoal é uma questão privada. O ditado "não há santidade que não seja social" não deve simplesmente significar que buscamos a mudança da sociedade através do ministério de compaixão. Deveria lembrar-nos que a santidade é vivida e mantida em relacionamentos e através da comunidade. Qualquer concepção de pureza deve também visionar pureza no contexto dos relacionamentos.

# EXCURSO: SANTIDADE INCORPORADA E SEXUALIDADE SANTA

Às vezes os cristãos adoptam, sem consciência, uma atitude negativa relativamente à sexualidade — uma anti-sexualidade. O porquê de assim ser vem, em parte, de um mau entendimento do conceito bíblico do corpo e do seu relacionamento com o pecado e a espiritualidade.

Através das páginas deste livro temos sugerido que o gnosticismo da antiguidade era uma ameaça ao cristianismo primitivo. O gnosticismo representa um dualismo perigoso entre as coisas corpóreas (materiais) e as incorpóreas (espirituais). Mas apesar dos cristãos da actualidade serem cautelosos quanto à que foi identificada como uma nova espiritualidade gnóstica, não se apercebem que o mesmo dualismo está presente em certas expressões do cristianismo ortodoxo. Tais ideias escondem-se onde ou quando sugerimos que o corpo não é espiritual, mas que a alma o é, e quando sugerimos que devemos lutar contra o corpo – também contra a nossa sexualidade – como um meio de libertar a nossa alma.

Este tipo de gnosticismo subtil, pode vir de uma leitura errada da discussão de Paulo sobre o pecado em Romanos, por exemplo. As diferentes traduções têm usado diferentes palavras para o original grego, *sarx*. Mas, literariamente, a tradução seria *carne*. É contra a carne que Paulo diz que devemos lutar. Mas Paulo não está a falar do corpo físico. Ele refere-se sim à condição espiritual que chamamos de natureza pecaminosa ou, por vezes, carnalidade. É certo que as Escrituras referem o que chamamos de "pecados do corpo" (incluindo o pecado sexual), mas é errado assumir que esses são, de alguma forma, piores do que os pecados da mente ou do espírito. Como sugerido antes, no capítulo 6, estas distinções não nos são particularmente úteis. Quando consideramos a antropologia teológica enquadramo-nos melhor no modelo hebraico – um que vê o homem muito mais holisticamente do que a teoria tripartida grega. De qualquer forma, Deus criou boa cada parte de nós.

Outra fonte para as atitudes anti-sexuais entre os cristãos vem da teologia de Agostinho. O grande teólogo ocidental contribuiu com uma quantidade sem precedentes de discernimentos teológicos para o desenvolvimento da igreja durante os primeiros séculos do cristianismo. Mas algumas das suas ideias têm-nos afectado negativamente até hoje. Tais ideias surgem nas suas visões sobre o pecado sexual. Agostinho acreditava que a expressão mais proeminente do pecado humano é a concupiscência, também conhecida como cobiça (por uma variedade de coisas). A concupiscência do *pecado sexual,* especificamente, tornou-se o mais mortal de todos os pecados na mente do cristianismo ocidental, porque ele declarou convictamente esta ideia.

Durante séculos temo-nos debatido debaixo deste peso. Como resultado, a própria sexualidade (à parte de qualquer outro acto) é, com regularidade, subjectivamente vivenciada como maligna, quando, na verdade, Deus a criou boa. Até (ou talvez *especialmente*) nos círculos cristãos, encontramos uma grande ambiguidade e confusão acerca da sexualidade. A posição de Agostinho levou-o a dizer que todo o sexo é, de alguma forma, pecaminoso, pois todos os actos sexuais surgem da luxúria – até o sexo no casamento. Para Agostinho, o sexo era salvo da sua vergonha pelo propósito de procriação no casamento. Quando uma criança fosse concebida, o acto do sexo era redimido.

Não devemos ter, nem adoptar esta posição. A nossa intenção, então, é redimir a própria sexualidade de séculos de teologia imperfeita. Comecemos por citar, claramente, o nosso ponto. Deus não quer que nos sintamos envergonhados acerca da nossa sexualidade ou dos nossos corpos. Demasiado frequentemente sentimo-nos pecaminosos e envergonhados quando não nos devíamos sentir. Experimentarmo-nos como seres sexuais significa compreendermo-nos como Deus nos criou – cheios de hormonas e necessidades que nos definem como seres humanos.

Mas devemos também compreender que vivemos numa sociedade saturada de sexo. Apesar de assumirmos, erradamente, que as gerações anteriores eram mais puras, devemos ter noção que a imoralidade sexual hoje em dia não é escondida e é geralmente aceite. O sexo fora do casamento já não é evitado pela sociedade. Já não há um código de moralidade sexual socialmente implícito (excepto quando se trata de pedofilia). O mundo é um lugar muito diferente do mundo dos nossos bisavós. É pouco provável que a nossa sociedade volte atrás e por isso, as gerações presentes e futuras precisarão de grande discernimento nas muitas escolhas, cada vez mais disponíveis, e até encorajadas pela sociedade, ao longo das suas vidas.

Apesar da sociedade ter mudado, a sabedoria de Deus não mudou. Devemos ver os avisos bíblicos contra a imoralidade sexual, não como grandes restrições de um Deus chateado, mas como o cuidado amoroso pela humanidade. Como todo o pecado, o pecado sexual pode ser muito prejudicial – prejudicial fisicamente (por exemplo, doenças que são transmitidas), prejudicial psicologicamente e certamente prejudicial relacionalmente. Deus criou a nossa sexualidade e isso é bom. Mas fora dos parâmetros que Deus também criou, o potencial de nos magoarmos a nós próprios e aos outros é muito grande. É difícil, se não impossível, que a sexualidade manifestada fora destes parâmetros não seja desumana.

A chamada de Deus para nos mantermos puros beneficia-nos de formas que frequentemente não compreendemos até que falhamos. A inocência é subestimada. As tentações são grandes, particularmente agora, visto que grande parte do pecado sexual já não é considerada pecado e visto que a acessibilidade ao material sexual não tem precedentes. As pessoas estão a experimentar o comportamento sexual cada vez mais novas, por vezes até antes do desenvolvimento moral se ter amadurecido. Será que, como igreja, o conselho de "dizer não" é tudo o que temos a oferecer? Será esta apenas uma questão de força de vontade do indivíduo?

Devemos ter cuidado ao andar nesta corda bamba. Por um lado está o perigo de reivindicar demasiado uma doutrina de santificação e pureza de coração. Não devemos insinuar que a habilidade de Deus de purificar as nossas intenções reduz a tentação sexual. Cristo foi o mais puro de todos os seres humanos, mas foi tentado da mesma forma que nós, provavelmente *mais* do que nós, pois Satanás conhecia a Sua força. A tentação sexual é complicada porque frequentemente produz uma reacção fisiológica forte. A reacção fisiológica em si não é pecaminosa. É apenas quando escolhemos agir, que o pecado se torna pecado. E, por outro lado, não devemos reivindicar tão pouco, especialmente enquanto wesleyanos. Como é claro ao longo deste livro, acreditamos que o poder da graça é maior do que o poder do pecado. E cremos que Deus pode purificar-nos da culpa e vergonha, capacitando-nos a viver de forma justa, mesmo durante a maior tentação. O que declaramos então relativamente à tentação?

Seguindo as Escrituras, cremos que o Espírito Santo sempre providenciará um escape. Se cooperarmos com o poder do Espírito Santo, podemos ter vitória. Por outro lado, a ideia da vitória instantânea sobre a tentação deve ser mediada pela realidade e por uma discussão necessária sobre o vício sexual.

Apesar de Deus ter o poder de fazer qualquer coisa, a vitória sobre os vícios vem frequentemente através de um processo, passo a passo, de desabituação. Como iremos explorar mais à frente num capítulo sobre o desenvolvimento do carácter, nós não chegamos a cada nova situação moralmente neutros. A nossa decisão futura pode ser influenciada por decisões passadas que se tornaram profundamente enraizadas e habituais. Se estas decisões passadas forem positivas (e como tal, sempre assistidas pela graça de Deus), há desenvolvimento de bom carácter, o que influencia positivamente as decisões futuras. Mas o oposto também é verdade. Quando consideramos os vícios, que são ainda mais fortes do que os hábitos negativos, porque envolvem mudanças bioquímicas, superá-los pode ser um processo lento e doloroso. A vitória espiritual, neste caso, deve ser definida pelo compromisso da pessoa em manter-se no processo. A graça de Deus não está limitada ao tempo que o processo leva. Devemos, mais propriamente, reflectir na abundância de graça necessária para novamente coincidir a pureza de vida com a pureza de intenções. Infelizmente, no entanto, a mensagem que normalmente enviamos a pessoas com vícios sexuais é de impaciência, acusando-os de serem infiéis se os seus vícios não forem superados num qualquer tempo limite que lhes impusermos.

Wesley parecia ter grande discernimento acerca do processo requerido para mudar os "temperamentos" e "afeições". Infelizmente temos perdido parte deste discernimento devido à demasiada ênfase na inteira santificação como a cura para todos os males. Também devemos perceber que os vícios deixam profundas feridas. Para a maioria das pessoas, a continuação de uma forte tentação ao longo das suas vidas, é a consequência natural que devem sofrer. A nossa reacção deve ser a compaixão e o apoio para tais feridas.

Devemos ainda abordar outro aspecto da pureza sexual. A autora lembra-se de ter sido conselheira num acampamento de adolescentes no início dos anos 90. Cada manhã os adolescentes viam um vídeo de uma série sobre a pureza sexual, com a mensagem "Diz não". Mas a autora sabia, baseada em estatísticas e em experiências da vida real de pessoas com quem pastoreou, que alguns adolescentes não tinham a liberdade de dizer não, porque eram abusadas sexualmente por alguém numa posição de autoridade.

As estatísticas dizem que uma em cada quatro mulheres e um em cada seis homens foram sexualmente abusados quando eram crianças.[15] As estatísticas são vergonhosamente as mesmas se considerarmos quem está fora ou dentro da igreja. E uma das tácticas mais comuns dos abusadores é fazer com que o abusado assuma responsabilidade emocional pelo que aconteceu.

O que podemos dizer então acerca de tal abuso? A Bíblia fala de uma pedra de moinho preparada para aqueles que atacam crianças ou os fracos. A imagem de uma morte horrorífica está-lhes reservada (Mateus 18:6). A mensagem do evangelho é de misericórdia para todos os que se arrependam, mas isso não significa que não há justiça. É tempo da igreja falar a favor daqueles a quem foi tirada vantagem de forma tão prejudicial. Existe uma mensagem de esperança para aqueles a quem lhes tem sido roubada a sua pureza de forma tão vil?

Cristo é o grande médico que atende as nossas feridas. Ele não nos deixa à beira da estrada enquanto os outros passam por nós. Ele salva-nos do nosso sofrimento, liga as nossas feridas e começa o processo de curar os nossos corações. O abuso causa cicatrizes emocionais e psicológicas profundas. Frequentemente, Ele usa conselheiros sábios como meio da graça nas nossas vidas à medida que tentamos superar o que parece ser a nossa própria destruição. Mas Deus está sempre connosco e nunca nos deixará. Em Cristo, através do Espírito Santo, encontramos o bálsamo que alivia a dor e começa a cura. Não é uma cura instantânea, mas uma longa jornada para a restauração.

E a restauração é positiva, tanto para aqueles que perderam a sua inocência através das suas próprias escolhas, como para aqueles que a perderam contra a sua vontade. Por um lado, existe perdão e limpeza, por outro, solidariedade e presença. Para ambos, há cura e redenção até para a nossa sexualidade. Para aqueles que têm pecado, os seus pecados são lançados fora "Quanto está longe o oriente do ocidente, *assim* afasta de nós as nossas transgressões" (Salmos 103:12). Para aqueles que têm pecado, Deus está mais perto do que o nosso próprio fôlego. E o nosso Deus é o Deus que faz tudo novo.

## DECLARAÇÕES SUMÁRIAS

1. A graça purificadora protege-nos dos extremos do legalismo morto e do perigoso antinomianismo.

2. A moralidade pessoal nunca é uma questão privada mas deve ser vivida no contexto da comunidade.

3. Certos comportamentos são inconsistentes com a nossa transformação interior e desaparecerão à medida que andamos no Espírito.

4. Há uma diferença entre pureza de intenções e maturidade em acção.

5. A obediência a Deus deve ser baseada na nossa visão de Deus como amoroso e de confiança e vista como um meio de graça.

6. A sexualidade humana é boa e não deve trazer nenhuma vergonha. O contexto na qual a expressamos é que a torna, ou não, nociva.

## QUESTÕES PARA REFLEXÃO

1. Como é que o conceito da graça purificadora nos livra dos extremos?

2. Como é que devemos ver os códigos de conduta denominacionais?

3. Para si, a "obediência" é uma palavra opressora ou libertadora?

4. O que significa realmente ser puro sexualmente?

# SANTIDADE ENQUANTO PERFEIÇÃO

## OBJECTIVOS DOS ALUNOS
*O estudo deste capítulo vai ajudá-lo a:*

1. Descrever o que está implícito na perfeição cristã
2. Identificar o que não significa a perfeição cristã
3. Definir transgressões involuntárias, imperfeições e enfermidades e explicar como se relacionam com a perfeição cristã
4. Reflectir nos assuntos envolvidos ao desenvolver ética social (ética de amor)

## PALAVRAS CHAVE
Perfeição cristã

Realismo platónico

Transgressões involuntárias

Imperfeições

Enfermidades

Controvérsia perfeccionista

Homeopático

Movimento do evangelho social

Teologias da libertação

Porque é que um capítulo sobre a **perfeição cristã** ainda tem lugar num manual para o século XXI? "Perfeição" é, historicamente, a palavra mais mal compreendida na tradição wesleyana de santidade, assim como no Metodismo. Porque não abandonar a palavra de vez? Terá algum conteúdo positivo na actualidade? Considerando os conceitos erróneos que a rodeiam hoje em dia, vale a pena mantê-la? Estas são questões importantes. Mas, em última análise, devemos abordar esta questão por duas razões. Primeiro, "perfeição" é uma palavra bíblica e, como tal, deve ser correctamente interpretada. O versículo "Sede vós, pois, perfeitos, como é perfeito o vosso Pai que *está* nos céus". (Mateus 5:48) não pode simplesmente ser colocado de lado. Segundo, "perfeição" é uma das principais palavras usadas para explicar a santificação na história da santidade.

No fim, podemos querer escolher uma palavra diferente para traduzir o grego e para tornar o vocabulário da santidade mais relevante para a igreja e para cultura actuais. Mas, por agora, o objectivo deste capítulo é apresentar a perfeição cristã, revelando as más interpretações deste assunto, explicando, talvez até redimindo, a sua verdade. O próprio Wesley enfrentou forte oposição à doutrina e criticou os seus próprios pregadores por falharem em pregá-la o suficiente. Tal levou-o a questionar: "Devemos abandonar a doutrina ou tomar uma posição em seu favor?" Wesley escolheu a segunda, mas a sua questão é ainda relevante nos dias de hoje.

## A PERFEIÇÃO CRISTÃ CLARAMENTE DEFINIDA

A palavra "perfeição" não é estritamente cristã nem é uma palavra religiosa. A habilidade humana de pensar transcendentalmente e imaginar algo além da sua própria experiência levou os filósofos primitivos a ponderar um ser hipoteticamente perfeito e, mais tarde, a afirmar "o divino" como esse ser perfeito. Platão acreditava que a perfeição é encontrada na mente (as formas). Qualquer coisa material seria necessariamente menos do que perfeita para Platão, porque a entidade real (física) poderia ser falha, em comparação com a imagem mental. Platão acreditava que as formas são reais e que o mundo é menos do que real. Qualquer coisa real, então, é menos que perfeita. Para Platão, a ideia de perfeição também levou ao conceito do bem absoluto (ou Deus). Qualquer coisa menor do que o bem absoluto era imperfeito por definição. Seria então impossível para um ser humano ser perfeito de acordo com o **realismo platónico**.

Aristóteles, por outro lado, introduziu a ideia da perfeição desta forma: algo (ou alguém) pode ser perfeito se cumpre o propósito para o qual foi criado. Uma cadeira perfeita é uma cadeira que sustenta a pessoa que nela se senta, até mesmo se tiver falhas ou arranhões. É interessante que os calvinistas tendem a confiar fortemente em Platão quando definem a perfeição e o seu oposto, o pecado. Apesar de Wesley ser platónico em alguns assuntos, no assunto da perfeição, é aristotélico. Então, a questão vitalmente importante é: Qual é o propósito para o qual fomos criados? Devemos adiar quaisquer declarações definitivas acerca da perfeição antes de considerar devidamente a questão crucial.

Quando a questão do propósito é feita, vários citam o Catecismo Menor de Westminster, que diz :"O objectivo primário do homem é glorificar Deus e ter, eternamente, gozo n'Ele"[2]. Os documentos Wesminster são reformistas. Será que Wesley discordaria desta declaração? Wesley frequentemente usava estes documentos. Mas da totalidade dos escritos de Wesley vemos claramente que o nosso "objectivo final" de amar Deus, tem uma conotação diferente de glorificar e dar gozo. O amor vai mais longe. Podemos dizer, como wesleyanos, que o nosso propósito é resumido em dois grandes mandamentos: Amar Deus com todo o nosso ser e o nosso próximo como a nós mesmos.

## Pecado como Recusa

Numa palavra, o pecado é a recusa da vontade de Deus e do Seu amor. Não é apenas a recusa de "fazer" isto ou aquilo desejado por Deus ou uma determinação para fazer o que Ele proibiu. É mais radicalmente uma recusa de ser o que somos, uma rejeição da nossa realidade misteriosa, contingente, espiritual, escondida no próprio mistério de Deus. O pecado é a nossa recusa em sermos o que fomos criados para ser – [filhos] de Deus, imagens de Deus.[3]

Então, por implicação, somos perfeitos (no sentido aristotélico) quando cumprimos esses mandamentos através da graça de Deus. Portanto, a perfeição nunca é alcançada como um estado ou condição, porque as oportunidades para amar são infindáveis. Existe no wesleyanismo um elemento *dinâmico* na perfeição. Não é estático; ele pode crescer. Reuben Welch uma vez deu um exemplo prático.[4] A sua filha começou a ter aulas de piano quando era muito nova. Ela poderia praticar e praticar determinada peça até que fosse tocada, em termos técnicos, *perfeitamente*. Mas, à medida que melhorava, a sua capacidade de tocar peças mais complicadas cresceu. Já crescida, era capaz de se sentar e tocar peças extremamente complicadas *perfeitamente*. Em ambas as alturas, foi capaz de tocar perfeitamente. Mas obviamente houve crescimento na sua capacidade de fazer mais.

Somos criados para amar Deus com todo o nosso coração e o nosso próximo como a nós mesmos. O optimismo da santidade acredita que isto é possível através da graça de Deus. Mas a tarefa nunca chega ao fim. Nunca podemos amar o suficiente, no sentido em que acabamos de amar como se de uma tarefa se tratasse ou de um nível alcançado. O amor é tão novo como é cada oportunidade para amar. Então, cumprimos o nosso propósito em amor e ainda crescemos na habilidade de o fazer, à medida que progredimos antes e depois da inteira santificação. A inteira santificação oferece um ponto significativo em que somos cheios do amor de Deus e do Espírito de Deus, mas isso não é o fim da jornada.

Com estas questões introdutórias em posição, voltamos a nossa atenção para um tratamento mais compreensivo da perfeição cristã em Wesley e nos seus sucessores.

## WESLEY

A quantidade de material que João Wesley escreveu sobre o assunto é realmente surpreendente. Ele decidiu juntar alguns dos seus escritos e republicá-los no texto *A Plain Account of Christian Perfection* [A Explicação Clara da Perfeição Cristã], primeiramente publicado em 1766. Muitos dos seus pensamentos são apresentados na forma de questões às quais ele responde. É claro que muitos dos seus seguidores metodistas e dos seus oponentes não metodistas, tinham incertezas acerca do que Wesley queria dizer pelo termo. Outro texto importante é o seu sermão "On Perfection" [Sobre Perfeição], escrito em 1784. Esta obra pode ser vista como o resumo de todos os seus pensamentos depois de anos a tentar explicar-se a si mesmo. Esta obra também é útil quando comparada com o seu sermão de 1741, "Christian Perfection" [Perfeição Cristã].[5] Como tema mais abrangente, Wesley declarou o seguinte: "O puro amor reinando só no coração e na vida – esta é a essência da perfeição bíblica"[6]. Esta declaração viria a requer inúmeras explicações.

Wesley voltava frequentemente ao ano de 1725 (e 1726) nas suas reflexões sobre quem o tinha influenciado e porquê. Como mencionado antes, foi o ano em que se preparava para a ordenação como diácono. Ele escreveu que nesse ano tinha lido três autores significantes: Thomas à Kempis (*Imitation of Christ* [Imitação de Cristo]), Jeremy Taylor (*Rules and Exercises of Holy Living and Dying* [Regras e Exercícios da Vida e Morte Santas]) e William Law (*Christian Perfection and A Serious Call to a Devout and Holy Life* [Perfeição Cristã e uma Séria Chamada para uma Vida Devota e Santa]). Desses autores, Wesley adquiriu três formas primárias de descrever a perfeição cristã: pureza de intenção, a imitação de Cristo e o amor a Deus e ao próximo. Wesley usou estas definições para descrever tanto a experiência da segunda mudança da inteira santificação, como o estilo de vida vivido nessa experiência. Importante para a totalidade dos pensamentos de Wesley é que tal é um presente de Deus, através da graça, e nunca uma realização pessoal.

Como notado no último capítulo, ao usar a frase "pureza de intenções", Wesley fala de um acto da graça de Deus que substitui o pecado pelo amor como o factor motivador no coração. Este tipo de pureza é característica daqueles que possuem um olhar e um coração singulares perante Deus. A intenção purificada de tais pessoas é viver para agradar e honrar Deus em todo o tempo.

A vida que imita a vida de Cristo é descritiva e normativa desta pureza de intenção. Temos a mente de Cristo, por isso conhecemos a vontade de Deus. Além do mais, somos capacitados para fazer a vontade de Deus, não apenas para a perceber. Não é apenas um objectivo a ser alcançado, mas o verdadeiro objectivo da fé, que deve ser vivido aqui e agora.[7] Devemos andar como Cristo andou. Somos capacitados a viver como Cristo viveu. Do coração puro, fazemos mais do que subsistir. Vivemos activamente como Cristo neste mundo. E a característica mais pura da vida de Cristo é o amor perfeito. Este é o factor mais importante ao determinar a perfeição. Temos amado como Deus nos amou? Quando o fazemos (ou mais precisamente, quando desejamos fazê-lo no verdadeiro sentido da palavra), somos perfeitos no cumprimento do nosso propósito original.

Em 1784, no seu sermão "On Perfection" [Sobre a Perfeição], Wesley apresentou nove declarações definitivas acerca da perfeição cristã. Escrito sete anos antes da sua morte, este sermão pode ser visto como a sua compreensão mais desenvolvida da doutrina, depois de anos a declarar e clarificar um número infinito de pontos. Aqui estão elas:

1. Perfeição cristã significa amar Deus com todo o coração e amar o próximo como a si mesmo.

2. Perfeição cristã é ter a mente que está em Cristo.

3. Perfeição cristã produz os frutos do Espírito.

4. Perfeição cristã é a recuperação da imagem de Deus.

5. Perfeição cristã traz justiça interior e exterior, santidade de vida vinda da santidade do coração.

6. Perfeição cristã é uma obra de Deus, santificando a pessoa continuamente (1 Tessalonicenses 5:23)

7. Perfeição cristã começa e é mantida através da perfeita consagração da pessoa a Deus.

8. Perfeição cristã consiste nos pensamentos, palavras e acções da pessoa estarem dirigidos a Deus em louvor e acções de graça.

9. Perfeição cristã é a salvação de todo o pecado.[10]

Estas características são comparadas com as declarações de Wesley do que *não é* a perfeição cristã. Estas serão abordadas depois do fim desta secção. Agora avançamos para uma discussão sobre a perfeição cristã no século XIX.

## Wynkoop sobre a Perfeição Cristã

Depois de um estudo intensivo acerca do entendimento de João Wesley sobre a perfeição cristã e depois de uma revisão completa das palavras bíblicas para perfeição, Mildred Bangs Wynkoop oferece as seguintes observações gerais:

1. "Perfeição cristã é teleológica". É o fim e o objectivo da humanidade.

2. "Perfeição cristã é, na Bíblia, um requisito absoluto, no sentido de que devemos sempre buscá-la".

3. Perfeição cristã é tanto pureza de intenções como maturidade de vida.

4. Perfeição cristã é uma qualidade moral absoluta, que deve ser fielmente adaptada a situações da vida. A integridade moral absoluta é alcançada à medida que a nossa capacidade relativa cresce.

5. Perfeição cristã pode ser declarada em momentos diferentes ao longo da vida, como uma maturidade crescente.

6. Perfeição cristã não é absoluta no sentido amplo; imperfeições e enfermidades, que vêm do facto de sermos humanos, não nos desqualificam como cristãos perfeitos.

7. Perfeição cristã tem que ser relevante para esta vida. Nenhuma exegese pode encontrar garantias textuais para deferir a perfeição para outra vida.

8. Perfeição cristã apenas é vivida nos relacionamentos, nomeadamente com Deus e com o próximo. A perfeição cristã é necessariamente relacional.

9. Perfeição cristã não é um perfeccionismo legalístico doentio.

10. Perfeição cristã não é a ausência de tudo o que é menos que perfeito. É ser cheio de amor.

11. Perfeição cristã é mais do que a inteira santificação. É um estilo de vida e não apenas uma experiência.[11]

## O SÉC. XIX

Será que os metodistas do século XIX seguiram a doutrina da perfeição cristã de Wesley? Esta é uma questão complexa. Os metodistas primitivos na América seguiram Wesley de perto e estavam determinados a manter as suas doutrinas. Mas mesmo antes da sua morte, houve um movimento contrário ao dele, nascido da animosidade contínua entre a Grã-Bretanha e América depois da Guerra Revolucionária. A Guerra de 1812 apenas aumentou a distância. Finalmente, Wesley passaria a ser mais um fundador do que um pai que se segue de perto. As condições de divisa também levaram a uma negligência geral do ensino especial de Wesley sobre a perfeição. Francis Asbury, em particular, minimizou a educação necessária para converter pecadores pela apresentação do "evangelho simples". Algumas das nuances mais profundas da perfeição cristã foram perdidas na divisa.

Ao chegar a 1835, houve algum interesse em renovar a ênfase na perfeição cristã da parte de alguns líderes. Timothy Merritt publicou *Treatise on Christian Perfection* [A Explicação Clara sobre a Perfeição Cristã] (que teve grande influência) e começou um jornal devotado às ideias de Wesley (*Guide to Holiness* [Guia para a Santidade]). A Igreja Metodista chamou o seu povo a um avivamento de santidade na sua conferência geral em 1832.

Phoebe Palmer, e outros, trabalharam dentro do Metodismo para não perder a doutrina. Este interesse alcançou uma considerável proporção em 1858.

Contudo, foi por esta altura que os líderes metodistas começaram a avisar o seu povo para serem cuidadosos, até mesmo a abandonarem todas as campanhas de santidade e avivamentos. Ou seja, enquanto que este renovado interesse na perfeição cristã alcançou o seu auge em 1869, outros no Metodismo começaram a opor-se fortemente ao ensino da santidade.

> Depois da organização da National Holiness Association [Associação Nacional de Santidade] em 1867 — e durante o rápido aumento das campanhas de santidade, jornais e evangelistas de santidade que se seguiram à data — a controvérsia tornou-se tão grande que, no fim do século, já com inúmeras denominações de santidade, a ênfase especial da perfeição na igreja metodista cessou.[12]

A conclusão que a Igreja Metodista alcançou no final do século foi de que a santificação devia ser identificada com todo o processo do viver cristão, começando na regeneração e que qualquer instantaneidade de uma segunda obra da graça deveria ser descartada.[13] Várias denominações de santidade formaram-se para contrariar esta posição característica do Metodismo durante as últimas três décadas do século XIX. (No entanto, isto não quer dizer que todos os metodistas abandonaram pessoalmente a doutrina).[14]

Grupos como os Metodistas Livres, Metodistas Wesleyanos e a Igreja do Nazareno, tomaram aquilo que acreditavam ser a posição de Wesley sobre a perfeição cristã (uma segunda obra da graça e um estilo de vida) como a sua doutrina cardinal.[15] À medida que estes e outros grupos de santidade avançaram para o século XX, novas articulações da santidade não metodistas e teologias sistemáticas foram necessárias e escritas. Uma grande generalização pode ser feita ao declarar que as expressões do início, até meio, do século XX sobre a perfeição cristã, colapsaram a visão mais inclusiva de Wesley num único sentido. Especificamente, Wesley mantinha que a perfeição cristã era tanto uma experiência instantânea como um estilo de vida subsequente. Enquanto a maioria dos metodistas desistiu da instantaneidade, alguns escritores de santidade da primeira metade do século XX, abandonaram o estilo de vida cristã como perfeito amor e enfatizaram a própria obra da graça como definitiva da perfeição cristã.[16] Quando o estilo de vida era invocado, o foco era mais na ausência do pecado e menos na presença do amor. Os escritores deste período também interpretaram Romanos 7 como a vida de um cristão que ainda não tinha sido inteiramente santificado. Interpretar o capítulo como se Paulo se referisse a um descrente, é uma alteração à interpretação de Wesley, assim como à de mais recentes estudiosos da santidade.

Wesley enfatizava que a perfeição cristã não era nada mais do que "puro amor reinando sozinho no coração e vida". É adequado voltarmos à ênfase de Wesley tanto na obra instantânea como na vida do perfeito amor. Para tal devemos ir onde Wesley tantas vezes foi ao explicar a doutrina. Devemos abordar uma definição correcta da perfeição cristã ao declarar o que ela não é.

## O QUE A PERFEIÇÃO CRISTÃ NÃO É

Apesar de João Wesley ser inflexível na pregação da mensagem da perfeição cristã, insistia igualmente em explicar o que esta não era. Grande parte das más compreensões acerca da perfeição cristã são clarificadas ao tomarmos atenção às distinções inequívocas de Wesley. "Uma falha ao distinguir entre pecado e enfermidade, coloca uma ênfase indevida no pecado e tende a desencorajar quem está seriamente à procura de uma total libertação da mente carnal"[17]. De facto, um dos grandes desencorajamentos vindos da teologia wesleyana de santidade é acreditar, erradamente, que Deus nos chama a uma perfeição absoluta, angelical ou até mesmo adâmica. Nós nunca nos tornamos *mais do* que humanos. Nós tornamo-nos *mais humanos* através da santificação. Nunca crescemos além da tentação. Até Cristo foi tentado. Nós nunca crescemos além da falta de sabedoria, erros ou um número de enfermidades que sofremos na mente ou corpo. Deus não espera isso de nós. Leo Cox apoia este nosso entendimento: "As imperfeições humanas nunca devem ser confundidas com a natureza moral má. (...) Esta área de imperfeição entre o amor perfeito e a acção perfeita não são vistas com ligeireza por Wesley"[18]. Também não serão vistas com ligeireza por nós. Para clarificar, iremos dividir estas distinções do amor perfeito em três categorias: **transgressões involuntárias**, **imperfeições** e **enfermidades** (apesar de Wesley às vezes as usar intercambiávelmente).

## TRANSGRESSÕES INVOLUNTÁRIAS

Wesley distinguia frequentemente o que chamava de transgressões voluntárias de transgressões involuntárias.[19] Da mesma forma, falava do "pecado propriamente assim chamado"[20] e do "pecado impropriamente assim chamado". O que ele queria sugerir com estas designações, era que a perfeição cristã lida com as acções morais e com o centro moral de uma pessoa. As transgressões involuntárias, ou pecado impropriamente assim chamado, por um lado, são acções que não são falhas morais. Aqui, a definição de Wesley do pecado como um acto voluntário contra uma lei conhecida está muito presente. Tais pecados voluntários são aqueles pecados pelos quais somos culpados.[21] Transgressões involuntárias, no entanto, não mudam o nosso relacionamento com Deus, ao passo que os pecados voluntários, sem arrependimento, devem ser abordados nesse sentido. Podemos transgredir ou ir contra o que seria o ideal em determinadas situações, mas frequentemente falhamos a marca do ideal por causa das nossas limitações humanas, não por escolhas propositadamente rebeldes. Randy Maddox explica: "Para compreender a diferença, a pessoa deve ter presente os conceitos de vontade e de afeições de Wesley. As imperfeições potenciais de obediência que fluem das afeições erradas seriam 'voluntárias', porque são afectadas pela vontade e estão sujeitos à nossa liberdade; por isso, são pecaminosas. Por outro lado, as enfermidades são não-morais porque são involuntárias; isto é, não são sujeitas à nossa conformidade (liberdade), ou livre arbítrio".

O próprio Wesley escreveu:

> Eu creio que não há tal perfeição nesta vida que exclua (…) transgressões involuntárias, que creio serem uma consequência natural da ignorância e erros inseparáveis da mortalidade. (…) Por isso, a *perfeição sem pecado* é uma frase que nunca usei, pois estaria a contradizer-me. (…) Creio que uma pessoa, cheia do amor de Deus, é ainda passível de cometer transgressões involuntárias.[23]

Devemos, no entanto, pensar sobre o assunto da responsabilidade das transgressões involuntárias, particularmente nos nossos relacionamentos com os outros. Se magoamos alguém sem intenção, podemos levar as ideias de Wesley ao extremo e dizer que somos inocentes da ofensa pois não a desejamos. Claramente, um relacionamento nunca funcionaria na vida real se fosse baseado unicamente nos tópicos que tratamos em Teologia. Somos pessoalmente responsáveis por actos sem intenção? Podemos dizer que não, se escolhermos ser teologicamente precisos. Mas na vida real, assumimos a nossa responsabilidade e pedimos perdão (arrependemo-nos) quando prejudicamos mesmo que sem intenção. Um relacionamento sofreria se nos declarássemos sempre inocentes baseados na intencionalidade. Se queremos ser teologicamente precisos, então, os wesleyanos deveriam estar nos tribunais, manifestando-se contra as sentenças que ainda são dadas a actos intencionais como o homicídio involuntário. Mas claro que na realidade nunca o faríamos.

Estar num relacionamento implica uma generosidade de espírito que assume a responsabilidade pela mágoa dos outros, intencionalmente ou não. Isto também se aplica ao nosso relacionamento com Deus. Até os actos não intencionais devem ser confessados.

## IMPERFEIÇÕES

As imperfeições podem ser distinguidas das transgressões involuntárias, porque a palavra "imperfeição" é mais geral no seu sentido do que o que é implicado pela palavra "transgressão". Mais precisamente, as imperfeições podem levar a transgressões involuntárias. Wesley observa:

> Em que sentido [é que as pessoas] não são [perfeitas?] Elas não são perfeitas em conhecimento. Elas não são livres de ignorância, não, nem livres do erro. Não podemos esperar que um ser humano seja infalível mais do que é omnisciente. Eles não são livres das enfermidades, tais como fraquezas ou lentidão de raciocínio, rapidez irregular ou peso da imaginação. Noutro tipo estão linguagem inadequada, falta de graça na pronunciação; às quais se poderia adicionar milhares de incontáveis defeitos, seja em conversa ou comportamento. De tais [imperfeições] ninguém é perfeitamente livre até que os seus corpos voltem a Deus; nem podemos esperar que até lá sejamos totalmente livres da tentação; pois "o servo não está acima do seu mestre". Mas nem neste sentido há perfeição absoluta na terra.[24]

A partir disto, vemos que Wesley precisou de clarificar que a perfeição cristã não nos leva acima das nossas limitações humanas. Não somos perfeitos em conhecimento; até podemos ter dificuldades intelectuais. A perfeição cristã não nos faz grandes oradores ou palestrantes. Nós falhamos a perfeição absoluta de inúmeras maneiras.

Esta distinção tornou-se crucial naquela que é conhecida como a **controvérsia perfeccionista** do início de 1760. Os líderes da sociedade Metodista em Londres (uma sociedade muito influente) começaram a pregar uma perfeição que era absoluta ou angelical. Tal contrariou vários temas abordados pelo próprio Wesley. Primeiro, este grupo fanático acreditava que a inteira santificação substituía, *a priori*, qualquer necessidade de crescimento. Wesley sempre avisou que a inteira santificação é melhor alcançada através da participação nos meios da graça. Isto é, a pessoa melhor preparada para receber o dom da inteira santificação é aquela que tem crescido através das várias formas com que nutrimos o nosso relacionamento com Deus – oração diárias, leitura bíblica e por aí. Também os líderes da sociedade (Thomas Maxfield e George Bell) rejeitaram qualquer necessidade de crescimento *depois* da inteira santificação. Mas a interpretação correcta da teologia de Wesley é que, tanto o crescimento gradual na graça como a inteira santificação instantânea, devem ser enfatizados equitativamente. Uma sem a outra perverte a doutrina da perfeição cristã.

Segundo, eles sugeriam que apenas aqueles que tivessem sido inteiramente santificados são dignos do paraíso, minimizando assim o poder do novo nascimento. Wesley rapidamente removeu os líderes da sociedade e começou a pregar mais contra a perfeição angelical. Tal incluiu a ênfase nas imperfeições humanas como defeitos *não* abordados pela graça salvadora ou santificadora. Um diferente tipo de graça é abordado quando consideramos imperfeições ou, mais especificamente, o que chamamos de enfermidades.

## ENFERMIDADES

Sendo que as imperfeições ou transgressões involuntárias são uma parte da experiência humana normal, a palavra "enfermidade" tem uma conotação ligeiramente diferente. Uma enfermidade implica que algo está mal, de uma forma mais penetrante do que as imperfeições. Geralmente as enfermidades envolvem o corpo ou as emoções. As enfermidades são tanto doenças corporais, como doenças mentais de algum tipo. Wesley estava à frente do seu tempo ao reconhecer que essas não tinham a sua

origem em acções pecaminosas. Wesley disse claramente que tais enfermidades não afectam a salvação ou o relacionamento com Deus.

Nós (…) cremos, que não existe tal perfeição nesta vida, como sugere uma inteira libertação, seja da ignorância, ou erro, em coisas
não essenciais à salvação, ou das muitas tentações ou das incontáveis enfermidades, onde o corpo corrupto mais ou menos pressiona
a alma. Não encontramos nenhuma base nas Escrituras para supor
que qualquer habitante de uma casa de barro é totalmente isento
(…) das enfermidades corpóreas.[25]

Wesley não explica enfermidades em detalhe em nenhum tratado. Encontramos, no entanto, nas suas correspondências mais pessoais, muitas
referências às desordens mentais/emocionais. Visto que a maioria das cartas de Wesley para homens, eram sobre assuntos administrativos ou doutrinais, as cartas de Wesley e conselhos específicos para as mulheres, ilus-
tram os aspectos mais holísticos da sua antropologia em lidar com enfermidades. Como esperado, Wesley ofereceu orientação espiritual nas suas
cartas às mulheres, mas com a mesma frequência, ofereceu conselhos sobre
as doenças físicas e sobre "desordens nervosas" e sofrimento emocional.

A orientação espiritual de Wesley tomou muitas formas, desde ajudar
as mulheres com as perplexidades de "operar a sua própria salvação", a
exortá-las a continuar sempre as suas obras de caridade, a providenciar
consolo e conforto a algum luto em particular ou respondendo a questões
doutrinais intrincadas, que precisavam de clarificação mais profunda tal
como a doutrina da perfeição cristã.[26] Wesley frequentemente acabava as
suas cartas fazendo questões espirituais específicas. "Tens tu um sentido
contínuo da presença de Deus como um Pai amoroso e gracioso? Sentes
que o teu coração está continuamente a ascender para Ele? E ainda és capaz
de, em tudo, dar graças?", perguntou ele a Hannah Ball.[27]

O conselho de Wesley para as mulheres também evidenciava um alto
grau de interesse na sua condição física. Até se pode dizer que, em adição
à pregação e administração, uma parte íntegra das suas viagens incluía ministrar às necessidades físicas do seu povo. O prefácio do seu *Primitive
Physic*[28] torna claro que ele estava primeiramente preocupado com o custo
alto dos novos medicamentos, que os colocava nas mãos dos ricos mas não
dos pobres. A "ciência" de Wesley está perto do tratamento **homeopático**.
Ele desenvolveu-a pela observação da efectividade de remédios caseiros,
remédios esses, frequentemente, idealizados por mulheres. O seu *Primitive*

*Physic* é uma colecção de remédios que estariam prontamente disponíveis
para a maioria dos metodistas e aqueles que os quisessem. Em várias cartas,
Wesley abordou as preocupações físicas:

> Minha querida irmã – tu apenas me dizes que a tua saúde está a
> decair; mas não me dizes de que forma ou o que o causou. Quando
> começaste a sentir a deterioração da tua saúde? De que maneira te
> sentiste afectada(sic)? O que imaginas que vai acontecer? Como é
> que tens estado de tempos a tempos? Que formas de restauração
> tens usado e com que efeito? Escreve-me o mais especificamente
> que puderes sobre estes assuntos, dirigindo a carta para Dublin. É
> o nosso dever tomar conta da saúde do nosso corpo. (…) Sou, que-
> rida Patty, afectuosamente teu.[29]

Como em assuntos espirituais, a especificidade das questões de Wesley são
notáveis; o imperativo aqui é novamente a "particularidade" e a atenção
para o detalhe íntimo. Quando a senhora Chapman respondeu às suas
detalhadas perguntas, ele escreveu-lhe com confiança: "O farmacêutico
parece ter compreendido o teu caso; mas fizeste bem em deixar de tomar
medicamentos. Mas deves fazer o máximo de exercício possível, principalmente ao ar livre"[30].

A amiga de longa data de Wesley, Ann Bolton, sofreu de várias doenças
ao longo da sua correspondência e amizade de mais de vinte anos e, por
isso, a sua saúde era assunto preocupante nas suas cartas. Em 1768, Wesley
escreveu:

> Não havendo nada de novo na tua doença, apenas um aumento dos
> mesmos sintomas, eu creio, que se continuares a observar as orien-
> tações que eu antes te dei, tal ajudar-te-á mais do que cem compri-
> midos. Os medicamentos oleosos matar-te-ão rapidamente; assim
> como tudo o que for pesado ao teu estômago. Deves ter cuidado
> para apanhar suficiente ar à noite: não te fará mal teres a janela um
> pouco aberta à noite. Quando tiveres essa tosse de irritação, mastiga
> um pouco de casca (do tamanho de um grão de pimenta), engole a
> tua saliva quatro ou cinco vezes e depois cospe a madeira. Esta
> quantidade de casca faz-te bem, mas não mais, para não pôr a tua
> vida em risco. Vê se as groselhas vermelhas te caem bem; se sim,
> come o quanto puderes.[31]

Habitualmente Wesley não só fazia questões directas e específicas, mas também oferecia conselhos específicos e cuidadosamente pensados. Ele via-se como capaz de influenciar a saúde e a integridade do corpo. Muitos dos conselhos de Wesley eram simples. Ele era inflexível quanto ao dormir em demasia, fazer exercício suficiente e comer adequadamente. A certa altura, Wesley foi além do habitual mundo dos remédios caseiros, propondo que as pessoas se submetessem à tecnologia médica mais recente.

Em 1756, Wesley adquiriu uma "máquina eléctrica" (um aparelho que provocava choques eléctricos ao seu utilizador), acreditando que ela tinha grande valor médico. Anos mais tarde, ainda defendia o uso da máquina. A Mary Bosanquet Fletcher, Wesley escreveu: "É uma pena que não tenha uma máquina eléctrica. Evitaria muita dor (...) e substituiria quase todas as outras medicinas"[32]. A outra pessoa escreveu: "Se tiveres oportunidade de ser electrificado, ajudar-te-ia com as dores no olho, caso voltem"[33]. E a Ann Bolton: "A todo o custo, adquire uma máquina eléctrica. É a tua obrigação. Já não podes desperdiçar a tua saúde"[34]. Para Wesley, a saúde física era uma disciplina espiritual e, por isso, o seu conselho era tão forte como uma qualquer exortação espiritual. Sob esta rubrica, uma máquina eléctrica tornou-se uma obrigatoriedade.

O esquema de Wesley revela uma interdependência de "espírito", "corpo" e "mente" (ou emoções). Apesar de Wesley testificar de um grande nível de estabilidade emocional, não deixava de ser empático com aqueles que sofriam daquilo que mais frequentemente chamava de "distúrbios nervosos". Aqui, também, o seu conselho era abundante. À senhora Knapp disse:

> Tenho considerado seriamente o teu caso e vou dizer-te livremente o que penso. O teu corpo frequentemente pressiona o teu espírito por razões de distúrbio nervoso. O que pode então ser feito, de forma a diminuir, pelo menos, este distúrbio, ou mesmo removê-lo? Talvez seja totalmente removido se permitires ser aconselhada. E eu acredito que o podes fazer com a ajuda de Deus. Eu aconselho-te a: 1) Dormir cedo, nunca fiques acordada depois das dez da noite, por razão nenhuma – não, nem para ler ou orar; não te sacrifiques demais. 2) Levanta-te cedo: nunca durmas mais do que sete horas, a menos que fiques deitada até mais tarde. 3) Resguarda-te, não deixes que Satanás se transforme num anjo de luz: apenas

assim ele te pode magoar, pois o teu coração está elevado a Deus e tu desejas apenas agradá-Lo em todas as coisas.[35]

Como os seus conselhos revelam, Wesley estava aberto às possíveis causas físicas para distúrbios nervosos, sem imediatamente os apontar como distúrbios de origem espiritual. Ele também era rápido a afirmar que apesar de tais distúrbios tornarem a jornada mais difícil, não tinham de ser a destruição da vida espiritual. Num exemplo típico da sua triagem espiritual, Wesley discerniu:

> Se essa doença que mencionaste veio (como no caso de alguns) apenas numa altura de oração privada, inclino-me a pensar que é sobrenatural, um mensageiro de Satanás permitido para te ferir. Mas como a sentes da mesma forma noutras alturas, quando sentes emoções impetuosas da mente, parece ser (pelo menos em parte) um efeito natural do que é chamado fraqueza ou nervos.[36]

Wesley manteve a possibilidade da vitória espiritual apesar do sofrimento físico ou distúrbios emocionais. À senhora Downes, ele escreveu: "Estás habilitada a dar uma prova muito clara e permanente de que a fraqueza de nervos não pode impedir a alegria no Senhor. Os teus nervos foram notavelmente fracos, durante muitos anos, mas ainda assim a tua alma pode exaltar o Senhor e o teu espírito alegra-se em Deus, teu Salvador"[37]. O optimismo de Wesley permaneceu primariamente hermenêutico para interpretar todos os aspectos da experiência humana.

A perfeição cristã é uma condição espiritual e moral. Uma pessoa pode transgredir involuntariamente, mostrar todo o tipo de imperfeições comuns aos seres mortais e sofrer, corpórea e emocionalmente, mostrando, porém, perfeito amor. A opinião de Wesley aqui, adequa-se melhor ao conhecimento biológico e psicológico de hoje, do que ao sistema teológico que culpa todo o sofrimento do pecado pessoal no indivíduo. Não é adequado dizer a um cristão, hospitalizado, por uma questão de colapso nervoso, que tudo irá ficar bem se confessar os seus pecados. Não é adequado crer que as pessoas sofrem fisicamente por não terem fé suficiente. Viver num mundo caído significa que não experimentamos vidas humanas perfeitas. Mas podemos ter um coração perfeito que se expressa em amor por Deus e pelos outros. As nossas enfermidades podem até impedir-nos de expressarmos esse amor tão totalmente como desejaríamos. Mas Deus olha para as intenções do nosso coração e vê a pureza e perfeição que têm sido afectadas através do dom da graça. A pureza tem a ver com a moralidade pessoal. O amor perfeito tem o conteúdo positivo que se expressa no contexto da ética social.

### De Life and Holiness, de Merton

Ser perfeito, então, não é tanto uma questão de buscar Deus com ardor e generosidade, mas sim ser encontrado, amado e possuído por Deus, de tal forma que a Sua acção em nós nos faz completamente generosos e nos ajuda a transcender as nossas limitações e a reagir contra a nossa própria fraqueza. Tornamo-nos santos, não por superarmos violentamente as nossas fraquezas, mas por deixarmos que o Senhor nos dê a força e pureza do Seu espírito, em troca das nossas fraquezas e misérias.[38]

## A ÉTICA DO AMOR

Um tema forte deste livro é que a santidade não pode ser definida como a ausência de pecado. Apesar de haver lugar para enfatizar esta ausência (melhor dito como "pureza"), enfatizar apenas este lado da santidade irá necessariamente inclinar, distorcer e matar a verdadeira doutrina. A pureza só pode ser adequadamente referida em ligação próxima e necessária com o perfeito amor. No capítulo anterior, sobre pureza, demos atenção à moral, aos comportamentos pessoais a serem *evitados*. Agora voltamos a nossa atenção para o conteúdo *positivo* do amor, que temos identificado como ética social.

Cada aspecto do foco incansável de Wesley na santidade individual, visa fazer do indivíduo um agente do perfeito amor para aqueles à sua volta. A transformação interior, se real e sustentada, leva necessariamente àquilo que Wesley chamaria de "actos de misericórdia", feitos de um amor genuinamente de Deus. Como tantas vezes disse: "Não há santidade que não a social"[39]. A chamada para particulares actos de serviço no mundo, permeiam o ethos do metodismo, não apenas na altura de Wesley, mas também nos séculos XIX e XX. Os estudiosos reconhecem agora que muito antes do que foi conhecido como o **movimento do evangelho social** do início do século XX (um movimento associado ao protestantismo liberal), o Metodismo e o Movimento de Santidade do fim do século XIX já evangelizavam os abatidos, assistiam os necessitados, ministravam aos doentes, alimentavam os pobres, defendiam os oprimidos e lutavam pela liberdade dos escravos e das mulheres — tudo em nome do perfeito amor a Deus e ao próximo.[40] No âmbito deste livro, delinearemos tais actos em evangelismo, ministério de compaixão e justiça social. A teologia wesleyana pretende sempre tocar vidas reais com o amor real.

## EVANGELISMO

Uma expressão da ética do amor é o desejo de uma cura espiritual profunda ou salvação dos outros. A tradição wesleyana de santidade sempre fez do evangelismo uma das suas prioridades. É justo ponderar: se Wesley não tivesse sido proibido de pregar nos púlpitos anglicanos, teria ele ido pregar nos campos, fazendo do "mundo a [sua] paróquia"? Tal levou-o às pessoas reais, com necessidades reais, assim como levou todos os seus pregadores a estarem face a face com o povo comum, tanto na Grã-Bretanha como na América.

Depois de 1738 e Aldersgate, Wesley viu a necessidade de pregar a "salvação" pela fé e a sua subsequente "certeza" por onde quer que fosse. O seu pensamento alinhou-se de várias formas com o dos grandes revivalistas da sua altura, incluindo Jonathan Edwards e George Whitefield. Ele chamou todas as pessoas à fé em Jesus Cristo. A sua chamada era, sem dúvida, uma chamada "evangélica" para um novo nascimento e nova criação. Ele disse aos seus pregadores leigos:

> Vocês não têm nada a fazer a não ser salvar vidas. Por isso gastem e desgastem-se nesta obra. E vão sempre, não apenas àqueles que vos querem, mas principalmente aos que vos querem mais. Observem: não é vossa responsabilidade pregar tantas vezes e tomarem conta desta ou de outra sociedade; mas sim salvar tantas almas quanto possam; trazer tantos pecadores ao arrependimento quanto possível.[41]

Mas ao contrário dos seus contemporâneos calvinistas, a compreensão de salvação de Wesley, como explicada antes, no capítulo 7, representa uma visão mais ampla, mais holística:

> Por salvação eu quero dizer, não somente, de acordo com a noção vulgar, a libertação do inferno, ou a entrada no paraíso; mas uma libertação presente do pecado, uma restauração da alma para a sua saúde primitiva, a sua pureza original; uma recuperação da natureza divina; uma renovação das nossas almas para com a imagem de

Deus, em rectidão e santidade pura, em justiça, misericórdia e verdade.[42]

Evangelismo, para Wesley, se os seus resultados fossem duradouros, levava o novo crente a um estágio de formação espiritual. A genialidade do Metodismo, e aquilo a que o seu crescimento significativo e duradouro pode ser atribuído, é os pequenos grupos ("bands" e "classes") que providenciou aos novos cristãos os meios de crescimento espiritual.

Devemos ter cuidado hoje, para não esquecer o propósito e motivação dos holísticos esforços evangelísticos de Wesley. Devemos livrar-nos do consumismo, que se infiltra tão facilmente na obra do reino de Deus e nos tenta a evangelizar apenas pelos resultados, pelos números crescentes, em vez de ser pelo amor. Também devemos estar alertas contra a tentação de evangelizar só em nome do dever. Se esquecemos que o nosso propósito e motivação de partilhar o evangelho é o amor pelo outro, o nosso evangelismo pode facilmente tornar-se formalístico, oco, e por último ineficaz e desumano. O amor requer um tipo de discipulado da nossa parte que constrói relacionamentos autênticos e profundos com tais pessoas e que os integra totalmente na vida do "corpo". Este tipo de amor custa-nos algo. Como as "bands" e "classes" de Wesley mostram, a comunidade de fé é absolutamente indispensável na vida do novo crente e no crescimento cristão, especialmente no crescimento em santidade e amor perfeito.

## MINISTÉRIO DE COMPAIXÃO

Não há dúvida de que as preocupações evangelísticas de Wesley eram dirigidas aos pobres. No entanto, seria impensável para Wesley ter *pregado* as boas novas do evangelho sem atender também às necessidades físicas básicas dos seus ouvintes. Mas ainda mais do que isso, Wesley acreditava que o bom *serviço* metodista para com os pobres era não apenas necessário, mas que a vida *com os pobres* era um pré-requisito para o discípulo cristão genuíno. De acordo com Theodore Jennings, "Wesley não poderia imaginar uma semana sem visitar os casebres dos pobres, assim como não imaginava uma semana sem participar na Eucaristia"[43]. O seu compromisso era incansável. Wesley diria: "O honroso, o grande, estamos completamente dispostos a deixar. Deixem-nos somente com os pobres, os vulgares, os ordinários, os marginais de entre os homens"[44].

Os metodistas do século XVIII deram-se aos pobres, viveram com ele e preferiam-nos. Esta era uma questão de princípio para Wesley e, para ele, era biblicamente baseada e teologicamente saudável. Mas era motivada pelo contacto com pessoas reais a quem Wesley chamava o seu povo a amar em nome de Cristo. O Movimento de Santidade evidenciou uma ideologia similar. A maioria dos grupos de santidade fizeram dos oprimidos e necessitados o foco prioritário dos seus ministérios. A obra do Exército de Salvação talvez seja a melhor expressão disto. Mas as outras denominações eram igualmente activas ao ir de encontro às necessidades do povo comum.

Nos anos recentes têm havido chamadas para que as denominações de santidade voltem às suas raízes. As nossas raízes contêm modelos importantes para nós. Mas tem de haver uma preocupação renovada e sentida no coração, no aqui e agora que nos move. Não devemos apenas fazer o que os nossos antepassados fizeram, porque era bom, mas devemos procurar ser inundados com os imperativos do perfeito amor que é suposto transbordar dos nossos corações, compelindo-nos para os outros (2 Coríntios 5:14). Para Wesley, como também deveria ser para nós, a evidência de um coração feito puro através da graça santificadora de Deus é o amor a Deus e ao próximo.

Como sabemos, Jesus definiu o "próximo" de forma muito diferente da qual, naturalmente, nos sentiríamos confortáveis. Jesus escolheu o samaritano para herói da história e o religioso como aquele que falhou. Os samaritanos eram um povo desprezado pelos judeus durante os dias de Jesus. A sua história em Lucas 10 poderia ter reduzido os fariseus à sua insignificância. Mas esta parábola, assim como incontáveis outros ensinos de Cristo e as Suas interacções com as pessoas, mostram que somos chamados a amar as pessoas independentemente do seu status na vida. Ele diz que aqueles que amam mais são aqueles que têm recebido mais misericórdia e graça (Lucas 7:47). Somos chamados a representar este amor de Deus perante toda e qualquer pessoa e sermos as mãos e os pés compassivos de Jesus.

## JUSTIÇA SOCIAL

Wesley não estava interessado apenas em alimentar, vestir ou cuidar dos pobres, mas também em rectificar e reformar as estruturas sociais que os mantinham pobres. Isto era verdade também para o Movimento de Santidade. Não era, nem é, suficiente dizer que tais estruturas opressivas são o infeliz resultado do mal no mundo, que veio como um resultado da queda. Isto vai contra a própria essência do optimismo wesleyano. Agir, especialmente as acções intencionais, — para aquilo que tem sido conhecido como justiça social — deve estar também na essência da teologia wesleyana de santidade. Nos anos recentes, mais de 100 milhões de crianças têm morrido de pobreza. (Como ponto de referência, 12 milhões de pessoas morreram no holocausto nazi). Um holocausto de abandono assola este mundo. As estruturas nacionais, políticas e institucionais contribuem para esta horrível realidade. Os cristãos têm a responsabilidade de trabalhar para aliviar não apenas os sintomas do sofrimento, mas também as *razões* do sofrimento. Isto aplica-se pessoal, local e globalmente. Às vezes significa agir politicamente.

Sem dúvida que qualquer sistema ético, até mesmo a ética do amor, requer grande discernimento em como melhor adaptar os seus princípios à realidade. Antes e durante a Guerra Civil na América, os metodistas alinharam-se em ambos os lados da escravatura, uns contra, outros a favor, o que causou uma separação eclesiástica temporária. Grande parte do povo de santidade trabalhou contra a escravatura, tornando-se abolicionista. Mas haviam diferentes formas de demonstrar e expressar a sua crença. É realmente só em retrospectiva que podemos ver o abolicionismo como a atitude correcta. Nos momentos em que tais escolhas éticas se-nos apresentam, só podemos agir em fé crendo que estamos a seguir a lei do amor.

Um exemplo mais recente é o pastor e teólogo luterano Dietrich Bonhoeffer. Apesar de ter a oportunidade de fugir da Alemanha em segurança, durante a Segunda Guerra Mundial, ele decidiu ficar e trabalhar contra Adolf Hitler, finalmente decidindo que a acção cristã a tomar seria tentar assassiná-lo. Bonhoeffer foi capturado e tragicamente executado apenas alguns dias antes da queda do Terceiro Reich. O seu plano de acção é altamente debatível. Há cristãos que crêem que um assassinato nunca é a acção correcta a tomar. Outros, como Bonhoeffer, considerariam a vida de um para salvar inúmeras outras.

Desde os anos 60, várias teologias têm surgido, tornando-se conhecidas como **teologias da libertação**. Estas são caracterizadas pelo "fazer" teologia num contexto particular, um contexto de um grupo marginalizado. Por vezes falamos destes assuntos invocando a palavra "orthopraxis" como a prática correcta, da mesma forma que falamos da ortodoxia como a crença correcta (ou adoração correcta). Apesar de alguns destes grupos terem desenvolvido reflexões teológicas complexas, para cada, a libertação prática dos oprimidos permanece como o objectivo final. Exemplos históricos são a teologia negra, teologia feminista, teologia de libertação da América do Sul (conhecida como o S.A.L.T.), a teologia asiática e a latina. Os estudiosos têm feito ligações entre o *ethos* desses movimentos e o *ethos* do optimismo de João Wesley acerca da transformação social.

Wesley defendia os escravos negros na Inglaterra e na América; era reconhecido como um feminista progressivo à luz das suas visões sobre a igualdade espiritual e eclesiástica entre homens e mulheres e pelo apoio às mulheres no direito de pregar. Como foi dito antes, ele estava do lado dos oprimidos, dos pobres e dos marginalizados pela sociedade. Há definitivamente um tema de *libertação* na visão individual e social de Wesley. Fluindo do seu optimismo acerca da libertação verdadeira do poder do pecado nesta vida, ele imaginou a libertação social para certas classes e grupos marginalizados e exigiu que o seu povo metodista trabalhasse para tais liberdades humanas.

Uma visão da transformação social no século XIX tornou-se ainda mais pronunciada nos Estados Unidos, que evidenciou uma utopia generalizada. A ideia de que tudo é possível tornou-se o sonho americano. A expressão cristã desta utopia veio na forma de um pós-milenismo dedicado. Isto é, a crença de que a igreja cristã deve inaugurar o reino de Deus na terra permitindo os princípios do reino aqui e agora. Isto é, a igreja deve trazer a transformação social. Se a igreja for realmente a igreja, acreditavam, Deus virá. Esta é uma ideia muito diferente do pré-milenismo mais pessimista que veio dominar a teologia evangélica após a Primeira Guerra Mundial. Mas uma mudança na escatologia, longe da necessidade do optimismo pós-milenar, não impede que continuemos a agir para a mudança social. Muitos teólogos wesleyanos de santidade (por exemplo, Kristina LaCelle-Peterson,[45] Donald Dayton,[46] Douglas Strong[47]) crêem que trabalhar contra estruturas sociais opressoras é uma expressão crucial da doutrina do perfeito amor.

Novamente, grande discernimento é necessário para decidir que caminho é que o amor nos está a levar dada qualquer situação. É mais fácil ter uma lista estática de regras que requer pouco pensamento. Mas o amor é o *dinamismo* da santidade. Amar às vezes não se encaixa nos padrões previsíveis. Mas o amor, em última instância, "nunca falha" (1 Coríntios 13:8). O que podemos dizer é que evitar as tentativas para corrigir as *razões* do sofrimento, em favor de apenas abordar o sofrimento, vai contra o modelo wesleyano de santidade. A santidade, como perfeito amor, como ensinada e vivida por João Wesley e pelos seus seguidores, não é apenas o passado, mas também o futuro do Movimento de Santidade – e não apenas aquilo que distingue o movimento, mas também aquilo que o conduz.

## "DESCARTAMOS A PERFEIÇÃO CRISTÃ, OU ARGUMENTAMOS A SEU FAVOR?"

Este capítulo tem apresentado a doutrina histórica da perfeição cristã como compreendida por Wesley e pelo Movimento de Santidade. No entanto, a questão permanece: serão estes conceitos viáveis hoje?

São viáveis se, de alguma forma, conseguirmos comunicar com as pessoas sobre uma compreensão aristotélica da perfeição para que a possam adoptar. Isto, no entanto, não parece possível à luz da perfeição absoluta (platónica) que está profundamente enraizada na mente das pessoas, particularmente no mundo ocidental. Se Wesley tinha de explicar continuamente o que queria dizer por perfeição, especificamente afirmando o que a perfeição cristã *não* é, teremos de continuar a fazer o mesmo.

O "amor perfeito" aproxima-se de uma fraseologia mais apropriada, porque remove as noções de que a falta de pecado é perfeição e que o perfeito amor pode ser igualado à inteira santificação. Novamente, tanto a pureza como o amor devem ser incluídos em relacionamentos continuados e maduros com Deus e com os outros, se estamos a seguir a verdadeira intenção de Wesley. O Movimento de Santidade do século XIX às vezes truncou o seu significado total. Mas até o "perfeito amor" pode ser mal compreendido.

Uma pequena revisão bíblica das palavras gregas que são traduzidas como "perfeição", revela nuances que não são frequentemente vistas no inglês. As palavras gregas que são muitas vezes traduzidas como "perfeita" ou "perfeição" significam maturidade, integridade, plenitude ou totalidade. Às vezes as palavras implicam estarmos a cumprir o propósito que Deus deseja para nós, nomeadamente o amor. São usadas para comparar os cristãos maduros com "os bebés em Cristo". Também podem implicar que somos vistos como qualificados. Mas raramente significam boa conduta; em vez disso, frequentemente se referem à qualidade do nosso carácter.

Talvez a melhor forma de comunicar a realidade teológica no séc. XXI por detrás do termo "perfeição cristã" seja uma combinação destas palavras. A questão, "Descartamos a perfeição cristã, ou argumentamos a seu favor?" pode ser respondida desta forma: devemos continuar a definir e refinar estas palavras e enfatizar a verdade que se tem tentado transmitir ao longo da sua rica tradição — pureza e amor pelo bem dos outros e através da graça santificadora e fortalecedora de Deus. É para este fortalecimento que agora nos viramos no próximo capítulo.

## DECLARAÇÕES SUMÁRIAS

1. "Perfeição cristã" é um termo que Wesley usou para falar sobre pureza de coração e acções de amor exteriores.

2. Wesley usava o termo "perfeição cristã" para indicar tanto a inteira santificação como o estilo de vida que se segue.

3. Wesley queria dizer o seguinte com o termo "perfeição cristã": pureza de intenções, semelhança a Cristo e amor a Deus e ao próximo.

4. "Perfeição cristã" é um termo moral e exclui transgressões involuntárias, imperfeições e enfermidades.

5. O Movimento de Santidade do século XIX teve a tendência de reduzir o significado mais amplo de Wesley sobre a perfeição cristã apenas à inteira santificação.

6. A ética de amor tem implicações para o evangelismo, ministérios de compaixão e justiça social.

## QUESTÕES PARA REFLEXÃO

1. Porque é que Wesley teve de explicar o que queria dizer por perfeição cristã tantas vezes?

2. O que aconteceu à perfeição cristã na América do século XIX?

3. Que aspectos da perfeição cristã poderiam ser mantidos hoje?

4. Consegue pensar noutras palavras para substituir "perfeição cristã", mantendo a sua verdade para o século XXI?

# SANTIDADE ENQUANTO PODER

## OBJECTIVOS DOS ALUNOS

*O estudo deste capítulo vai ajudá-lo a:*

1. Ver o poder como um aspecto chave da santidade
2. Compreender que o poder de Deus quebra o poder do pecado
3. Reconhecer o "poder da individualidade" como um presente de Deus para aqueles que lutam contra a falta de poder, incluindo a falta de auto-estima
4. Afirmar que o poder tem de ser definido de forma cristã, não mundana
5. Compreender que o poder de Deus é aperfeiçoado nas fraquezas e que Deus usa as nossas feridas para ajudar os outros

## PALAVRAS CHAVE

Abolicionismo

Pós-milenismo

Dinamismo

Jesus encarou os Seus discípulos uma última vez no dia da Sua ascensão
e disse-lhes: "Mas recebereis a virtude do Espírito Santo, que há de vir
sobre vós; e ser-me-eis testemunhas, tanto em Jerusalém como em toda a
Judeia e Samaria, e até aos confins da terra" (Actos 1:8). Antes da Sua
morte, tinha-lhes prometido a vinda do Espírito Santo, que os iria con-
fortar, guiar em toda a verdade e convencer o mundo do pecado. Jesus
anunciou a vinda do Espírito Santo a *todas* as pessoas. Era a promessa do
Pai (v. 4) que era importante para Ele. Estranhamente, Jesus não Se considerou o dom final para a humanidade, apesar da salvação ser apenas através d'Ele, mas apontou para a imanência e dinâmica espiritual do Espírito
prometido que finalizaria o evento de Cristo.

O Espírito Santo era a extensão final de Deus porque pelo Espírito
Deus estaria disponível a todas as pessoas. O Espírito Santo representaria
completamente Cristo, que representa Deus, aqui na terra. Mas na ascensão de Jesus, a Sua mensagem intensificou-se. Quando o Espírito Santo
vier, disse Ele aos Seus discípulos, receberão o poder – especialmente para
serem testemunhas do evangelho por todo o mundo. Da mesma forma,
afirmamos que *nós* receberemos o poder – um tema central da teologia de
santidade.

Nas várias décadas iniciais do Movimento de Santidade, o tema do
poder era predominante na mensagem de santidade. A inteira santificação
estava ligada ao que tinha acontecido no Dia de Pentecostes. Os líderes e
pregadores de santidade nas últimas décadas do século XIX focaram-se na
mudança pessoal e social com grande optimismo. O Pentecostes foi visto
como a abertura de possibilidades ilimitadas a pessoas de todas as classes
sociais. Frequentemente, a teologia de santidade juntava-se a causas tais
como o **abolicionismo** — alimentar os pobres e ajudar os oprimidos. Havia uma esperança genuína inaugurada no reino de Deus através da mudança da sociedade (conhecida como o **pós-milenismo)**. Nada disto seria
possível sem o poder de Deus dado pelo Espírito Santo na experiência da
inteira santificação e ao longo da vida do cristão. A metáfora do baptismo
do Espírito estava associada ao recebimento deste poder para fazer mais
do que era humanamente possível. O baptismo do Espírito era essencial
para a identidade de santidade.

Recentemente, no século XX, a viabilidade de associar exegeticamente
a experiência da inteira santificação com o Pentecostes e o baptismo do
Espírito tem sido desafiada.[1] Mais do que isso, ao afastar-nos da

centralidade da metáfora do baptismo do Espírito poderíamos levantar questões que levariam a diminuir a ênfase correcta do Movimento de Santidade sobre o poder na vida santificada. No entanto, renunciar a interpretação do Pentecostes como sinónimo da inteira santificação não significa abandonar a mensagem de poder do Novo Testamento – poder para obter vitória sobre o pecado, poder da individualidade e poder quando a vida corre mal. Paulo, e outros escritores do Novo Testamento, voltam, vez após vez, ao tema do poder – o *dunameos* ou **dinamismo** do viver cristão.

## Poder para a Vida e Piedade

> O Seu divino poder tem-nos dado tudo o que precisamos para a vida e piedade através do nosso conhecimento d'Ele que nos chamou para a Sua própria glória e bondade. Através disso, Ele tem-nos dado as Suas grandes e preciosas promessas, para que através delas possamos participar na natureza divina e escapar da corrupção no mundo, causada pelos maus desejos (2 Pedro 1:3-4).

## PODER PARA TER VITÓRIA SOBRE O PECADO: A VIDA NO ESPÍRITO

A teologia wesleyana de santidade, como temos observado ao longo deste livro, é profundamente optimista acerca do que a graça de Deus pode fazer na vida cristã. Apesar dos seus seguidores levarem o poder do pecado muito a sério, em última análise, cremos que o poder da graça é maior do que o poder do pecado nesta vida. Por um lado, isto é o que distingue a nossa tradição da dos outros. Em vez de esperar por uma vida melhor apenas no paraíso, podemos participar mais na vida aqui e agora – transformação real, crescimento significativo à semelhança de Cristo e poder sobre o pecado.

Esta ideia é talvez melhor retratada na carta de Paulo aos Romanos nos capítulos 5-8. A última parte do capítulo 7 dá ideias sobre a luta humana contra o pecado. Paulo descreve uma pessoa cujo mestre é o pecado. O que quer que a pessoa deseje fazer, ao lutar pelo bem, é incapaz. Da mesma forma, qualquer que seja o mal que deseje evitar, é o que acaba por fazer. Paulo retrata vividamente que a luta interna de tal indivíduo, está debaixo da lei e não debaixo da graça.

As interpretações desta passagem diferem. Mas a maioria dos wesleyanos compreende que Paulo não está a descrever a sua situação presente, apesar do seu discurso estar no presente do indicativo. Para alcançar esta conclusão, a pessoa deve ler o que se segue em Romanos 8. O que Paulo diz em Romanos 7 não é a descrição de uma experiência cristã de salvação, redenção ou santificação.

Hoje podemos ter dificuldades em identificar-nos com a metáfora da mestria de Paulo. Podemos ser capazes de o fazer intelectualmente, mas falhamos em comunicá-la tão eficazmente como antes. Talvez uma metáfora mais relevante possa ser a do vício. Alguém que é viciado num comportamento ou substância e é consumido pela necessidade de satisfazer a sua ânsia. É quase como se a pessoa não conseguisse fazer outra coisa. Tentar ignorar o vício parece impossível. A pessoa começa a ser formada pelo vício à medida que este se torna central na sua vida, afectando tudo o que faz. Um sentimento esmagador de falta de controlo torna-se dominante na vida da pessoa.

É este o tipo de situação que Paulo descreve. No seu retrato, o desejo pecaminoso (a carne) é quase personificado como a entidade que guerreia contra o bem e contra os bons propósitos para os quais todas as pessoas são chamadas e criadas. Finalmente, Paulo levanta as suas mãos e clama: "Miserável homem que eu sou! quem me livrará do corpo desta morte?" (Romanos 7:24). Quem nos resgatará do pecado, que tão fortemente nos leva à morte espiritual? Mas, claramente, a questão de Paulo não é o fim da história. E, contudo, algumas tradições usam esta passagem em Romanos 7 para descrever a vida cristã até que sejam resgatados da vida na terra e levados para o céu. Mais uma vez, a teologia wesleyana de santidade afirma que o resgate pelo qual Paulo clama é possível na vida terrena, através da graça de Deus e, mais especificamente, através da morada permanente do Espírito Santo. Por isso, Paulo também clama, "Graças a Deus" (25). Ele continua: "Porque, a lei do espírito de vida, em Cristo Jesus, me livrou da lei do pecado e da morte. Porquanto, o que era impossível à lei, visto como estava enferma pela carne, Deus, enviando o seu Filho em semelhança da carne do pecado, pelo pecado condenou o pecado na carne; Para que a justiça da lei se cumprisse em nós, que não andamos segundo a carne, mas segundo o espírito" (8:2-4).

Este texto abrange três aspectos importantes da teologia de santidade hoje. Primeiro de tudo, não temos poder de nos libertarmos da vida viciosa do pecado. Duas palavras nesta passagem mostram-nos a verdade crucial do evangelho: "Deus fez". Deus tomou a iniciativa de nos libertar de uma vida de escravatura. Não nos podemos salvar a nós mesmos, não nos podemos santificar a nós mesmos e não podemos quebrar o poder do pecado através das nossas próprias forças, independentemente de quão puras sejam as nossas intenções.

Segundo, por causa do poder de Deus, os "requisitos justos da lei" podem ser, totalmente, encontrados em nós. O que é impossível através da nossa própria força, é totalmente possível pelo que Deus cumpriu em Cristo. Será isto uma chamada para um tipo de perfeccionismo ou legalismo? Se assim fosse, Paulo estaria aqui a contradizer todo o tema de Romanos. A nossa rectidão vem da fé. Vem através da justiça de Cristo. Mas é uma rectidão que vai mais longe do que a imputação da justiça de Deus. A justiça ou santidade para a qual Paulo nos chama aqui, também nos é dada através da graça. Isto é, somos totalmente transformados no nosso ser interior e, em resposta a esta transformação, a santidade torna-se não apenas possível mas real. Assim como Paulo declara, mais à frente em Romanos 13, é a lei do amor que nos capacita para, totalmente, vivermos a santidade que proclamamos.

E terceiro, Paulo relembra-nos claramente que a graça não é uma "coisa" estática dada em particulares momentos da vida cristã. Em vez disso, ela opera numa participação dinâmica, viva, crescente, diária na vida de Deus. Para expressar isto, Paulo chama-nos a viver "segundo o Espírito" (8:4). Somos chamados a viver no Espírito. "Porque todos os que são guiados pelo Espírito de Deus, esses são filhos de Deus" (versículo 14).

Então, a vida cristã, sustentada pela graça e pela morada permanente do Espírito Santo, é uma vida de poder, poder esse até sobre o pecado. O próprio Wesley estava cansado de ser questionado sobre se acreditava numa vida absolutamente sem pecado ou não. Para ele, a questão não era essa.[1] A questão é que a vida santificada é uma vida que já não está sob o poder do pecado, isto é, da "natureza pecaminosa". Wesley encarou esta controvérsia numa das suas "sociedades", onde os líderes afirmaram directamente que a santificação torna a pessoa *incapaz* de pecar. Tais declarações foram fortemente contrariadas por ele, tomando medidas para remo-

ver a liderança e redefinir teologicamente a "sociedade". (Ver a controvérsia perfeccionista no capítulo 9). Nada jamais nos tirará a *capacidade* de
pecar. Mas a vida santificada, cheia do Espírito Santo lida eficazmente com
a nossa propensão de pecar. O poder de Deus é, de facto, maior do que o
poder do pecado, aqui e agora.

## O PODER DA INDIVIDUALIDADE: UMA PERSPECTIVA DE SANTIDADE SOBRE A RENÚNCIA

Jesus disse que, de forma a "encontrar" (Mateus 10:39) ou "preservar"
(Lucas 17:33) as nossas vidas, devemos perdê-las para Ele. Ele poderia facilmente ter dito que, para sermos seres capazes, devemos perder as nossas
vidas. De facto, no mesmo texto, Jesus chama-nos à renúncia. O Movimento de Santidade tem, histórica e teologicamente, uma percepção agu-
çada desta realidade espiritual. O nosso foco na rendição, consagração,
inteira santificação e viver sacrificial são actividades-chave, auxiliadas pelo
Espírito. Mas ainda mais especificamente, temos associado tradicionalmente estes sinónimos de rendição à experiência da inteira santificação.
Este tipo de rendição obediente é difícil. Contudo, devemos reconhecer
que esta não é uma mensagem difícil; não é uma vida austera de labuta
para a qual somos chamados. Não, a vida de santidade é tudo excepto
severa, rígida e sombria. A mensagem de santidade é uma mensagem de
vida, vitalidade, inteireza, profundidade, gozo indescritível e poder. As palavras de Jesus não nos chamam apenas a perder a nossa vida; Ele promete
que iremos encontrá-la n'Ele. Mais do que isso, a nossa própria obediência
é capacitada através do Espírito Santo à medida que participamos nos
meios da graça.

A graça dá-nos uma individualidade para que a possamos entregar. Porém, apesar de contrariar a ênfase inicial do Movimento de Santidade de
capacitar os oprimidos, hoje chamamos as pessoas à renúncia antes de terem descoberto a sua individualidade na graça de Deus — individualidade
essa que mais tarde poderão escolher negar. Seja pela opressão política,
estruturas sociais, normas culturais, disfunções familiares, até abuso ou
inúmeras outras razões, há uma incalculável quantidade de pessoas que
tem sido severamente empobrecida, até separada de qualquer sentido de
individualidade e de auto-estima. A autoaversão, autocrítica e autoconcei-
tos doentios são hoje excessivos. E ainda há quem diga que a auto-estima

não é bíblica, tendo uma visão pejorativa do amor próprio. Mas será isto que as Escrituras ensinam? Não, não é.

Demasiadas pessoas têm sido oprimidas em nome do Cristianismo. Fazendo a analogia, dizer a um servo – que não tem liberdade – para escolher ser escravo, não faz sentido. Antes da Guerra Civil da América, o sul até usou esta injunção, supostamente bíblica, na sua retórica a favor da escravatura. Ou, da mesma forma, dizer aos pobres para desistirem da sua vasta riqueza também não faz sentido. Então, dizer às pessoas, que vivem sem sentido de auto-estima para se negarem a si mesmas, é existencialmente tão mistificador como é implicitamente cruel. Mas será que os cristãos têm alternativa?

Absolutamente. As mensagens bíblicas da ressurreição, restauração à imagem de Deus, fortalecimento da vida e serviço, novo nascimento, nova criação e especialmente santidade e santificação, apontam para o poder que Deus liberta na vida do cristão, através do poder absorvente e interior do Espírito Santo. Em todas as suas aplicações, esta abundância do Espírito Santo nunca se desvanece na nossa pessoa! Na verdade, acontece o oposto. A vida em Deus anima-nos; leva-nos à vida real através da graça libertadora de Deus. *Encontramo-nos* em Deus! Apenas quando encontramos este sentido de Deus no nosso ser, é que podemos perder-nos por amor. Mas isto não é real acerca da perda do ser, porque quando nos perdemos, encontramo-nos novamente em Deus. Infelizmente, algumas expressões históricas têm enfatizado tanto a auto-negação que tal negação parece o objectivo do Cristianismo.

Por exemplo, por muito que devamos aprender da espiritualidade ascética antiga e do misticismo medieval, Wesley requereu que tais expressões de auto-negação fossem acompanhadas pelo serviço prático e relacional com os outros. Wesley apreciava profundamente a tradição mística modelada nas vidas de pessoas como Teresa de Ávila, S. João da Cruz e François Fénelon. As suas experiências de Deus impressionaram-no muito. No entanto, ele concluiu que eles foram demasiado longe. A sua discordância focou-se em dois pontos principais. Os místicos acreditavam que um cristão pode progredir através de certos estados de auto-purgação, até à experiência derradeira da unificação divina. Alguns místicos acreditavam que o objectivo da unificação era a completa perda do ser na essência de Deus. Wesley rejeitou tanto o objectivo como a possibilidade deste tipo de auto-obliteração. Wesley preocupava-se que as essências divinas e

humanas permanecessem teologicamente separadas. Tornamo-nos como
Deus, no esquema de Wesley; não nos tornamos uma parte de Deus. Os
místicos estavam demasiado perto da noção de que nos tornamos parte de
Deus, uma visão insustentável para Wesley.[3]

Segundo, e mais importante para o nosso propósito neste livro, Wesley
queria refutar o que era conhecido como o quietismo de alguns ascéticos
e místicos e do grupo dos morávios ao qual ele estava tão endividado pela
sua doutrina da *sola fide*. Wesley nunca quis afirmar um Cristianismo que
negligenciasse as interacções da vida real com os outros e o trabalho prático ao qual Deus nos chamou como salvos pela graça. Algumas formas de
quietismo citam que tal obra era uma afronta para a graça de Deus. Assim,
as expressões quietistas do Cristianismo podem levar a uma tal ênfase na
busca espiritual da própria pessoa que as expressões práticas de amor ao
próximo são negligenciadas. A auto-negação pelo bem da auto-negação
nunca é o objectivo bíblico do Cristianismo.

Encontramo-nos vivos em Deus de forma a que a nossa auto-negação
nos leve a um propósito maior. Por isso, somos chamados para o mesmo
auto-esvaziamento que Jesus Cristo mostrou para connosco. O auto-esvaziamento (*kenosis*) pelo bem do outro é a derradeira expressão e extensão
apropriada da auto-identidade e da negação de nós mesmos. Clamar pelo
*poder* de nos esvaziarmos parece paradoxal. Mas é o próprio Cristo que
nos mostra como é que este paradoxo funciona.

O amor kenótico de Cristo nunca requereu uma perda da Sua auto-
identidade. Foi por causa da Sua identidade e relacionamento divinos com
o Pai, através do Espírito, que Cristo Se pôde esvaziar a Si mesmo na cruz,
para ser novamente cheio com a medida total de Deus. De facto, Cristo
ainda agora continua a esvaziar-Se a si mesmo por nós. E há sempre mais
do carácter de Deus em Cristo para esvaziar, à medida que Ele intercede
pelo nosso bem. O amor kenótico é o que Cristo expressou e continua a
expressar para connosco e para com o mundo.

É este tipo de amor que Deus expressou totalmente no envio do seu
Filho para ser o Salvador. Usamos a palavra *kenosis* para tentar descrever
este amor indescritível. Mas devemos olhar mais além e perguntar como é
que o amor se relaciona com o poder. São eles opostos como aparentam?
Ou podemos olhar mais profundamente para este amor kenótico em Deus
e ver que requer, exige, uma definição diferente, uma definição paradoxal
de poder?

Ao longo da Sua vida, Jesus mostrou o poder divino. Ele curou os doentes e os enfermos, deu visão aos cegos, libertou os oprimidos e ainda ressuscitou. Ele transformou a água em vinho, alimentou milhares com um pouco de pão, andou sobre a água e acalmou o mar. Podemos reconhecer o poder de Deus – na verdade é-nos falado do poder do Espírito Santo – em Cristo ao longo do Seu ministério. E afirmamos o poder da ressurreição; Deus levantou o Seu filho crucificado de entre os mortos. Paulo sugere em Efésios 1:18-20 que participamos neste poder: O mesmo poder que levantou Jesus de entre os mortos, trabalha em nós. Seguindo Paulo novamente, em 1 Coríntios 15, é certo que o Cristianismo ortodoxo tem proclamado que a fé cristã se mantém e esmorece perante a verdade da ressurreição do Jesus crucificado.

Mas o próprio Jesus, nos Seus anos de ministério, falou de uma mensagem diferente daquela que poderia ter proclamado com base na Sua habilidade de fazer milagres ou com base até no poder da ressurreição que poderia ter antecipado. A Sua mensagem, até antes da Sua morte, tornou-se mais profunda do que a superficialidade de mudar as leis da natureza. Falamos de uma mensagem que não nega o significado espiritual do corpo ou dos "reinos deste mundo". Em vez disso, as Suas palavras foram além do reino de Deus, que quebrou a frequente monotonia de uma dimensão da vida terrena e chama-nos a ver tudo na vida de forma sacramental.

No reino de Deus, os últimos serão os primeiros; os pobres, os pesarosos, os mansos e os famintos serão abençoados e cheios. Os poderosos do mundo serão os últimos no reino de Deus. De facto, o reino de Deus transforma tudo. A autoridade é redefinida. O domínio é minimizado. O poder é visto em paradoxo.

Em Marcos 2, Jesus diz a um jovem rapaz paralisado que os seus pecados foram perdoados, ao que os fariseus retorquiram, acusando-o de blasfémia. Jesus, então, pergunta-lhes: "Qual é mais fácil? dizer ao paralítico: Estão perdoados *os teus* pecados; ou dizer-*lhe:* Levanta-te, e toma o teu leito, e anda? Ora, para que saibais que o Filho do homem tem, na terra, poder para perdoar pecados (disse ao paralítico), A ti te digo: Levanta-te, toma o teu leito, e vai para tua casa. E levantou-se, e, tomando logo o leito, saiu em presença de todos, de sorte que todos se admiraram e glorificaram a Deus, dizendo: Nunca tal vimos" (versículos 9-12). Parece que Jesus está a dizer que, na Sua atenção para com as nossas necessidades físicas, existe algo sagrado, algo de significado eterno, que dá acesso, algo que Ele tem o poder e autoridade de abordar. Mas como é que Ele aborda isso? O meio pelo qual Cristo tem o poder de perdoar os pecados foi a Sua decisão de Se tornar sem poder, obediente até na morte de cruz. Novamente, a cruz é a maior expressão da auto-dádiva de Deus, auto-sacrifício, verdadeiro amor que se auto esvazia. É este auto-esvaziamento que define tanto a nossa pessoa, como a nossa auto-negação.

Sendo assim, a santidade exige de nós um amor que se auto-esvazia, que é, como o próprio Cristo, constantemente reabastecido pelo amor de Deus por nós. Isso vai muito além da observação de um código legal ou lista de regras, ou da argumentação do que está errado. Isso é acerca de verdadeiramente amar o nosso próximo com amor kenótico e viver kenóticamente pelo que é certo. Tudo isto é apenas possível através do fortalecimento de Deus. Mas *é* possível.

Somos fortalecidos para sermos santos, mas não somente pela nossa própria santidade. A santidade, mais vividamente expressa como amor kenótico, é sempre custosa e é sempre pelo outro. Somos fortalecidos para sermos santos para que o mundo possa saber que somos cristãos pelo nosso amor (João 13:35) – um amor que nos chama, nos compele, nos passos de Cristo, para virmos e morrermos para que os outros possam viver. Com isto em mente, avançamos noutra direcção para falar sobre o poder no meio do sofrimento.

## O PODER QUANDO A VIDA CORRE MAL: "O PODER APERFEIÇOADO NA FRAQUEZA"

Todos nós estamos familiarizados com a luta física de Paulo, que a maioria dos peritos do Novo Testamento crê ter sido uma dolorosa condição oftalmológica. Paulo diz-nos em 2 Coríntios 12, que era um "espinho" que o atormentava na sua carne. Apesar de ter pedido a Deus que o curasse por três vezes, Deus não o fez. Paulo tenta dar algum sentido a esta condição difícil. Ele procura respostas, como muitos de nós fazemos quando não compreendemos o sofrimento pelo qual passamos. Paulo dá-nos vislumbres momentâneos sobre todo o reino da teodicidade.

O livro de Job dá-nos discernimentos de como não fazer teodicidade. Quando os amigos de Job continuam a desafiá-lo, vez após vez, a associar o seu sofrimento ao seu pecado, ele recusa-se a tomar este caminho lógico. No fim, eram os seus amigos que estavam errados. E ainda assim, muitos séculos depois da escrita deste livro de sabedoria, somos tentados a tomar este caminho de lógica e a culpar o sofredor pelo seu sofrimento. Mas existe sofrimento inocente no mundo, além da nossa capacidade de o compreender. O homem cego, era cego de nascença – ninguém tinha culpa. Porquê? Perguntamos. Porque é que o sofrimento existe? Onde está Deus? Estas são as questões que se repetem como ecos pelos séculos, nos milénios da vida humana. *Porquê?* Esta palavra de seis letras representa uma pergunta que, devido às limitações da existência humana, fica simplesmente além da nossa capacidade de responder, a menos que sejamos capazes de fazer algumas cambalhotas teológicas que deixam Deus praticamente impotente.

O próprio Paulo diz-nos que enfrentou o sofrimento em várias frentes. Previamente, no mesmo livro, Paulo lista todas as formas pelas quais sofreu por Cristo. Este sofrimento parece ser importante para ele, ao declarar que sofreu pelo Evangelho. Mas no capítulo 12 há qualquer coisa diferente. Porquê mencionar um problema físico que não pode ser associado à sua vida de apóstolo? É diferente. No fim, ele não chegou a nenhuma resposta definitiva que se aplica a todos nós. Mas percorreu este caminho no meio do seu próprio sofrimento e subtraiu a falta de sentido absurda da sua angústia física. Ele perscruta as profundidades da experiência humana e dá esperança a todos os que se sentem perseguidos pela dor. Mas Paulo não responde à questão do porquê. Em vez disso, responde à questão do como. Como é que aguentamos? Paulo sugere um tipo de sabedoria que pode até tocar-nos. Ele diz: "...porque o meu poder se aperfeiçoa na fraqueza" (versículo 9). Um dos muitos mistérios cristãos a que chamamos paradoxo.

Aqui está o texto no qual estão estas palavras profundas:

> E, para que me não exaltasse pela excelência das revelações, foi-me dado um espinho na carne, *a saber*, um mensageiro de Satanás, para me esbofetear, a fim de me não exaltar. Acerca do qual, três vezes orei ao Senhor, para que se desviasse de mim; E disse-me: A minha graça te basta, porque o meu poder se aperfeiçoa na fraqueza. De boa vontade, pois, me gloriarei nas minhas fraquezas, para que em mim habite o poder de Cristo. Pelo que sinto prazer nas fraquezas, nas injúrias, nas necessidades, nas perseguições, nas angústias, por amor de Cristo. Porque, quando estou fraco, então sou forte. (Versículos 7-10)

A nossa maior tentação aqui é romantizar estas palavras – fazê-las heróicas ao santificá-las, de facto, esterilizando-as. As frases "a graça de Deus basta," "o poder se aperfeiçoa na fraqueza" e "quando estou fraco então sou forte" nunca devem ser impostas a alguém que está a sofrer e nunca devem insinuar o que algumas teodicidades inadequadas insinuam – que Deus nos dá o sofrimento para o nosso próprio bem. Em vez disso, uma contextualização teológica mais profunda das palavras de Paulo é crucial se queremos evitar entrar no beco sem saída que é a tentativa de redimir Deus, tentando, como espectadores, redimir o sofrimento e a dor dos outros. Há muito que não devemos dizer sobre o sofrimento. Mas se seguirmos Paulo, podemos estender a graça aos outros – não hipocritamente, mas sacramentalmente. Podemos estender-lhes a graça ao afirmar a suficiência da graça de Deus.

### Face ao Sofrimento...

Para aqueles que estão a sofrer é inútil tentar dar respostas sobre o porquê do sofrimento. (...) Tentar defender Deus exacerba a dor e angústia daquele que sofre. Em vez de especular acerca do que Deus pode e não pode fazer, parece que face ao sofrimento somos convidados a louvar Deus através do lamento. O sofrimento é real, destrutivo e arrasador. Ao tentar "desresponsabilizar Deus" apenas continuamos a amontoar brasas na cabeça do sofredor.[4]

João Wesley parecia sempre compreender o que nós, por vezes, não compreendemos. Ele tinha uma categoria que não era nem moral nem imoral. Ao contrário dos amigos de Job, ele não via todo o sofrimento associado ao pecado. Ele resistiu ao dualismo que implica que a vida corpórea pobre se correlaciona com uma má saúde espiritual. Wesley falou compassivamente acerca das enfermidades humanas, sem agonizar acerca dos porquês e das suas origens. Enfermidades, chamava-as – aquelas partes feridas, quebradas e magoadas dos nossos corpos, mas também das nossas mentes, das nossas emoções, que não se incluem na rubrica do pecado. Wesley reconhecia-as – de alguma forma, muito antes de tal pensamento ter sido introduzido através das ciências médicas e sociais. As enfermidades denotam sofrimento que não é facilmente explicável, mas sofrimento que precisa de igual atenção.

Tem havido uma quantidade crescente de literatura teológica à volta da deficiência física desde que foi sancionado, em 1990, o decreto de lei que regulamenta a situação social dos americanos com deficiências físicas (Americans with Disabilities Act). Nancy Eiesland escreveu, de acordo com o seu subtítulo, "uma teologia liberatória da incapacidade", que reconhece que "na sociedade americana, a tentação de esconder, dos outros, as nossas dificuldades é endémica"[5]. As pessoas com óbvias deficiências físicas deviam tirar-nos das várias formas de negação, mas frequentemente puxam-nos ainda mais para dentro. Por isso, Eiesland continua: "Ignorar a incapacidade, significa ignorar a vida". Para nós, "é o precursor do isolamento e da impotência. (...) [O subsequente] condensar das nossas vidas em categorias de bom e mau, dor e prazer, nega que as vidas das pessoas com incapacidades, como todas as vidas normais, são repletas da graça inesperada"[6].

Podemos sugerir que a graça sustentadora de Deus pode ser mais visível quando permitimos que a dor seja dor, que a fraqueza seja fraqueza e que os nossos "espinhos" não sejam explicados. Durante muito tempo temos ouvido de amigos, como os de Job, e aceite uma noção não bíblica de que os cristãos não devem sofrer.

## De Brokenness and Blessing, de Frances Young

Eu posso falar muito pessoalmente sobre uma mudança radical na minha própria vida. Durante muito tempo lutei contra o problema do mal e do sofrimento, presente no meu filho portador de deficiência; pois como poderia eu continuar a acreditar num bom Deus criador quando um novo ser por Ele criado era tão imperfeito? Para mim não era uma questão de "Porquê eu?", mas de "Porquê?" – o pessoal e o global, o individual e o universal reflectindo-se um ao outro. A mudança foi o ultrapassar de tudo isto para descobrir que através do meu filho fui levado a um lugar muito diferente – pois ele tem sido o catalisador de uma apreciação mais profunda dos elementos centrais da tradição cristã. Permaneço ao seu lado como uma criatura vulnerável, incapaz e mortal, conhecendo as minhas limitações enquanto criatura e a minha falta de conhecimento, especialmente acerca de Deus. Eu sei da minha necessidade de Deus e da minha resistência à Sua graça, os demónios interiores que tão facilmente tomam conta da minha vida interior. Ainda assim, vez após vez, vejo-me aleijado e abençoado. Eu discirno os sinais da

presença de Deus; encontro Deus na forma humana; descubro sinais de Cristo nas faces dos seres humanos mais debilitados e incapacitados (…) [que, ao meu lado] "irão finalmente chegar a uma
isenção inteira de aflições"[7].

O que nos faz cristãos no meio do sofrimento é a declaração de que a
graça de Deus é suficiente para nós. No meio da dor e do sofrimento podemos duvidar da suficiência da graça de Deus. Mas ela é real. Nós sabemos da graça salvadora e da graça santificadora. Compreendemos que somos salvos através da graça apenas pela fé. E apesar de, às vezes, termos
tido problemas teológicos com a total compreensão de que somos feitos
santos pela graça, em grande parte compreendemos que não nos podemos
santificar a nós mesmos — é a obra de Deus em nós, um presente gratuito
à medida que nos tornamos disponíveis através da consagração e rendição
contínuas. Mas, ainda assim, não temos articulado bem a graça sustentadora de Deus.

Aguentar o sofrimento duradouro talvez nos cause desconforto. Clamamos pela cura de Deus em cada situação e quando não acontece, em-
purramos esse sofrimento para debaixo do tapete. Não sabemos lidar com
o facto de que o sofrimento à nossa volta e em todo o mundo, nos lembra
da nossa própria mortalidade. Fugimos, particularmente na cultura dos
Estados Unidos, ao contrário do resto do mundo, com medo do pensamento da morte. Por isso, às vezes abandonamos os doentes, os doentes
crónicos, os idosos e os que estão a morrer. Esquecemo-nos de que as denominações de santidade afirmam a cura divina, mas nunca foram apologistas de uma teologia tipo "diz o que queres e reivindica-o". É difícil
mantermo-nos humildes diante do nosso Deus e aceitar que o sofrimento
real humano, continua, apesar da muita fé que possamos ter.

Só quando trazemos tal sofrimento à luz, de debaixo do tapete, é que
podemos totalmente compreender o significado da garantia de Cristo: "A
minha graça te basta" (2 Coríntios 12:9). Teologicamente, devemos afirmar que o coração de Deus está presente para os quebrantados e fracos.
Deus está com aqueles que vivem em carência, que sofrem fisicamente,
que sofrem nas mãos dos outros, que sofrem doenças mentais – e a lista
continua. Jesus escolheu passar o Seu tempo com aqueles que mais precisavam d'Ele. E Ele falou da preocupação de Deus pelos pobres, os necessitados, os cativos, os cegos e os oprimidos. "Jesus, porém, ouvindo, disse-
lhes: Não necessitam de médico os sãos, mas, sim, os doentes. Ide, porém,

e aprendei o que significa: Misericórdia quero, e não sacrifício. Porque eu não vim a chamar os justos, mas os pecadores, ao arrependimento" (Mateus 9:12-13). O coração de Deus está presente para os fracos, de formas misteriosas que frequentemente não compreendemos. E Deus não está apenas presente mas está também poderosamente activo. É aqui que devemos redefinir poder. Para quem sofre com enfermidades e, por qualquer razão inexplicável, não pode tomar o seu leito e andar, uma afirmação do poder de Deus, no sentido tradicional, parece uma piada cruel que não perceberão. Mas se o poder é melhor caracterizado como o amor de Deus que se esvaziou por nós e se a capacitação nos chama a auto-esvaziar-monos em amor uns pelos outros, aí irrompe a luz no meio do sofrimento.

À luz da *kenosis* de Deus, o poder pode ser definido como catalisador de uma coragem que suporta. Paul Tillich fala simplesmente da coragem de ser – ser de todo, como a resposta cristã profunda para a dor e sofrimento existencial. Aqueles que falam da tentação do suicídio, geralmente não querem morrer. Mas vêem na morte o único meio de acabar com a sua intolerável e excruciante dor emocional – a única forma de lhe escaparem. "*Não ser*" parece ser a única saída. A escolha de *ser* é uma escolha corajosa para aqueles que sofrem. Mas além disso, devemos escolher, corajosamente, *sermos* nós mesmos. Reflectir quem Deus nos criou para *ser*.

Uma das maiores tentações daqueles que sofrem de doenças crónicas e debilitantes é definirem-se pela própria doença – perderem-se na doença. Mas Paulo aponta-nos à sabedoria de que quando somos fracos, então somos fortes – através do poder de Cristo, o qual devemos acreditar que nos capacita além de sermos definidos apenas pelas nossas circunstâncias. Até nas nossas enfermidades, nos podemos encontrar em Cristo. Poder significa algo muito mais profundo do que a habilidade de Deus de remover as nossas circunstâncias. Poder, no sentido cristão, deve incluir uma coragem de estar no meio de tudo. Aqui, Deus está mais perto do que podemos articular. O conforto de Deus, a Sua presença como paracleto, o amor kenótico de Deus, capacitam a nossa resistência.

Tal não sugere que aceitemos complacentemente tudo o que nos acontece. Há um lugar apropriado para desafiar aqueles que estão a causar sofrimento aos outros. Como a teologia da libertação nos tem mostrado, a aceitação do sofrimento por um cristão também não obriga à passividade social. Está além do nosso objectivo debater a questão da passividade.

Basta dizer que estar contra a injustiça, especialmente em nome dos ou-tros, é completamente cristão. Mas talvez ainda mais relevante para a dis-cussão é que a teologia da libertação (e muitas outras perspectivas como esta) nos pode ensinar que é necessária uma recusa de ser vítima, mesmo sendo vitimizados. Isto é, Deus dá-nos o poder de transcender circunstân-cias em prol de um propósito maior.

Outro exemplo do poder redefinido vem da história do martírio na igreja primitiva. O exemplo dos mártires ajudará num ponto importante. Todo um género de literatura cristã primitiva surgiu a partir da realidade da perseguição e morte que a igreja sofreu, com a brutalidade dos líderes romanos. No início, o Cristianismo era visto como uma seita judaica e, por causa disso, os cristãos tiveram a mesma protecção religiosa que era dada aos judeus naquela altura. Mas o Cristianismo tornou-se mais e mais distinto da fé judaica, por causa da afluência dos gentios convertidos e do desenvolvimento dos seus próprios escritos sagrados, levando a que tal protecção deixasse de se aplicar. Como resultado, quando os cristãos se recusavam a adorar o imperador ou os deuses pagãos, eram brutalmente perseguidos e martirizados. As histórias dos mártires foram registadas, fre-quentemente com detalhes explícitos e sangrentos. Um líder da igreja pri-mitiva, Tertuliano, declarou que "o sangue dos mártires é a semente da Igreja"[8].

Os mártires tornaram-se o símbolo dos mais santos de entre os santos. Mas algo interessante acontece nas histórias desses mártires. O martírio de uma pessoa era considerado nobre. Mas quanto mais fraca a pessoa era, mais louvável era o martírio. Na configuração estratificada da sociedade romana, os mártires de Cristo mais elevados e admirados eram os piores aos olhos do mundo. Os mártires mais elevados e admirados eram as mu-lheres – mais do que estas, eram as mulheres escravas. Assim, quanto mais fraca fosse a pessoa, mais o poder de Deus era mostrado. Um homem pode ser capaz de aguentar a brutalidade do martírio por causa da sua própria força. Mas uma mulher, escrava, só poderia aguentar pela obra do poder de Deus nela. Foi a coragem de Cristo, a Sua resistência, a Sua força para aguentar a dor até ao fim que capacitou este símbolo mais fraco da socie-dade, a mulher, a morrer uma morte tão horrível, mantendo o seu teste-munho como cristã. Tal morte era absolutamente dependente de Deus para a sua "vitória" na morte.

Friedrich Schleiermacher, um teólogo do século XIX, às vezes chamado pai do liberalismo moderno, é mais conhecido pela sua simples frase: "A religião é o sentido da dependência absoluta"[9]. Schleiermacher acreditava que dentro de cada pessoa existe o sentido de dependência de algo que lhe é transcendente. Isso levou-o à crença de que cada pessoa é naturalmente religiosa e que todas as religiões, até as mais primitivas, eram expressões diferentes da mesma busca por, e de adoração a, Deus. Este sentido de dependência absoluta explica todas as coisas comuns da expressão religiosa. Apesar de podermos querer debater o valor das suas reflexões como um todo, podemos tomar emprestada a sua expressão específica acerca da dependência, para a aplicar ao nosso contexto.

Se a santidade é algo, é a dependência absoluta em Deus. Ao longo das décadas, temos feito bem em explorar o sentido da santidade sob as seguintes rubricas: santidade enquanto experiência instantânea; santidade enquanto desenvolvimento progressivo do carácter; santidade enquanto pureza; santidade enquanto perfeição; santidade relacional; santidade enquanto amor; santidade enquanto fortalecimento. Todas estas formas são apropriadas para chegar ao âmago do que é a santidade. Mas a santidade pode ser ainda mais profundamente expressa sob a rubrica da fraqueza. Tal concluirá alguns pontos já discutidos neste livro.

Primeiro, devemos lembrar-nos, como povo de santidade, que a rubrica da fraqueza provoca e restabelece a ligação a uma compreensão vital da santidade, intensamente presente na história primitiva do Movimento de Santidade – esta realidade de ser absolutamente dependente de Deus. Aos olhos do mundo, a dependência absoluta, por si só, confunde-se com fraqueza. Mas para um cristão, esta fraqueza é força, porque requer dependência absoluta em Deus. A tradição wesleyana de santidade é capaz de falar neste idioma. Crucial na experiência da santificação é a disponibilidade de deixar tudo no altar. Expressamos isto através das palavras "consagração", "rendição", "ser comprado", "fazer de Cristo, o meu Senhor," ou qualquer outra das muitas metáforas. Uma forte metáfora na história da santidade tem sido a da "inteira devoção". Tal implica que Deus Se tornou o centro do ser da pessoa, Aquele a quem a pessoa promete a lealdade mais profunda e Aquele em quem a pessoa depende absolutamente. Esta dependência absoluta implica uma dependência em Deus na nossa vida espiritual. Porém, está também ligada à nossa vida material e física.

Mas na cultura ocidental é demasiado fácil encontrar poder através de posição, posses, contactos pessoais, riqueza, status e auto-suficiência e não num relacionamento dependente com Deus. Estamos muito longe dos pobres aos quais os primeiros líderes de Santidade pregaram. Deixámos de ser um movimento de desprivilegiados para sermos denominações com as suas próprias formas de poder e política. Uma questão interessante de se colocar é: Porque é que as igrejas de santidade florescem fora dos contextos anglo-saxónicos? Talvez porque essas culturas têm aprendido o que significa precisar de Deus.

Então, a santidade, sob a rubrica da fraqueza, lembra-nos do tipo de devoção desesperada por Deus para a qual somos chamados. A inteira devoção a Deus leva-nos, necessariamente, de volta à importância do amor kenótico aparentemente "fraco" de Cristo vivido por nós. Se pudéssemos compreender novamente este sentido de dependência absoluta, partindo da nossa própria carência de Deus, talvez pudéssemos compreender a necessidade dos meios da graça, de uma visão sacramental da vida e de uma compreensão adequada do relacionamento da santidade com o poder. Seríamos chamados novamente à comunidade, em verdadeira santidade comunal.

Nós somos, enquanto comunidade, um povo santo. Nós somos o corpo santo, apesar de quebrado, de Cristo. Quando uma parte sofre, todos sofrem. Quando uma parte se regozija, todos se regozijam. E quando uma parte ama, todos amam. Nós esvaziamo-nos por cada um, para que todos sejam vistos como pessoas reais, como parte de uma comunidade de fé, como partes do corpo que são tão valiosas como nós. De facto, parte da nossa humanidade só é concretizada quando humanizamos os outros, quando tratamos os outros totalmente como sujeitos com dignidade e não como objectos contra os quais definimos quem somos. E, à medida que somos verdadeiramente Igreja, a imagem de Deus brilha, precisamente, nas fraquezas de todos nós. O corpo de Cristo estava quebrado. A Igreja, enquanto corpo, está quebrada. E vivemos não apenas de forma interdependente da força uns dos outros, mas também de forma sacramental através das fraquezas uns dos outros. Este é o sentido da solidariedade tão central na tradição de santidade; isto é a verdadeira comunidade para a qual Deus chama a Igreja. Este é o sentido de santidade que temos, demasiado frequentemente, ignorado, porque somos tentados a definir-nos em termos mundanos – em termos da economia de poder como julgada pelo

mundo. Mas no reino de Deus, somos chamados a redefinir, paradoxalmente, o poder de forma a reflectir a imagem de Deus na igreja.

A santidade então, voltando às suas raízes, é acerca do amor kenótico
de Deus por nós até nas nossas fraquezas. Debaixo das condições da existência humana, a nossa dor e o nosso sofrimento exibem a nossa carência.
Não estamos completos, em diferentes graus, por um número infinito de
razões. Mas exclui-nos isto da santidade? Não, se redefinirmos paradoxalmente o poder como fraqueza. Não, se redefinirmos santidade como dependência; não, se nos virmos a nós mesmos e aos outros através dos olhos
de Deus. Não estamos completos no sentido da perfeição absoluta, iguais
a Deus. Mas somos perfeitamente amados. Deus olha-nos com os olhos
do amor kenótico, olhamos uns para os outros com os olhos do amor
kenótico e dedicamo-nos, se pudermos, e somos, juntamente, feitos santos
– não numa posição de poder, mas precisamente pela nossa posição de
fraqueza. E tratamos as nossas partes pouco apresentáveis com especial
honra.

A santidade, debaixo da rubrica da fraqueza, permite-nos ver que a
santidade e a enfermidade não são opostas. O poder e a fraqueza não se
contrariam. A fraqueza provoca a dependência em Deus e uns nos outros.
Novamente, vindo de Paulo, Cristo disse-lhe no seu sofrimento: "E disse-
me: A minha graça te basta, porque o meu poder se aperfeiçoa na fraqueza.
De boa vontade, pois, me gloriarei nas minhas fraquezas, para que em
mim habite o poder de Cristo. Pelo que sinto prazer nas fraquezas, nas
injúrias, nas necessidades, nas perseguições, nas angústias, por amor de
Cristo. Porque, quando estou fraco, então sou forte" (1 Coríntios 12:9-
10).

Uma última ligação para a nossa análise sobre o poder como paradoxal:
A Bíblia não diz somente que Deus conforta aqueles que precisam da Sua
presença, que vivem neste sentido de dependência, mas também afirma
que Deus frequentemente usa os quebrantamentos das nossas vidas e que
pode redimi-los. Tal não significa que Deus nos causa sofrimento para o
nosso próprio bem. Em vez disso, Deus, por ser Deus, tem poder para
pegar em circunstâncias muito difíceis e "reciclá-las" para o reino. Isto é,
a sabedoria de Deus – que , às vezes, é loucura para nós – pode usar o
nosso sofrimento, talvez até mais do que as nossas forças. Na economia de
Deus, um tipo diferente de cura acontece quando Deus usa o nosso sofrimento para auxiliar outra pessoa.

Por exemplo no caso em que uma mulher foi sexualmente abusada por uma pessoa da sua igreja quando era adolescente. Durante anos e anos o sofrimento e feridas profundas dominaram a sua vida emocional e espiritual. Ela buscou cura através da oração, através de idas ao altar e, correctamente, através de aconselhamento. Mas apesar de ter tido progressos, qualquer conceito de inteireza parecia ilusório, até que Deus começou a usar o seu sofrimento para ajudar os outros.

Outras mulheres começaram a procurá-la – mesmo não conhecendo a sua história. E Deus usou-a para fazer uma diferença significativa nas suas vidas. No mínimo, ela foi capaz de oferecer conforto pela sua capacidade de compreender e de ser empática com as suas experiências – uma habilidade que não teria se não tivesse passado pelo mesmo.

Henri Nouwen chamá-la-ia de "Curadora Ferida".[10] Ele escreve profundamente sobre esta questão – que a graça e o amor de Deus trabalham fortemente através de nós, não da nossa inteireza, mas através do nosso quebrantamento; não através da nossa solidez, mas através das nossas feridas; não através das nossas forças, mas através das nossas fraquezas. É nesses momentos quando Deus toca outros através de nós, através das nossas experiências de sofrimento – às vezes não menos dolorosas ou absurdas — são *redimidas*, as nossas "mini-mortes" são levantadas para uma nova vida no coração de outros. Paulo diz: "Porque, quando estou fraco, então sou forte" (2 Coríntios 12:10). Paulo diz: "(…) me gloriarei nas minhas fraquezas, para que em mim habite o poder de Cristo" (versículo 9). Por vezes, através da nossa própria coragem de sermos únicos, nós mesmos, apesar da dor, Deus leva-nos a ser instrumentos de cura profunda na vida dos outros. Deus é, verdadeiramente, um Deus que redime.

## DECLARAÇÕES SUMÁRIAS

1. Uma parte importante da nossa identidade de santidade é a afirmação de que somos fortalecidos pelo mesmo Espírito Santo do Pentecostes.

2. O poder de Deus dentro de nós "quebra o poder do pecado cancelado".

3. O poder de Deus pode ajudar os oprimidos a encontrar o seu próprio carácter, de forma saudável.

4. Somos feitos santos para o propósito de viver o amor kenótico de Cristo, à medida que nos negamos diariamente e O seguimos.

5. Aqueles que sofrem com enfermidades ainda são extremamente valiosos no corpo de Cristo.

6. A santidade, sob a rubrica da fraqueza, mantém a Igreja debaixo de olho e longe de uma definição mundana de poder.

7. Somos mais poderosos quando aprendemos a ser absolutamente dependentes de Deus.

## QUESTÕES PARA REFLEXÃO

1. Qual é a ligação entre o Pentecostes e a santidade?

2. Como é que aqueles na cultura ocidental podem aumentar o sentido da absoluta dependência em Deus?

3. O que é que os "enfermos" (debilitados) têm a ensinar-nos?

4. Que feridas na sua vida é que Deus pode talvez usar para ajudar os outros?

# Santidade enquanto Carácter

OBJECTIVOS DOS ALUNOS

*O estudo deste capítulo vai ajudá-lo a:*

1. Compreender o conceito de virtude de Aristóteles
2. Identificar os meios da graça
3. Ligar a psicologia moral de Wesley ao Cristianismo pós-moderno

PALAVRAS CHAVE

| | |
|---|---|
| Ética da virtude | Carácter continente |
| Estoicismo | Carácter virtuoso |
| *Arête* | Modelo Intelectualista |
| *Phronesis* | Vontade |
| *Eudaimonia* | Liberdade |
| Causa material | Consciência |
| Causa eficiente | Inclinações |
| Causa formal | Meios da graça |
| Causa final | Meios da graça gerais |
| *Telos* | Meios da graça prudentes |
| Carácter vicioso | Meios da graça instituídos |
| Carácter incontinente | Pós-modernismo |

Começamos este capítulo sobre o carácter santo depois de já termos discutido os tópicos da moralidade e ética. Fizemo-lo desta forma por várias razões. Primeiro, a discussão anterior da moralidade pessoal era oportuna no capítulo sobre a pureza, visto que a pureza é definida como a ausência de pecado ou transgressão. De outra forma, a discussão sobre a pureza poderia ter ficado no abstracto, sem nenhuma aplicação à vida real, humana. Segundo, e pela mesma razão, uma consideração da ética social era essencial no capítulo sobre a perfeição cristã (definida como a presença do amor). Finalmente, estes dois tratamentos da moralidade e ética descrevem o *conteúdo* do como o comportamento ético se deve parecer com a teologia wesleyana de santidade. No entanto, este capítulo sobre o carácter tem um objectivo diferente. A ênfase aqui é no *como*, em vez de no *quê*. Em vez de se focar no conteúdo, este capítulo examinará os *meios* pelos quais a pessoa é capaz de ser moral ou ética e subsequentemente ter um carácter moral ou ético.

Este capítulo sobre o *como* completa a discussão deste livro sobre a santidade. Sem ele, a santidade poderia ser vista como um ideal pelo qual lutar, com pouca orientação acerca de como o alcançar. Muitos têm observado que isto é precisamente onde a tradição de santidade tem perdido a sua direcção.[1] Apesar da tradição da santidade enfatizar a chamada de Deus para uma vida santa, tem frequentemente falhado em clarificar como tal é alcançado. Por isso, a santidade tem-se tornado um dever, em vez da própria essência e qualidade da nossa vida em Deus. Na história da tradição de santidade, a santidade tem sido, por vezes, compreendida moral ou legalisticamente, como um conjunto externo de critérios que é a medida da santidade de um indivíduo. Tal levou ao perigo, bastante real, de igualar os códigos morais prescritos com a santidade pessoal, os quais, na realidade, negligenciavam o próprio código da mensagem wesleyana de santidade de coração e vida.

Durante a presente era de ambiguidade moral, a reivindicação de uma ética wesleyana holística é imperativa para as futuras denominações de santidade. Na essência desta reivindicação está a necessidade de examinar não apenas os padrões ou comportamentos do viver santo, mas também da motivação interior para tal viver. Devemos ir além da motivação interna que é levada pelo dever e voltar à própria ênfase de Wesley no carácter santo e como o desenvolver. Começamos com uma discussão sobre um tipo de teoria ética que foi mantida durante milhares de anos: a **ética da virtude**.

## ÉTICA DA VIRTUDE

A Ética da Virtude, ou teoria da virtude, é uma filosofia moral que enfatiza o desenvolvimento do carácter como o elemento chave para o pensamento e viver ético, contrariando as teorias onde as regras ou consequências são todas consideradas importantes. Este tipo de reflexão ética remonta à filosofia grega antiga, mais sistematicamente na obra de Aristóteles. Foi a teoria dominante no mundo antigo e foi, durante o período medieval, interrompida apenas pela forte influência do Neoplatonismo e do **estoicismo** na antiguidade. Durante o período medieval, as reflexões de Aristóteles foram cristianizadas por Tomás de Aquino e o seu comentário na principal obra ética de Aristóteles, *Nicomachean Ethics*. Wesley foi influenciado directamente pela tradição de Tomás. De notar que na cultura asiática antiga, a teoria da virtude também pode ser encontrada, de forma mais notável, nos escritos de Confúcio.[2]

Conceitos importantes são normativos para o modelo grego da teoria da virtude, incluindo *arête* (virtude), *phronesis* (sabedoria prática ou moral) e *eudaimonia* (felicidade ou prosperidade). A virtude leva à sabedoria moral, que, por último, leva à "prosperidade". *Eudaimonia* é caracterizada pela vida bem vivida ou pela vida humana adequada — que só pode ser vivida quando uma pessoa atende às virtudes. É também caracterizada como o cumprimento do nosso propósito, apesar dos vários teóricos não concordarem sobre qual é o propósito da humanidade. Considerando que Wesley acreditava que o objectivo da vida humana era amar Deus e os outros, a *eudaimonia* seria alcançada quando o fizéssemos. A dupla definição desta palavra ajuda a clarificar alguns dos escritos de Wesley. Ele por vezes igualava santidade com felicidade – felicidade no sentido de viver uma vida virtuosa e amorosa. Wesley estava profundamente endividado à discussão de Aristóteles sobre o desenvolvimento do carácter e virtude.[3] Um breve resumo do pensamento ético da tradição de Aristóteles ser-nos-á útil aqui.

Aristóteles acreditava que havia quatro causas em todos os objectos, até no ser humano. A **causa material**, que pergunta o porquê de determinada coisa fazer o que faz; Aristóteles acreditava que a resposta a esta pergunta se encontrava nas tendências do próprio objecto. Por exemplo, o mármore é a causa material de uma estátua. A **causa eficiente** é a fonte de movimento ou mudança. O escultor é a causa eficiente do mármore se tornar uma estátua. Mas ainda há causas mais profundas que são definitivas, não apenas nas tendências ou acções, mas também na natureza e propósito. A **causa formal** é a natureza do objecto e a **causa final** determina o seu fim, ou o seu *telos*. A causa final pergunta: Qual é o propósito para o qual o objecto (pessoa) é atraído? A causa formal é, antes de mais, potencialidade pura que busca ser concretizada. A causa final é concretizada através da habituação.

Mais uma vez, Aristóteles acreditava que o *telos* do ser humano é *eudaimonia* ou felicidade. Mas a felicidade ou realização só vem quando agimos de acordo com o que sabemos. Podemos saber quais são as virtudes, saber que devemos cumpri-las e até saber que a nossa felicidade depende de pô-las em prática. Mas ao contrário de Platão (que acreditava que "saber o bem é fazer o bem"), Aristóteles percebeu que compreender a vida virtuosa não resulta necessariamente num viver virtuoso. Há um certo aspecto da *vontade* (e vontade pelas razões correctas) de se ser virtuoso que é necessário, assim como uma necessidade de habituação à concretização de um carácter virtuoso através da acção virtuosa.

Aristóteles elabora quatro tipos de carácter que surgem potencialmente desta tensão entre o saber e o fazer. Primeiro, existe o **carácter vicioso**. Neste exemplo, a pessoa sabe o que deve fazer, mas escolhe fazer outra coisa, sem nenhum remorso. O **carácter incontinente** descreve a pessoa que sabe o que deve ser feito, escolhe de facto fazê-lo, mas falha em continuar a fazê-lo e não age de acordo com o que decidiu anteriormente. O **carácter continente** está bastante perto do ideal mas falha por causa da motivação. Este carácter sabe o bem que deve fazer e fá-lo, mas apenas por uma questão de dever – indo de encontro às exigências do "devo". Cada um destes três caracteres descritos acima evidencia alguma falta de harmonia interna. A vida harmoniosa é apenas para aqueles com **carácter virtuoso**. O carácter verdadeiramente virtuoso sabe o bem e faz o bem pelo bem da própria virtude, não por causa da pressão interna da culpa, pressão externa do medo da punição ou até da promessa de recompensas. A pessoa virtuosa age em completa harmonia com o conhecimento que tem, pelo desejo interior de fazer o bem, em prol do próprio bem.

Aristóteles acreditava que há inúmeras virtudes que a pessoa deve buscar de forma a ser considerada virtuosa – virtudes tais como coragem, temperança, generosidade e veracidade. Um acto solitário de coragem, no entanto, não faz uma pessoa corajosa. Para se tornar verdadeiramente corajosa, uma pessoa deve habituar-se a actos corajosos até que estes se tornem naturais ou concretizados no seu ser. É também importante, de acordo com Aristóteles, aprender a coragem ao observar outra pessoa corajosa; ou seja, a comunidade é crucial no sistema de Aristóteles. Portanto, o entendimento ou o conhecimento são equilibrados com a acção sustentada e consistente (ética da virtude). Esta é a pessoa verdadeiramente feliz (santa).

A obra de Wesley mostra uma profunda dívida relativamente ao paradigma ético aristotélico. Mais uma vez, para Wesley, a santidade resulta em felicidade. E existe uma ligação profunda, interpenetrante entre o carácter de santidade e os actos de santidade. Mas como é que Wesley articula esta ligação? Ele usa a linguagem dos "temperamentos" e "afeições". Mas estes só são verdadeiramente compreendidos ao examinar a psicologia moral de Wesley como um todo.

## PSICOLOGIA MORAL DE WESLEY[4]

Antes do século de Wesley, o Anglicanismo foi grandemente influenciado por aquilo que é conhecido como o **modelo intelectualista** da teoria ética. Esta teoria sugere que a razão deve ser o atributo humano superior a todas as decisões acerca da moralidade, abordando as paixões (ou emoções) como algo a ser combatido. Mas à medida que o empirismo cresce em popularidade, também cresce a ideia de que as paixões (ou emoções) são extremamente importantes para qualquer motivação interior de agir eticamente. "Esta ênfase na contribuição indispensável das afeições para a acção humana não estava limitada aos filósofos da Inglaterra do século XVIII. Encontrou fortes defensores também entre os teólogos que buscam neutralizar as reduções teístas emergentes da religião".[5] Esta mudança para longe do modelo intelectualista encontrou grande aprovação por parte de Wesley.

Wesley desenvolveu uma psicologia moral que incluía o lugar vital para as afeições. A sua lista de elementos no ser humano relacionados com o comportamento ético incluía a compreensão, a **vontade**, a **liberdade** e a **consciência**. Ao falar da vontade, Wesley pretendia uma distinção crucial do modelo intelectualista. Wesley acreditava que a vontade era influenciada não apenas pela razão, mas também pelas afeições, talvez até *só* pelas afeições. Isto é, a vontade era mais uma função de afeições do que um acto de "autodeterminação racional"[6]. O que queria Wesley dizer com a palavra "afeições"?

Afeições são feitas de **inclinações** motivacionais, em vez de apenas emoções. Nós agimos pelas nossas afeições. Também, teologicamente falando, são influenciadas por causas exteriores, mais particularmente pela graça. No entanto, Wesley não parou aqui. Ele acreditava que as afeições são cultivadas pelo hábito, até se transformarem em disposições duradouras, às quais chamou temperamentos. O melhor exemplo de um temperamento era o amor por Deus e pelo próximo. Quando o amor é posto em prática, este temperamento santo torna-se numa acção santa – por vezes expressando-se na negação de algo pelo bem do outro, mas mais frequentemente como uma acção amorosa positiva.

David Hume (1711-76) introduziu uma ideia que desafiou Wesley a clarificar-se ainda mais. Hume, contrariando directamente o modelo intelectualista, acreditava que as paixões (emoções, afeições) são o que nos motiva e dirige nas nossas acções. Mas Hume enfatizou tanto a origem da vontade nas paixões, que parecia negar o livre arbítrio. Agimos quase de uma forma determinada sem qualquer capacidade de contrariar o que as nossas paixões nos dizem. É aqui que devemos afirmar que Wesley, embora tenha usado o termo afeições para descrever a origem da vontade, distinguiu vontade e liberdade. Apesar de podermos habituar as nossas afeições, transformando-as em bons temperamentos — para que possamos dizer que agimos de acordo com os nossos temperamentos — há sempre a possibilidade de agir contra os temperamentos que temos desenvolvido. A liberdade é a função de decidir como agir em cada situação. As afeições habituais e os temperamentos, podem ajudar a vontade quando decidimos agir pelo bem, mas também podemos agir contrariamente porque temos liberdade. Esta distinção entre a vontade e a liberdade afastou Wesley do modelo intelectualista, por um lado, e do determinismo de Hume, por outro. Mais importante para o nosso objectivo é que Wesley acreditava que as nossas acções fluem da nossa vida interior. Fortemente afirmado, os temperamentos interiores santos são a única forma de verdadeiramente viver uma vida santa.

As nossas inclinações e disposições morais irão afectar a forma como vivemos. Tal impede que nos sintamos neutros a cada decisão moral individual. Somos influenciados pelas nossas inclinações, que têm sido cultivadas seja para a santidade, seja para o pecado. As nossas vontades são influenciadas pela nossa receptividade à graça de Deus, que temos de cultivar. Desta forma, Wesley introduz uma força exterior, nomeadamente a graça, que Aristóteles exclui. Mas esta graça exterior é rapidamente integrada na pessoa, de tal forma, que podemos manter a condição de Aristóteles de que a motivação interior é necessária se queremos ter um verdadeiro carácter virtuoso. "Wesley mantém [que] é apenas em resposta às nossas experiências do amor gracioso de Deus por nós, derramado nos nossos corações pelo Espírito Santo, que as afeições humanas de amor a Deus e aos outros se despertam e crescem"[7].

Então, a melhor forma de capturar a visão afectiva de Wesley sobre a inteira santificação, talvez seja dizendo que ele acreditava convictamente que a vida cristã não tem de ser uma vida de luta perpétua. Ele acreditava que tanto as Escrituras como a tradição cristã, atestam que a graça amorosa de Deus pode transformar as vidas humanas pecaminosas, ao ponto de tornar o nosso amor por Deus e pelos outros uma resposta livre. Os cristãos podem aspirar comprometerem-se com a disposição de Cristo, vivendo-a dentro das restrições das enfermidades humanas. Negar esta possibilidade seria negar a suficiência da graça fortalecedora de Deus – fazer o poder do pecado maior do que o da graça.[8]

## DESENVOLVIMENTO DO CARÁCTER E PERFEIÇÃO CRISTÃ

Na perspectiva de Wesley, a santidade começa quando chegamos a Cristo e somos inicialmente santificados (ver capítulo 7). Podemos dizer que o nosso alvo é redireccionado para o objectivo original de Deus – o nosso próprio *telos* ou potencial para santidade verdadeira e amor ágape. Este é um despertar ao qual nós respondemos. À medida que crescemos na graça, o nosso potencial progride num longo processo rumo à concretização. O nosso potencial é concretizado mais e mais a cada dia, à medida que participamos na vida de Deus. A graça capacita a mudança das nossas afeições. A graça sinergética implica que, através da nossa cooperação intencional com Deus, as nossas afeições tornam-se temperamentos ao longo do tempo (profundamente impactadas pela participação nos **meios da graça**). É dos temperamentos que as nossas acções fluem. Continuamos, então, a viver destes temperamentos na forma do amor santo. "A graça de Deus não infunde temperamentos santos instantaneamente *completos*. Deus desperta a 'semente' de cada virtude. Estas sementes são, então, fortalecidas e ganham forma, à medida que crescemos receptivamente na graça"[9]. As sementes dão fruto nas nossas acções, no viver santo. É esta a razão pela qual os teólogos juntam estas duas expressões, quando descrevem o esquema de Wesley: santidade de *coração e vida*. Nós mudamos por dentro, ou mais correctamente, *somos mudados* por dentro (pela graça) para que as nossas acções exteriores venham de um coração inclinado ao amor e de um carácter santo. A santificação, em todos os seus aspectos, é a concretização, capacitada por Deus, do potencial do amor santo.

## Um Carácter Mudado

A graça muda o nosso carácter se a recebermos e cooperarmos com ela. O resultado serão acções que reflectem esse carácter. Em "The Character of a Methodist" [O Carácter de um Metodista], Wesley mostra-nos claramente que as nossas acções florescem daquilo que Deus tem instantaneamente feito em nós, e ao longo do tempo, à medida que amadurecemos. O carácter de um metodista:

Ama Deus com todo o seu coração, alma, mente e forças
Em tudo dá graças
[Tem] um coração elevado a Deus em todo o tempo
Ama todas as pessoas como a sua própria alma
[É] puro de coração
[Evidencia que] somente Deus reina
Mantém *todos* os mandamentos
Faz tudo para a glória de Deus
Adorna a doutrina de Deus em todas as coisas [10]

Mas qual é o papel da inteira santificação no desenvolvimento das afeições, disposições, temperamentos e carácter santos? Discutimos a inteira santificação como um aspecto da perfeição cristã e a perfeição cristã enquanto pureza de intenções. Intenções, tal como vontade e inclinações, requerem tanto um desejo de fazer "o bem" (para Wesley, o bem é o amor a Deus e ao próximo), como a acção voluntária para com esse desejo. Sugerimos, como Wesley, que as nossas intenções são feitas puras através da cooperação sinergética com a obra santificadora de Deus no nosso coração. Se aplicamos isto a um modelo afectivo, podemos também dizer que as nossas inclinações e disposições são direccionadas ao bem (amor) pela obra santificadora de Deus, na qual participamos activamente. Wesley fala do amor como *governantes* dos nossos temperamentos. A inteira santificação quebra "o poder do pecado cancelado" e o pecado já não *governa*. Neste sentido, o amor substitui o pecado enquanto factor motivador no bem que fazemos.

Significa isto que as nossas inclinações não estão a ser moldadas para o bem antes da inteira santificação? Não. Desde o momento do nosso novo nascimento, nós, em cooperação com a graça, tentamos criar o hábito do amor. Mas "o pecado permanece". A inteira santificação é, de certa forma, abrirmo-nos mais profundamente (inteiramente) à graça de Deus; em resposta à nossa consagração, Deus quebra qualquer *pecado reinante,* substituindo-o pelo *amor governante.* Significa isto que as nossas inclinações são totalmente aperfeiçoadas (num sentido absoluto) e que o crescimento já não é necessário? Não. Como afirmado ao longo deste livro, a vida santificada é mais do que uma vida sem pecado. O amor está constantemente presente e activo. O amor pode ser sempre mais cultivado através da acção amorosa (novamente, em cooperação com graça). Nunca alcançamos um estado completo porque as oportunidades para amar nunca cessam. E assim, como com todas as virtudes, quanto mais são colocadas em prática, *mais livre* a pessoa se torna para agir segundo a virtude como se fosse a sua "segunda natureza"[11]. E, mais uma vez, onde a ética da virtude cristã excede de longe Aristóteles, a graça é enfatizada. A habituação nunca é um acto pelagiano do livre-arbítrio.

Assim como praticar um instrumento musical torna a prática cada vez mais fácil e, num certo sentido, dá ao músico a liberdade de tocar como deseja, da mesma forma os actos repetidos de honestidade, coragem ou amor tornam a pessoa honesta, corajosa ou amorosa e livre para agir do coração, do carácter que tem desenvolvido. Deus faz-nos santos. Devemos, por isso, viver consistentemente como povo santo porque internamente nos tornamos um povo santo. Isto implica um evento instantâneo que é, então, perpetuado. A inteira santificação possibilita que as nossas inclinações santas cresçam mais livremente, sem embaraços prévios. Mas, no fim, temos sempre a liberdade de escolher ir contra a nossa nova natureza e pecar. Se continuarmos a escolher pecar, estamos novamente a alimentar as inclinações pecaminosas. Mas temos sempre a liberdade de escolher.

Wesley também falou desta crise, e processo de se tornar santo, como o compromisso com a disposição de Cristo. Tal tem uma conotação diferente de ser como Cristo. É possível vislumbrar a semelhança a Cristo como o encadeamento de escolhas pessoais para agir como Cristo agiria. Por um lado, tal ajustar-se-ia a um modelo intelectualista que se foca nas nossas decisões. Ter a disposição de Cristo, por outro lado, implica que não apenas as nossas acções, mas também as nossas inclinações, foram afectadas a um nível tal que agimos pelo carácter semelhante a Cristo. Sendo assim, a questão não é: "O que faria Jesus?" mas: "Como era Jesus?", sugerindo que enquanto estava na terra, Jesus agiu por causa do Seu próprio carácter.[12]

A ética da virtude, em vez de nos ajudar a determinar o que devemos *fazer*, pergunta *como* e quem devemos *ser*. À parte de qualquer apropriação religiosa, aqueles que expressam a ética da virtude também exigem que a virtude possa ser desenvolvida por qualquer pessoa comum; ninguém deve sugerir ou insinuar que apenas a elite (seja em conhecimento ou inteligência) pode ser virtuosa. Da mesma forma, a virtude idealizada pela teologia de santidade deve estar relacionada com a vida das pessoas reais. A teologia de santidade deve ser unida à vida humana. Uma forma de as relacionar é através dos meios da graça na vida de um cristão e da igreja. Voltamo-nos agora para os meios da graça wesleyanos.

## DOS MEIOS AO OBJECTIVO FINAL

No pensamento maduro de Wesley, ele admoestou fortemente os metodistas, particularmente os ministros e professores metodistas, a enfatizarem tanto a inteira santificação como a santificação progressiva e para não negligenciarem nenhuma delas. Em anos recentes, tem havido um interesse revivido no entendimento de Wesley do dia a dia da jornada cristã. Isto tem vindo tanto da ênfase renovada nos meios da graça, na tradição wesleyana, como num grande interesse no tópico da formação espiritual. Devemos notar aqui que a graça não deve ser vista como um conceito abstracto. Como afirmado nos capítulos anteriores, a graça pode ser igualada à actividade do Espírito Santo; como tal devemos ver os meios da graça como os meios de experimentar e ser nutridos pela própria presença de Deus. Esta presença é o que espiritualmente nos forma; ela *transforma-nos* espiritualmente à semelhança santa de Cristo.

No âmago da compreensão de Wesley do crescimento cristão está o seu conceito dos meios da graça. Ele escreveu: "por 'meios da graça', entendo sinais exteriores, palavras ou acções, ordenadas por Deus para serem canais normais pelos quais Ele transmite às pessoas a graça preveniente, justificadora ou santificadora. (...) [Mais ainda], todos os que desejam a graça de Deus devem esperá-la através dos meios que Ele nos deu"[13]. Os "meios" são as formas pelas quais nos abrimos para experimentar o amor e graça de Deus nas nossas vidas. É crucial compreender que não ganhamos a graça de Deus ao participarmos nos meios de graça. Wesley é claro ao dizer que nada, a não ser o sangue de Cristo, expia o pecado. Mas, participar nos meios da graça é o que nos foi ordenado se queremos crescer no nosso relacionamento com Deus.

À luz da nossa recente discussão sobre o desenvolvimento do carácter e virtude, devemos, desde o inicio, afirmar fortemente que o *porquê* de devermos participar dos meios de graça é tão importante como aquilo que especificamente fazemos. À medida que Deus purifica as nossas intenções e à medida que as nossas inclinações e disposições crescem para a virtude de amor, o *porquê* da nossa obediência é transformado. Passamos do dever para o desejo. Para Wesley, quanto mais participamos nos meios da graça, mais queremos participar e mais nos aproximamos de Deus. Muitas vezes, as pessoas mantêm-se na fase do dever, vendo os meios como disciplinas regimentadas, simplesmente para provar a lealdade a Deus. O entendimento de Wesley sobre este assunto leva-nos além da pura obediência, apenas por uma questão de obediência, além de qualquer tipo de obras de justiça; o entendimento de Wesley enfatiza que participar nos meios é precisamente a forma pela qual podemos crescer e ser transformados. Os meios da graça são exactamente o que muda as nossas afeições, temperamentos, disposições e inclinações, nessa graça transformadora de Deus que nos alcança através dos meios que "Deus tem ordenado". Ou, colocado de forma diferente, tornamo-nos aquilo que fomos criados para ser, em Cristo, participando nos meios da graça.

De certa forma, é lamentável que a expressão "disciplinas espirituais" seja, por vezes, substituída por "meios da graça". Não é que a participação nos meios da graça não requeira disciplina. Mas é mais do que disciplina.

312 descobrir a santidade cristã

As disciplinas espirituais têm sido explicadas usando o desporto como analogia. Assim como devemos treinar bem os nossos corpos, através da disciplina, para que sejamos bem sucedidos no desporto, da mesma forma devemos treinar-nos espiritualmente, através da disciplina, de forma a sermos bem sucedidos como cristãos. O próprio Paulo usa o atleta como um exemplo de perseverança. Mas se não formos cuidadosos, podemos pensar que nos mantemos espiritualmente aptos da mesma forma que nos mantemos fisicamente aptos. Deus torna-Se, então, apenas um treinador para nos dar indicações aqui e ali. A analogia desfaz-se quando falamos da presença do treinador *dentro* do atleta, dando ao atleta toda a sua força. A expressão "meios da graça" evita este colapso analógico.

Participar nos meios da graça serve para nos lembrarmos que tudo o que fazemos, tudo o que somos e tudo o que nos tornamos, só é possível através da graça de Deus em nós, através da presença do Espírito Santo. Sim, por vezes tal participação parece uma disciplina. Mas nunca é apenas a nossa disciplina que cria e mantém o carácter de Cristo em nós. O dever e a disciplina podem centrar a nossa atenção nos nossos próprios esforços, longe da actividade graciosa de Deus em todas as facetas das nossas vidas.

## Os Meios de Graça

Meios da Graça Gerais
1. Obediência Universal
2. Manter todos os mandamentos
3. Vigiar
4. Negar a nós mesmos
5. Levar a nossa cruz diariamente
6. Exercitar a presença de Deus

Meios de Graça Prudenciais
1. Regras ou acções específicas do viver santo
2. Encontros de "classes" e "bands"
3. Encontros de oração, cultos de aliança, vigílias de oração, "festas de amor"
4. Fazer todo o bem que seja possível; fazer nenhum mal
5. Visitar os doentes
6. Ler devocionais clássicos e leitura edificante

Meios de Graça Instituídos (específicos)
1. Oração

2. Estudar as Escrituras
3. Jejum ou abstinência
4. Conferência/ou comunidade Cristã
5. Santa Ceia

Existem três categorias nas quais Wesley colocou certas actividades: os meios da graça gerais, prudenciais e instituídos (ou específicos). Esta foi a forma que Wesley arranjou de categorizar as actividades cristãs que têm profundo benefício espiritual. Os **meios da graça gerais** incluem obediência universal e o cumprimento dos mandamentos, vigia e renúncia, levar a nossa cruz e exercitar a presença de Deus.

A obediência universal e o cumprimento dos mandamentos são vitais para manter e fomentar um relacionamento com Deus. Mas é um meio da graça que deve ser compreendido. Devemos novamente lembrar-nos que não ganhamos a graça através de obras ou qualquer tipo de obras de justiça. Considere isto: os meios da graça são como um funil, ou um canal, que permite que a graça de Deus flua nas nossas vidas. Se vivermos em desobediência ou continuarmos a quebrar os mandamentos de Deus, não é que Deus nos negue a graça, nós é que bloqueamos o canal através da nossa própria acção. Neste caso, o arrependimento é o meio pelo qual abrimos novamente o canal – abrimo-nos para receber a graça de que precisamos. Ou seja, se ofendermos Deus através de desobediência directa, precisamos da graça perdoadora de Deus e o arrependimento é a forma com que cooperamos sinergicamente com Ele. A obediência e o cumprimento dos mandamentos, portanto, mantém o canal aberto entre nós e o Deus de misericórdia e compaixão.

Vigiar é o acto intencional de buscar a Deus. Implica que busquemos a actividade de Deus no mundo. Devemos ter os nossos olhos fixos naquilo que não se pode ver, muito mais do que naquilo que se pode ver (2 Coríntios 4:18). Mas é demasiado fácil esquecer esta actividade de vigiar, vivendo o dia-a-dia sem buscar propositadamente a mão de Deus nas nossas vidas e nas vidas daqueles à nossa volta, aliás, no mundo. À luz da nossa forte crença na graça preveniente de Deus, devemos ansiosamente esperar ver tal obra. Infelizmente, com demasiada frequência, somos treinados para estarmos atentos à actividade do mal à nossa volta, em vez da actividade do Espírito Santo. Mas vigiar é um meio da graça que deve ser nutrido e aprofundado. Esta atitude intencional mantém-nos sintonizados e o canal da graça de Deus permanece aberto.

Pela renúncia, ou negação do eu, Wesley acreditava que podemos aproximarmo-nos de Deus, colocando as distracções de lado. A renúncia foi abordada na sua totalidade no capítulo anterior por relacionar a nossa capacidade de amar o outro como Cristo. Neste contexto, a renúncia é um meio da graça porque também mantém o canal aberto. Este tipo de negação tem uma história rica, particularmente nos escritos da igreja primitiva. Eles esforçavam-se por se separar das preocupações mundanas, mesmo das legítimas, de forma a estarem melhor preparados para buscar a Deus. Esta separação é igualmente necessária hoje, se não mais ainda. Numa cultura frequentemente saturada com o entretenimento e o consumismo, as ideias de simplicidade, silêncio e separação propositadas são certamente contra-cultura. Tem sido dito que as pessoas que vivem em tal cultura tentam apagar a sua própria ansiedade generalizada.[14] Se nada mais, a renúncia pode revelar-nos o quão dependentes somos das actividades que nos mantêm entorpecidamente ocupados. O simples exercício do silêncio mostra-nos exactamente o quanto temos vindo a precisar do barulho. A renúncia pode servir, de inúmeras formas, para focar novamente a nossa atenção e para renovar a nossa inteira devoção e dependência em Deus.

Por "levar a nossa cruz", Wesley acreditava que podemos aproximar-nos mais de Deus e dos Seus propósitos, primeiro, ao suportar dificuldades e sofrimentos e segundo, ao fazer coisas que vão contra as nossas inclinações naturais. Este segundo significado é o oposto da renúncia. Ao alimentar os pobres, visitar os que estão na prisão, ou tomando conta das viúvas e órfãos (Mateus 25:34-36 e Tiago 1:27), a nossa atenção dirige-se para o que realmente importa. Isto é um meio da graça porque não apenas os ajudamos, mas também porque nos beneficia com a perspectiva apropriada do que significa ser um discípulo de Cristo.

Exercitar a presença de Deus é a prática de ter consciência de Deus ao longo do dia. Isto está relacionado com vigiar, mas de forma diferente. Quando vigiamos, observamos a actividade do Espírito Santo à nossa volta. Quando exercitamos a presença de Deus, comunicamos directamente com Deus em tudo o que fazemos. Esta ideia foi tornada popular pelo monge Irmão Lawrence. Ele tentou estar consciente da presença de Deus em cada minuto de cada dia. Tal não significa que se sentou e orou durante todo o dia. Mas levou Deus consigo, por assim dizer, para todas as suas actividades diárias. Desde trabalhar no jardim até lavar a loiça, ele estava consciente de que Deus estava sempre consigo. Novamente, à luz de todas as distracções que enfrentamos, isto é um objectivo difícil de alcançar. Mas é importante tentar. Podemos não exercitar perfeitamente a presença de Deus, mas qualquer esforço é melhor do que nenhum. Se afirmamos que é a própria presença de Deus nas nossas vidas que define a espiritualidade e ajuda o crescimento cristão, praticar que Deus está connosco é tão importante como confiar que Ele está. Muitos dos que tentam tal prática testificam que tem mudado os seus corações e as suas vidas.

Para Wesley, os **meios de graça prudenciais** eram aqueles que se desenvolvem ao longo do tempo e têm sido reconhecidos como acções prudentes ou sábias na vida de crescimento na graça. A maioria envolve outras pessoas, em vez de estar restrito a privados actos de devoção.

Estes incluíam os encontros de "classes" e "bands" (pequenos grupos) onde era reforçada a mútua prestação de contas. A comunhão com outros crentes numa variedade de contextos era crucial para Wesley e deveria sê-lo hoje também. Apenas quando nos envolvemos em relacionamentos genuínos e significativos é que podemos crescer no nosso potencial. O amor nunca é um conceito abstracto. E Wesley estava muito consciente de que não apenas devemos amar, mas que também precisamos do amor de outros cristãos para nos encorajar e apoiar. Wesley também acreditava que os encontros de oração são meios da graça que levam o corpo de Deus à oração propositada; tal oração comunal difere das nossas orações solitárias. Os encontros de oração são uma concordância, em conjunto, de que a vontade de Deus seja feita — o que, segundo o Novo Testamento, é especialmente eficaz.

Esta característica comunal também é encontrada na aliança de Wesley e nos cultos de vigília à noite, que nos chamam a reafirmar, dentro da igreja, o nosso compromisso de sermos inteiramente devotos a Deus. O culto de aliança de Wesley tornou-se extremamente importante para o povo metodista. Era uma liturgia que eles recitavam, mas nunca de forma fria. É um culto profundamente movedor que muitas vezes mostra a cordialidade da tradição metodista. Tradicionalmente, os cultos de vigília à noite, ocorrem na passagem de ano, quando as pessoas se encontram para garantir outro ano de devoção e serviço a Deus.

As "festas de amor" eram também um tempo de renovação colectiva no Metodismo de Wesley. Estas celebrações tornaram-se controversas. Wesley pretendia que fossem um tipo de culto de testemunho para edificar líderes e cristãos maduros. A pessoa tinha de estar numa boa posição e ser digna de receber um bilhete de forma a participar. Houve algum protesto sobre o porquê de alguns serem excluídos destes encontros. Mas Wesley manteve que, por vezes, os cristãos maduros e os líderes precisam de uma oportunidade para se edificaram mutuamente. Wesley era perspicaz acerca deste assunto. Era normal que os líderes da igreja despendessem de grande parte do seu tempo a tomar conta das necessidades da restante congregação (ou "sociedades", nos dias de Wesley). Por isso, eram necessárias oportunidades para os líderes serem alimentados e nutridos. Esta era a intenção de Wesley — e hoje, mantém-se um bom conselho.

Outro meio da graça para Wesley era "fazer todo o bem possível e nenhum mal". É atribuído a Wesley o seguinte texto: "Faz todo o bem que possas, através de todos os meios que possas, em todos os lugares que possas, em todo o tempo que possas, para todas as pessoas que possas, sempre que possas"[15]. Wesley é citado com frequência pela sabedoria destas palavras. Mas Wesley não propôs este tipo de vida somente como sábio; agir pelo bem é também pessoalmente transformador.

Wesley mencionou especificamente a visita aos doentes. Porquê separar este bom acto? Os doentes precisam, claramente, de ser visitados. Isto é central para qualquer teologia legítima do cuidado pastoral. Mas como é que isto é um meio da graça? Por um lado, visitar os doentes lembra-nos da nossa fragilidade e, por vezes, da nossa própria mortalidade. Ao fazê-lo, as nossas mentes e corações são inevitavelmente virados para o eterno. Por vezes, os doentes evidenciam a graça de Deus de maneira profunda que só pode afectar o nosso sentido da presença e poder sustentador de Deus. Para aqueles que estão doentes e sem esperança, podemos ser agentes do amor e misericórdia de Deus. Sempre que somos um canal do amor de Deus aos outros, nós mesmos podemos experimentar esse amor divino nos nossos próprios corações.

A leitura de devocionais clássicos e literatura edificante é também um meio da graça prudencial. Wesley teve grande cuidado em providenciar ao seu povo obras cristãs escritas ao longo dos séculos do Cristianismo, porque acreditava que Deus poderia dar graça àqueles que ponderassem a sabedoria que tinha vindo antes. A grande, multivolume, *Christian Library* foi uma das maiores contribuições de Wesley para a educação do clero metodista e para a nutrição espiritual dos leigos. Apesar da colecção total já não ser publicada, ainda estão disponíveis obras individuais. Livros escritos por escritores contemporâneos podem certamente ser inspiradores, mas como Wesley, devemos ser cuidadosos em também ler livros que têm passado no teste do tempo – por vezes, por séculos.

Por **meios da graça instituídos** ou "específicos", Wesley refere-se àqueles meios que Cristo modelou para os Seus discípulos ou que lhes ordenou directamente. A oração e a busca das Escrituras são fundamentais para toda a (trans)formação espiritual. Tem sido dito que a oração está para a vida espiritual como a respiração está para o corpo físico. Sem ela não sobrevivemos. Wesley acreditava que a oração privada é apenas uma forma de oração como um meio da graça. Ele também abordou a importância da oração pública e familiar.

Outro meio da graça fundamental é a busca das Escrituras. A palavra "busca" implica uma leitura meditativa na qual o Espírito Santo inspira os nossos corações. É diferente do estudo das Escrituras para o propósito de verdade doutrinal, apesar de tal estudo ser importante. Se a oração é a nossa respiração, as Escrituras são o nosso alimento. Demasiado frequentemente, as pessoas lêem as suas Bíblias por uma questão de dever. Mas usando uma analogia aqui, comer não é um dever que pomos em prática. Nós precisamos de comida de forma a sobreviver e prosperar. Do seu consumo ganhamos os nutrientes necessários e a energia de que precisamos para fazer tudo. Os nossos corpos dizem-nos que precisamos de comer. Se não comermos, tornamo-nos fracos e começamos a sentir a profunda sensação de fome. No entanto, chega a um ponto do processo em que já não sentimos fome. Da mesma forma, podemos negligenciar a comida espiritual de que precisamos até já não sentirmos fome espiritual. Talvez como com o corpo físico, seja aí que ficamos à beira da morte espiritual. Se lemos as nossas Bíblias porque temos de o fazer ou como um acto de pura obediência, compreendemos mal a busca das Escrituras e falhamos o seu propósito como um meio da graça essencial.

Wesley menciona o jejum como um meio da graça instituído e não apenas sob a categoria prudencial da renúncia geral. Wesley praticava semanalmente o jejum de comida. (Além do benefício espiritual de se aproximar de Deus, alguns têm-no visto como contributo para a sua, pouco habitual, longa vida). A prática do jejum parece estar a perder a sua ênfase na igreja contemporânea. O conceito de oração e jejum parece ser compreendido apenas pelas gerações mais velhas. Jejuar uma refeição, doando dinheiro dessa refeição aos mais necessitados é agora mais comum do que o jejum em prol da busca incessante do coração e da vontade de Deus ou

como uma expressão de penitência ou desejo espiritual. Mas de qualquer
maneira – para ajudar os necessitados ou como sinal de devoção particular
– jejuar é, para nós, um meio da graça.

O próximo meio da graça instituído, ao qual nos referimos aqui, é a
conferência cristã. Wesley quis instituir com isto a conversa *cristã* ou conversa acerca da nossa espiritualidade, mas não apenas dois ou três cristãos
a falarem sobre o clima. À medida que os cristãos falam uns com os outros
sobre Deus, a graça é derramada sobre eles. É fascinante, no entanto, que
podemos frequentar a igreja semana após semana e nunca dizer uma palavra sobre a nossa jornada espiritual. Podemos facilmente ir à Escola Dominical, saber da semana uns dos outros e até abrir a Bíblia juntos e es-
tudá-la – tudo sem dizer uma coisa espiritualmente autêntica acerca de
nós mesmos ou sem inquirir acerca das vidas espirituais daqueles que par-
ticipam na igreja connosco. Mas a conversa cristã, como todos os meios
da graça é um acto intencional, propositado e diligente. É um acto de
amor à medida que partilhamos a nossa fé e vivemos a vida juntos na presença do próprio Espírito Santo.[16] Pretende-se que a comunidade de crentes seja um meio de apoio mútuo, encorajamento e força. Para experimentar isto, devemos promover a vulnerabilidade espiritual.

O último meio da graça que iremos discutir é a Ceia do Senhor (Santa
Ceia, Eucaristia[17]). Rob Staples, no seu livro *Outward Sign and Inward
Grace*, relembra ao Movimento Wesleyano de Santidade a sua tradição e
o entendimento adequado dos sacramentos cristãos. Nesta importante
obra, ele refere que a Santa Ceia deve ser vista como (sugerindo que *é*) um
sacramento de santificação. Uma citação extensa do livro de Staples servir-
nos-á bem neste ponto.

> A santificação que, para Wesley, tem aspectos instantâneos, é tam-
> bém uma "obra progressiva, exercida aos poucos na alma, a partir
> do momento da nossa primeira aceitação de Deus" [*Works* 6:74].
> Um meio importante de aprofundar esta obra santificadora é a par-
> ticipação na Santa Ceia do Senhor. [William] Willimon está certo
> ao dizer:
>
> > "A Santa Ceia é a 'ordenança santificadora', um sinal da conti-
> > nuidade, necessidade e disponibilidade da graça capacitadora,
> > comunal, confirmadora e carinhosa de Deus. Os nossos carac-
> > teres são formados, santificados por tais instrumentos da activi-
> > dade divina contínua nas nossas vidas"[18].

As pessoas que crescem em igrejas wesleyanas de santidade não são geralmente bem instruídas relativamente ao potencial da Eucaristia como um meio da promoção da santidade. Para elas, a normalidade, regularidade e natureza ritualística do sacramento milita contra tal compreensão. O convite para a Santa Ceia não é particularmente ouvido como uma chamada à santidade. (…)

> [Contudo] A santificação afirma que a vida cristã não deveria ser moldada de forma casual. Requer atenção constante, que dura pela vida, hábitos e cuidado em empregar este carácter. A normalidade, constância da Eucaristia é parte do seu poder. Esta refeição não precisa de ser especial, nem emocionalmente relevante (apesar de, às vezes, ser ambas). É o alimento normal dos cristãos, as coisas sustentadoras e nutritivas da nossa vida"[19] (…)

(…) Enquanto que o baptismo é o sacramento de *iniciação* e consequentemente não é repetido, o sacramento da *santificação* deve ser celebrado vez após vez desde o baptismo até à morte.[20]

No sermão de Wesley "The Duty of Constant Communion" [O Dever da Comunhão Constante], ele salienta que a Eucaristia deve ser celebrada "constantemente". Ele argumentou, tenazmente, contra aqueles que temiam que a sua frequência pudesse diminuir a sua eficácia: "Se o fizermos demasiadas vezes irá perder o seu significado"[21]. Wesley poderia argumentar contra esta forma de pensar porque via a Santa Ceia como um *meio da graça* extremamente significativo. Deveríamos orar menos frequentemente porque tememos que venha a perder o seu significado? Deveríamos ler menos as nossas Bíblias, ir menos à igreja, ministrar menos aos outros? Claro que não. Então porquê temer que a frequente celebração da Santa Ceia a vai tornar menos significativa?[22]

A Eucaristia, aos olhos de Wesley, é um meio pela qual a alma é "nutrida peculiarmente". Isto não significa que Wesley acreditava na mudança transubstancial ou real dos elementos.[23] O acto, que envolve tanto a memória como a actividade directa do Espírito Santo, é uma forma imediata (ou seja, iminente) de participar na contínua graça transformadora de Deus. Como tal, não deve ser negligenciada. Porém, como Staples sugere, parece que nós na tradição de santidade não associamos uma coisa à outra. No entanto, é agora historicamente reconhecido que, em todo o país, no século XIX, a Santa Ceia era frequentemente servida no final dos avivamentos e campanhas em tendas. Talvez estes prescritores da santidade não estivessem tão desligados do entendimento de Wesley relativamente ao sacramento da santificação como se pensava. De qualquer forma, um foco renovado sobre a Eucaristia é necessário à medida que pregamos sobre a santidade no século XXI, porque é um meio vital da santificação progressiva e crescimento na graça.

## CARÁCTER NUM MUNDO PÓS-MODERNO

Longe vão os dias em que a religião era reduzida ao que pudéssemos racionalizar acerca de Deus. Este paradigma moderno, baseado no Iluminismo, é dificilmente permitido por quem tem reconhecido e adoptado a mudança filosófica conhecida como **pós-modernismo**. O modernismo foi firmemente plantado na tendência de exaltar a razão acima da experiência e emoção humanas. Até os empiristas eram sistematicamente racionais acerca das suas descobertas no período moderno! Mas a "razão" sobre o "efeito" já não é o modo dominante de pensamento. Apesar de alguns ainda lutarem, afincadamente, para manter o modernismo vivo e bem, ele está de facto a morrer, se é que não está já morto.

O entendimento pós-moderna aqui expresso, questiona a legitimidade do modelo intelectualista da psicologia moral. O modelo intelectualista inclina-se fortemente para uma visão modernista. Por outro lado, a psicologia moral afectiva de Wesley é, em muitos aspectos, semelhante ao pensamento pós-moderno. No livro *John Wesley on Religious Affections*, Gregory Clapper faz a observação de que enquanto o Cristianismo, para Wesley, envolvia a doutrina correcta (ortodoxia) e a acção correcta (ortopraxia), há algo mais profundo na sua visão de fé. Clapper escreve: "O que está a faltar [nestas duas descrições] é o que chamo de orto*cardia* – o coração correcto. (…) Sem esse 'coração correcto' não há Cristianismo nos termos de Wesley"[24]. Da mesma forma, Theodore Runyon primeiro sugeriu o termo "ortopatia" quando tentou descrever o modelo experimental de Wesley sobre o Cristianismo.[25] O próprio Wesley referiu directamente que a religião verdadeira nunca é apenas um assunto de assentimento intelectual. Por si mesma, a mente racional pode apenas produzir "fé de um diabo (…), uma linha de ideias na cabeça"[26]. É o coração que crê. O coração é movido para a acção. De forma simples, o coração é onde moram as afeições.

Qualquer que seja o termo empregue – "ortocardia" ou "ortopatia" – a cordialidade do Wesleyanismo define-o à parte das outras tradições. Ele media entre a fé, como um conjunto de doutrinas (conquanto verdadeiras), e a fé como um conjunto de acções (conquanto nobres). Todas as crenças e todas as actividades devem vir do coração. Ou seja, a fé é a confiança profunda em Cristo que transforma quem somos para que possamos agir através do carácter que Cristo tem formado dentro de nós.

Esta ênfase no coração, como também na experiência e nas emoções, segundo a psicologia afectiva de Wesley, vão de encontro aos desejos dos cristãos pós-modernos. Eles querem enfatizar a fé experimental que leva à acção significativa num mundo quebrado. Eles buscam relacionamentos genuínos e autênticos com Deus e com os outros. Focam-se muito mais em *ser* e *tornar-se,* como a essência da vida humana, em vez de apenas *pensar* ou *fazer* – ou em vez de qualquer crença intelectual ou acção moral cega como constituinte do Cristianismo. Talvez, busquem, acima de tudo, como seus modelos aqueles que são verdadeiros em carácter, em vez daqueles que somente afirmam conceitos verdadeiros. Eles têm fome e sede de uma justiça definida pelo amor semelhante a Cristo. E esta, sim, *é* a verdadeira mensagem da santidade.

Se a santidade alguma vez foi relevante, é relevante agora. O que precisamos de comunicar bem, talvez não seja uma ênfase renovada em momentos de crise ou um interesse renovado na santificação progressiva. O que talvez precisamos para comunicar bem esta doutrina da santidade, no aqui e agora, é o viver genuinamente aquilo que já sabemos – vivê-la de forma completa e profundamente, a partir do coração. Vivê-la é a única forma de salvar a sua credibilidade.

> É possível falar de santidade até a enterrarmos. Conhecer o seu conteúdo requer uma obrigação correspondente de fazer a sua verdade. Quando isto falha, a doutrina torna-se a lápide da a campa daqueles que a traíram.[27]

## DECLARAÇÕES SUMÁRIAS

1. Wesley estava profundamente preocupado acerca do desenvolvimento do carácter e olhou para Aristóteles e para a teologia moral da tradição tomista, que seguiu Aquino em alguns dos seus próprios pontos de vista.

2. Wesley encontra um caminho intermédio entre o modelo de ética intelectualista e um tipo de determinismo ético.

3. A teologia wesleyana de santidade crê que a acção santa e amorosa só pode vir de um carácter santo e amoroso. Devemos viver de dentro para fora.

4. Os meios da graça incluem os meios da graça gerais, prudenciais e instituídos.

5. A Santa Ceia deve ser vista como um sacramento santificador.

6. O entendimento de Wesley sobre o desenvolvimento do carácter afectivo e dos meios da graça são compatíveis com o Cristianismo pós-moderno.

## QUESTÕES PARA REFLEXÃO

1. Será que a motivação de uma pessoa faz a diferença na qualidade da sua acção?

2. O que significa viver de "dentro para fora" ou "do coração"?

3. Quais os meios da graça que têm sido mais úteis para si no seu crescimento espiritual?

4. Como é que a Santa Ceia é um sacramento de santificação?

# SANTIDADE ENQUANTO AMOR

OBJECTIVOS DOS ALUNOS
*O estudo deste capítulo vai ajudá-lo a:*
1. Ligar santidade e amor
2. Identificar as características essenciais do amor de Deus por nós
3. Compreender como melhor amamos Deus
4. Identificar as qualidades essenciais do nosso amor pelos outros

PALAVRAS CHAVE
Praxis
*Shema*
Inteira devoção

Como sugerido ao longo deste livro, qualquer definição sobre santidade deve incluir o amor. Podemos ir ainda mais longe para dizer que a *santidade é amor (santo),*[1] tanto em referência a Deus como à santidade que Deus trabalha em nós. Temos apresentado que a característica mais essencial de Deus é o amor. "Deus *é* amor", diz João simples, porém, profundamente. Poderíamos modificar o amor de Deus com a palavra "santo". Mas tal acrescenta pouco a um entendimento de Deus, porque por natureza o amor de Deus é santo. A palavra "santo" lembra-nos, no entanto, que Deus está além de nós, à parte de nós; é outro. Deus *é* santo e é sempre diferente de nós em natureza.

Contudo, a mensagem bíblica da salvação é que este Deus santo aproxima-Se de nós, mais poderosamente na incarnação do Filho e mais perpetuamente através da presença do Espírito Santo. O Totalmente Outro torna-Se "tal como somos" por causa do amor (Hebreus 4:15), nunca sacrificando a qualidade de ser outro, mesmo na incarnação. E, ainda assim, há mais para acrescentar a esta mensagem.

O Deus de amor santo deseja também fazer-nos santos. Aqui é absolutamente essencial (quando falamos da santidade humana) que adicionemos a palavra "amor". Santidade sem amor não é santidade alguma.[2] Discutimos largamente a razão de assim ser nos capítulos anteriores. Se apenas definirmos a santidade humana como viver sem pecar, apenas a definimos como uma ausência (a ausência do pecado). Mas a santidade nunca é um estado passivo; não é um vácuo. Deve haver a presença do amor na vida santa para a qual Deus nos chama. A santidade e o amor não podem ser separados. Neste sentido, este é um livro tanto acerca de amor como acerca da santidade.

No entanto, o leitor atento compreenderá que em nenhum lado do livro o amor é, completamente, definido. Certamente "amamos porque [Deus] nos amou primeiro" (1 João 4:19) e o amor de Deus é mais claramente visto em Cristo. Mas, na realidade, num nível humano, uma total compreensão e explicação do amor parece ser uma tarefa impossível. Apesar de podermos listar as qualidades do amor, definidas pelas Escrituras em 1 Coríntios 13, e sendo estas qualidades tão importantes, tendemos a intuitivamente "saber" o que é o amor. E o intuitivo é difícil de se descrever em proposições concretas. De qualquer forma, o nosso objectivo é encontrar uma definição. Com essa intenção, iremos começar por explorar o que poderá significar colocar o amor no centro da teologia wesleyana de santidade. Esta exploração servirá um propósito tanto somatório como directivo.

## AMOR NO CENTRO

É crítico para a nossa discussão de amor e santidade, compreender que colocar o amor no centro terá efeitos profundos na teologia da santidade. Se o amor é convictamente centralizado nesta teologia, tal teologia evidenciará certas qualidades. Cinco são elaboradas aqui.[3]

1. *Uma forte teologia de santidade será "afectuosa" assim como cognitiva e comportamental*

Há algo dentro de nós que sabe que o amor é mais do que aquilo que pensamos ou até do que fazemos. Os aspectos cognitivos e comportamentais do amor são importantes: sabemos o que o amor é através da análise racional e afirmamos que o amor é melhor expresso através de acções volitivas – actos de amor. Mas compreender o amor apenas através destas duas perspectivas retira a essência do amor — isto é, a essência da teologia wesleyana de santidade. Isto é, as nossas afeições, que podem ser definidas como emoções habituais (ver o capítulo 11), influenciam a nossa capacidade de amar. A teologia wesleyana de santidade nunca é estóica; não busca suprimir o elemento emocional da vida. Ela afirma que Deus usa as nossas experiências emocionais, tanto como a nossa racionalidade e a nossa liberdade. Se o amor está no centro da teologia de santidade, então devemos reconhecer que o amor inclui a afeição.

O amor, então, inclui emoções tais como as afeições, o deleite e até o desejo. O amor sente verdadeira afeição pelos outros. Isto torna o amor genuíno e evita qualquer sugestão de que o amor é mecânico ou difuso. A graça de Deus faz com que o carinho sincero seja possível. Além disso, de acordo com o teólogo Gary Charter, "O amor enquanto deleite vê como bom – até maravilhoso – o facto do outro existir; apenas saber da realidade do outro pode ser uma fonte de deleite ou de alegria"[4]. À medida que Deus muda as nossas inclinações, desde o interior, o amor torna-se menos trabalhoso e mais prazeroso. Isto não quer dizer que o amor deixe de requerer muito de nós, até que amemos obedientemente. Mas significa que Deus pode incutir alegria e, assim, incutir o cumprimento no nosso amor pelos outros. Da mesma forma, o amor também pode incluir o desejo.

"O amor, enquanto desejo, busca proximidade, intimidade com o outro, livremente dada, e reconhece o valor (…) da dádiva da presença"[5]. Este desejo é experimentado, mais frequentemente, em relacionamentos recíprocos como nas amizades (*philios*), na comunhão encontrada na comunidade cristã ou no *eros* no casamento. Em especial, estes relacionamentos podem ser meios da graça para nós, à medida que buscamos amar de um coração puro. Certamente, o amor deseja sempre genuinamente o melhor para o outro e não o deseja como objecto mas sempre como sujeito. Acima de tudo, o amor (*eros*, *philios* e até o *agape*) envolve afeições.

2. *Uma forte teologia de santidade será existencialmente relevante*

O amor é sempre existencial. O amor não é apenas sentido afectiva e afectuosamente, mas também é experimentado nos níveis mais profundos do nosso ser, no domínio do sentido e do propósito. Fomos criados para amar. Este é o nosso *telos*. Mas é também a nossa chamada presente. O amor é a própria definição da *imago Dei* que Deus renovou entre nós. O próprio propósito da nossa humanidade é o de amar e só somos verdadeiramente humanos quando amamos — humanizando os outros — e quando amamos o nosso Criador acima de tudo. O amor existencial leva-nos mais fundo do que a superficialidade da lei e das regras. O amor cumpre a lei. Além disso, para usar o modelo de Aristóteles, não podemos verdadeiramente amar mesmo que tenhamos um carácter *continente* (isto é, a pessoa que faz a coisa certa pela razão errada). Apenas a pessoa virtuosa, que se tem tornado virtuosa através da participação na graça de Deus, pode amar no sentido completo.

A teologia wesleyana de santidade não apenas precisa de ser existencialmente dirigida, mas também precisa ser existencialmente relevante. Isto é, a teologia de santidade deve estar correlacionada com o contexto no qual se encontra. O verdadeiro amor pelo outro motiva este desejo pela correlação. Qualquer teologia pode ser logicamente coerente, perfeitamente organizada e precisamente argumentada. Mas se não for relevante para o seu contexto, vale pouco. A própria teologia sem amor não é nada, apenas um "címbalo que retine" (1 Coríntios 13:1). A teologia de santidade deve ser adaptada. Tal não ameaça a integridade da doutrina, mas permite que esta ganhe vida nos corações e nas vidas da grande variedade de pessoas que a encontra. Manter o amor no centro da teologia de santidade é a chave para manter a sua relevância.

O amor para com as outras pessoas, então, inclui as qualidades do respeito, da identificação e da igualdade. O amor enquanto respeito reconhece a dignidade e valor de cada indivíduo. Deste respeito, o amor percorre o caminho até ao outro. Assim como Deus percorreu o caminho até nós, o amor, enquanto respeito, é capaz de alcançar o outro sem condições. Não faz sentido esperar até que o outro nos encontre a meio do caminho. Cada ser humano merece este tipo de respeito que se esvazia por nenhuma outra razão a não ser, ser ele próprio, criado à imagem de Deus e amado igualmente por Ele. O amor também busca identificar-se com o outro, ver a vida da sua perspectiva e abraçá-lo com empatia. Existe uma humanidade partilhada na qual nós participamos e, por isso, o amor nunca é xenófobo. Por último, o amor reconhece a igualdade de todos os seres humanos criados por Deus.

### 3. Uma forte teologia de santidade será relacional e comunitária

É uma infelicidade que apenas certas pessoas tenham sido categorizadas como "teólogos relacionais"[6]. Mas se considerarmos o assunto mais de perto, quem gostaria de se identificar como um teólogo *não* relacional? A santidade abstraída dos relacionamentos humanos não tem sentido. A santidade tem tudo a ver com a forma como nos relacionamos com Deus e com os outros e implica que a natureza desses relacionamentos seja fundamentada no amor. A santidade desincorporada é sempre um perigo; de facto o desincorporar nega a verdadeira santidade. O amor preza sempre o relacionamento particular.

É também perigoso separar a santidade da comunidade. A comunidade cristã é essencial para a busca individual pela santidade e amor. É a esta comunidade que o nosso amor é unicamente devido.[7] Não existe tal coisa como a vida cristã solitária. Deus pretende que a igreja aja verdadeiramente como um e que cada parte do corpo sirva o resto. Esta é a razão pela qual, a maioria das referências de Paulo sobre o amor, acontecerem no contexto da igreja – ser igreja, juntos, requer amor genuíno. É também correcto identificar a igreja como um todo, enquanto sendo santa.

O amor, então, que é central para uma forte teologia de santidade, é sempre interdependente no corpo de Cristo. Aqui, especialmente, é onde a realidade da igualdade é mutuamente expressa (Gálatas 3:28). De acordo com 1 Coríntios 12, cada parte, não importando quão grande ou quão pequena, precisa da outra parte. O amor também é intenso em afeição e lealdade. Paulo escreve: "Dediquem-se uns aos outros com amor fraternal. Prefiram dar honra aos outros mais do que a si próprios. (…) Compartilhem o que vocês têm com os santos em suas necessidades" (Romanos 12:10,13, NVI-PT). A palavra grega para "dediquem-se" [noutras versões traduzida como "amai-vos"] refere uma afeição mútua encontrada na família e implica uma lealdade e confiança profundas e recíprocas. O amor confia. O amor persevera sempre. Podemos questionar-nos sobre o que Paulo pensaria das "amputações do corpo" que ocorrem tão frequentemente numa cultura consumista, onde as pessoas mudam de igrejas com tanta frequência. O amor, particularmente dentro do corpo de Cristo, "tudo sofre, tudo crê, tudo espera, tudo suporta" (1 Coríntios 13:7). O amor é leal, devoto e derradeiramente eterno.

### 4. *Uma forte teologia de santidade será orientada para a prática*

A santidade envolve sempre o que fazemos e como agimos. Talvez isto seja tão óbvio que nem é preciso dizê-lo. Mas é teoricamente possível desenvolver um enquadramento teológico que tem pouco a ver com a vida humana. Os teólogos escolásticos iniciais foram acusados de especulação teológica a um nível extremo. É possível imaginar uma teologia não prática. Mas a essência da teologia wesleyana de santidade é sempre, e *necessariamente,* prática. Desde o próprio Wesley até à teologia wesleyana de hoje, cada formação teológica leva à questão: Como é que isto se aplica à vida?

A palavra **praxis**, em teologia, tem certas conotações. A ênfase é normalmente na transformação social, em ministérios compassivos ou questões de justiça social, mas não deve ser limitada apenas a essas áreas. "Praxis" pode ser um termo inclusivo que cobre o que a teologia *faz*. Uma teologia que é orientada para a praxis não deixa as coisas como estavam antes. A teologia, se é relevante e verdadeira, é demonstrada e é de facto incorporada. Podemos dizer que uma teologia é validada pela sua praxis. A praxis é validada quando vidas humanas são impactadas e mudadas para o bem. A teologia wesleyana de santidade é uma teologia que trabalha; é uma teologia que é prática e transformativa. A teologia "veste o fato-macaco" como certo teólogo disse.[8] Move-se desde o seu centro para os cantos e recantos da vida. Uma teologia de amor traz aqueles que precisam de liberdade espiritual e redenção a Deus e leva Deus a eles.

Na tradição wesleyana de santidade, durante os séculos XVIII e XIX, a praxis era predominantemente dirigida aos necessitados, principalmente aos pobres. Muitos dentro da tradição têm ido de volta às suas raízes, para uma renovação da praxis primitiva que parecia naturalmente fluir da sua teologia de santidade. Steven Land usa uma ilustração poderosa que deveria desafiar-nos hoje. Quando ele era pastor, certa pessoa veio até ele, dizendo que estava muito preocupada com os pobres. Land respondeu: "A sério que amas os pobres? Dá-me três dos seus nomes e moradas. Diz-me o que sabes sobre os seus filhos, esperanças, medos e quando e como tens orado por eles"[9]. Não podemos amar os pobres sem amar *as pessoas* que são pobres. O amor nunca é uma abstracção. O amor, enquanto praxis, é sempre pessoal. O amor enquanto praxis estende-se sempre aos mais necessitados.

O amor, então, que permanece na essência da teologia wesleyana de santidade, inclui os componentes da compaixão, cuidado e serviço ao outro. Na história do Bom Samaritano (Lucas 10) Jesus descreve o samaritano, comparando-o ao sacerdote e ao levita — personagens oficialmente mais religiosas. Ao contrário destes, o samaritano sente compaixão pelo ferido caído na rua. Aqui, a palavra grega para compaixão é *esplagxnisthe*. Esta palavra fala de um sentimento profundo que surge das "entranhas" do nosso ser. É mais do que um sentimento de piedade ou simpatia. É uma palavra que implica motivação profunda para agir, quase como se fôssemos compelidos a oferecer cuidado ao outro. A mesma palavra é usada para descrever a compaixão de Cristo por nós.

A própria palavra "compaixão" é uma palavra composta que significa "sofrer com". A compaixão inclui entrar dentro do sofrimento do outro. O amor nunca espera à margem. O amor é movido (tanto afectiva como comportamentalmente) para a acção. O amor preocupa-se com as necessidades do outro, até, como mostra a parábola de Cristo, pelas necessidades do estranho. O amor serve o outro, tem uma atitude de servo. O amor expressa-se através da praxis.

### 5. *Uma forte teologia de santidade será integrada com a espiritualidade*

A teologia wesleyana de santidade é uma teologia confessional. Nunca permanece fora do círculo confessional, buscando ser unicamente racionalmente objectiva.[10] A fé é necessariamente subjectiva por natureza. Esta é outra maneira de dizer que qualquer teologia de santidade deve ser integrada com a espiritualidade ou piedade pessoal – incluindo a do teólogo! Assim como a teologia de santidade age necessariamente da praxis, também se move necessariamente desde o interior, em assuntos de devoção e confiança. Como temos sugerido ao longo deste livro, vivemos o nosso Cristianismo de dentro para fora.

A espiritualidade envolve intencionalidade. A vida espiritual é apenas totalmente vivida quando reflectida e intencionalmente alimentada. A espiritualidade é ajudada por uma introspecção que pode levar à mudança deliberada e propositada. Também, como apresentado no capítulo 6, a antropologia teológica da teologia wesleyana de santidade enfatiza uma compreensão holística do ser humano. Isto é, a espiritualidade de uma pessoa não é um aspecto compartimentalizado de si mesma. O ser é espiritual na sua totalidade, por completo. A piedade pessoal deve ser uma parte integral da teologia wesleyana de santidade.

E o amor, então, que permanece no centro, é intencional e holístico. O amor nunca acontece por acidente. O amor surge de uma vontade intencional pelo bem do outro. Além disso, a pessoa ama com todo o seu ser com um amor que é dirigido para com todo o ser do outro. Esta é a razão pela qual é impossível evangelizar a alma, negligenciando as necessidades físicas da pessoa (Tiago 2:14-17). O amor surge de uma espiritualidade profunda, pessoal.

Esta secção apresentou o amor no contexto de uma forte teologia de santidade e focou-se geralmente no amor santo pelos outros. Agora voltamo-nos mais precisamente para o amor de Deus por nós e para uma discussão mais trinitariana do amor santo. Examinaremos o amor de Deus em maior detalhe – o amor de Deus *por* nós, *connosco*, *em* nós e *através* de nós.

## DEUS AMOU-NOS PRIMEIRO

### O AMOR DE DEUS POR NÓS: AMOR INABALÁVEL

O Deus de amor é por nós. Esta é uma das mensagens mais fundamentais da Bíblia e é chave para a teologia de santidade. Mas antes de saltarmos para uma discussão sobre o *que* Deus fez por nós, devemos parar para considerar o impacto desta simples declaração por si só. Deus é por nós. Deus não é nosso inimigo; mesmo quando estávamos afastados e perdidos, Deus era por nós, por todos nós. É um aspecto essencial das raízes arminianas do wesleyanismo afirmar que Deus é por todo o mundo, não apenas por certas pessoas eleitas. "Deus amou o mundo [todo] *de tal maneira*".

Ao contrário do que somos ensinados a pensar, por vezes desde a infância, se estamos em Cristo não somos vulneráveis perante Deus, pois Deus é *por* nós. A vulnerabilidade tem a ver com a possibilidade de ser magoado. A vulnerabilidade tem a ver com o medo. Mas o amor de Deus é completamente confiável. O amor de Deus é totalmente seguro. O amor de Deus é absolutamente confiável. Podemos sentir-nos vulneráveis perante Deus, mas João rapidamente nos assegura que: "Qualquer que confessar que Jesus é o Filho de Deus, Deus está nele e ele em Deus. E nós conhecemos, e *cremos* no amor que Deus nos tem. Deus é amor e, quem está em amor, está em Deus, e Deus nele. (...) No amor não há temor, antes o perfeito amor lança fora o temor, porque o temor tem consigo a pena, e o que teme não é perfeito em amor" (1 João 4:15-16, 18, ênfase adicionada). Paulo também nos assegura:

> Que diremos, pois, a estas *coisas?* Se Deus é por nós, quem *será* contra nós? (...) Quem nos separará do amor de Cristo? A tribulação, ou a angústia, ou a perseguição, ou a fome, ou a nudez, ou o perigo, ou a espada? Como está escrito: Por amor de ti, somos entregues à morte todo o dia; fomos reputados como ovelhas para o matadouro. Mas, em todas estas *coisas,* somos mais do que vencedores, por aquele que nos amou. Porque estou certo de que, nem a morte, nem a vida, nem os anjos, nem os principados, nem as potestades, nem o presente, nem o porvir, Nem a altura, nem a profundidade, nem alguma outra criatura nos poderá separar do amor de Deus, que está em Cristo Jesus, nosso Senhor. (Romanos 8:31, 35-39)

Por causa do amor, o poder de Deus voluntariamente cede à compaixão de Deus; a ira de Deus voluntariamente rende-se à misericórdia de Deus; a majestade de Deus submete-se, voluntariamente, à graça de Deus, ao entregar Jesus Cristo por meros seres humanos como nós.

Sendo assim, o que fez Deus por nós? A actividade mais profunda de Deus por nós, derramada do coração de Deus, é encontrada na cruz. O amor de Deus em Cristo justifica-nos, reconcilia-nos, redime-nos e adopta-nos como filhos. Deus deu-nos tudo o que precisamos para a salvação, vida e piedade (2 Pedro 1:2-4), através do Filho. As dádivas de Deus para connosco são dadas através d'Ele: graça preveniente, salvadora e santificadora e até a própria criação, "pois através d'Ele todas as coisas foram feitas" (João 1:3). Deus é por nós, sempre por nós.

## O AMOR DE DEUS CONNOSCO: AMOR IMANENTE

O amor de Deus não é apenas por nós; Deus, enquanto amor, também é connosco. Desde os símbolos da presença de Deus no Velho Testamento, até ao derramar do Espírito Santo no Pentecostes, Deus tem sido um Deus connosco. Cristo, enquanto Emanuel, na pessoa de Jesus na terra, era a presença imanente para quem toda a história da salvação apontava. Deus tornou-Se humano de forma a estar verdadeiramente connosco, de forma a comunicar totalmente connosco e a compreender-nos completamente de uma posição de empatia real. De uma perspectiva wesleyana de santidade, a incarnação é tão importante como a expiação. A Palavra habitou entre nós. É apenas através desta presença imanente e incorporada de Deus na terra que Jesus Cristo pode servir como o nosso Sumo Sacerdote – representando-nos perante Deus através de uma verdadeira identificação connosco enquanto humanos, representando Deus, para nós, através da verdadeira identidade em natureza com Deus. É este escândalo, da particularidade de Deus em Jesus, que mudou e continua a mudar tudo.

Deus estava poderosamente connosco em Jesus Cristo. E Deus está perpetuamente connosco através do Espírito Santo. E o Espírito Santo representa e transmite o amor de Deus por nós. O Pentecostes é correctamente visto como o nascimento da fé da igreja, porque o Espírito Santo Se manifestou de formas específicas. Mas o Espírito Santo continua a oferecer a fé, a fazer nascer a fé e a nutri-la no coração de cada cristão. O Espírito Santo permanece connosco. O Espírito Santo é verdadeiramente aquele "chamado a estar ao nosso lado" como confortador. O Espírito Santo habita connosco. Deus está connosco. É também o Espírito Santo que nos dá vida e transforma a percepção de que Deus é connosco para o reconhecimento de que Ele está verdadeiramente em nós.

## O AMOR DE DEUS EM NÓS: AMOR TRANSFORMADOR

O amor de Deus através de Cristo e do Espírito Santo é um amor que é por nós, connosco e que também está *em* nós. Uma das ênfases importantes da teologia wesleyana de santidade é a morada permanente do Espírito Santo. É justo dizer que há outras tradições que se focam mais em *Deus por nós* do que em *Deus dentro de nós*. Mas uma das forças do Metodismo primitivo de Wesley e do Movimento Wesleyano de Santidade desde o seu início é a pneumatologia robusta que sublinha o que Deus faz *em* nós. E o que faz Deus em nós? Deus trabalha na nossa santificação. Deus transforma-nos desde o interior e quebra o poder do pecado cancelado. Deus purifica, aperfeiçoa e fortalece-nos. Deus altera as nossas inclinações, a nossa própria natureza. Deus constrói o nosso carácter santo desde o interior, à medida que praticamos as virtudes e participamos na graça. A graça de Deus não apenas nos perdoa, mas também nos muda e, genuinamente, santifica.

Mas todos estes actos de Deus em nós *não* devem ser vistos como fins neles mesmos! Deus santifica-nos para que possamos ser cheios com amor que transborda. Devemos representar Cristo para aqueles que não O podem ver. Devemos ser a presença de Jesus Cristo para aqueles que não Lhe podem tocar; devemos ser o Seu corpo – as Suas mãos, os Seus pés, o Seu coração – para aqueles que mais precisam d'Ele. O amor de Deus transforma-nos para que, através de nós, Deus possa amar outros.

## O AMOR DE DEUS ATRAVÉS DE NÓS: AMOR DERRAMADO PELO PRÓXIMO

Esperemos que este livro tenha sido capaz de comunicar eficazmente que a santidade não é nada, a menos que seja vivida *através do amor* no contexto de um mundo quebrantado. A santidade é, na sua essência, a semelhança a Cristo.

> E nisto sabemos que o conhecemos: se guardarmos os seus mandamentos. Aquele que diz: Eu conheço-o, e não guarda os seus mandamentos, é mentiroso, e nele não está a verdade. Mas, qualquer que guarda a sua palavra, o amor de Deus está nele verdadeiramente aperfeiçoado: nisto conhecemos que estamos nele. Aquele que diz que está nele, também deve andar como ele andou. (1 João 2:3-6).

Deus santifica-nos para sermos autênticos mensageiros do Evangelho. Deus santifica-nos para purificar e tornar eficaz o amor que oferecemos aos outros. Deus santifica-nos para trabalhar através de nós. Temos lido mal a Bíblia se cremos que Deus nos santifica apenas para o nosso melhoramento e eterna salvação. O egoísmo santificado não existe, mesmo no que toca ao céu. Paulo, em Romanos 9, diz algo quase inacreditável sobre esta questão: "porque, eu mesmo poderia desejar ser separado de Cristo, por amor dos meus irmãos, que são meus parentes segundo a carne" (versículo 3). Paulo, que perdeu tudo para ganhar Cristo, sente-se capaz de perder Cristo por aqueles que tanto ama. Seria tentador duvidar dele, mas

Paulo é claro, dois versículos antes, quanto à veracidade das suas palavras: "Em Cristo digo a verdade, não minto (dando-me testemunho a minha consciência no Espírito Santo)" (versículo 1). Paulo estava a ser sincero.

Uma coisa é dar a vida por alguém. Outra coisa é dar a vida pelo destino eterno de alguém. As palavras de Paulo são uma declaração incrível de amor. Apenas o amor de Deus através dele possibilitaria esta declaração. É o amor auto-esvaziante do próprio Deus que trabalha não apenas em nós, mas também através de nós. O amor de Deus por nós, connosco e em nós, flui em nós e capacita-nos verdadeiramente para amar o nosso próximo. O facto de que Deus primeiro nos amou, também nos move para amar Deus em retorno.

## AMOR COMO INTEIRA DEVOÇÃO A DEUS

De que forma é que amamos Deus — que primeiramente nos amou? Têm havido bons argumentos que sugerem que a única forma de amar Deus *é* amando o próximo. Esta é uma interpretação que agrupa o primeiro e o segundo mandamentos num só. É uma opção. Expressamos o amor a Deus através do serviço aos outros. Mas amar Deus envolve apenas isto? Quando Jesus identifica os dois grandes mandamentos, Ele retira cada um deles de diferentes passagens do Velho Testamento.

Milénios antes de Jesus, os Israelitas diziam o **Shema**, encontrado em Deuteronómio 6: "Ouve, Israel, o Senhor, nosso Deus, *é* o único Senhor. Amarás, pois, o Senhor, teu Deus, de todo o teu coração, e de toda a tua alma, e de todo o teu poder" (versículos 4-5). É de uma passagem de Levítico que Jesus retira o que chama de segundo grande mandamento. O facto do *Shema* se manter firme em si mesmo deveria pelo menos levar-nos a parar e perguntar *como – como* é que amamos Deus com todo o nosso ser? É aqui que alguns aspectos do amor dirigido aos seres humanos cai por terra. Temos de nos preocupar com as necessidades físicas de Deus? Devemos sentir compaixão ou empatia por Deus? Além disso, Deus precisa de nós? De certa forma temos de explicar o nosso amor por Deus de maneira diferente da que explicamos o nosso amor pelos outros. Mas em vez de especularmos sobre este assunto, abordaremos um aspecto do amor a Deus que está profundamente enraizado na tradição wesleyana de santidade.

No século XIX, o Movimento de Santidade descreveu a vida de santidade como **inteira devoção** a Deus. Tornou-se um tema central na linguagem da santificação a partir de meados de 1800. Na sua essência, a frase expressava um amor a Deus tão profundo que era inigualável através de outra experiência. A frase tinha várias conotações diferentes.

Primeiro, a inteira devoção era vista como a única resposta pertinente e aceitável ao amor de Deus por nós. Se realmente compreendêssemos o amor de Deus de uma forma pessoal e profunda e nos víssemos como aceites e perdoados, a nossa resposta seria um amor sincero profundo, como inteira devoção. À medida que crescemos na nossa compreensão daquilo que Deus tem feito por nós e em nós, o nosso amor por Deus também cresce. De acordo com a interpretação de Wesley sobre Romanos 8, quando Paulo se sentiu seguro no amor de Deus, o Espírito Santo testificou ao seu espírito de que ele era filho de Deus. E qual foi a resposta de Paulo a este profundo sentido de aceitação? Ele clamou a Deus com paixão e um novo sentido de intimidade, "Abba". Neste sentido, um amor afectivo profundo por Deus virá da experiência do amor de Deus por nós. Isto é verdade hoje, assim como foi para Paulo, para Wesley e para o Movimento de Santidade.

Segundo, a inteira devoção estava directamente ligada à consagração e rendição completas e requeridas para a experiência da inteira santificação. Várias metáforas foram usadas para descrever este tipo de rendição absoluta. Desde a colocação de Phoebe Palmer "no altar de Cristo" a ser "comprado por Jesus", o Movimento de Santidade colocou a ênfase no momento de decisão em que o compromisso total era feito. Este momento era, por vezes, descrito como inteira devoção a Deus. E foi este momento que permitiu que Deus fizesse uma obra mais profunda de inteira santificação. Este momento tinha lugar na vida do dia a dia. A inteira devoção significava um amor profundo, consistente por Deus. A frase tem, hoje, o mesmo significado.

Terceiro, este tipo de rendição completa, implicava necessariamente, como implica agora, que não há rivais nem ídolos a disputar o lugar de Deus no coração. Esta era uma ênfase chave no início do Movimento de Santidade. O amor por Deus, como inteira santificação, mostra uma singularidade de coração para com Deus. Este livro tem definido pecado primariamente como idolatria – idolatria do ser ou idolatria dos outros. A inteira devoção é a sua cura.

Novamente, para usar Phoebe Palmer como exemplo, Palmer estava bem ciente de que os filhos e maridos disputam o "lugar mais alto no coração de uma mulher". Ela poderia fazer deles os seus ídolos e, ao fazê-lo, poderia proibir o fluir da graça santificadora. Mas, em vez de tomar a decisão radical de deixar os seus filhos e marido (como aconteceu com algumas mulheres ascéticas nos primeiros séculos do cristianismo), ou escolher não se casar de todo (como João Wesley aconselhou tantas mulheres metodistas), Palmer chamou a uma mudança interna radical. A lealdade completa e inteira devoção de uma mulher a Deus, permite-lhe ultrapassar a dependência tradicional das autoridades religiosas masculinas. Deus era a sua autoridade directa. Sem qualquer coincidência nessa altura, era dado às mulheres no Movimento de Santidade total ordenação desde o início de grande parte das denominações de santidade. Tal aconteceu não apenas por causa da inteira devoção que derrotava os ídolos, mas também da inteira devoção e desejo de completamente obedecer a Deus (e a chamada de Deus para as suas vidas). O que, claro, se aplica tanto a homens como a mulheres.

A inteira devoção também requeria (e requer hoje) uma disposição total em obedecer a Deus com a atitude de "não a minha vontade, mas a Tua seja feita". O amor a Deus envolve necessariamente a nossa obediência. Para ser clara, o amor de Deus por nós não está dependente da nossa obediência, mas o nosso amor a Deus é expresso no nosso desejo de fazer a vontade de Deus. "Se me amardes, guardareis os meus mandamentos" (João 14:15). Mas como dito anteriormente, o nosso amor por Deus não vem do medo. Na verdade, a inteira santificação nunca é inspirada pelo medo. A inteira santificação, que leva a níveis mais profundos de santificação, e a perfeição cristã mudam as inclinações dos nossos corações. Mantemos os mandamentos de Deus porque realmente desejamos fazê-lo. A obediência é uma resposta de gratidão pela graça que nos tem sido dada. E uma recepção profunda da graça inspira não só a obediência, mas a obediência a longo prazo. Isto é, a nossa gratidão pela graça leva-nos a uma lealdade profunda e duradoura. A inteira devoção não é uma experiência relâmpago. A inteira devoção denota um compromisso por toda a vida.

A inteira devoção como uma expressão de amor por Deus é apresentada enquanto lealdade inabalável. Esta é a razão pela qual a teologia de santidade, particularmente na expressão do século XIX, era tão optimista acerca de manter a perfeição cristã. Através do nosso amor e inteira devoção a Deus e através da graça santificadora progressiva, o nosso carácter muda e somos movidos para um viver verdadeiramente virtuoso. Como discutido largamente no capítulo anterior, isto liberta-nos mais para que continuemos no caminho da obediência e lealdade, e torna-se significativamente mais difícil de nos desviarmos (apesar de termos liberdade para tal). O amor e graça de Deus por nós transformam a pessoa em alguém capaz da inteira santificação, obediência e lealdade a longo prazo. Podemos dizer que é neste ponto que a teologia de santidade pode colocar a sua esperança na segurança eterna. Não é na eleição soberana de alguns serem salvos, o que nos segura. É a imensidão do amor que Deus derrama em nós, que nos muda desde o interior e nos torna capazes de um amor profundo e leal, em retorno. O amor por Deus expressa-se como inteira devoção.

## CONCLUSÃO

O que temos dito então acerca do amor? No início deste capítulo, sugerimos que o amor é afectuoso; o amor experimenta emoções tais como a afeição, o deleite e o desejo. No contexto da humanidade em geral (porém, falando no particular), referimos o amor enquanto respeito e identificação para com o outro e enquanto reconhecimento da igualdade de cada pessoa. No contexto da comunidade cristã, apontamos para um amor que é interdependente, confiável e leal à medida que cada parte se devota a cada outra parte do corpo de Cristo. O amor vai de encontro às necessidades do outro — até do estranho — através da compaixão, do cuidado e do serviço. Sugerimos também que o amor cristão, se é verdadeiramente cristão, surge de uma espiritualidade que ama intencional e holisticamente. Quando consideramos o amor de *Deus por nós, connosco, em nós* e *através de nós*, estas características alargam-se ainda mais significativamente. O que queremos, então, concluir sobre o amor e, consequentemente, sobre a santidade? Com certeza, o seguinte:

O amor é afectuoso;

O amor é respeitoso;

O amor é empático;

O amor é equalizador;

O amor confia;

O amor é leal;

O amor tem compaixão;
O amor preocupa-se;
O amor é activo;
O amor é intencional;
O amor é holístico;
Além disso,
O amor de Deus é inabalável;
O amor de Deus é imanente e sempre presente;
O amor de Deus é transformador.
E,
O nosso amor pelos outros flui dos nossos corações cheios de amor;
O nosso amor por Deus é expresso como inteira devoção.

Cada uma destas descrições acrescenta-se ao todo, na medida em que procuramos definir um amor que parece inefável; da mesma forma o fazem as características familiares seguintes: "A caridade é sofredora; é benigna; a caridade não é invejosa; a caridade não trata com leviandade; não se ensoberbece; Não se porta com indecência; não busca os seus interesses, não se irrita, não suspeita mal" (1 Coríntios 13:4-5). "O amor não seja fingido" (Romanos 12:9). Todas estas características são úteis. Mas nenhuma representa uma definição completa. É o amor, em última análise, ainda elusivo? Afinal de contas, é o amor santo completamente indefinível? João, novamente de forma tão simples, mas profunda diz, em 1 João 3:16: "Conhecemos o amor nisto: que ele deu a sua vida por nós, e nós devemos dar a vida pelos irmãos". O amor dá a sua vida; o amor está disposto a morrer; o amor "esvazia-se" de "tudo menos do amor".[11] Esta é a essência, alma e força do amor.

É neste sentido que compreendemos o que significa dizer que o amor santo, em essência, é kenótico. Deus Pai, Filho e Espírito Santo ama o mundo com amor kenótico. O amor está no centro do próprio ser de Deus. Por nenhuma outra razão o amor deve estar no centro da teologia wesleyana de santidade. Aventuramo-nos a dizer que uma teologia wesleyana de santidade que não esteja centrada no amor de Deus, não é realmente uma teologia wesleyana de santidade. O amor no centro mantém o santo em santidade. Mas muito, muito mais importante, o amor deve estar no centro da *pessoa santa*. Apenas com o amor no centro do nosso ser, seremos capazes de reflectir o Deus santo e ser santos como Ele é santo. Rob Staples, falando sobre o amor numa recente apresentação chamada

"Things Shakable and Things Unshakable in Holiness Theology," [Coisas Abaláveis e Coisas Inabaláveis na Teologia de Santidade] conclui:

> Proponho que o significado do amor possa ser melhor capturado em descrições e exemplos do que em definições formais. Gostaria de dizer que o amor, que é o "cerne distintivo" da santidade, é o amor do Deus crucificado! É o amor divino kenótico do Servo sofredor que, diz Isaías, "derramou a sua alma na morte" (Isaías 53:12). É o amor renunciado, que leva a Sua cruz, de Mateus 16:24. É o amor retratado por Dietrich Bonhoeffer que disse: "Quando Jesus chama alguém a segui-lO, Ele ordena-o a vir e a morrer". É o amor do galileu humilde, lavando os pés dos Seus discípulos, esvaziando-Se, abdicando de qualquer reputação, tomando a forma de um servo e sendo obediente na morte de cruz. O amor que é o cerne distintivo da santidade é o amor cruciforme. É o amor descrito tão graficamente no décimo quinto capítulo de Lucas: um amor que sai na escuridão da noite, entre as colinas e vales, entre as urzes e os espinheiros, à procura daquela ovelha perdida; um amor que procura em todas as esquinas, varrendo todos os cantos, à procura da moeda perdida; um amor que permanece para sempre junto do portão observando ansiosamente, o longo caminho que vem de um país distante. Isto é amor (...) Isto é santidade! Isto é o que a Teologia Wesleyana [de Santidade] chama de "perfeito amor". E é inabalável.[12]

Esta, então, é a essência da santidade, a santidade para a qual temos sido chamados. Ser chamado para a santidade é ser chamado para o amor kenótico. O amor no centro de tudo. O amor no centro de todos nós. O amor que se auto-esvazia derramado no mundo: este é o nosso passado; este pode ser o nosso futuro.

> Revesti-vos, pois, como eleitos de Deus, santos e amados, de entranhas de misericórdia, de benignidade, humildade, mansidão, longanimidade, Suportando-vos uns aos outros, e perdoando-vos uns aos outros, se algum tiver queixa contra outro; assim como Cristo vos perdoou, assim *fazei vós*, também. E, sobre tudo isto, *revesti-vos* de amor, que é o vínculo da perfeição. (Colossenses 3:12-14)

## DECLARAÇÕES SUMÁRIAS

1. O amor no centro da teologia de santidade afecta tal teologia de várias formas.
2. O amor de Deus por nós é inabalável, imanente e transformador.
3. Amamos o nosso próximo na medida em que Deus nos enche com o Seu amor.
4. O nosso amor por Deus é melhor articulado como inteira devoção.
5. A nossa chamada a sermos santos é a chamada de Deus para amarmos kenoticamente.
6. Quando amamos, somos quem Deus nos criou para ser.

QUESTÕES PARA REFLEXÃO

1. Quais são as cinco qualidades de uma teologia de santidade centrada no amor?
2. De que formas é que o amor trabalha?
3. Que características do amor é que este capítulo lista? Que outras características incluiría?
4. Por que razão é tão importante dizer que o amor é essencialmente kenótico?

# NOTAS

## PREFÁCIO

1. John Leland Peters, *Christian Perfection and American Methodism* (New York: Abingdon Press, 1956), 47-48.
2. Isto é, o assunto entre crise *versus* processo, ou santificação instantânea *versus* santidade gradual.
3. Diane Leclerc, Singleness of Heart: Gender, Sin, and Holiness in Historical Perspective (Landover, MD: Scarecrow Press, 2002).

## INTRODUÇÃO

1. Ver Kevin W. Mannoia and Don Thorsen, eds., *The Holiness Manifesto* (Grand Rapids: Eerdmans Press, 2008).
2. Ibid., 18.
3. Ibid., 19.
4. Para um comentário perspicaz de tal ocorrência, ver a Introduction to Donald Dayton, *Discovering Our Evangelical Heritage* (Peabody, MA: Hendrickson Publishers, 1976).
5. Jay Akkerman, conversa com Diane Leclerc.
6. Henry H. Knight III, "John Wesley and the Emerging Church", in *Preacher's Magazine* (Advent/Christmas 2007): 34.
7. Ibid.
8. Ibid.
9. O Modernismo pode ser vagamente definido como um paradigma cultural ou filósofico que penetrou nos campos mais académicos, incluindo arte, literatura e até teologia. Ele antecede imediatamente o Pós-Modernismo. Os académicos diferem quanto à data precisa de quando o Modernismo começou. Alguns sugeririam que é o período que se segue o período medieval. Outros datariam-no apenas no século XIX. É caracterizado por uma ênfase na sistematização de pensamentos e crenças e a busca em fazer generalizações acerca do conhecimento. A ciência e empirismo são as primeiras fontes do conhecimento. No entanto, isto não quer dizer que o Modernismo não influencia o pensamento cristão. Alguns aspectos do Modernismo que afectaram o Cristianismo são as tendências de usar o pensamento dedutivo para organizar a teologia através de pressuposições e "declarações de verdade" para focar-se na crença correcta e não ver as Escrituras como um livro de respostas. De certa forma, pode ser associado ao que é conhecido como a Escolástica Protestante.
10. Carta ao Dr. Burton, Outubro 1735 (http://wesley.nnu.edu/john-wesley/the-letters-of-john-wesley/wesleyrsquos-letters-1735).

11. Albert Outler, ed., Introduction in *John Wesley* (New York: Oxford University Press,1964), 11.

12. John Wesley, *Journal* (March 4, 1738) in *The Works of John Wesley*, ed. Thomas Jackson, 14 vols., CD-ROM edition (Franklin, TN: Providence House, 1994), 1:86, a partir de agora citado como *Works* (Jackson).

13. De John Wesley, *Journal* (May 24, 1738).

14. Este é o termo preferido de Wesley. Ver "The Scripture Way of Salvation", *Works* (Jackson) 6:43-54.

15. Estas fases incluem a graça preveniente, o avivamento, o arrependimento, a salvação (ou novo nascimento), santificação progressiva, Inteira Santificação e santificação final. Cada uma destas será considerada em maior detalhe nos capítulos seguintes.

16. Significante para o optimismo expresso aqui é a ideia wesleyana da "nova criação". Este termo em Wesley reflecte ainda mais a fonte do optimismo. O optimismo da graça não vem apenas dos pecados perdoados ou de um novo relacionamento com Deus, mas também vem da realidade de que um indivíduo é verdadeiramente transformado desde dentro; o velho foi-se e o novo veio por causa de uma regeneração poderosa o suficiente para afectar uma mudança real, não relativa, na pessoa.

17. Theodore Runyon, *The New Creation: John Wesley's Theology Today* (Nashville: Abingdon Press, 1998), 71.

18. Wesley, "Catholic Spirit", *Works* (Jackson), 5:492-504.

19. Ibid., 497.

20. Ibid., 497-99.

## CAPÍTULO 1

1. É importante ouvir George Lyons sobre a interpretação wesleyana quando ele escreve, "A referência ao "intérprete wesleyano" sugere uma uniformidade não existente entre aqueles que escolhem identificar-se assim, seja esta uniformidade concebida em termos de pressuposições, metodologia ou conclusões. Não existe uma concordância geral sobre ou uma hermenêutica ou atitude distintivamente wesleyanas para com uma aplicação da tão chamada 'alta crítica'." George Lyons, "Hermeneutical Bases for Theology: Higher Criticism and the Wesleyan Interpreter", in *Wesleyan Theological Journal* 18, no. 1 (1983): 63.

2. Randy Maddox, *Responsible Grace: John Wesley's Practical Theology* (Nashville: Kingswood Books, 1994), 37.

3. Scott J. Jones, "The Rule of Scripture", in *Wesley and the Quadrilateral: Renewing the Conversation*, W. Stephen Gunter, et al. (Nashville: Abingdon Press, 1997), 56-57.

4. Joel Green, "Is There a Contemporary Wesleyan Hermeneutic?" in *Reading the Bible in Wesleyan Ways*, eds. Barry L. Callen and Richard P. Thompson (Kansas

City: Beacon Hill Press of Kansas City, 2004), 125. Rob Wall adiciona, "Portanto, quando falo de uma leitura wesleyana das Escrituras, não quero dizer que os wesleyanos simplesmente adoptam, como normativa, a leitura das Escrituras particular a Wesley ou voltam a uma versão crude, não crítica, da prova de texto." Robert W. Wall, "Facilitating Scripture's Future Role Among Wesleyans", in *Reading the Bible in Wesleyan Ways*, eds. Barry L. Callen and Richard P. Thompson (Kansas City: Beacon Hill Press of Kansas City, 2004), 119.

5. Scott J. Jones, *John Wesley's Conception and Use of Scripture* (Nashville: Kingswood Books, 1995), 18.

6. George Lyons escreve, "Em oposição à ortodoxia luterana [protestante] os pietistas clamavam por uma teologia verdadeiramente bíblica que devia ser encontrada indutivamente na Bíblia e não ser influenciada dedutivamente por pressuposições dogmáticas e filosóficas." Lyons, "Hermeneutical Bases", 66.

7. Robert W. Wall, "Toward a Wesleyan Hermeneutic of Scripture", in *Reading the Bible in Wesleyan Ways*, 50-51.

8. Donald Thorsen, "Interpretation in Interactive Balance: The Authority of Scripture for John Wesley", in *Reading the Bible in Wesleyan Ways*, 81.

9. Para mais reflexão sobre como Wesley interpretou as Escrituras à luz da chamada para pregar, das mulheres metodistas, ver Diane Leclerc, "Introduction: The Wesleyans and Holiness Roots of Women Preachers", in *I Am Not Ashamed: Sermons by Wesleyan Holiness Women*, ed. Diane Leclerc (Point Loma, CA: Point Loma Press, 2005), 15-25.

10. 2 Timothy 3:16, *Explanatory Notes upon the New Testament* (London: Epworth Press, 1950), 794.

11. Ver George Lyons, "Presidential Address: Biblical Theology and Wesleyan Theology", in *Wesleyan Theological Journal* 30, no. 2 (1995): 24.

12. Isto não é para dizer que a crítica bíblica é perigosa em si ou de si mesma. George Lyons relembra-nos que a "alta crítica – uma designação raramente usada pelos praticantes contemporâneos, infelizmente carrega, frequentemente, uma conotação largamente negativa de um ataque destrutivo sobre a autoridade da Bíblia." Lyons, "Hermeneutical Bases", 1. Lyons implica aqui, correctamente, que isso não é necessariamente verdade.

13. Wall, "Toward a Wesleyan Hermeneutic", 44.

14. Charles Wesley, Hymn No. 461, in *The Bicentennial Edition of the Works of John Wesley* (Nashville: Abingdon Press, 1983–), 7:643-44, a partir de agora citado como *Bicentennial Works*.

15. Larry Shelton propõe este termo "sacramental" em relação ao conceito das Escrituras de Wesley. Ver "John Wesley's Approach to Scripture in Historical Perspective", in *Wesleyan Theological Journal* 16, no. 1 (1981): 23-50.

16. Wall, "Toward a Wesleyan Hermeneutic", 47.

17. Ibid., 47-48.

18. John Wesley, *Explanatory Notes upon the Old Testament* (repr., Salem, OH: Schmul Publishers, 1975), ix.

19. Wesley, *Works* (Jackson), 14:253.

20. Wall, "Toward a Wesleyan Hermeneutic", 53.

21. Ibid.

22. Para uma discussão completa sobre o relacionamento da interpretação bíblica e a igreja, ver Richard Thompson, "Community in Conversation: Multiple Readings of Scripture and a Wesleyan Understanding of the Church", in *Reading the Bible in Wesleyan Ways*, 173-86.

23. Esta secção não deve ser tomada para implicar que estes princípios eram específicos a Wesley.

24. Wesley, Preface to Notes upon the New Testament, par. 10.

25. Esta é, essencialmente, a abordagem da contemporânea assim chamada teologia bíblica ou a interpretação teológica das Escrituras. Ver Kevin J. Vanhoozer, ed., *Dictionary for Theological Interpretation of the Bible* (London: SPCK, 2005), esp. 19-25. Ver também James K. Mead, *Biblical Theology: Issues, Methods, and Themes* (Louisville, KY: Westminster/John Knox, 2007), 242.

26. Wall, "Toward a Wesleyan Hermeneutic", 42.

27. Jones, John Wesley's Conception, 53-54.

28. Isto não deve ser confundido com a doutrina conhecida como Dispensacionalismo. Wesley apenas usa a palavra para uma era de tempo particular.

29. Wesley, *Works* (Jackson), 11:110.

30. John Wesley, "Letter to Dean D—", 1785, *The Letters of John Wesley*, ed. John Telford (London: Epworth Press, 1931), 7:252.

31. Wesley, Notes upon the New Testament: 1 John 2:8.

32. A "Hermenêutica do Amor" é uma expressão emprestada de Mildred Bangs Wynkoop. Ver *A Theology of Love: The Dynamic of Wesleyanism* (Kansas City: Beacon Hill Press of Kansas City, 1972).

33. Estes quatro são usados mais frequentemente. Wesley, por vezes, lista apenas três: pecado original, justificação pela fé e santidade. Ele também usava arrependimento, justificação e santificação. É importante notar que cada um destes implica a *ordo salutis* (a ordem da salvação).

34. Scott Jones cita, "Se a santidade de coração e vida é a ênfase dominante na hermenêutica de Wesley no seu primeiro ministério, isso ocupa um lugar diferente depois de 1738. A transacção teológica que Wesley fez durante o ano, alterou a sua compreensão de fé e o seu relacionamento com a santidade. Desde essa altura, ele insistiu que apenas a fé era necessária para a salvação, apesar de ele continuar a enfatizar que as boas obras são tanto, fruto da fé como uma condição necessária para a sua continuidade" (*John Wesley's Conception*, 53).

## LEITURA ADICIONAL

Callen, Barry L., and Richard P. Thompson. Reading the Bible in Wesleyan Ways: Some Constructive Proposals. Kansas City: Beacon Hill Press of Kansas City, 2004.

Gunter, Stephen, et al. Wesley and the Quadrilateral. Nashville: Abingdon Press, 1997.

Jones, Scott. John Wesley's Conception and Use of Scripture. Nashville: Abingdon Press, 1995.

## CAPÍTULO 2

1. Neste capítulo, tenho recebido ajuda inestimável das conversas com o meu colega George Lyons. Para um resumo extremamente útil sobre assuntos hermeneuticamente importantes à volta do tópico da santidade, ver George Lyons, *More Holiness in Everyday Life* (Kansas City: Beacon Hill Press of Kansas City, 1997), esp. cap. 1.

2. Esta fraseologia é por vezes alargada para "Cristianismo escriturístico", que ainda implicava uma forte teologia de santidade.

3. Walter Brueggemann, *Theology of the Old Testament* (Minneapolis: Fortress Press, 1997), 267.

4. Ibid.

5. Ibid., 108.

6. Ibid.

7. Ibid., 312.

8. William M. Greathouse, *Wholeness in Christ: Toward a Biblical Theology of Holiness* (Kansas City: Beacon Hill Press of Kansas City, 1998), 13. Originalmente de Agostinho, "Questionum in Heptateuchum", in *Patrologiae cursus completus, Series Latina* 34.2.73; ver www. sant-agostino.it/latino/questioni_ettateuco/index.htm.

9. Lyons, *More Holiness*, 28.

10. Brueggemann, Theology of the Old Testament, 288.

11. Um dos melhores exemplos da teologia apofática é encontrada na obra de Gregório de Nicéia.

12. Brueggemann, Theology of the Old Testament, 277-80.

13. George A. Butterick and Keith R. Crim, ed. *The Interpreter's Dictionary of the Bible: Vol. 2:E-J* (New York: Abingdon Press, 1980), 618. Ver também Katharine Doob Sakenfeld, ed., *The New Interpreter's Dictionary of the Bible: Vol. 3:I-Ma* (New York: Abingdon Press, 2008), 202-3.

14. George Allen Turner, *The More Excellent Way* (Winona Lake, IN: Light and Life Press, 1952), 31.

15. Ver Ronald M. Hals, *Grace and Faith in the Old Testament* (Minneapolis, MN: Augsburg Publishing House, 1980).

16. David Thompson, "Old Testament Bases of the Wesleyan Message", in *Wesleyan Theological Journal* 10 (1975): 39. All quotations used by permission of the publisher.

17. Greathouse, *Wholeness in Christ*, 21.

18. Thompson, "Old Testament Bases", 43.

19. Ibid., 42.

20. Greathouse, *Wholeness in Christ*, 21.

21. Thompson, "Old Testament Bases", 43.

22. Ver Leclerc, *Singleness of Heart*, chaps. 3 and 4.

23. Thompson, "Old Testament Bases", 44.

24. Kenneth L. Waters, "Holiness in New Testament Perspective", in *Holiness Manifesto*, 40.

25. Ibid., 41.

26. Uma breve discussão sobre a Inteira Santificação, como tem sido interpretada historicamente pelos exegetas de santidade, pode ser útil aqui. O pensador da santidade Daniel Steele foi o primeiro numa longa fila de eruditos que ligaram o tempo verbal aorista com a Inteira Santificação. Pessoas como W. T. Purkiser, H. Orton Wiley, Richard Howard e Olive Winchester seguiram as declarações de Steele. No entanto, a base para o uso inicial de Steele do aorista — tem sido argumentado por Randy Maddox — foi baseado na sua má compreensão da gramática grega publicada antes do século XX. Aqui está o argumento de Steele: o aorista no Novo Testamento grego implica sempre que uma acção foi completada. Assim, quando a palavra para santificação é colocada no aorista em certas passagens do Novo Testamento, isso significa que a obra de santificação tem sido alcançada instantaneamente. Maddox explica o significado disto: "A diferença [é] entre esperar que o aorista seja referente a um evento crítico, a menos que seja provado de forma diferente, [e] o oposto de apenas assumir o conteúdo da crise no aorista quando o contexto o requerer." A primeira posição tem sido a da maioria dos proponentes da santidade. A segunda é a posição dos gramáticos gregos que lideram [hoje] e, creio, a única fiel à língua grega." Maddox não sugere que o contexto irá apoiar o uso deste significado do aorista. Ele simplesmente argumenta que este não deveria ser sempre utilizado desta maneira. De acordo com ele, "Uma compreensão apropriada do aorista pode ser muito instrumental em ajudar a encontrar um equilíbrio no presente debate entre a crise e o processo de santificação no pensamento de santidade... Isso mostra que as distinções entre a crise e o processo não chegaram a ou não são defendidas na base da gramática, mas na base da profunda exegese teológica." A Inteira Santificação está em terreno movediço se só estiver baseada numa forma verbal. Existem, no entanto, fortes razões para interpretar todo o Novo Testamento como suporte desta doutrina wesleyana de santidade primária. Esta posição doutrinal terá maior integridade quando é baseada na melhor exegese possível. As citações de Maddox são de "The

Use of the Aorist Tense in Holiness Exegesis", in *Wesleyan Theological Journal* 16, no. 2 (1981): 106-18.

27. David Kendall, "Jesus and the Gospel of Holiness", in *Holiness Manifesto*, 58.

28. Para mais sobre este assunto ver Kent Brower, "The Holy One of God and His Disciples: Holiness and Ecclesiology in Mark", in *Holiness and Ecclesiology in the New Testament*, ed. Kent Brower and Andy Johnson (Grand Rapids: Eerdmans Publishers, 2007), 57-75.

29. Lyons, *More Holiness*, 100.

30. Kendall, "Jesus and the Gospel of Holiness", 64. Ver Mateus 23:27-30.

31. Ver Kent Brower, *Holiness in the Gospels* (Kansas City: Beacon Hill Press of Kansas City, 2005), 99-101.

32. Richard Thompson examina a representação de Lucas de Jesus nas cenas da mesa, como discussões acerca da santidade. Ver Richard Thompson, "Gathered at the Table: Holiness and Ecclesiology in the Gospel of Luke", in *Holiness and Ecclesiology in the New Testament*, 76-94.

33. Brower, Holiness in the Gospels, 59.

34. Robert Wall, "Purity and Power According to the Acts of the Apostles", in *Wesleyan Theological Journal* 34, no. 1 (1999): 66-67.

35. Ibid., 67.

36. Werner Georg Kummel, *The Theology of the New Testament* (Nashville: Abingdon Press, 1973), 262.

37. Brower, Holiness in the Gospels, 68.

38. Clark Pinnock, *Flame of Love: A Theology of the Holy Spirit* (Downers Grove, IL: InterVarsity Press, 1996), 31.

39. D. Moody Smith, *The Theology of the Gospel of John* (Cambridge: Cambridge University Press, 1995), 129.

40. Para uma discussão do Misticismo de João (ou falta de), ver C. K. Barrett, *The Gospel According to John* (London: SPCK, 1962), 71-74.

41. Greathouse, *Wholeness in Christ*, 91.

42. Lyons, *More Holiness*, 100.

43. Para maior elaboração neste ponto, ver George Lyons, "Modeling the Holiness Ethos: A Study Based on First Thessalonians", in *Wesleyan Theological Journal* 30, no. 1 (1995): 187-211.

44. Lyons, *More Holiness*, 100.

45. F. F. Bruce, The Epistle to the Hebrews, in The New International Commentary on the New Testament, ed. F. F. Bruce (Grand Rapids: Eerdmans Publishing Co., 1973).

46. David Peterson, *Possessed by God: A New Testament Theology of Sanctification and Holiness* (Grand Rapids: Eerdmans Publishing Co., 1995), 34. Como citado por William Greathouse, *Wholeness in Christ*, 156.

LEITURA ADICIONAL

Brower, Kent. Holiness in the Gospels. Kansas City: Beacon Hill Press of Kansas City, 2005.

Greathouse, William M., and George Lyons. Romans 9-16: A Commentary in the Wesleyan Tradition. Kansas City: Beacon Hill Press of Kansas City, 2008.

Lyons, George. More Holiness in Everyday Life. Kansas City: Beacon Hill Press of Kansas City, 1997.

Turner, George Allen. The Vision Which Transforms. Kansas City: Beacon Hill Press, 1964.

CAPÍTULO 3

1. Ver Peter Brown, *Society and the Holy in Late Antiquity* (Berkeley, CA: University of California Press, 1982).

2. Tertullian, *Apologeticus*, cap. 50 in *The Ante-Nicene Fathers*, ed. Alexander Roberts and James Donaldson (Peabody, MA: Hendrickson Publishing, 1994), 3:55. Esta é a frase comum que é frequentemente citada. Na verdade, Tertuliano diz, "O sangue dos cristão é a semente".

3. Não de uma forma reducionista. "O novo martírio" é a forma comum de se referir ao asceticismo pelos eruditos patrísticos. Para um exemplo, entre outros, ver Aideen M. Hartney, *Gruesome Deaths and Celibate Lives: Christian Martyrs and Ascetics* (Devon, Exeter: Bristol Phoenix Press, 2005), 57.

4. Havia também mulheres do deserto. Ver Benedicta Ward, *The Sayings of the Desert Fathers: The Alphabetic Collection* (Collegeville, MN: Cistercian Publications, 1987).

5. Para mais sobre Irineu e seus sucessores, ver Robert Grant, *Irenaeus of Lyon* (New York: Routledge, 1997), 7.

6. Estou em dívida para com a obra de Christopher Bounds nesta secção, especialmente o seu mais recente artigo, "The Doctrine of Christian Perfection in the Apostolic Fathers", in *Wesleyan Theological Journal* 42, no. 2 (2007): 7-27.

7. Ibid., 22.

8. Ibid.

9. Ibid., 23.

10. Ibid.

11. Justin, "First Apology", in *Ante-Nicene Fathers*, 1:165.

12. Ibid., 168.

13. Ibid., 177.

14. "The Martyrdom of Perpetua and Felicitas", 6.8, in *Ante-Nicene Fathers*, 3:697-706.

15. Henri Rondet, *Original Sin: The Patristic and Theological Background*, trans. Cajetan Finegan (Staten Island, NY: Alba House, 1972), 40-41.

16. Irenaeus, *Against Heresies*, como citado em Rondet. Esta citação é, na verdade, a tradução inglesa de Finegan da tradição francesa de Rondet do latim em W. Wigan Harvey, *Sancti Irenaei Libri Quinque Adversus Haereses* (Cambridge: Cambridge University Press, 1857).

17. Ver Michael Christensen, "Theosis and Sanctification: John Wesley's Reformulation of a Patristic Doctrine", in *Wesleyan Theological Journal* 31, no. 2 (1996); Michael Christensen, *Partakers of the Divine Nature: The History and Development of Deification in the Christian Traditions* (Grand Rapids: Baker Publishing Group, 2008); e K. Steve McCormick, "Theosis and Chrysostom and Wesley: An Eastern Paradigm of Love", in *Wesleyan Theological Journal* 26 (1991).

18. Irenaeus, "Against Heresy", in *Ante-Nicene Fathers*, 1:526.

19. William M. Greathouse and Paul M. Bassett, *Exploring Christian Holiness, Vol. 2: The Historical Development* (Kansas City: Beacon Hill Press of Kansas City, 1985), 44-45.

20. Clement of Alexandria, *The Instructor*, in *Ante-Nicene Fathers*, 2:215.

21. Ibid.

22. Ibid., 217.

23. Clement of Alexandria, "The Stromata", in *Ante-Nicene Fathers*, 2:426.

24. Ver Rowen Williams, "Does It Make Sense to Speak of Pre-Nicene Orthodoxy?" in *The Making of Orthodoxy*, ed. Rowen Williams (Cambridge: Cambridge University Press, 1989), 1-23.

25. Peter Brown, The Body and Society: Men, Women, and Sexual Renunciation in Early Christianity (New York: Columbia University Press, 1988), 163.

26. Ver Rebecca Lyman, Christology and Cosmology: Models of Divine Activity in Origen, Eusebius, and Athanasius (Oxford and New York: Clarendon Press, 1993).

27. Ibid., 165.

28. Ver Elizabeth Clark, *The Origenist Controversy* (Princeton, NJ: Princeton University Press, 1992).

29. Lyman, Christology and Cosmology, 66-67.

30. Sobre Wesley e as suas influências orientais, ver Arthur MacDonald Allchin, "Our Life in Christ, in John Wesley and the Eastern Fathers", in W*e Belong to One Another: Methodist, Anglican, and Orthodox*, ed. Arthur MacDonald Allchin (London: Epworth, 1965), 62-78; Bassett Greathouse, *Exploring Christian Holiness*, Vol. 2; Ted A. Campbell, *John Wesley and Christian Antiquity: Religious Vision and Cultural Changes* (Nashville: Kingswood Books, 1991); Ted A. Campbell, "John Wesley and the Asian Roots of Christianity", *Asian Journal of Theology* 8 (1994): 281-94; Seung-An Im, "John Wesley's Theological Anthropology: A Dialectic Tension Between the Latin Western Patristic Tradition (Augustine) and the Greek Eastern Patristic Tradition (Gregory of Nyssa)" (PhD dissertation, Drew University, 1994); David C. Ford, "Saint Makarios of Egypt and

John Wesley: Variations on the Theme of Sanctification", *Greek Orthodox Theological Review* 33 (1988): 285-312; Luke L. Keefer, "John Wesley: Disciple of Early Christianity", in *Wesleyan Theological Journal* 19, no. 1 (1984): 23-32; Randy Maddox, "John Wesley and Eastern Orthodoxy: Influences, Convergences, and Differences", in *Asbury Theological Journal* 45 (1990): 29-53; K. Steve McCormick, "John Wesley's Use of John Chrysostom on the Christian Life: Faith Filled with the Energy of Love" (PhD dissertation, Drew University, 1983); John G. Merritt, "'Dialogue' Within a Tradition: John Wesley and Gregory of Nyssa Discuss Christian Perfection", in *Wesleyan Theological Journal* 22, no. 2 (1987): 92-116; Albert C. Outler, "John Wesley's Interests in the Early Fathers of the Church", in *The Wesleyan Theological Heritage: Essays of Albert C. Outler*, ed. Thomas C. Oden and Leicester R. Longden (Grand Rapids: Zondervan, 1991), 55-74; Mark Anthony Smith, "John Wesley: A Pattern of Monastic Reform" (PhD dissertation, University of Kentucky, 1992); e Howard Snyder, "John Wesley and Macarius the Egyptian", in *Asbury Theological Journal* 45 (1990): 55-59.

31. Ver a nota 17.

32. Ver Merritt, "'Dialogue' Within a Tradition."

33. Saint Gregory of Nyssa, *Ascetical Works*, trans. Virginia Woods Callahan, in *The Fathers of the Church: A New Translation*, Vol. 58 (Washington, DC: Catholic University of America Press, 1967), 121.

34. Ibid.

35. Ou seja, Gregory era neoplatónico.

36. Ver Nyssa, "On Perfection", in *Ascetical Works*, in *The Fathers of the Church*.

37. Os messalianos são considerados uma seita cristã herética que teve origem na Mesopotâmia em 360 EC. Eles foram condenados pelas suas crenças na trindade, crendo que Deus apenas usou uma hipóstase para relatar "o perfeito". De acordo com os messalianos, um cristão é aperfeiçoado através da oração e não através da igreja; isto era provavelmente a razão primária para a sua condenação. Se é verdade que pseudo-Macário era um messaliano, teremos dificuldades em defendê-lo. No entanto, muita da sua teologia de santidade parece muito ortodoxa. Assim, Wesley (que, claro, pensou que o autor era Macário) deu-lhe louvores.

38. *Pseudo-Macarius: The Fifty Spiritual Homilies and the Great Letter*, "Preface" by Kallistos Ware (New York: Paulist Press, 1992), xii.

39. Ibid., xiii.

40. Diário de 30 de Julho de 1736 de João Wesley.

41. *Pseudo-Macarius*, sermon 4, sec. 6.

42. Ibid., sermon 4, sec. 8.

43. Ibid., sermon 44, sec. 9.

44. Ibid., sermon 47, sec. 1.

45. Ibid., sermon 11, sec. 9.

46. Ibid., sermon 15, sec. 8.

47. Ibid., sermon 18, secs. 2-3.

48. Isto está aberto a discussão.

49. Ver Peter Brown, *Body and Society*, 309.

50. Vigen Guroian, "Family and Christian Virtue in a Post-Christendom World: Reflections on the Ecclesiastical Vision of John Chrysostom", in *St. Vladimir's Theological Quarterly* 35 (1991): 328, 341.

51. Brown, *Body and Society*, 306.

52. Elizabeth Clark, "Introduction", in *On Virginity; Against Remarriage*, by Saint John Chrysostom in *Studies in Women and Religion* (Lewiston, NY: Edwin Mellen Press, 1983), xiv.

53. Ver F. X. Murphy, "The Moral Doctrine of St. John Chrysostom", Studia Patristica 11 (1972): 52-57.

54. Ver Leclerc, *Singleness of Heart*, 36-41.

55. Columba Stewart, *Cassian the Monk* (New York: Oxford University Press, 1998), 43.

56. Ibid., 44.

57. Ibid.

58. Para um relato detalhado da teologia da virgindade de Jerome, ver Demetrius Dumm, *The Theological Basis of Virginity According to St. Jerome* (Latrobe, PA: St. Vincent Archabbey, 1961).

59. Jerome, *Adversus Jovinianum*, 1.3, in *Nicene and Post-Nicene Fathers* (NPNF), eds. Philip Schaff and Henry Wace (Peabody, MA: Hendrickson Publishing, 1994), 6:348 (PL23:222-24).

60. Jerome, "Against Jovinianus" in *NPNF*, 6:348.

61. Elizabeth Clark, "Theory and Practice in Late Ancient Ascetisim: Jerome, Chrysostom, and Augustine", in *Journal of Feminist Studies in Religion 5* (1989): 30.

62. Elaine Pagels, *Adam, Eve, and the Serpent* (New York: Vantage Books, 1988), 95.

63. Ver Clark, *Origenist Controversy*, 121-50.

64. Clark expõe, "Surpreendente para o leitor moderno é o que parece ser a falta de compreensão de Jerome da teologia de Orígenes" (*Origenist Controversy*, 139).

65. Caroline White, *Christian Friendship in the Fourth Century* (Cambridge: Cambridge University Press, 1992), 131.

66. Clark, Origenist Controversy, 122.

67. Ibid., 121.

68. Brown, *Body and Society*, 383.

69. Para aqueles que possam duvidar da aplicabilidade do termo "optimismo" quando aplicado a Jerome, devem considerar a análise de Peter Brown: "Para todo o seu sentido agudo de perigo sexual, Jerome foi um monge à moda antiga. A intensa fisicalidade das suas descrições da vida ascética continham um optimismo não confessado" (*Body and Society*, 419).

70. Ibid., 386.

71. Ibid.

72. Ver Campbell, *John Wesley and Christian Antiquity*, 46-53; Campbell, "John Wesley and the Asian Roots of Christianity", 281-94.

73. Greathouse and Bassett, *Exploring Christian Holiness*, 121-22.

74. Ibid.

75. Ver Mary O'Driscoll, "Catherine the Theologian", in *Spirituality Today* 42, No. 1 (Spring 1988): 4-17.

76. Ibid.

LEITURA ADICIONAL

Brown, Peter. Body and Society. New York: Columbia University Press, 1988.

Campbell, Ted. John Wesley and Christian Antiquity. Nashville: Kingswood Books, 1991.

Greathouse, William M. From the Apostles to Wesley. Kansas City: Beacon Hill Press of Kansas City, 1979.

CAPÍTULO 4

1. Ver Maddox, *Responsible Grace*, 176-91.

2. John Fletcher, *The Works of the Reverend John Fletcher* (repr., Salem, OH: Schmul Publishers, 1974), 2:633.

3. Adam Clarke, *Christian Theology* (Cincinnati: L. Swormstedt and A. Poe, 1856), p. 184.

4. Ver Peters, *Christian Perfection*, 107.

5. Ver Greathouse and Bassett, *Exploring Christian Holiness*, 2:248-49.

6. Richard Watson, *Theological Institutes*, Part II, chap. 29, point 5, http://wesley.nnu.edu/wesleyan_theology/watson/watson_p2_ch29.htm.

7. Peters, Christian Perfection, 159.

8. Ver Thomas Langford, *Practical Divinity: Theology in the Wesleyan Tradition* (Nashville: Abingdon Press, 1983), 66-70.

9. Os críticos de Phoebe Palmer, por exemplo, acusam-na de Pelagianismo.

10. Ver a revisão de Greathouse sobre o Papa, in *Exploring Christian Holiness*, esp. 256-57.

11. Ver C. C. Goen, "The 'Methodist Age' in American Church History", *Religion in Life* 34 (1965): 562-72; Winthrop Hudson, "The Methodist Age in America", *Methodist History* 12 (1974): 3-15. A. Gregory Schneider sumariza, "Esta nova organização [A Igreja Episcopal Metodista] tornou-se um navio que tanto continha, como espalhava, uma grande porção da notável efervescência espiritual que surgiu do chamado Segundo Grande Avivamento na América. Este avivamento marcou a transição da "Era Puritana" para a "Era Metodista" na história da igreja americana. Existe uma simples razão estatística para tal declaração. Em 1784... os metodistas eram uma seita pequena e insignificante. Em 1850... havia mais

metodistas na América do que qualquer outro tipo de protestante. Existe também uma razão mais sofisticada para a declaração. Quando historiadores falam do século XIX como a Era Metodista na história religiosa da América, eles referem-se ao estilo religioso popular que caracteriza os metodistas mas não está limitado a eles. De facto, este estilo de religião penetrou virtualmente toda a vida da igreja protestante e virtualmente cada região na América" (The Way of the Cross Leads Home: The Domestication of American Methodism [Bloomington, IN: Indiana University Press, 1993], xx).

12. Dennis C. Dickerson, "Richard Allen and the Making of Early American Methodism", in *From Aldersgate to Azusa Street: Wesleyan, Holiness, and Pentecostal Visions of the New Creation*, ed. Henry Knight III, 1. Esta é uma compilação de trabalhos da Wesleyan, Holiness, Pentecostal Consultation, 2003-9. Livro para Breve da Wipf & Stock Publishers.

13. Ibid., 3.

14. Ibid., 2.

15. Thomas N. Ralston, *Elements of Divinity* (Nashville: Abingdon-Cokesbury Press, 1924), 470.

16. Ibid., 467.

17. Ver Introduction por Thomas Oden, ed., in *Phoebe Palmer: Selected Writings* (New York: Paulist Press, 1988).

18. Ver Randolph Foster, *The Nature and Blessedness of Christian Purity* (New York: Land and Scott, 1851), cap. 6.

19. Greathouse and Bassett, *Exploring Christian Holiness*, 278.

20. Langford, *Practical Divinity*, 111-12.

21. Ibid., 112.

22. Ibid.

23. Greathouse and Bassett, *Exploring Christian Holiness*, 313.

24. Ver John Allen Wood, *Perfect Love* (n.p., n.d.), 87-88.

25. Ibid., 88-89.

26. Ver Harold Raser, *Phoebe Palmer: Her Life and Thought* (Lewiston, NY: Edwin Mellen Press, 1987).

27. Valor inestimável para a escrita desta e da próxima sessão foi William C. Kostlevy, ed., *Historical Dictionary of the Holiness Movement* (Lanham, MD: Scarecrow Press, 2001). Este livro tem sido uma contribuição incrível para os estudos wesleyanos de santidade.

28. Douglas Cullum, "Gospel Simplicity: Benjamin Titus Roberts and the Formation of the Free Methodist Church" in Knight, *From Aldersgate to Azusa Street*, 4.

29. Palmer nunca tomou uma plataforma abolicionista. De facto, ela estava a pregar em Inglaterra ao longo de toda a Guerra Civil. De forma interessante, o seu *Four Years in the Old World* não diz nada acerca da guerra ou do que estava a acontecer na América durante a sua ausência.

30. Amanda Berry Smith, An Autobiography: The Story of the Lord's Dealings with Mrs. Amanda Berry Smith, the Colored Evangelist (Chicago: Meyer and Brother Publishers, 1893), 116-17.

31. Barry Callen, "Daniel Sydney Warner: Joining Holiness and All Truth", in Wesleyan Theological Journal 30, no. 1 (1995): 92-93.

32. Floyd T. Cunningham, ed., Our Watchword and Song: The Centennial History of the Church of the Nazarene (Kansas City: Beacon Hill Press of Kansas City, 2009), 179.

33. Ibid.

34. Ibid., 179-80.

35. Langford, Practical Divinity, 137.

36. A Neo Ortodoxia refere-se ao movimento teológico depois da Primeira Guerra Mundial. Por vezes também conhecida como teologia dialéctica ou teologia de crise. É uma reacção à teologia liberal do fim do século XIX. A Neo Ortodoxia tem uma forte doutrina do pecado e revitaliza a teologia da Reforma Protestante. Os teólogos neo ortodoxos incluem Barth e Emil Brunner.

37. Seguindo Wynkoop, esta é uma das hermenêuticas que guiam este livro.

38. Ver a discussão de Mark Quanstrom em "The Credibility Gap", cap. 7 em Mark Quanstrom, A Century of Holiness Theology: The Doctrine of Entire Sanctification in the Church of the Nazarene, 1905 to 2004 (Kansas City: Beacon Hill Press of Kansas City, 2004), 137-69.

39. Kostlevy, Historical Dictionary of the Holiness Movement, 250.

40. Rob L. Staples, "The Current Wesleyan Debate on the Baptism with the Holy Spirit", TS, 38 pp., The Rob L. Staples Collection, Nazarene Archives, Lenexa, KS.

41. Estou em dívida para com Barry Callen por esta informação. Callen falou com Massey no seu 80º aniversário, dia 4 de Janeiro de 2010.

42. Kostlevy, Historical Dictionary of the Holiness Movement, 241.

LEITURA ADICIONAL

Chiles, Robert. Theological Transition in American Methodism. Lanham, MD: University Press of America, 1983.

Dieter, Melvin. The Holiness Revival of the Nineteenth Century. Metuchen, NJ: Scarecrow Press, 1996.

Peters, John. Christian Perfection and American Methodism. New York: Abingdon Press, 1956.

Smith, Timothy. Revivalism and Social Reform. New York: Abingdon Press, 1957.

CAPÍTULO 5

1. Para ser clara, não estou a chamar por um retorno a qualquer visão tradicional de Deus simplesmente por ser tradicional. Existem aspectos do Deus tradicional que emanaram de um tipo de híper-sincretismo, com culturas do passado e que precisam ser largados. As críticas que vêm, de várias formas, da teologia de

libertação precisam ser seriamente consideradas. Mas tal consideração não precisa ser isenta de uma compreensão da transcendência de Deus.

2. Outra forma de expressar isto é falar sobre como a plenitude de Deus, ou *pleuroma*, é derramada; o que faz com que a criação seja inevitável.

3. Não estou a tentar ser insensível às culturas onde ter filhos é uma necessidade para o trabalho da família e, por isso, para a sua sobrevivência. Estou a falar mais em termos psicológicos/emocionais.

4. Estou em dívida para com o meu colega Brent Peterson e pelas nossas discussões acerca deste assunto.

5. Outros capítulos irão elaborar mais sobre um outro aspecto do auto-sacrifício que precisa ser ouvido. Os meus comentários aqui vêm da influência das teologias da libertação no meu próprio trabalho. Eu diria que o sacrifício, sem primeiramente experimentar a obra libertadora de Deus, que nos dá um ser verdadeiramente renovado, pode reforçar estruturas de opressão. E no entanto, um ser renovado pode, então, derramar-se num viver sacrificial. Ver o meu livro para mais elaboração, *Singleness of Heart: Gender, Sin, and Holiness in Historical Perspective*.

6. Por exemplo, Romanos 8:35-39; Hebreus 13:5; Mateus 18:19-20; Filipenses 1:6.

7. Ver Augustine, *On the Trinity*, ed. Garreth B. Matthew, (Cambridge: Cambridge University Press, 2002).

8. Ver especialmente John B. Carman, *Majesty and Meekness: A Comparative Study of Contrast and Harmony in the Concept of God* (Grand Rapids: Eerdmans Publishing Co., 1994), 213. Em Lutero, ver o tema nos seus comentários sobre Génesis, Romanos e Gálastas.

9. George Lyons, e-mail para Diane Leclerc, November 26, 2007.

10. Um título de um sermão famoso de Jonathan Edwards.

11. Estou a usar isto no sentido que Wesley usava. Wesley permitiu uma categoria que ele chamava "pecado, impropriamente assim chamado" que incluía enfermidades. Para Wesley estas eram amorais.

12. É crucial para Wesley, e para os wesleyanos, que este segundo aspecto do arrependimento é apenas possível depois da fé e não apenas através da ajuda de Deus. Senão, poderíamos inapropriadamente ligar a salvação aos nossos próprios esforços para a rectidão. É apenas a graça, através da fé, que nos capacita a arrepender-nos neste segundo sentido.

13. Ver Paul Tillich, "We Are Accepted", in *The Shaking of the Foundations* (New York: Charles Scribner's and Sons, 1948), 153-63.

14. Isto é um conceito de João Wesley. Ele cria que quando o coração transborda de amor por Deus, não há mais espaço para o pecado.

15. Charles Wesley, "And Can It Be?"

16. A Igreja do Nazareno mudou a sua linguagem relativamente à graça santificadora. A palavra "erradicação" foi eliminada e a palavra "limpo" foi adicionada no seu

lugar. Eu creio que "limpeza" é uma parte vital para a nossa teologia e é isso que nos distingue dos nossos primos keswickianos.

17. "Artigo X", Manual da Igreja do Nazareno.

18. Com a excepção do próprio Jesus, claro. Como Lucas nos diz, Jesus foi cheio do Espírito Santo desde o nascimento.

19. Talvez mais notavelmente, Asa Mahan. John Fletcher, claro, propôs isto um século mais cedo.

20. Ver Rob Staples, Out*ward Sign and Inward Grace: The Place of Sacraments in Wesleyan Spirituality* (Kansas City: Beacon Hill Press of Kansas City, 1991), para uma discussão muito pertinente do sacramento da Santa Ceia não apenas como um meio da graça mas como um meio da graça santificadora.

## LEITURA ADICIONAL

Dunning, H. Ray. Grace, Faith, and Holiness. Kansas City: Beacon Hill Press of Kansas City, 1988.

Migliore, Daniel. Faith Seeking Understanding. Grand Rapids: Eerdmans Publishing, 1991.

Oden, Thomas. Systematic Theology, Vol. 1: The Living God. New York: Harper Collins, 1987.

Powell, Samuel. Discovering Our Christian Faith. Kansas City: Beacon Hill Press of Kansas City, 2008.

Stone, Brian P. and Thomas J. Oord. Thy Nature and Thy Name Is Love: Wesleyan and Process Theologies in Dialogue. Nashville: Kingswood Books, 1991.

## CAPÍTULO 6

1. Porções deste capítulo são reimpressos e adaptados de Diane Leclerc, "Holiness: Sin's Anticipated Cure", in *The Holiness Manifesto*, ed. Kevin W. Mannoia and Don Thorsen © 2008 Wm. B. Eerdmans Publishing Company, Grand Rapids, Michigan. Reimpresso com a permissão das editoras, todos os direitos reservados.

2. Ver Warren Brown, Nancey Murphy, and H. Newton Maloney, eds., *Whatever Happened to the Soul? Scientific and Theological Portraits of Human Nature* (Minneapolis: Fortress Press, 1998).

3. Mildred Bangs Wynkoop, *A Theology of Love* (Kansas City: Beacon Hill Press of Kansas City, 1972), 122-23.

4. A controvérsia origenista, interpretada num sentido radicalmente platónico, pode ser vista como exaltando o incorpóreo e desprezando a carne. Em reacção a esta negação do Deus Incarnado, outros monges adoptaram uma noção igualmente herege chamada antropomorfismo, que descreve uma forma humana de Deus como Deus, e assim interpretando *imago Dei* como um corpo físico. Ver a discussão de Elizabeth Clark em "Images and Images: Evagrius Ponticus and the Anthropomorphite Controversy", in *Origenist Controversy*, 43-84.

5. Wynkoop, *Theology of Love*, 116-24.

6. H. Ray Dunning, *Grace, Faith, and Holiness* (Kansas City: Beacon Hill Press of Kansas City, 1988). Apesar de Dunning mencionar esses quatro relacionamentos, ele adverte contra o amor do ego e do "mundo" retratando-os como perigosos. Muitos depois de Dunning, incluindo este autor, têm modificado estes dois últimos relacionamentos ao citar que Deus deseja um amor apropriado por nós mesmos e pela "terra" como seus mordomos.

7. Para uma discussão extensa sobre o assunto do pecado como "privação", ver Leon O. Hynson, "Original Sin as Privation", in *Wesleyan Theological Journal* 22, no. 2 (fall 1987), 65-83. Hynson analiza Arminius, Wesley e eruditos desde Richard Watson a H. Orton e cita que para a teologia wesleyana, ser deprivado dos nossos relacionamentos primários com Deus resulta numa depravação modificada. (De forma interessante, Hynson critica Wesley por não ser consistente neste ponto). Esta compreensão relacional tem sido apoiada por eruditos depois de Wiley, incluindo Clarence Bence, Craig Blaising, Barry Bryant, H. I. Smith e Rob Staples. Ver Maddox, *Responsible Grace*, 296, n. 118.

8. Ver Dunning, *Grace, Faith, and Holiness*, 157-59.

9. Isto não é para implicar que Wesley rejeitou a posição reformada. Maddox escreve, "Quão má é esta corrupção das nossas faculdades? Na teologia reformada tornou-se comum descrevê-la como "depravidade total." Esta frase pode ser facilmente mal interpretada para sugerir que cada ser humano é tão mau como poderia ser. Essa não era a intenção. Os teólogos reformadores só queriam afirmar que a corrupção do pecado afecta decisivamente cada faculdade da pessoa humana, deixando-nos incapazes de viver à semelhança de Deus – ou até de desejá-lo verdadeiramente – através apenas dos nossos poderes debilitantes. Até mesmo construídos nestes termos mais limitados, a afirmação da total depravidade foi amplamente rejeitada fora dos círculos protestantes. Não por Wesley (pelo menos antes de 1738)! Apesar de nem sempre usar o termo específico, ele afirmou repetidamente que a corrupção do pecado herdado permeia cada faculdade e poder humanos, deixando-nos inteiramente incapazes de nos salvarmos. No entanto, felizmente, Deus, o Grande Médico pode curar a nossa natureza doente" (*Responsible Grace*, 82).

10. Ver Sermon IX, "The Spirit of Bondage and Adoption", in *Works* (Jackson), 5:98-110.

11. Ver John Wesley, "Farther Thoughts upon Christian Perfection", in *Works* (Jackson): 11:418.

12. Mildred Bangs Wynkoop, An Existential Interpretation of the Doctrine of Holiness (unpublished, 1958), 2-3.

13. Ted Campbell escreve, "A atitude de Wesley para com o Pelagianismo era considerada mais ambígua. Ele poderia reconhecer o "Pelagianismo" como sendo um extremo tão perigoso como o Calvinismo, mas ele não estava certo de que Pelágio, como personagem histórica (por assim dizer), pudesse ser considerado

herege, se não por outra razão que nenhum dos próprios escritos de Pelágio terem sobrevivido. Mais ainda, Wesley argumentou, Agostinho estava zangado com Pelágio e por essa razão, o relato de Agostinho acerca de Pelágio não podia ser confiado. ...Noutro lugar, Wesley citou o seu palpite de que Pelágio era "tanto um homem sábio como santo" [Letters (Jackson), 12:240] enquanto que, sobre Agostinho, ele escreveu: "Um santo maravilhoso! Cheio de orgulho, paixão, amargura, críticas e asneirento para todos que o contradissessem" [Sermons (Jackson), 6:328-29]. Pelágio, Wesley escreveu a John Fletcher, "muito provavelmente não tem mais heresias do que aquelas que eu e tu temos"[Letters (Telford), 6:125] ... Wesley poderá ter sentido que Pelágio era um espírito semelhante, acusado (como Wesley o foi) de negar a prioridade da fé ao abordar a necessidade de seguir a lei de Deus" (*Wesley and Christian Antiquity*, 6).

14. Leclerc, Singleness of Heart.
15. Ver Sermon 44, "Original Sin", in *Works* (Jackson), 6:57-62.
16. Ibid., 6:60.
17. Ibid.
18. Sermon 78, "Spiritual Idolatry", in *Works* (Jackson), 6:441.
19. George Price, *The Narrow Pass: A Study of Kierkegaard's Concept of Man* (New York: McGraw-Hill Book Company, Inc., 1963), 35.
20. Ibid., 40. Itálicos meus.
21. Wynkoop, Existential Interpretation of the Doctrine of Holiness (unpublished), 254- 56; edited.

LEITURA ADICIONAL

Kierkegaard, Soren. Sickness unto Death. Princeton, NJ: Princeton University Press, 1941.

Leclerc, Diane. Singleness of Heart: Gender, Sin and Holiness in Historical Perspective. Lanham, MD: Scarecrow Press, 2001.

Maddox, Randy. "Holiness of Heart and Life: Lessons from North American Methodism" in Asbury Theological Journal, 50-51 (Fall 1995—Spring 1996), 151-72.

Wesley, John. Sermon, "Spiritual Idolatry." In The Bicentennial Edition of the Works of John Wesley. Vol. 3. Nashville: Abingdon Press, 1983—.

CAPÍTULO 7

1. Porções deste capítulo são incluídas e adaptadas da contribuição do autor para *Clergy Development, Church of the Nazarene, Becoming a Holy People* (Kansas City: Nazarene Publishing House, 2004). Usado com Permissão.

2. Alguns estudiosos (por exemplo, Edwin Crawford, professor de filosofia, emérito, Northwest Nazarene University) chamam as denominações de santidade a se distinguirem do evangelicalismo de hoje, porque o evangelicalismo agora frequentemente significa teologia reformada e fundamentalismo.

3. Do hino de Carlos Wesley "O for a Thousand Tongues to Sing."

4. John Wesley, "A Plain Account of Christian Perfection", in *Works* (Jackson), 11:426.

5. John Wesley, "The Great Privilege of Those That Are Born of God", Sermon Nineteen, in *The Sermons of John Wesley*, ed. Thomas Jackson, Wesley Center Online, http://wesley.nnu.edu/john_wesley/sermons/019.htm.

6. Ver George Croft Cell, *The Rediscovery of John Wesley* (New York: H. Holt and Company, 1935), 347. Cell é frequentemente citado quando escreve que Wesley representa "uma síntese original e única da ética da graça protestante e ética católica da santidade." Albert Outler escreve da síntese de Wesley chamando-a de "catolicismo evangélico." Wesley, de acordo com Ouler, "vislumbrou a unidade subjacente da verdade cristã, tanto na tradição católica como na protestante... Em nome do Cristianismo, tanto bíblico como patrístico, ele conseguiu transcender as disjunções doutrinárias rígidas, que tinham derramado tanta tinta e sangue desde Augsburg e Trent. No seu lugar, ele procedeu a desenvolver uma fusão teológica de fé e boas obras, Escrituras e tradição, revelação e razão, a soberania de Deus e a liberdade humana, redenção universal e eleição condicional, liberdade cristã e uma política ordenada, a segurança do perdão e os riscos de "cair da fé", o pecado original e a perfeição cristã" (*John Wesley* [New York: Oxford University Press, 1964], viii).

7. Ver Raser, *Phoebe Palmer*, 35. Mais tarde Raser adiciona, "Isto não é para dizer que Palmer não ensinou que a conversão genuína e santidade envolvem um relacionamento "místico" com Cristo. A sua compreensão do Cristianismo era demasiado impregnada com o pietismo para que isso acontecesse. E nos seus escritos, a pessoa pode encontrar muitos exemplos da linguagem de emoção religiosa. ...Ainda assim, esses são, de alguma forma, menos "convincentes" e parecem mais recitações deliberadas de uma fórmula familiar do que expressões espontâneas de êxtase religioso" (266). Não estou convencida de que a sua linguagem seja "menos convincente" e "deliberada" (ou seja, não sincera) sobre o assunto da emoção religiosa.

## LEITURA ADICIONAL

Grider, J. Kenneth. Entire Sanctification. Kansas City: Beacon Hill Press of Kansas City, 1980.

Lodahl, Michael and Tom J. Oord. Relational Holiness. Kansas City: Beacon Hill Press of Kansas City, 2005.

Palmer, Phoebe. The Way of Holiness. New York: G. Lane and C. B. Tippett, 1845.

Ruth, C. W. Entire Sanctification. 1903.

Wynkoop, Mildred Bangs. Foundations of Wesleyan-Arminian Theology. Kansas City: Beacon Hill Press of Kansas City, 1967.

## CAPÍTULO 8

1. No seu *Preface to James*, Lutero escreve, "Mas este Tiago não faz mais nada a não ser conduzir à Lei e às suas obras. Além disso, ele junta as coisas tão caoticamente que me parece que ele deve ter sido um homem bom, piedoso, que tomou alguns ditos dos discípulos dos Apóstolos, e assim, colocou-os em papel. ...Numa palavra, ele queria guardar-se contra aqueles que descansam na fé sem obras, mas era insuficiente para essa tarefa." Numa tradução dos escritos de Martinho Lutero, *The Prefaces to Luther's German Translation of the New Testament* (1522) lemos o seguinte sobre Tiago: "Primeiramente, porque, em oposição directa a São Paulo e todo o resto da Bíblia, atribui a justificação às obras e declara que Abraão foi justificado pelas suas obras quando ofereceu o seu filho. São Paulo, pelo contrário, em Romanos 4[:3], ensina que Abraão foi justificado sem obras, apenas pela sua fé — a prova estando em Génesis 15[:6], antes de ter sacrificado o seu filho. Apesar de poder ser possível salvar a epístola dando uma explicação correta da justificação aqui atribuída a obras, é impossível negar que se refere à palavra de Moisés em Génesis 15 (que fala não das obras de Abraão mas da sua fé, assim como Paulo torna claro em Romanos 4) quanto às obras de Abraão. Este defeito prova que a epístola não é de proveniência apostólica" (John Dillenberger, *Martin Luther: Selections from His Writings* [New York: Anchor Books, 1962], 35).

2. Thomas Cook, *New Testament Holiness* (London: Epworth Press, 1950), 43.

3. Para mais sobre pecado como substância, ver a discussão de Wynkoop em *Theology of Love*, 149-64. Também devia ser notado que alguns académicos têm acusado Wesley de ver o pecado como uma substância estranha. Ver Maddox, *Responsible Grace*, 296, n. 117. Maddox lista R. Newton Flew, J. Ernest Rattenbury e William Sangster como críticos de Wesley sobre esta questão.

4. John Wesley, *A Plain Account of Christian Perfection* (Kansas City: Beacon Hill Press of Kansas City, 1966), 117-18.

5. Ibid., 19.

6. Ver Soren Kierkegaard, *Purity of Heart Is to Will One Thing* (Radford, VA: Wilder Publications, 2008).

7. Wesley, *Plain Account* (Beacon Hill Press of Kansas City), 19.

8. Ver Article Nine, www.anglicancommunion.org/resources/acis/docs/thirty_nine_articles.cfm.

9. Wesley, "On Sin in Believers", in *Bicentennial Works*, 1:320-210.

10. Ibid., 321.

11. Wesley, "Repentance in Believers", in *Works* (Jackson), 5:156-71.

12. Ibid.

13. Ver Maddox, *Responsible Grace*, 185-86.

14. Wesley, "Rules of the Band-Societies", in *Bicentennial Works*, 9:77-78.

15. Ver http://www.darkness2light.org/KnowAbout/statistics_2.asp. E http://www.preventabuse-now.com/stats.htm#Links para bases de dados de mais

estatísticas. Ver também Dr. Nancy Nason-Clark, "When Terror Strikes the Christian Home"; Keynote Address at "The Awakening Conference", Fort Lauderdale, FL (October 7, 2006).

LEITURA ADICIONAL

Kierkegaard, Soren. Purity of Heart Is to Will One Thing. New York: Harper & Brothers, 1938.

Oden, Thomas C. Doctrinal Standards in the Wesleyan Tradition. Grand Rapids: Francis Asbury Press, 1988.

Wesley, John. Sermons: "On Sin in Believers" and "The Repentance of Believers." In The Bicentennial Edition of the Works of John Wesley. Vol. 1. Nashville: Abingdon Press, 1983–.

Winner, Lauren. Real Sex: The Naked Truth About Chastity. Grand Rapids: Brazos Press, 2005.

## CAPÍTULO 9

1. L. Tyerman, *The Life and Times of the Rev. John Wesley*, Vol. 2 (New York: Harper & Brothers Publishers, 1872), 306.

2. "Westminster Shorter Catechism", Center for Reformed Theology, http://www.reformed.org/documents/WSC.html. A Westminster Confession of Faith, que é a base para o Shorter Catechism, é uma confissão de fé na tradição calvinista. Foi escrita, em 1646, pela Westminster Assembly of the Church of England, mas tornou-se e permanece o padrão da doutrina na Igreja da Escócia e entre igrejas presbiterianas à volta do mundo. Em 1643, o parlamento inglês convocou uma assembleia na Westminster Abbey. Esses encontros, num período de cinco anos, produziram esta confissão de fé. É claro, nesta altura, que a Igreja Anglicana era influenciada pelo Calvinismo de alguns dos seus líderes e pensadores. Por mais de três séculos, várias igrejas à volta do mundo têm adoptado a confissão como padrão de doutrina. A Westminster Confession of Faith foi modificada e adoptada pelos congregacionalistas e baptistas em Inglaterra. Os presbiterianos, congregacionalistas e baptistas ingleses seriam conhecidos como não conformistas, porque eles não se conformavam com o Act of Uniformity [Acto da Uniformidade] de 1662, que estabeleceu a Igreja de Inglaterra como a única igreja legalmente aprovada, apesar de serem, de várias formas, unidas pelas duas confissões comuns, baseadas na Westminster Confession. Isto não quer dizer que o Arminianismo estava ausente antes e depois da Westminster Confession ser escrita.

3. Thomas Merton, *Life and Holiness* (New York: Image Books, 1963), 4.

4. Reuben Welch, *We Really Do Need Each Other* (Nashville: Impact Books, 1973).

5. John Wesley, "Christian Perfection" and "On Perfection", in *The Bicentennial Edition of the Works of John Wesley* (Nashville: Abingdon Press, 1984–), 2:99-124 and 3:71-87.

6. Wesley, *Plain Account* (Beacon Hill Press of Kansas City), 61.

7. Esta é a maior diferença em Wesley antes e depois de Aldersgate em 1738. Antes dessa experiência, a perfeição cristã era apenas um objecto a ser buscado depois e nunca a ser alcançado nesta vida. Depois de 1738, Wesley viu a perfeição cristã não apenas como possível mas necessária na vida cristã.

8. Esta data é dada a Harald Lindstrom. Timothy Smith data o sermão em 1761; Albert Outler em 1784 (ver http://wesley.nnu.edu/john_wesley/sermons/chron.htm).

9. De acordo com Harald Lindstrom. Ver Harald Lindstrom, *Wesley and Sanctification* (Wilmore, KY: Francis Asbury Publishing Co., 1950).

10. Ibid., 131-32. Ver também "On Perfection", in *Works* (Jackson), 4:411-23. A maioria destas características pode ser encontrada no *Plain Account* de Wesley.

11. Ver Wynkoop, *Theology of Love*, 294-301. Resumi os seus pontos e clarifiquei-os onde fosse útil.

12. Leo George Cox, *John Wesley's Concept of Christian Perfection* (Kansas City: Beacon Hill Press, 1964).

13. Elmer Clark, *What Happened at Aldersgate?* (Nashville: Methodist Publishing House, 1938), 58: "A santidade vital estava a passar da fé e prática metodista. Finalmente, todos os traços da doutrina foram eliminados cuidadosamente das músicas da igreja no hinário denominacional publicado em 1935. Por exemplo, no grande hino de Carlos Wesley "Love Divine, All Loves Excelling", que aparece nos hinários desde 1747, uma linha na segunda estrofe "Encontramos esse segundo descanso", foi alterada pela comissão de hinos para "encontremos o descanso prometido." Nada foi autorizado a permanecer que pudesse lembrar os metodistas de que a sua igreja alguma vez tinha aprovado uma segunda obra da graça.

14. Estou em dívida para com a análise de Leo Cox sobre a obra de Leland Scott, Elmer Gaddis, John Peters, Timothy Smith, Delbert Rose e Robert Cushman na sua revisão da perfeição cristã na América no século XIX. Ver Cox, *John Wesley's Concept of Christian Perfection*, 182-90.

15. É historicamente interessante que, na última parte do século XX, haviam aqueles dentro das denominações de santidade que queriam mover-se para uma forma de santificação mais progressivamente orientada. Elmer Clark disse, dos metodistas no fim do século XIX, "Nada foi autorizado a permanecer que pudesse lembrar os metodistas de que a sua igreja já tinha aprovado uma segunda obra da graça." (Ver nota de rodapé 12). Podemos perguntar se isto será dito das igrejas de santidade no próximo século?

16. Mark Quanstrom coloca esta ênfase no acto instantâneo da santificação como definitivo tão cedo quanto H. Orton Wiley. Ver Mark Quanstrom, *A Century of Holiness Theology*, 80-85. Quanstrom mostra que Wiley ainda assim afirmava a importância do perfeito amor mesmo definindo a santificação estritamente como Inteira Santificação. Quanstrom aponta que existia a necessidade nos anos 40 e

50 de modificar os clamores "exagerados" dos teólogos do início do século XX (relativamente aos efeitos da Inteira Santificação no pecado) por autores mais em contacto com "o realismo cristão" relevante para um novo período histórico (ver capítulo quatro). Eu argumentaria, no entanto, que esta preocupação dos autores de serem correctivos, tiveram o efeito de de-enfatizar os aspectos positivos da santidade cristã como um estilo de vida amoroso.

17. H. Orton Wiley, *Christian Theology*, Vol. 2 (Kansas City: Nazarene Publishing House, 1941), 508.

18. Cox, John Wesley's Concept of Christian Perfection, 182.

19. Uma vez que Wesley desenvolveu o significado destas distinções ao longo do tempo, o que é apresentado aqui deve ser visto como o seu pensamento mais maduro sobre o assunto.

20. Wesley ofereceu uma explicação para este termo, numa carta de 21 de Maio de 1771 para a Miss March. Wesley respondeu à sua carta, dizendo, "Não pode haver uma frase mais apropriada do que aquela que usaste e irei compreender o que queres dizer; ainda assim, é verdade que ainda és uma transgressora – nomeadamente, da perfeita lei de Adão. Mas, por outro lado, apesar de ser verdade que todo o pecado é uma transgressão dessa lei, não é verdade de maneira nenhuma (apesar de muito frequentemente o termos como garantido) que todas as transgressões desta lei são pecado: não, não de todo – apenas as transgressões voluntárias; mais nenhuma são pecados contra a lei do evangelho" (Letter to Miss March [31 May 1771], Letters [Telford]), http://wesley.nnu.edu/john-wesley/the-letters-of-john-wesley/wesleys-letters-1771.

21. Tecnicamente falando, Wesley disse que as transgressões involuntárias precisam do sangue expiatório de Cristo no sentido geral. Mas essas acções não mudam o estado relacional perante Deus como um acto voluntário mudaria.

22. Maddox, *Responsible Grace*, 184.

23. Wesley, *Plain Account* (Beacon Hill Press of Kansas City), 54.

24. Ibid., 23.

25. Ibid., 36.

26. Para apenas alguns exemplos do conselho de Wesley acerca da perfeição cristã e Inteira Santificação, ver Letter to Ann Foard (12 October 1764), *Letters* (Telford), 4:268-70; Letter to Mrs. Bennis (29 March 1766), *Letters* (Telford), 5:6; Letter to Miss March (14 March 1768), *Letters* (Telford), 5:81-2; Letter to Mrs. Barton (8 October 1774), *Letters* (Telford), 6:116.

27. Letter to Hannah Ball (5 November 1769), *Letters* (Telford), 5:153.

28. John Wesley, *Primitive Physic* (Philadelphia: John Dickins, 1791; repr., Nashville: United Methodist Church Publishing House, 1992).

29. Letter to Martha Chapman (15 March 1775), *Letters* (Telford), 6:145.

30. Letter to Martha Chapman (5 April 1775), *Letters* (Telford), 6:147.

31. Letter to Ann Bolton (7 June 1768), *Letters* (Telford), 5:92.

32. Letter to Mary Bosanquet (15 January 1770), *Letters* (Telford), 5:176.

33. Letter to Penelope Newman (23 October 1772), *Letters* (Telford), 5:342.

34. Letter to Ann Bolton (13 July 1774), *Letters* (Telford), 6:97.

35. Letter to Mrs. Knapp (25 March 1781), *Letters* (Telford), 7:52.

36. Letter to Ann Loxdale (14 July 1781) *Letters* (Telford), 7:73.

37. Letter to Mrs. Downes (21 November 1783), *Letters*, (Telford), 7:197.

38. Merton, *Life and Holiness*, 31.

39. Ver John Wesley, "Preface to 1739 Hymns and Sacred Poems", in *Works* (Jackson), 14:321.

40. Ver Timothy L. Smith, *Revivalism and Social Reform* (Nashville: Abingdon Press, 1957).

41. Wesley, "Minutes of Several Conversations", in *Works* (Jackson), 8:310. 8:47.

42. Wesley, "A Further Appeal to Men of Reason and Religion", in *Works* (Jackson),

43. Theodore Jennings Jr., "Wesley and the Poor: An Agenda for Wesleyans", in *The Portion of the Poor: Good News to the Poor in the Wesleyan Tradition*, ed. M. Douglas Meeks (Nashville: Kingswood Books, 1995), 21.

44. "A Farther Appeal", in *Works* (Jackson), 8:239.

45. Ver Kristina LaCelle-Peterson, Liberating Tradition: Women's Identity and Vocation in Christian Perspective (Grand Rapids: Baker Academics, 2008).

46. Ver Donald Dayton, Discovering Our Evangelical Heritage.

47. Ver Douglas M. Strong, Perfectionist Politics: Abolitionism and the Religious Tensions of American Democracy (Syracuse, NY: Syracuse University Press, 1999).

LEITURA ADICIONAL

Cox, Leo. John Wesley's Concept of Perfection. Kansas City: Beacon Hill Press, 1964.

Mahan, Asa. Scripture Doctrine of Christian Perfection. Boston: Waite, Peirce, and Co., 1844.

Wesley, John. A Plain Account of Christian Perfection. Kansas city: beacon Hill Press of Kansas city, 1966.

—. Sermon: "Christian Perfection." in The Bicentennial Edition of the Works of John Wesley. vol. 2. nashville: abingdon Press, 1983—.

—. Sermon: "On Perfection." in The Bicentennial Edition of the Works of John Wesley. vol. 3. nashville: abingdon Press, 1983—.

CAPÍTULO 10

1. Rob Staples, "Things Shakeable and Things Unshakeable in Holiness Theology", The Edwin Crawford Lecture, Northwest Nazarene University's Wesley Conference: *Revisioning Holiness*, February 9, 2007. Ver nnu.edu/Wesley.

2. Ver John Wesley, "Farther Thoughts upon Christian Perfection", in *Works* (Jackson): 11:418.

3. Ver discussão de Wesley e a unificação de Deus em Robert G. Tuttle Jr., *Mysticism in the Wesleyan Tradition* (Grand Rapids: Francis Asbury Press, 1989), 70, 124-25 e especialmente 132. S. Diamond adiciona, "O carácter de Wesley nunca chegou à êxtase mística e, nem a morte nem a união mística, descrevem qualquer experiência na vida de Wesley" (S. Diamond, *The Psychology of the Methodist Revival* [London: Oxford University Press, 1926], 77).

4. Brent Peterson, e-mail para Diane Leclerc ( 15 de Setembro de 2008).

5. Nancy L. Eiesland, *The Disabled God: Toward a Liberatory Theology of Disability* (Nashville: Abingdon Press, 1994), 13.

6. Ibid.

7. Frances M. Young, *Brokenness and Blessing: Towards a Biblical Spirituality* (Grand Rapids: Baker Academic, 2007), 59. Citação de Macarius, *Fifty Homilies*, "6:4, as translated in Wesley, *Christian Library*" (ver n. 44 for cap. 2 in Young, *Brokenness and Blessing*, 132).

8. Tertullian, "The Apology", in *Ante-Nicene Fathers*, 3:54-55.

9. Friedrich Schleiermacher, *On Religion: Speeches to its Cultured Despisers*, trans. John Oman (London: Kegan Paul, Trench, Trubner & Co., 1893), xliv.

10. Ver Henri Nouwen, *The Wounded Healer* (New York: Doubleday, 1972).

LEITURA ADICIONAL

Greathouse, William M. and George Lyons. Romans 9-16: A Commentary in the Wesleyan Tradition. Kansas City: Beacon Hill Press of Kansas City, 2008.

Lodahl, Michael and Samuel Powell. Embodied Holiness: Toward a Corporate Theology of Spiritual Growth. Downers Grove, IL: InterVarsity Press, 1999.

McGrane, Janice. Saints to Lean On: Spiritual Companions for Illness and Disability. Cincinnati: St. Anthony Messenger Press, 2006.

Swinton, John. Critical Reflections on Stanley Hauerwas' Theology of Disability. Binghamton, NY: Haworth Pastoral Press, 2004.

Young, Frances M. Brokenness and Blessing: Towards a Biblical Spirituality. Grand Rapids: Baker Academic, 2007.

CAPÍTULO 11

1. Ver Randy Maddox, "Reconnecting the Means to the End: A Wesleyan Prescription for the Holiness Movement", in *Wesleyan Theological Journal* 33, no. 2 (1998): 29-66.

2. Isto é importante porque não é necessário que os wesleyanos asiáticos adoptem um modelo filosófico ocidental como a única forma de discutir a importância da virtude.

3. Por exemplo, ver Randy Maddox, "A Change in Affections: The Development, Dynamics, and Dethronement of John Wesley's 'Heart Religion,'" in "*Heart Religion*" *in the Methodist Tradition and Related Movements*, ed. Richard Steele (Metuchen, NJ: Scarecrow Press, 2001), 3–31 (e todo o livro de Steele). Para

uma revisão filosófica, ver Philip Cary, "A Brief History of the Concept of Free Will", in *Behavioral Sciences* 25 (2007): 165-81.

4. Estou profundamente endividada para com Randy Maddox relativamente a toda esta secção, assim como a próxima. Ver o seu marcante artigo, "Holiness of Heart and Life: Lessons from North American Methodism", in *Asbury Theological Journal* 51 (1996): 151-72.

5. Ibid., 152-53.

6. Ibid., 153.

7. Ibid.

8. Ibid., 154.

9. Ibid., 154, ênfase minha.

10. A lista aqui vem do *Plain Account* (Beacon Hill Press of Kansas City), 17.

11. Para um estudo penetrante da diferença entre inclinações e instintos ver Joseph Bankard, "Human Biology and Moral Instincts: Do We Have an Innate Moral Grammar?" que vem na sua dissertação doutrinal de Claremont.

12. O próprio pensamento de Wesley aqui é problemático. Wesley tem sido acusado de um "monofisitismo prático" porque, por vezes, deu mais ênfase à divindade de Jesus Cristo do que à Sua humanidade. Há raros pontos nos escritos de Wesley, onde ele claramente de-enfatiza as respostas e emoções humanas de Jesus. Mas, para ser consistente com a linguagem de "tomar a Sua disposição", a humanidade de Jesus é vital. Não podemos tornar-nos divinos. Assim, para imitar Cristo no nosso carácter, precisamos imitar a perfeição da Sua humanidade – como um ser humano total.

13. Wesley, "The Means of Grace", in *Works* (Jackson), 5:185-201.

14. Ver Henri Nouwen with Michael J. Christensen and Rebecca Laird, *Spiritual Direction: Wisdom for the Long Walk of Faith* (New York: HarperCollins, 2009), 17; e Henri Nouwen, *Here and Now* (New York: Crossroads Publishing Company, 1994), 76-77.

15. Apesar de isto ser atribuído a Wesley, não existe nenhuma citação directa. Ver também William J. Federer, *America's God and Country: Encyclopedia of Quotes* (St. Louis: William J. Federer Publication), 683.

16. Ver Dietrich Bonhoeffer, *Life Together* (New York: Harper and Row Publishers, 1954).

17. "Eucaristia" significa literalmente acção de graças.

18. William Willimon, *The Service of God: Christian Work and Worship* (Nashville: Abingdon Press, 1983), 125.

19. Ibid., 127.

20. Staples, Outward Sign and Inward Grace, 204-5.

21. Ver Wesley, "The Duty of Constant Communion", in *Bicentennial Works*, 3:428-39.

22. Ibid.

23. Para um tratamento completo de como Wesley interpretou a Eucaristia, ver Staples, *Outward Sign and Inward Grace*, e Ole E. Borgen, *John Wesley on the Sacraments* (Grand Rapids: Francis Asbury Press of Zondervan Publishing House, 1985). Eu interpreto Wesley como entre a teoria da "presença espiritual" e a visão "memorialista". Crucial para interpretar a compreensão de Wesley da Comunhão é a sua pneumatologia. Não estou certa se estas ligações têm sido completamente exploradas.

24. Gregory Clapper, *John Wesley on Religious Affections* (Metuchen, NJ: Scarecrow Press, 1989), 154.

25. Ver Theodore Runyon, "A New Look at Experience" (*Drew Gateway* 1987), 44-55. Também devia ser dado crédito a Steven Land, que escreveu um trabalho com Runyon durante o seu programa de doutoramento.

26. Wesley, "Salvation by Faith", in *Bicentennial Works*, 1:120.

27. Mildred Bangs Wynkoop, *Existential Interpretation*, 301.

LEITURA ADICIONAL

Clapper, Gregory. John Wesley on Religious Affections. Metuchen, NJ: Scarecrow Press, 1989.

Knight, Henry. The Presence of God in the Christian Life. Metuchen, NJ: Scarecrow Press, 1992.

Staples, Rob. Outward Sign and Inward Grace: The Place of Sacraments in Wesleyan Spirituality. Kansas City: Beacon Hill Press of Kansas City, 1991.

Steele, Richard. "Gracious Affection" and "True Virtue" According to Jonathan Edwards and John Wesley. Metuchen, NJ: Scarecrow Press, 1994.

CAPÍTULO 12

1. Isto não é para refutar a declaração de Wynkoop que os termos de "santidade" e "amor" devem permanecer distintos. Ela escreve, "A santidade e amor são duas palavras diferentes para duas coisas diferentes. No campo da definição formal, cada uma é distinta. Elas não podem ser intercambiáveis usadas em qualquer contexto. Mas isto é no campo das palavras como palavras. No campo do sentido existencial, algo do seu relacionamento começa a aparecer" (Wynkoop, *Theology of Love*, 24).

2. E certamente controverso, "Amor sem santidade não é amor nenhum" (Steve McCormick, correspondência com o editor, 23 de Abril, 2009).

3. Esta lista é uma combinação de conceitos oferecidos por Mildred Bangs Wynkoop e Gary Charter, assim como os meus próprios pensamentos. Ver Wynkoop, *Theology of Love*, e Gary Charter, *The Analogy of Love: Divine and Human Love at the Center of Christianity* (Charlottesville, VA: Imprint Academic, 2007), 14-15.

4. Charter, *Analogy of Love*, 2.

5.	Ibid. O desejo, infelizmente, tem sido associado, por alguns, demasiado de perto com a luxúria; a luxúria devia ser compreendida como uma distorção pecaminosa do desejo. Novamente, esta confusão pode levar a um estoicismo não saudável e a distorcer, em particular, a sexualidade saudável. Ver "Excurso" no capítulo 8 sobre a pureza.

6.	Por exemplo, Mildred Bangs Wynkoop e Rob Staples—nomeados, como tal, por outros; ou Tom Oord, que o toma como seu próprio nome (ver Thomas Jay Oord e Michael Lodahl, *Relational Holiness* [Kansas City: Beacon Hill Press of Kansas City, 2005]).

7.	Ver John Wesley's sermon "The Catholic Spirit."

8.	Uma declaração feita por Rob Staples.

9.	Dito por Steven Land, presidente da Church of God Theological Seminary aquando de uma consulta de historiadores de santidade wesleyana pentecostal em Kansas City, Outubro de 2006.

10.	Paul Tillich invoca a imagem do "círculo teológico" para implicar que a verdadeira teologia permanece sempre ao serviço da igreja. Ele escreve: "O teólogo... clama a validade universal da mensagem cristã apesar do seu carácter concreto e especial. ...Ele [ou ela] entra no círculo teológico com um compromisso concreto. Ele [ou ela] entra nisso como um membro da igreja cristã para executar uma das funções essenciais da igreja – a sua auto-interpretação teológica" (*Systematic Theology*, Vol. 1 [Chicago: Chicago University Press, 1951], 9-10).

11.	Este sentimento é expresso no hino de Carlos Wesley "And Can It Be?". O segundo verso diz: "Ele [Cristo] deixou acima o trono do Seu Pai,/ tão livre, tão infinito na Sua graça!/ *Esvaziou-Se de tudo menos do amor,*/e sangrou pela corrida impotente de Adão." Ver também o capítulo 10 para um exame total do conceito da auto-esvaziamento.

12.	Staples, "Things Shakeable and Things Unshakeable in Holiness Theology."

LEITURA ADICIONAL

Clapper, Gregory. John Wesley on Religious Affections. Metuchen, NJ: Scarecrow Press, 1989.

Knight, Henry. The Presence of God in the Christian Life. Metuchen, NJ: Scarecrow Press, 1992.

Staples, Rob. Outward Sign and Inward Grace: The Place of Sacraments in Wesleyan Spirituality. Kansas City: Beacon Hill Press of Kansas City, 1991.

Steele, Richard. "Gracious Affection" and "True Virtue" According to Jonathan Edwards and John Wesley. Metuchen, NJ: Scarecrow Press, 1994.

# GLOSSÁRIO

**Abolicionismo**—Um movimento da Reforma que surgiu na América associado ao movimento anti-escravatura. O movimento anti-escravatura tentou evitar que os escravos fossem negociados e trazidos de África para a América e Europa Ocidental e lutou pela emancipação daqueles que já eram escravos.

**Adopção**—Wesley afirmou fortemente o significado de ser um filho de Deus e co-herdeiro com Cristo. Este aspecto da salvação também implica que as pessoas nascem numa família, isto é, numa comunidade de irmãos e irmãs em Cristo. Tal impede que as pessoas imaginem a salvação como um evento puramente privado na vida.

**Afeições**—Em termos wesleyanos, são as afeições que motivam a acção humana e como tal são indispensáveis. (Ver Inclinações, assim como Temperamentos).

**Alteridade**—Este termo foi inventado pelo teólogo Rudilf Otto e implica que Deus é diferente de qualquer outra criatura. Este termo é usado para reinforçar a transcendência absoluta de Deus.

**Amor, *agape***—Um amor não condicionado pelo recipiente do amor de alguém, que é incondicional. Os cristãos primitivos definiram agape como o amor auto-sacrificial de Deus pela humanidade, o qual eles eram chamados a imitar nas suas próprias vidas para com os outros. Este amor auto-sacrificial não é condicional, isto é, é dado tanto a amigos como a inimigos.

**Amor, *eros***—Termo grego para "amor apaixonado" além do amor da amizade. A atracção física não é sempre necessária para este tipo de amor. Eros é compreendido no pensamento platónico como ajudando a alma tanto a reconhecer a beleza como a lembrá-la.

**Amor, *philia***—Palavra grega para "amizade". Também compreendida como o carinho ou lealdade para com amigos e família.

**Analogia da Fé**—Os temas interligados das Escrituras. Para Wesley estavam reduzidos a quatro verdades particulares: a corrupção do pecado, a justificação pela fé, o novo nascimento e a presente santidade interna e externa. Estes elementos unificam as Escrituras e agem como um guia interpretativo para passagens problemáticas.

**Antiguidade Tardia**—O período na história que corresponde ao desenvolvimento da igreja primitiva. Refere-se ao tempo em que Roma dominava o império.

**Antinomianismo**—A ideia de que um cristão só é salvo pela graça (*sola fide*) e não pelas obras; além disso, significa que o cristão fica, então, livre de toda a lei moral ou obrigações, livre para pecar. Literalmente, significa anti-lei.

**Antropologia Teológica**—O ramo da teologia que lida com a metafísica da humanidade e ser moral.

*Apokatastasis*— Crença de Orígenes de que todos serão salvos no fim, inclusive Satanás. Depois da sua morte, foi acusado de heresia por esta e outras crenças. Apesar disso, Orígenes é hoje considerado como um pai da igreja e não um herege.

**Apologia**—Um estilo de escrita da igreja primitiva (e daí em diante) no qual o autor busca defender aspectos da doutrina cristã ou do Cristianismo como um todo. Os apologistas procuravam encontrar terreno comum com críticos de forma a apelar à sua razão. A filosofia, a história e a ciência eram usadas para convencer a oposição de que os cristãos não deviam ser condenados como irracionais e, portanto, à morte. Tais esforços eram, normalmente, fúteis.

*Arête*— Termo grego que significa "virtude" ou "excelência". Usado maioritariamente quando falando das virtudes do carácter humano.

**Asceticismo**—A prática de formas extremas de auto-negação.

**Asseidade**—Uma doutrina que crê que Deus é inteiramente auto-suficiente. Deus não está dependente de qualquer outro ser ou coisa, seja para a Sua existência ou natureza.

**Atributos Morais de Deus**—Aqueles atributos de Deus onde Deus tem uma escolha em acção. Por exemplo, Deus pode escolher ser misericordioso ou não.

**Atributos Naturais de Deus**— Aqueles atributos de Deus que fazem de Deus, Deus. Se esses atributos deixassem de existir em Deus (hipoteticamente), Deus deixaria de ser Deus. Por exemplo, Deus não pode deixar de ser bom sem deixar de ser Deus.

**Avivamento**—Na vida de um indivíduo, é a convicção que traz arrependimento pessoal. Pode também referir-se a um tempo em que a sociedade em geral foi impactada por uma extraordinária época de interesse religioso (por exemplo, o Primeiro e Segundo Grande Avivamento). Charles Finney enfatizou um avivamento como um regresso ao activo da igreja depois de um tempo dormente e como a conversão de pecadores para a realidade da presença do Espírito Santo na vida normal de cada dia.

**Band** — Sistema wesleyano de pequenos grupos que facilita a mudança de afeições e motivações dos seus membros e que é composto por pessoas do mesmo sexo.

**Baptismo com o Espírito Santo**—Desde há muito associado com a Inteira Santificação, este termo é baseado em passagens bíblicas declarando que tal baptismo efectuado por Jesus Cristo ultrapassaria o baptismo de água; Ele "baptizaria com fogo" (Mateus 3:11). É também baseado na experiência dos discípulos no Pentecostes. A frase não deve ser confundida com "baptismo do Espírito Santo" que é usada pelos pentecostais para significar o falar em línguas.

**Carácter Continente**—De Aristóteles. Uma pessoa/agente a quem falta harmonia interna ou que sofre de dissonância interna. É dito que a pessoa de carácter continente tomou uma decisão em determinada ocasião e, tendo tomado esta decisão, é capaz de levá-la adiante apesar da pressão dos apetites ou paixões. O agente de carácter continente é capaz de resistir a essas pressões e, por isso, é capaz de manter a decisão racional, mas age pelas razões erradas, contrastando com a pessoa de carácter virtuoso que age pelas razões correctas.

**Carácter Incontinente** —Uma pessoa/agente a quem falta harmonia interna ou que sofre de desordem interna. É dito que a pessoa de carácter incontinente alcançou uma decisão dentro de uma particular ocasião de eventos e, tendo tomado esta decisão, a pessoa experimenta pressões dos apetites (também conhecidos como emoções), que não são totalmente controlados pela razão. A pessoa incontinente é menos capaz ou antes, menos bem sucedida do que a pessoa continente em resistir à pressão dos apetites e, por isso, será persuadida pelos apetites e não seguirá adiante com a sua decisão.

**Carácter Vicioso**— Uma pessoa/agente que não tenta ou que até se recusa a fazer o que a pessoa/agente virtuoso faria. (Ver também o carácter continente, incontinente e virtuoso).

**Carácter Virtuoso**—Uma pessoa/agente que tem prazer em exercer as suas competências intelectuais na tomada de decisão e não está preocupado com os apetites. Um agente virtuoso portanto, não está dividido internamente e carrega o que é bom.

**Causas materiais, eficientes, formais e finais**—Aristóteles acreditava que havia quatro causas em todos os objectos, até no ser humano. A *causa material*, que pergunta o porquê de determinada coisa fazer o que faz; Aristóteles acreditava que a resposta a esta pergunta se encontrava nas tendências do próprio objecto. Por exemplo, o mármore é a causa material de uma estátua. A *causa eficiente* é a fonte de movimento ou mudança. O escultor é a causa eficiente do mármore se tornar uma estátua. Mas ainda há causas mais profundas que são definitivas não apenas nas tendências ou acções, mas também na natureza e propósito. A *causa formal* é a natureza do objecto e a *causa final* determina o seu fim, ou o seu *telos*. A causa final pergunta: Qual é o propósito para o qual o objecto (pessoa) é atraído? A causa formal é, antes de mais, a potencialidade pura que busca ser concretizada. A causa final é concretizada através da habituação.

**Classes** — Sistema wesleyano de pequenos grupos que facilita a mudança de comportamento dos seus membros.

**Condescendência**—Voluntariamente tornar-se igual a uma pessoa ou pessoas que são, de outra forma, consideradas inferiores ou outras (por exemplo: Deus ao tornar-Se carne). Tal foi enfatizado particularmente por Martinho Lutero.

**Consagração**—Na teologia da tradição wesleyana de santidade, este termo refere-se à rendição absoluta ou inteira devoção a Deus.

**Consciência**—Uma bússola interna que ajuda as pessoas a discernir o que é certo ou errado. A consciência é o conhecimento do certo e do errado. É argumentado que ou é formado pela experiência ou está presente inerentemente dentro de cada pessoa. A teologia cristã afirma normalmente que ela é dada por Deus.

**Controvérsia Perfeccionista** —A ênfase de Wesley na perfeição cristã, que é amar Deus com todo o coração, alma e mente e amar o próximo como a si mesmo, esteve sob ataque. Muita da discórdia veio da má compreensão da terminologia, sendo "perfeição" compreendida como um estado acabado ou até angelical depois da Inteira Santificação. Esta má compreensão foi promovida pela Sociedade de Londres na década de 1760. Wesley disciplinou-os fortemente e destituiu os seus líderes.

**Crítica Bíblica**—Uma forma de investigação que busca fazer julgamentos exigentes e selectivos acerca do texto bíblico, baseado nos vários contextos do texto.

**Deísmo**—A crença teísta de que Deus criou o universo e tudo o que nele existe, mas que agora não interfere na criação. Deus é como um relojoeiro que criou o relógio e agora permite que este funcione sem mais nenhuma intervenção. Deus e o mundo são entidades separadas. O deísmo é a crença em Deus baseada na aplicação da razão às leis da natureza; é, por isso, a crença em Deus em terreno puramente racional.

**Depravação**—Uma palavra para descrever a condição da humanidade depois da Queda. Está normalmente ligada à frase "depravação total", que conota o desespero da humanidade longe da graça de Deus.

**Dinamismo (do grego *dunamis*)**—Um termo bíblico que usualmente se refere ao poder do Espírito Santo na vida de um cristão à medida que este coopera com tal poder.

**Dispensações**—Compreendidas dentro da teologia como uma ordem divina das coisas que acontecem em determinado momento da história. O dispensionalismo foi originado entre os Plymouth Brethren [Irmãos de Plymouth], nomeadamente John N. Darby. Esta teoria é popular nas igrejas evangélicas e é essencialmente pessimista acerca da condição do mundo. É caracterizada por três pontos principais: (1) a divisão da história em eras [usualmente em sete]; (2) menção de uma Segunda Vinda de Cristo, incluindo o arrebatamento secreto antes de uma revelação pública; e (3) a divisão da Igreja em igrejas gentias e judaicas.

**Disposições**—A tendência de alguém ou algo agir ou reagir de certa maneira ou de formas características em determinadas situações. Pode ser compreendida também como as tendências ou inclinações que prevalecem.

**Divinização**—Ver *Theosis*.

**EC** — Era Comum, *Anno Domini.*

**Eisegesis**—Quando uma pessoa interpreta e/ou lê algo de um texto (inclusive as Escrituras) que o autor do texto original não tinha intenção de transmitir. É equivalente a tirar um versículo fora do seu contexto.

**Empirismo**—Confiança em dados observáveis ganhos através dos cinco sentidos com o propósito de estabelecer a verdade.

**Enfermidades**—Fraqueza física ou mental. Wesley distinguiu entre pecado voluntário e enfermidades que podem impedir-nos de fazer todo o bem possível. As enfermidades têm uma qualidade amoral.

**Epistemologia**—A disciplina filosófica que se preocupa com a natureza, modo e validade do conhecimento humano. Pergunta: Como é que sabemos que sabemos?

**Estado Natural, Legal e Evangélico**—No pensamento wesleyano, o *estado natural* é a humanidade criada por Deus antes da queda; o *estado legal* é a pessoa sob a lei; o *estado evangélico* é o estado regenerado. O estado natural, então, é um estado mais hipotético, excepto no caso de Jesus Cristo que nasceu sem pecado original.

**Estoicismo**—Um movimento filosófico do período helenista que foi fundado em Atenas por Zeno de Citium. Os estóicos definem a virtude como o *telos* (fim) de uma coisa. Em adição, eles ensinavam que a virtude era o maior bem, baseado no conhecimento ou na razão. Os estóicos ensinavam que uma razão divina governa todas as coisas e que a pessoa sábia irá viver em harmonia com esta razão divina. Além disso, os estóicos ensinavam que a pessoa devia aceitar a sua situação no mundo com apatia ou resignação, reconhecendo a sua condição como um reflexo da razão divina das coisas.

**Ética da Virtude**—Teorias de moralidade nas quais as "virtudes" têm uma certa função. A ética de virtude está menos preocupada com as regras que devem ser seguidas e mais com ajudar as pessoas a desenvolver um bom carácter.

*Eudaimonia*—Um conceito central na ética da virtude é frequentemente traduzido como "felicidade" ou como "florescer", isto é, o florescer de um ser humano, não devendo ser confundido com o florescer de plantas e animais.

**Exclusivismo**—A visão de que há apenas um caminho para a salvação e, por isso, para Deus, e de que este caminho é através da fé em Jesus como o Cristo. Nega a graça preveniente.

**Exegese**—O estudo das Escrituras para descobrir o seu significado original, desejado.

**Experiência**—Uma parte do quadrilátero wesleyano. A experiência refere-se à experiência da graça de Deus. Esta experiência é relacionada quando é ou tem sido afirmada dentro da comunidade cristã – tanto do passado como do presente.

**Garantia**—Ver Testemunho do Espírito.

**Gnosticismo**—Uma heresia da igreja primitiva que produziu escritos e teologia que sublinhavam ideias muito estranhas acerca da criação e acerca de Cristo e que a igreja declarou heréticas.

**Graça Preveniente**—No pensamento maduro de Wesley, este tipo de graça era aquela que dá certa quantidade de luz a cada ser humano e aquela que desperta os sentidos espirituais. Permite a Wesley enfatizar a actividade salvífica de Deus e ficar longe do território pelagiano. A graça preveniente significa que Deus toma a iniciativa no sentido da

conversão, inclinando-nos a voltar, cortejando-nos, dando-nos oportunidade de nos arrependermos, mas nunca de forma irresistível.

**Hagiografias**—Uma biografia escrita acerca de uma pessoa santa. As hagiografias não são relatos objectivos da vida de uma pessoa, mas são
escritas com o propósito de mostrar o quanto a pessoa é extraordinária
de várias formas.

**Hamartiologia**—A doutrina do pecado. Vem da palavra grega *hamarta-
nein*, que se refere a um arqueiro que está a falhar o alvo ou a marca
que quer alcançar. É o estudo de como o pecado teve origem, de como
afecta a humanidade e as consequências do pecado aqui e agora, assim
como depois da morte.

**Heresia**—Aquilo que está contra o que é considerado ortodoxo.

**Hermenêutica do Amor**—A crença tida por muitos wesleyanos de que o
tema mais importante das Escrituras é o amor: o amor de Deus por nós
e o nosso amor por Deus e pelos outros.

**Hermenêutica**—A ciência e arte de interpretar um texto e aplicá-lo ao
contexto da actualidade. Baseado na exegese.

**Homeopática**—Uma abordagem à doença física que se foca no uso de
ervas, "remédios caseiros" e conselhos para o viver holístico. O livro de
Wesley, *The Primitive Physic,* é uma colecção de tais conselhos que
cobre uma ampla variedade de doenças.

**Idolatria**—Quando o nosso relacionamento com outras pessoas ou coisas
toma o lugar primário de Deus.

**Imagem Natural e Moral em Humanos**—A ideia de que a humanidade
é a contrapartida da pessoa de Deus e, por isso, toma parte na vida
económica de Deus. As pessoas reflectem a *imago Dei* no mundo e,
por isso, podemos discutir a imagem (imagem natural) e o carácter
(imagem moral) da humanidade.

**Imago Dei**—Literalmente, "imagem de Deus." Mildred Bangs Wynkoop,
ao interpretar Wesley, define a imagem de Deus na humanidade como
a capacidade de amar, no contexto de um relacionamento com Deus,
com os outros, consigo mesmo e com a terra.

**Imanência**—Este termo denota a proximidade e/ou presença de Deus na criação; Deus como imanente é pessoal ou apresentável (o oposto de transcendente [ver Transcendente]).

**Impassibilidade**—Um termo usado dentro do teísmo clássico, assim como na ortodoxia cristã, onde Deus é visto como imperturbável, impossível de ser afectado por outros.

**Imperfeições**—Uma categoria no pensamento de Wesley que não era equivalente ao pecado, similar às transgressões involuntárias e enfermidades. As imperfeições referem-se às limitações humanas que não têm uma qualidade moral. Por exemplo, uma imperfeição pode ser uma falta de omnisciência, uma doença física ou um defeito mental.

**Inclinações**—Comummente entendidas como a tendência de uma pessoa agir ou se sentir de determinada maneira (ver Afeições).

**Inclusivismo**—A posição de que apenas uma religião é verdadeira, mas que a salvação é possível fora desta. Um exemplo desta posição é um cristão inclusivista que mantém que Jesus é o único caminho e que o Cristianismo é a única religião verdadeira, mas que as pessoas de outras fés podem ser salvas por causa da graça preveniente, mesmo se não acreditaram explicitamente em Jesus. Paulo aparenta sugerir isto em Romanos 2.

**Incomparabilidade de Deus**— Este é um princípio teológico que declara que Deus é único. Em todo o Seu ser, Deus é diferente de qualquer outra criatura.

**Inspiração Dupla**—A crença de que o Espírito Santo inspirou os escritores originais das Escrituras e que continua a inspirar o leitor dos dias de hoje para que as passagens lidas tomem vida.

**Inteira Devoção**—Outra palavra para consagração ou rendição no compromisso feito na altura da Inteira Santificação. Também é descritivo da vida vivida daí adiante.

**Interpretação Bíblica**—O processo de descobrir o que o autor original de determinado texto procurava transmitir aos seus leitores. O objectivo da interpretação é fazer do texto bíblico, e portanto o ponto original do autor, aplicável para o mundo presente.

**(Interpretação) Indutiva** —O processo de fazer a exegese do texto bíblico e depois esboçar as conclusões teológicas. Uma abordagem diferente da interpretação dedutiva.

**Interpretação Subjectiva**—Este tipo de interpretação tem-se tornado cada vez mais aceite entre os estudiosos bíblicos nos anos recentes. É a consciência aberta de que os leitores chegam ao texto com tendências e perspectivas — resultado das suas próprias experiências, ou seja, a sua própria subjectividade. Este tipo de interpretação está relacionada com o que é conhecido como a interpretação centrada no leitor.

**I-Thou**—Filósofo Martin Buber inventou esta frase num livro chamado *I-Thou*, onde o tema dominante é o relacionamento com os outros e com Deus. Na obra supramencionada, Buber discute as duas possíveis relações que existem no mundo – as relações "Eu-isso" e "Eu-tu". Buber argumenta que uma pessoa se relaciona com outra correctamente ao reconhecê-la como "tu". As relações "Eu-isso" são relações onde o outro é, ou se torna, objecto ou meios para atingir determinado objectivo. Buber também afirma que a pessoa tem contacto, em determinada altura, com um eterno "tu". Este eterno "tu" é Deus e se não pode tornar num objecto ou um meio de atingir um fim sem que a relação seja ameaçada.

**Justiça Imputada**—A rectidão de Jesus, creditada ao cristão que então o capacita a ser justificado. Deus vê a pessoa através da rectidão de Cristo, mas não se refere à transformação interior e limpeza do indivíduo por Deus.

**Justiça Transmitida**—Um presente gracioso de Deus dado no momento do novo nascimento do indivíduo. Deus começa o processo de nos tornar santos. É diferente da fé imputada.

**Justificação**—Um companheiro da salvação que implica que os nossos pecados são perdoados. A culpa do nosso pecado é tirada. Deus não nos condena mais pelas nossas transgressões. Wesley afirmou a justificação. No entanto, acreditava que a salvação total vai além da justificação, para abordar o problema ou doença subjacente.

**Legalismo**—Compreendido dentro da teologia como a ênfase na lei moral, códigos de conduta, etc; como princípios preeminentes de redenção para além da misericórdia de Deus.

**Liberdade**—A possibilidade da pessoa recusar agir segundo determinada inclinação (ver também Afeições).

**Marcionismo**—Uma heresia originada dentro de uma seita dos séculos II e III d.C., seguindo os ensinos de Marcion de Sinope. O Marcionismo condenou e rejeitou o Deus criador do Velho Testamento, considerando-O recto, inconsistente, ciumento e colérico. O Marcionismo aceitou o Deus do Novo Testamento que é um Deus de bondade. Cristo era tido como o Filho do bom Deus e não do Deus dos judeus.

**Meios da Graça**—Compreendido no pensamento wesleyano como sinais exteriores, palavras e/ou acções que servem como caminhos/canais/meios pelos quais uma pessoa se abre a Deus e recebe a graça justificadora (ou santificadora).

**Meios da Graça, Instituídos** —Aqueles meios da graça que Wesley via como evidentes na vida de Jesus, nomeadamente a Santa Ceia, a oração, o jejum, as Escrituras e o diálogo cristão.

**Meios da Graça, Gerais** —Certas actividades sugeridas por Wesley para viver a vida cristã, tais como o exercício da presença de Deus, levar a "cruz", negar-se a si mesmo e vigiar.

**Meios da Graça, Prudenciais** —Estes meios da graça são considerados como sábios apesar de não serem directamente ordenados. Eles incluem os encontros de "classes", "cultos de aliança", encontros de oração e visitação dos doentes. Os meios de graça prudenciais variam entre diferentes tempos, entre culturas diferentes e também de pessoa para pessoa.

*Midrash*—Um comentário antigo contendo uma compilação dos ensinos homiléticos em partes do *Tanakh* (Bíblia Hebraica).

**Modalismo**—Uma interpretação da doutrina da Trindade em que os seus proponentes insistiam num Soberano/Deus indiviso. Os proponentes do Modalismo não queriam dividir Deus em três pessoas distintas; por isso, argumentaram que os três termos eram nomes aplicados a modos diferentes. O Modalismo foi considerado heresia.

**Modelo Intelectualista ou Psicologia Moral** —Refere-se a uma mudança do "modelo afectivo" de Wesley do desenvolvimento de carácter para um modelo que enfatiza a mente racional e o exercício da vontade no ser virtuoso.

**Monasticismo Cenobítico**—O tipo de Monasticismo que era praticado numa comunidade de outros monges ou freiras como contrastado com o Monasticismo Eremítico— a vida solitária de um eremita.

**Monásticos Eremitas**—O tipo de Monasticismo caracterizado por extrema solidão; a vida de um eremita.

**Moravianismo** — Movimento dos morávios.

**Movimento do Evangelho Social**—Um movimento religioso que surgiu na segunda metade do século XIX. Este movimento surgiu de uma crescente preocupação social entre os protestantes americanos da influência das pessoas no estrangeiro (por exemplo, o teólogo escocês e o filantropo Thomas Chalmers). Uma doutrina central deste movimento religioso era o reino de Deus aqui e agora. Apesar dos líderes do movimento do evangelho social não terem um único ponto de vista, com a centralidade do reino de Deus em primeiro plano, eles procuraram ter encontros para informar pessoas – maioritariamente protestantes – acerca do conflito industrial que estava a ter lugar (os protestantes eram geralmente as pessoas mais ricas durante esta altura e por isso não tinham conhecimento do lote diário dos trabalhadores). Ao informar estas pessoas sobre o estado de indústrias, os líderes do movimento do evangelho social chamaram essas pessoas a partilhar a sua riqueza (dinheiro, terras e comida), assim como a lutar pelos direitos do trabalhador. A chamada era para seguir o exemplo de Jesus ao promulgar ou trazer o reino de Deus para o aqui e agora.

**Novo Nascimento**—A altura na vida de uma pessoa em que ele ou ela nasce de novo ou é regenerada.

**Omnipresente**—Significa literalmente "sempre presente". Deus está presente e activo em todo o lado, em todas as coisas, ao longo do tempo e espaço.

**Ontológico** —Um ramo da metafísica que estuda a natureza do ser, existência e/ou realidade.

*Ordo salutis*—Significa literalmente a "ordem da salvação". Visto que é frequentemente considerado como uma série de passos na vida cristã, alguns estudiosos preferem *via salutis*, ou o caminho da salvação para enfatizar a fluidez de um estado ao outro.

**Origenismo**—Seguidores de Orígenes que levaram a sua teologia especulativa ao extremo, ao ponto de se tornar herético.

**Pacto [ou Aliança]**—Um acordo entre pessoas e/ou entre Deus e pessoas, onde aquele que inicia a aliança se vincula à promessa que fez com a outra pessoa. Em relacionamentos entre Deus e humanos, Deus faz uma obrigação auto-imposta para se aliar com as pessoas. Este acordo feito entre Deus e as pessoas torna-se um acordo mutuamente vinculativo entre ambas as partes, onde as pessoas são chamadas a viver vidas de fidelidade, confiança e lealdade.

**Pais Apostólicos**—A segunda geração de cristãos; aquelas pessoas (normalmente homens) que escreveram obras significativas logo depois dos escritos do Novo Testamento. Algumas das suas obras foram ainda consideradas para serem incluídos no canon. A maioria poderia dizer que eles foram ensinados pelos apóstolos ou alguém que estava perto de Jesus.

**Panenteísmo**—Deus está em todas as coisas. O universo é contido no "corpo" de Deus, mas a compreensão e/ou personalidade de Deus é maior do que a soma de todas as partes do universo. Deus está, por isso, em todas as coisas, mas Deus é também mais do que essas coisas nas quais Ele está.

**Panteísmo**—Uma doutrina que crê que todas as coisas – todos os seres – constituem Deus. Deus e a natureza são idênticas, isto é, não existe distinção entre os dois. Deus é todas as coisas.

**Paracleto**—Nome do Espírito Santo encontrado no Evangelho de João. Significa o Espírito de Deus que irá fortalecer e guiar os fiéis a toda a verdade. Vem de duas palavras gregas que significam "chamado para estar ao lado".

**Patripassionismo**—Uma forma de Modalismo em que o Filho é visto como a parte humana de Jesus, como o Cristo, e o Pai é visto como o Cristo; o Pai, então, toma a forma de Jesus ao tornar-Se nascido de uma virgem e então sofrendo e morrendo na cruz.

**Patrístico**—O período da história que se refere à era dos pais da igreja. Usualmente refere-se ao tempo desde o período após o Novo Testamento à queda de Roma em 430 (mais tarde no Oriente).

**Pecado Original**—A doutrina que considera a condição do pecado herdado que passa até Adão.

**Pelagianismo**—Este termo refere-se ao ensino do monge britânico Pelágio que tinha a ver com o relacionamento entre a graça divina e a vontade humana. Pelágio parece ter negado a doutrina do pecado original, vendo a humanidade basicamente como boa e sem estar afectada moralmente pela Queda; por isso a desobediência de Adão teve significado apenas para ele mesmo.

**Pentecostes**—O dia em que o Espírito Santo foi derramado nos discípulos, de uma nova forma, levando-os a testemunhar àqueles reunidos em Jerusalém para a celebração judaica do Pentecostes (uma celebração da colheita). Para todos os cristãos, tem sido chamado o aniversário da igreja. Para aqueles nas tradições wesleyanas de santidade e pentecostal, tem sido associado com o baptismo com, ou do, Espírito Santo.

**Perfeição Cristã**—O próprio Wesley afirmou a perfeição cristã como uma possibilidade real para cada cristão que foi justificado pela fé. Wesley definia a perfeição cristão como "puro amor" que reina sozinho no coração e vida do indivíduo.

*Phronesis*—Termo grego que significa "sabedoria prática". No Nicômaco de Aristóteles, a *phronesis* ética foi considerada uma virtude intelectual. Phronesis é a capacidade de determinar qual o modelo de acção a

tomar para uma altura em particular, capacitando uma pessoa a descobrir o Meio Virtuoso. Em termos de acção e da vida virtuosa então, a
*phronesis* significa fazer a coisa certa, na altura certa, à pessoa certa,
no nível certo e pela razão certa.

**Platonismo Cristão**— Esta pessoa imputa um tipo de teologia que leva o
melhor da filosofia de Platão e "cristianiza-a". Exemplos de cristãos
platonistas incluem Justino Mártir e Agostinho.

**Pluralismo**—A visão de que todas as religiões mundiais são igualmente válidas e que levam a Deus e, por isso levam à salvação.

**Pós-Estruturalismo**—Onde o estruturalismo buscou e argumentou por
uma forma de conhecimento, de falar e de agir – ou seja, uma estrutura
– que se estendia além de um número de domínios da actividade humana (por exemplo, linguística, antropologia, psicologia, filosofia, etc.),
o pós-estruturalismo entendeu linguagem, sociedade, etc., como
sendo influenciados por sistemas, mas discordou e desconstruiu qualquer noção de uma estrutura subjacente que pudesse explicar a inteireza da condição humana ou a unidade dos diferentes domínios men-
cionados acima.

**Pós-Milianismo**—Cooperação humana na história é crucial para trazer o
reino de Deus à terra.

**Pós-Modernismo**—Um termo usado para designar a era além da Modernidade. É dito que esta era é uma da relatividade, de holismo e de interdependência. Esta é uma era que chama à questão os ideais da modernidade e que está preocupada com o *processo* e com o tornar-se
em vez de com as *conclusões* e *encerramento* com que a modernidade
se preocupa.

**Praxis**—Uma palavra teológica que é usada para focar-se nos aspectos
práticos da fé, por vezes referindo-se às implicações políticas das cons-
truções teológicas.

**Pré-Milenismo**—Esta é uma teoria da escatologia que foi popular no século XX seguindo a Primeira Guerra Mundial. Crê que o mundo se está
a tornar pior à medida que antecipamos a vinda de Cristo — que é
oposto à posição do Pós-Milenismo.

**Privação**—Uma perspectiva wesleyana que detém que os seres humanos são pecaminosos e que estão sem Deus, privados d'Ele. O ser humano é incapaz de se justificar a si mesmo. No entanto, não é imutavelmente pecaminoso, pois pode ser transformado pela graça de Deus. A graça preveniente de Deus (uma graça que age antes de qualquer consciência humana sobre a existência de Deus) restaura a liberdade da vontade da humanidade. Difere da total depravação, porque o problema principal da humanidade é o afastamento de Deus, não a sua corrupção interna.

**Quadrilátero Wesleyano** —O critério pelo qual as ideias teológicas podem ser verificadas. Este nome de Wesley, para verificar e equilibrar, foi mais tarde uma designação, mas ao longo das suas obras tem sido evidenciado um método pelo qual as Escrituras, razão, tradição e experiência testificam da verdade.

**Quietismo**—Uma crença, entre alguns grupos pietistas, de que a vida de santidade deveria ser de meditação e "quieteza". Obras de piedade e busca dos meios da graça são desencorajados em favor da devoção privada, sem esforço.

**Racionalismo**—Segurança na razão para o estabelecimento das verdades religiosas, frequentemente reconhecendo o conhecimento inato.

**Razão**—Uma parte do Quadrilátero Wesleyano. A razão é o que capacita uma pessoa a interpretar, organizar e comunicar a verdade desde a Escritura, Tradição e Experiência.

**Realismo Platónico**—A teoria em que as abstracções dos objectos (formas ou ideias) existem como entidades reais e que, ainda assim, existem noutra dimensão além do mundo concreto.

**Recapitulação**—Uma teoria da justificação desenvolvida cedo na história da igreja. Foca-se em Jesus Cristo como o segundo Adão. Esta teoria foca-se em mais do que na cruz; inclui toda a vida de Cristo, vivida obedientemente para Deus. O que Adão fez de errado através da desobediência, Jesus fez bem através da obediência. A cruz é a maior expressão dessa obediência. Jesus, de certa forma, redime a vida humana dando-nos um modelo para viver a vida, totalmente comprometida com a vontade de Deus.

**Reconciliação**—Este é um tema que encontramos nos escritos de João Wesley e também nos hinos de Carlos. É o sentido de que o afastamento e estranhamento de Deus, implícito no pecado, foi ultrapassado quando chegamos a um novo relacionamento com Deus.

**Redenção**—Implica libertação do pecado. O Êxodo age como uma metáfora para a redenção. A redenção também implica receber um novo propósito, nomeadamente, o amor a Deus com todo o nosso ser e ao nosso próximo como a nós mesmos. As nossas vidas são redimidas do pecado e para o amor.

**Regeneração**—O termo favorito de Wesley para a salvação é o "novo nascimento". Este conceito implica que somos regenerados, nascidos de novo e que somos novas criações em Cristo. Wesley nunca quis que a sua doutrina de santificação minimizasse o poder e significado do novo nascimento.

**Santidade Posicional**—Esta é uma frase associada com a forma calvinista da teologia de santidade como o Keswickianismo. É distinto da teologia wesleyana de santidade porque clama que a santidade é "imputada" aos cristãos através do seu relacionamento com Cristo. Não implica que os cristãos são, de facto, feitos interiormente santos através da graça – rectidão transmitida.

**Santificação, Inicial** —De facto, Wesley nunca usou este termo, mas significa a sua crença que, no momento da salvação, começa o processo de ser feito recto.

**Santificação, Inteira**—A doutrina central do Movimento de Santidade. Uma experiência de segunda crise seguinte à regeneração; é uma experiência que limpa a pessoa do pecado original ou cancela a natureza carnal e a tendência para com o pecado, capacitando assim, uma pessoa inteiramente santificada para progredir significativamente numa vida de santidade ou viver virtuoso.

**Santificação, Final** —Só tem lugar na glorificação ou na glória. É na santificação final que uma pessoa é removida da própria presença do pecado.

**Santificação, Progressiva**—Este é o processo anterior à Inteira Santificação que traz o indivíduo a um conhecimento gradual do seu pecado herdado ou o pecado original. Quando uma pessoa, através do Espírito Santo, chega a uma renúncia completa do pecado herdado, uma limpeza instantânea [Inteira Santificação] toma lugar e a santificação gradual contínua até a pessoa morrer. Assim, este é também um processo de crescimento à semelhança de Cristo e o aprofundar do carácter santo seguindo o momento da Inteira Santificação.

**Salvação Forense**—A noção de que as pessoas são salvas pela graça no sentido de que a boa-vontade e a bondade de Deus têm libertado a pessoa (salva pela graça) das consequências das suas acções. A graça é falada como um presente gratuito de Deus. A salvação, como justificação, é enfatizada.

**Sentidos Espirituais** – A capacidade humana, dada por Deus, para conhecer as realidades existenciais e espirituais de Deus. Cada ser humano tem sentidos espirituais mas eles devem ser despertados pelo Espírito Santo.

***Shema***—*Um* texto judaico, extremamente importante, encontrado em Deuteronómio 6. É uma declaração acerca de monoteísmo e acerca de amar a Deus com todo o ser. É o centro da oração para os hebreus do Velho Testamento. Jesus refere-Se a isso quando questionado acerca dos maiores mandamentos.

**Sinergismo**—Em teologia, a ideia de que Deus e os humanos cooperam para com a salvação humana. A graça de Deus não é avassaladora, mas inicia um relacionamento para o qual os humanos devem responder.

**Sociedade** – Sistema wesleyano de pequenos grupos que facilita a aprendizagem/conhecimento dos seus membros.

*Sola Scriptura*—"Apenas Escritura". Uma doutrina desenvolvida no século XV pelos reformadores Martinho Lutero e João Calvino em reacção à autoridade da Igreja Católica. Tal princípio insiste que só as Escrituras são a fonte de autoridade para o cristão e para a igreja.

**Soteriologia**—O ramo da teologia que lida com a doutrina da salvação.

**Teleológico**—O estudo filosófico de design e propósito. Pode também ser compreendido como um discurso sobre o propósito ou causa final para tudo o que existe.

*Telos*—Uma palavra grega literalmente traduzida como "fim", "propósito" ou "objectivo".

**Tematização**—Este aspecto da interpretação bíblica acontece quando o intérprete assimila a informação extensiva e exegese de uma multidão de textos individuais e generaliza acerca dos temas que emergem do todo. Por exemplo, falar da teologia paulina requer tematização que esboça os pontos teológicos principais através da correspondência de Paulo.

**Temperamentos**—No pensamento wesleyano, são afeição humanas que estão focadas em e fortalecem disposições duradouras.

**Teodicidade**—O problema do mal. A teodicidade é uma tentativa de justificar a bondade de Deus na face da presença do mal e dos inocentes que sofrem no mundo.

**Teologia Bíblica**—Este campo de estudo fica entre a exegese e hermenêutica, por um lado, e a teologia sistemática, por outro. A teologia bíblica apresenta os principais temas das Escrituras de uma forma organizada. É frequentemente quebrado em pequenos pedaços, como a teologia do Velho ou Novo Testamento, ou até a teologia dos profetas, a teologia joanina ou a teologia paulina.

**Teologia da Apologia**—Esta teologia foi empregue pelos cristãos desde a igreja primitiva. Cita que nenhuma declaração positiva acerca de Deus é impossível; podemos apenas citar o que Deus não é. É por vezes chamada teologia negativa.

**Teologias da Libertação**—Um termo primeiramente usado pelo padre católico romano Gustavo Gutierrez, que argumentou que a mensagem de evangelho chamava a uma opção preferencial para os pobres e para os oprimidos nesta vida. Seguindo esta compreensão, a teologia de libertação exige que os cristãos sigam Cristo ao buscar formas de libertar os pobres e oprimidos.

**Teologia Natural**—Falar acerca de Deus ou uma doutrina de Deus, que é construída sem apelo à fé ou à revelação especial. A teologia natural é apenas baseada na razão e na experiência.

**Testemunho do Espírito**—Geralmente referido como a doutrina de segurança. Wesley descreveu esta experiência como a impressão directa do Espírito de Deus na sua alma sobre a certeza do seu ser ter sido aceite e amado por Deus.

*Theosis*—Uma crença no início do Cristianismo (particularmente no Oriente) que "Deus Se tornou humano para que nos possamos tornar como Deus". Também conhecida como divinização e deificação. Interpretada por Wesley, relaciona-se de perto ao processo de santificação – ser feito santo como Deus é santo.

**Tradição**—Uma parte do Quadrilátero Wesleyano. Refere-se aos concílios primitivos e credos da igreja que eram usados para julgar a ortodoxia cristã.

**Transcendência**—"Supera" ou "vai além de". Deus, como transcendente, é totalmente o outro, não conhecido e impassível. Deus transcende o mundo; o seu oposto é a imanência.

**Transgressões Involuntárias**—Actos comprometidos que ainda são considerados como transgressões, mas não são propriamente compreendidos como pecados porque estão comprometidos pela ignorância e erros inerentes e inseparáveis da humanidade.

**Trindade**—Uma doutrina do quarto século que diz que há três distinções eternas e essenciais – três pessoas numa única substância. O Pai, Filho e Espírito Santo que são co-eternos, co-iguais e partilham uma realidade divina.

**Via Salutis**—Ver Ordo Salutis.

**Vontade**—A parte do ser humano que faz decisões. Para Wesley, a vontade trabalhará em combinação com os afectos.